汽车环境污染与防治对策

李兴虎　编著

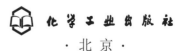

·北京·

本书主要介绍了传统燃油汽车及电动汽车的环境污染及控制技术，共有七章：第一章介绍了汽车生命周期内的环境污染及其防治的基本对策，并分析了电动汽车的优势及其普及过程中面临的主要瓶颈；第二章介绍了传统汽车排气污染物的生成机理及基于生成机理的污染物防治方法；第三章以国6标准中限值的排气污染物为对象，介绍了汽车排气污染物的整车和发动机台架以及实际行驶条件下的测量系统与方法；第四章回顾了汽车排放标准及试验规范的发展历程，以 GB 18352.6—2016《轻型汽车污染物排放限值及测量方法（中国第六阶段）》为例介绍了排放标准的组成体系及主要内容，并对我国的重型汽车国6排放标准及欧洲、美国、日本的现行汽车排放标准进行了简要介绍；第五章介绍了汽油车排气污染物的防治方法和装置，重点对缸内直喷汽油车污染物排放特性及其后处理技术进行了介绍；第六章介绍了柴油车排气污染物的特点、防治方法和后处理装置；第7章介绍了电动汽车的环境污染特点、评价方法及其防治对策，对纯电动汽车和燃料电池电动汽车环境污染进行了案例分析。

本书可作为高等学校车辆工程、载运工具运用工程（汽车）、动力机械及工程、环境工程等专业本科生及研究生"汽车排放与控制""环境工程""内燃机排放与控制""交通污染与控制"等2~4学分课程的教材或教学参考书，也可供汽车、内燃机、交通、环境保护和化工等行业工程技术人员参考。

图书在版编目（CIP）数据

汽车环境污染与防治对策/李兴虎编著. —北京：化学工业出版社，2019.8

ISBN 978-7-122-34456-4

Ⅰ.①汽… Ⅱ.①李… Ⅲ.①汽车-环境污染-污染控制 Ⅳ.①U491.9

中国版本图书馆 CIP 数据核字（2019）第 086547 号

责任编辑：陈景薇　　　　　　　　　　　文字编辑：冯国庆
责任校对：王素芹　　　　　　　　　　　装帧设计：王晓宇

出版发行：化学工业出版社（北京市东城区青年湖南街13号　邮政编码100011）
印　　装：大厂聚鑫印刷有限责任公司
787mm×1092mm　1/16　印张20　彩插3　字数493千字　2019年10月北京第1版第1次印刷

购书咨询：010-64518888　　　　　　　售后服务：010-64518899
网　　址：http://www.cip.com.cn
凡购买本书，如有缺损质量问题，本社销售中心负责调换。

定　　价：88.00元　　　　　　　　　　　　　　　　　　　　版权所有　违者必究

前言

汽车通常指由动力驱动，具有四个或四个以上车轮的非轨道承载车辆。传统燃油汽车的驱动动力为汽油或柴油发动机，汽油或柴油发动机是一种在发动机燃烧室内使燃料与空气发生燃烧反应，将燃料的化学能转变成热能，再通过曲柄连杆机构把热能转变为机械能的机器。传统燃油汽车用燃料的主要成分为碳和氢两种元素，碳氢燃料燃烧的主要产物为水和二氧化碳，以及少量和微量的一氧化碳、氮氧化物、颗粒物和碳氢化合物等。因此，排放二氧化碳和少量空气污染物是传统燃油汽车的固有特性。

为了防治传统燃油汽车带来的空气污染问题，从 20 世纪 60 年代开始，美国、欧盟和日本等先后制定了汽车排放标准，我国也在 20 世纪 80 年代初制定了汽车排放标准。随着全球汽车保有量的增加和人类对环境质量要求的不断提高，各个国家或地区的汽车排放标准不断变得严格，特别是近年来实施的汽车排放法规，对汽车排气污染物的要求空前严格，使传统汽车面临严峻挑战。2014 年 3 月美国环保署(EPA)发布了关于机动车排放及汽油的 Tier3 标准，从 2017 年开始逐步实施，2025 年全面实施。2018 年日本开始实施"次期"汽车排放标准，并采用全球轻型汽车测试循环（WLTC）。欧盟从 2014 年 9 月 1 日起实施欧 6 排放标准，从 2016 年 4 月开始采用实际道路排放（RDE）试验监测新车的 NO_x，从 2017 年 9 月开始新车型采用 WLTC 测量汽车排气污染物。我国轻型汽车国 6（GB 18352.6—2016）和重型汽车国 6（GB 17691—2018）标准分别于 2016 年 12 月 23 日和 2018 年 7 月 13 日发布，并于 2020 年 7 月 1 日和 2019 年 7 月 1 日实施。另外，1997 年 12 月在日本京都通过的《联合国气候变化框架公约》的《京都议定书》开始生效，导致部分国家或地区限制传统燃油汽车二氧化碳排放的法规逐步出台。2015 年 12 月 12 日，巴黎气候变化大会上通过的《巴黎协定》则为 2020 年后全球应对气候变化行动做出了更为具体的安排，致使汽车燃料燃烧的正常产物二氧化碳的排放量也成为限制对象。

这一系列排放法规及其相关政策的实施，致使传统燃油汽车面临的环境污染问题更加突出。对传统燃油汽车"行驶区域"进行限制的地方法规时有耳闻，其挑战是空前的和攸关生死存亡的，在一些国家或地区甚至设置了停止传统燃油汽车销售的时间表。值得欣慰的是传统汽车行业不负众望，开发出来一系列应对严格的环境污染物和温室气体排放标准的燃油汽车技术。另外，石油勘探和开采技术也取得了长足进展，石油的探明储量和可开采量不断增加，大幅度推迟了对石油枯竭日期的预期；加上传统燃油汽车经过改进或重新设计，易于使用多种气体及生物等新型可再生燃料。因此，认为传统燃油汽车很快退出汽车市场的观点过于悲观，传统燃油汽车节能、减排潜力巨大，需要不断挖掘和开发。

汽车排放法规及其相关政策的实施，也促进了从根本上解决传统燃油汽车的能源供给问题和环境污染问题相关研发工作的开展。行驶过程中无排放污染物的电动汽车和燃料电池汽车等相关技术的研发成为近 20 年来汽车行业开发的重点和热点，并取得了前所未有的进步，在部分国家或地区，电动汽车和燃料电池汽车的年销售量快速增加。

为了使从事汽车行业的工程技术人员和高等院校相关专业（如汽车工程、内燃机工程和汽车运用工程等）的师生等及时了解汽车行业的上述变化与技术进展，笔者结合 20 多年来讲授"汽车环境污染与控制技术"相关课程的经验和研究心得，编写了此书。本书从汽车本身的污染物控制技术、汽车使用者、宏观环境政策制定者、交通和汽车管理者等多角度论述了减少和防治汽车生命周期内环境污染的方法与技术，故将此书定名为《汽车的环境污染与防治对策》。该书首先介绍了汽车（包括传统燃油汽车、电动汽车和燃料电池汽车）生命周期内的环境危害、环境污染物的产生机理，以及排气污染物的测量、评价方法和减少污染物生成、排放的方法；其次，介绍了我国轻型汽车国6标准（GB 18352.6—2016）、重汽型车国6标准（GB 17691—2018）、欧6排放标准、美国环保署Tier3标准和日本"次期"排放标准；再次，介绍了传统汽车面对上述排放法规的污染物控制技术，重点介绍了GDI汽油车及清洁柴油车排气污染防治的最新技术；最后，介绍了汽车环境污染的全生命周期评价方法，分析了汽车生命周期内环境污染的影响因素及其防治方法，并对电动汽车进行了案例分析。

本书编写过程中，注重运用一分为二的辩证观点，在介绍汽车环境污染控制新技术优点的同时，又指出其不足。力图使读者在潜移默化中掌握辩证分析方法，学会从不同角度对新技术和方法、技术方案进行全面分析的研究方法。另外，笔者对该书的章节和内容进行了反复推敲，特别注重内容的新颖性，力求对最新的汽车环境污染控制技术和未来的发展趋势进行详细、全面、系统和深入介绍；对章节顺序的安排采用了由简单到复杂，逐步深入的结构体系；力图使该书图文并茂，易读、易懂和易用。

本书在编写过程中引用了大量有关文献和部分网上资料，借此机会谨致谢意。本书的主要内容曾在北京航空航天大学2018年春季本科生课程"汽车排放与控制"教学中进行了试用，部分内容在北京航空航天大学2017年和2018年秋季的研究生课程"汽车排放与检测技术"教学中进行了试用，梳理了结构体系，弥补了疏漏与不足。初稿完成后，笔者的研究生胡守信和刘海峰同学对初稿进行了试读，改正了多处录入错误。

在向化学工业出版社提交书稿之前，笔者对书稿进行了多次修改与校对，但由于笔者水平所限，疏漏之处仍然在所难免，敬请各位读者特别是选用该书作为教材或主要参考书的教师多提宝贵意见。另外，使用本书作为"汽车环境污染与控制技术""汽车排气污染与控制"等课程教材的主讲教师可与笔者联系（E-mail: lxh@buaa.edu.cn），索取教学用复习思考题及PPT文件等资料。

李兴虎

北京航空航天大学

目录

第一章 / 1
汽车的环境污染及其基本防治对策
第一节　环境污染与汽车的环境污染 / 1
　　一、环境污染与环境污染物的概念 / 1
　　二、汽车生命周期内的环境污染 / 1
　　三、环境空气污染及室内空气污染 / 3
　　四、汽车排气中的空气污染物 / 5
　　五、汽车车室内的空气污染 / 6
　　六、汽车零件磨损等产生的非排气悬浮颗粒空气污染物 / 7
　　七、汽车的 CO_2 排放问题 / 8
第二节　汽车排放的气体污染物的主要危害及防治对策 / 9
　　一、汽车排放的气体污染物的主要危害 / 9
　　二、汽车排放的气体污染物的主要防治对策 / 12
第三节　汽车生命周期内的液体及固体污染 / 12
　　一、废液及固体污染物的来源与种类 / 12
　　二、液体类污染物的主要特性与危害 / 13
　　三、废弃固体污染物的主要特性与危害 / 13
第四节　汽车的噪声污染及防治方法 / 15
　　一、噪声的危害及道路交通噪声的现状 / 15
　　二、汽车噪声的来源 / 16
　　三、汽车的噪声标准 / 17
　　四、汽车噪声的防治方法 / 18
第五节　报废汽车固、液废弃物污染的防治对策 / 20
　　一、汽车的材料组成 / 20
　　二、报废汽车环境污染的防治对策 / 22
第六节　汽车的热、电磁波及光污染 / 24
　　一、汽车的热污染及防治对策 / 24
　　二、汽车的电磁波污染及防治对策 / 25
　　三、汽车的光污染 / 26
第七节　电动汽车的优势与面临的问题 / 27
　　一、电动汽车的结构特点与种类 / 27
　　二、纯电动汽车的主要优势、不足及应用中面临的主要问题 / 28
　　三、燃料电池车的优势、不足及面临的问题 / 30
　　四、插电式混合动力汽车的主要优势及不足 / 33

第八节　汽车环境污染的防治对策 / 34
　　一、汽车环境污染的宏观防治对策 / 34
　　二、汽车使用中的环境污染防治对策 / 36
参考文献 / 37

第二章
汽车排气污染物的生成机理与防治原理 / 42

第一节　汽车内燃机的燃烧与燃烧污染物 / 42
　　一、汽车内燃机的燃烧与燃烧产物 / 42
　　二、燃料燃烧的基元反应 / 43
　　三、反应速率的概念 / 44

第二节　CO 的生成机理与防治方法 / 45
　　一、CO 生成的主要化学反应 / 45
　　二、CO 生成量的近似计算 / 47
　　三、CO 生成的影响因素 / 48
　　四、CO 的防治措施 / 48

第三节　HC 的生成机理与防治方法 / 48
　　一、汽油机排气中 HC 的生成机理与防治方法 / 49
　　二、柴油机排气中 HC 的生成机理与防治方法 / 53
　　三、燃油蒸发和泄漏的 HC 排放 / 54

第四节　氮氧化物的生成与防治方法 / 54
　　一、NO 的生成机理 / 54
　　二、NO_2 的生成机理 / 60
　　三、N_2O 的生成机理 / 61
　　四、氮氧化物的防治方法 / 62

第五节　颗粒物的生成机理与防治方法 / 62
　　一、颗粒物的生成条件 / 62
　　二、颗粒物的生成过程与机理 / 63
　　三、颗粒物生成的计算模型 / 65
　　四、碳烟微粒生成的主要影响因素 / 66
　　五、碳烟微粒的氧化燃烧 / 68
　　六、基于 ϕ-T 图的颗粒物排放防治方法 / 69

第六节　光化学烟雾的生成机理与防治方法 / 70
　　一、光化学烟雾的生成条件 / 70
　　二、光化学烟雾生成的主要化学反应 / 70
　　三、光化学烟雾的防治措施 / 71

参考文献 / 71

第三章 / 74

汽车排气污染物的测量方法

第一节　汽车排气污染物的测量系统 / 74
　一、排气污染物的评价指标 / 74
　二、排气污染物测量的有关规定 / 74
　三、排气污染物的发动机台架测量系统 / 75
　四、排气污染物的整车测量系统 / 75
　五、排气取样方法 / 77

第二节　排气成分的分析方法 / 80
　一、非分散式气体分析法 / 80
　二、氢火焰离子化分析法 / 84
　三、化学发光分析法 / 84
　四、气相色谱分析法 / 86
　五、紫外荧光分析法 / 88
　六、傅里叶变换红外光谱分析法 / 90

第三节　汽车排气中颗粒物的测量方法 / 92
　一、PM 的测量方法 / 92
　二、PM 的测量系统 / 92
　三、颗粒物数量的测量系统 / 98

第四节　实际行驶排放污染物的测量装置 / 101
　一、PEMS 的主要组成及功能 / 101
　二、PEMS 的主要性能参数 / 102
　三、PEMS 的 PM 和 PN 测试装置 / 103

第五节　柴油车排气烟度的测量方法 / 104
　一、柴油机的排烟种类及评价方法 / 104
　二、过滤式烟度计 / 104
　三、不透光式烟度计 / 105

参考文献 / 110

第四章 / 112

汽车排放标准及试验规范

第一节　汽车排放标准的发展历程 / 112
　一、我国国家标准的发展历程 / 112
　二、欧盟、美国和日本国家标准的发展历程 / 114
　三、汽车排放标准的框架 / 116
　四、汽车排放标准的常用术语 / 117

第二节　全球统一的汽车测试循环 / 119

一、全球统一汽车测试循环推广的必要性 / 119
　　二、全球统一的轻型汽车测试循环 / 120
　　三、全球统一的重型发动机测试循环 / 122
　第三节　轻型汽车的型式检验、生产一致性、在用符合性检查及其限值 / 124
　　一、型式检验试验的类型与限值 / 124
　　二、生产一致性检查试验 / 128
　　三、在用符合性检查 / 129
　第四节　轻型汽车污染物排放试验的相关规定简介 / 129
　　一、Ⅰ型试验的主要规定及要求 / 129
　　二、Ⅱ型试验的主要规定及要求 / 130
　　三、Ⅲ型试验的主要规定及要求 / 132
　　四、Ⅳ型试验的主要规定及要求 / 133
　　五、Ⅴ型试验的主要规定及要求 / 135
　　六、Ⅵ型试验的主要规定及要求 / 138
　　七、Ⅶ型试验的主要规定及要求 / 139
　第五节　重型汽车的排放标准及测试规范简介 / 140
　　一、重型汽车污染物排放试验项目 / 140
　　二、车辆或发动机污染物的排放限值及测量方法 / 141
　　三、发动机非标准循环（WNTE）和整车实际道路排放测试规程 / 142
　　四、曲轴箱排放试验、排放控制装置的耐久性和排放质保期的主要规定 / 143
　　五、耐久性运行试验的主要规定 / 144
　第六节　欧盟、美国和日本的汽车污染物排放限值及测试规范简介 / 144
　　一、欧盟的排放限值及测试规范简介 / 144
　　二、美国联邦（加利福尼亚州除外）的汽车限值及测试规范简介 / 147
　　三、日本排放限值及测试规范简介 / 152
　参考文献 / 155

第五章

汽油车的排气污染与防治对策

　第一节　汽油车排放污染物的防治方法 / 157
　　一、汽油机排气成分随空燃比的变化特性与汽油机工作模式 / 157
　　二、汽油车空气污染物的主要防治方法 / 159
　　三、EGR 的原理及 EGR 系统的基本构成 / 161
　　四、热反应器 / 162
　　五、二次空气系统 / 164
　　六、燃料蒸发污染物净化装置 / 164
　　七、曲轴箱污染物净化装置 / 166
　　八、汽油及润滑油组分优化 / 167

第二节 汽油车排气催化净化器的种类及其评价指标 / 168
　　一、排气催化净化器的种类 / 168
　　二、催化剂及其载体的种类 / 169
　　三、载体的种类及主要结构参数 / 170
　　四、催化器的性能评价参数 / 172
第三节 三效催化净化器 / 174
　　一、三效催化净化器的组成 / 174
　　二、三效催化净化系统的构成 / 179
　　三、三效催化净化系统中空燃比的监测方法 / 180
　　四、装备三效催化净化系统汽油车的主要不足 / 183
　　五、汽油车冷启动后的净化措施 / 185
第四节 缸内直喷汽油机的发展趋势及其气体污染物净化技术 / 188
　　一、缸内直喷汽油车的发展趋势 / 188
　　二、GDI 汽油机的燃烧模式及排放特点 / 189
　　三、GDI 汽油机汽车排气中气体污染物的后处理系统 / 190
第五节 稀混合气 GDI 汽油机排气污染物的净化技术 / 191
　　一、GDI 汽油机稀混合气燃烧模式的实现方法 / 192
　　二、稀混合气 GDI 汽油机汽车的优势与不足 / 193
　　三、稀混合气 GDI 汽油机汽车 NO_x 的控制方法 / 195
第六节 GDI 汽车排气颗粒物的特性及其影响因素 / 200
　　一、GDI 汽车排气颗粒物产生的原因 / 200
　　二、GDI 汽车排气颗粒物的评价指标及特性参数 / 201
　　三、颗粒物的主要组成元素及其颗粒数量排放率 / 202
　　四、缸内直喷汽油机排气颗粒物的影响因素 / 204
第七节 GDI 汽车排气颗粒物的防治对策 / 209
　　一、GDI 汽车排气颗粒物的防治对策 / 209
　　二、GPF 的结构参数及性能指标 / 210
　　三、GPF 的布置方案示例 / 212
　　四、GPF 推广应用情况及其面临的主要问题 / 213
参考文献 / 215

第六章

/ 221

柴油车的排气污染与防治对策

第一节 柴油机排放的特点与主要防治对策 / 221
　　一、柴油机排气污染物的种类及特点 / 221
　　二、柴油机 PM 和 NO_x 的排放特点 / 221
　　三、柴油机 HC 的排放特点 / 224
　　四、现代柴油车排污染物的主要防治对策 / 224

第二节　柴油及润滑油特性对柴油车排气污染物的影响 / 226
　　一、柴油特性参数的影响 / 226
　　二、润滑油特性的影响 / 229
第三节　柴油机的排气再循环及闭式曲轴箱通风系统 / 231
　　一、EGR 的 NO_x 降低效果及其对柴油机其他性能的影响 / 231
　　二、柴油机 EGR 的种类及工作原理 / 231
　　三、闭式曲轴箱通风系统 / 233
第四节　柴油车的氧化催化净化器 / 234
　　一、氧化催化净化器的种类及其应用情况 / 234
　　二、DOC 的污染物净化机理 / 236
第五节　柴油车排气颗粒物的过滤净化技术 / 238
　　一、颗粒过滤器的结构及工作原理 / 238
　　二、DPF 滤芯的几何结构及其特性参数 / 239
　　三、DPF 的主要性能指标 / 242
第六节　柴油车 NO_x 的净化技术 / 244
　　一、NO_x 的净化原理与净化器的种类 / 244
　　二、NO_x 吸附催化还原净化技术 / 244
　　三、NO_x 的尿素选择催化还原净化技术 / 247
　　四、NO_x 的 HC 选择催化还原净化技术 / 249
第七节　现代柴油车的排气后处理系统 / 250
　　一、现代柴油车的排气后处理技术 / 250
　　二、现代柴油车后处理系统示例 / 253
参考文献 / 257

第七章　/ 262
电动汽车的环境污染与防治对策

第一节　电动汽车环境污染的评价方法 / 262
　　一、电动汽车环境污染的特点与评价方法 / 262
　　二、汽车全生命周期的环境污染源及污染物排放量的计算流程 / 264
　　三、汽车制造用原材料的排放因子 / 266
　　四、汽车制造用燃料排放因子 / 268
　　五、电力生产过程的污染物排放因子 / 269
　　六、火力发电的环境污染及污染物排放因子 / 271
　　七、汽车全生命周期各阶段环境污染物排放量的计算方法 / 274
第二节　汽车全生命周期环境污染的影响因素分析 / 276
　　一、汽车材料、制造、使用（行驶）和报废阶段的 CO_2 排放 / 276
　　二、电力排放因子对汽车全生命周期各阶段 CO_2 排放比例的影响 / 277
　　三、材料组成对汽车全生命周期环境污染及 CO_2 排放的影响 / 278

四、行驶里程对汽车全生命周期 CO_2 排放量的影响 / 279

　　五、百公里能耗对汽车使用过程 CO_2 排放率的影响 / 280

第三节　纯电动汽车的环境污染 / 280

　　一、PEV 行驶中的主要异地环境污染物 / 280

　　二、PEV 汽车生产制造中的环境污染 / 282

　　三、PEV 生命周期中的环境污染 / 285

　　四、PEV 环境污染的防治措施 / 287

第四节　燃料电池电动汽车的环境污染与防治 / 287

　　一、氢燃料电池电动汽车的结构特点 / 287

　　二、燃料电池系统的组成与主要原材料种类 / 289

　　三、FCEV 生命周期内环境污染物排放及环境影响评价实例 / 294

　　四、FCEV 行驶过程异地环境污染的计算流程及计算实例 / 296

　　五、FCEV 环境污染的防治措施 / 302

参考文献 / 305

第一章　汽车的环境污染及其基本防治对策

第一节　环境污染与汽车的环境污染

一、环境污染与环境污染物的概念

环境污染（Environmental Pollution）指人类直接或间接地向环境排放超过其自身净化能力的物质或能量（污染物），对人类的生存与发展、生态系统和财产造成危害的现象。环境污染可分为大气/空气、水、土地/土壤、噪声、热和放射性六大类[1]。环境污染物指进入环境后使环境的正常组成和性质发生变化、造成自然生态环境衰退或直接/间接危害人类生存的物质。环境污染物种类繁多，具有多种分类方法。按受污染物影响的环境要素可分为大气污染物、水体污染物、土壤污染物等；按污染物的形态可分为气体污染、液体污染、固体废物污染、噪声污染、辐射污染、光污染和热污染等；按污染物在环境中物理、化学性状的变化可分为一次污染物和二次污染物；按污染物对人体的危害作用可分为致畸变物、致突变物和致癌物、可吸入颗粒物以及恶臭物质等。

进入环境的污染物数量或浓度越大，对环境的影响就越大。污染物对环境影响的评价指标有温室气体（碳足迹）、酸化、富营养化（水体和土壤）、可吸入无机物、臭氧层损耗、电离辐射、致癌和非致癌人体毒性、生态毒性、能源消耗、矿石资源消耗、水资源消耗和土地转化等[2]。

二、汽车生命周期内的环境污染

汽车的环境污染贯穿于汽车的设计、制造、使用（行驶）和报废整个生命周期之内。

汽车产品的设计需要经过产品策划、概念设计、工程设计、样车试制和生产准备等阶段，在这些过程中会产生少量的碳排放与环境污染物。虽然对环境影响甚微，但也属于汽车产品诞生之前排放的环境污染物。

汽车制造过程的原材料生产、机械加工、涂装和出厂检验等过程均有温室气体和有害气体、废水、固体废弃物和噪声等污染物的排放。废气主要有涂装车间含漆废气、烘干废气、焊装烟气、发动机和整车总装车间产品检验的废气。其中汽车整车制造过程中涂装工序（将涂料覆于基底表面形成具有防护、装饰或特定功能涂层的过程）的设备或车间排气装置排放的大气污染物如苯、苯系物、非甲烷总烃和颗粒等，属于环境污染防治的重点。苯系物指分子中只含有一个苯环的芳烃，汽车涂装工序排放的苯系物主要有苯、甲苯、二甲苯、三甲苯、乙苯及苯乙烯等。有关排放标准对涂装工序涂喷漆室、色漆喷漆室、罩光喷漆室、修补喷漆室和PVC焊缝密封胶涂装线等的大气污染物中苯、苯系物和非甲烷总烃的浓度，以及打磨生产线的大气污染物中颗粒浓度进行了明确规定。对涂装工序使用的处于即用状态的底漆、中涂漆、实色底漆、闪光底漆、罩光清漆和本色面漆的挥发性有机物含量（单位体积涂料中挥发性有机物的质量浓度），以及单位涂装面积挥发性有机物排放总量也进行了规定[3]。汽车制造过程中排放的废液有磷化废水、涂装废水、喷漆废水、清洗废液、脱脂废液、电泳废液、切削液、废油等。固体污染物主要有磷化废渣、漆渣、废水处理污泥等。汽车制造过程的噪声主要有机械加工设备运转及加工过程中产生的噪声，冲压车间冲压件及废料堆放或装卸过程的碰撞噪声，机械排风系统风机运行噪声等[4,5]。

传统汽车使用过程中的环境污染主要包括汽车行驶、保养和维修等过程产生的环境污染。

传统汽车行驶过程中排放的污染物主要有排气污染物（包括有害气体和颗粒物）、温室气体、非排气颗粒（制动器、轮胎、离合器和路面磨损等产生的颗粒物）、废弃物、光、热、电磁波和噪声等。纯电动汽车和燃料电池汽车由于使用过程中无排气污染物排放，因而受到各方高度重视，其发展速度异常迅猛。但应该注意的是燃料电池汽车使用过程消耗的氢气等燃料的制备过程也会排放污染物，纯电动汽车使用过程中消耗的电能生产过程通常也会排放污染物。电能和氢气为非自然资源，只是一种二次能源或能源载体，只有通过其他能源转换才能得到。因而可以说纯电动汽车和燃料电池汽车的使用过程并非真正的"零排放"，只是排气污染物提前至由发电厂和氢气等燃料的生产企业排放（或转移）而已。可把在纯电动汽车和燃料电池汽车使用能源的制造过程中产生的环境污染称为异地环境污染。根据北京市 2017 年全年 $PM_{2.5}$ 主源解析的结论来看，在北京市 2017 年全年的 $PM_{2.5}$ 来源中，本地排放占 2/3，区域传输占 1/3；随着污染级别的增大，区域传输贡献上升，重污染日区域传输占 55%～75%[6]。由这个结论不难推断，纯电动汽车和燃料电池汽车的"异地环境污染"仍然会通过大气传输方式污染使用纯电动汽车和燃料电池汽车的区域。因此，对纯电动汽车和燃料电池汽车的环境污染应采用生命周期方法科学评价，不要被"零排放"概念所蒙蔽。

无论是传统汽车，还是纯电动汽车和燃料电池汽车，其使用过程都需要进行保养和维修，因而会产生液体和固体污染物，只是种类和数量不同而已。

汽车维修过程中产生的危险废物主要包括废有机溶剂与含有机溶剂废物、废矿物油与含矿物油废物、染料与涂料废物、含汞废物、石棉废物、其他废物、废催化剂等[7]。废有机溶剂与含有机溶剂废物包括零件清洗过程中废弃的有机溶剂、专业清洗剂，保养更换的防冻液等。废矿物油与含矿物油废物包括维修保养过程中废弃的柴油、机油、刹车油、液压油、润滑油、过滤介质（汽油、机油过滤器），以及清洗零件过程废弃的汽油、柴油、煤油，沾染油污的锯末、抹布、棉丝等。染料与涂料废物包括维修过程使用油漆（不包括水性漆）作业产生的废物、废油漆及漆渣，喷烤漆房使用后的空气过滤介质，沾染油漆的废纸和胶带等。含汞废物包括废含汞荧光灯管及其他废含汞电光源。石棉废物包括更换车辆制动器衬片产生的石棉废物。其他废物主要指废弃的铅酸蓄电池、动力电池、废油漆桶、废喷漆罐、废电路板、含有毒重金属的零部件、轮胎、玻璃、胶黏剂、未引爆的安全气囊及安全带等。

传统汽车报废后可能产生的污染物主要有有害气体（如空调的氟氯烃）、废液（冷却液、润滑油和蓄电池电解液等）和固体废弃物等，纯电动汽车和燃料电池汽车的动力电池中含有铅、镉、锌、铜、汞、锰、镍、锂等金属物质以及酸、碱电解质溶液等有害物质，因而其报废后产生的环境危害更值得关注。电池的生产与回收过程中如果处理不当，就会使这些金属及有害物质进入土壤、水体及大气，造成严重的环境污染[8]。

可见，汽车的环境污染贯穿于产品设计、制造、使用和报废过程。在这些过程中产生多种有毒有害气体、液体和固体污染物。行驶过程的排气污染、噪声、扬尘、光和热等污染属于移动污染源，危害面大、防治难度大，特别是传统汽车行驶时的排气污染物在生命周期全部污染物中占比高达80%甚至90%。因此，对于传统汽车而言，汽车行驶过程中的环境污染就成为汽车环境污染防治的重点。

另外，值得一提的是，汽车环境污染中最被关注和重视的是空气污染，汽车的空气污染包括传统汽车使用过程中排出的空气污染物产生的环境空气污染和新车车室内释放的空气污染物产生的室内空气污染。新车车室内的空气污染属于人居环境的研究范畴，一般在汽车使用初期存在，故其受到关注和重视的程度较小。

三、环境空气污染及室内空气污染

要了解汽车的环境空气污染，应先弄清《环境空气质量标准》（GB 3095—2012）和《室内空气质量标准》（GB/T 18883—2002）限值的污染物及传统汽车使用过程中排放的空气污染物与新车车室内释放的空气污染物的种类。表1-1和表1-2分别列出了《环境空气质量标准》与《室内空气质量标准》中的相关数据。《环境空气质量标准》中把环境空气污染物分为基本项目污染物和其他项目污染物两类。基本项目污染物有二氧化硫（SO_2）、二氧化氮（NO_2）、一氧化碳（CO）、臭氧（O_3）、可吸入颗粒物（PM_{10}，粒径≤$10\mu m$）和细颗粒物（$PM_{2.5}$，粒径≤$2.5\mu m$）六种，其中SO_2、NO_2、CO和O_3为单一物质，而PM_{10}和$PM_{2.5}$多为由单一物质和化合物组成的极为复杂的混合物。其他项目污染物有总悬浮颗粒物（粒径≤$100\mu m$）、氮氧化物（NO_x）、铅（Pb）和苯并[a]芘（BaP）四种。其中BaP属于多环芳香烃类，分子式为$C_{20}H_{12}$，被认为是一种突变原和致癌物质，柴油车碳烟排放中存在这种物质；NO_x代表NO和NO_2；总悬浮颗粒物（Total Suspended Particulate，TSP）表示当量动力学粒径≤$100\mu m$的颗粒物；Pb为单一物质，主要以烟尘等形式存在于空气中。《室内空气质量标准》限值的空气环境污染物有二氧化硫（SO_2）、二氧化氮（NO_2）、一氧化碳（CO）、二氧化碳（CO_2）、氨（NH_3）、臭氧（O_3）、甲醛（HCHO）、苯（C_6H_6）、甲苯（C_7H_8）、二甲苯（C_8H_{10}）、苯并[a]芘（BaP）、可吸入颗粒物（PM_{10}）、总挥发性有机物（TVOC）、菌落总数、氡（^{222}Rn）总计15种，其中生物性和放射性污染物各1种，化学性污染物13种。对比《环境空气质量标准》和《室内空气质量标准》限值的污染物不难看出，《室内空气质量标准》限值的污染物几乎全部包括了《环境空气质量标准》中的内容，但没有颗粒物中对人体危害最大的$PM_{2.5}$的限值。为了便于了解我国环境空气质量标准中污染物限值与国外的差异，表1-3列出了美国环保署制定的国家环境空气质量标准中六种主要污染物二氧化硫（SO_2）、二氧化氮（NO_2）、一氧化碳（CO）、臭氧（O_3）、铅（Pb）和颗粒物（PM_{10}和$PM_{2.5}$）的浓度限值。与GB 3095—2012对比可知，美国的污染物限值的平均时间和单位与我国差异较大，美国的气体污染物限值的单位均为体积分数，分别用体积百万分率（10^{-6}）、体积十亿分率（10^{-9}）表示；固体污染物铅（Pb）和颗粒物（PM_{10}和$PM_{2.5}$）与我国标准相同。从完全具有可比性的铅（Pb）和颗粒物（PM_{10}和$PM_{2.5}$）来看，美国的Pb与$PM_{2.5}$年均值、24h的二级标准明显严于我国。

表 1-1 《环境空气质量标准》（GB 3095—2012）中的环境空气污染物浓度限值[9]

项目分类	污染物名称	平均时间	浓度限值(标准状态)/($\mu g/m^3$)	
			一级标准	二级标准
基本项目	二氧化硫(SO_2)	年平均	20	60
		24h平均	50	150
		1h平均	150	500
	二氧化氮(NO_2)	年平均	40	40
		24h平均	80	80
		1h平均	200	200
	一氧化碳(CO)	24h平均	4000	4000
		1h平均	10000	10000
	臭氧(O_3)	日最大8h平均	100	160
		1h平均	160	200
	可吸入颗粒物(PM_{10})	年平均	40	70
		24h平均	50	150
	细颗粒物($PM_{2.5}$)	年平均	15	35
		24h平均	35	75
其他项目	总悬浮颗粒物(TSP)	年平均	80	200
		24h平均	120	300
	氮氧化物(NO_x)	年平均	50	50
		24h平均	100	100
		1h平均	250	250
	铅(Pb)	年平均	0.5	0.5
		季平均	1	1
	苯并[a]芘(BaP)	年平均	0.001	0.001
		24h平均	0.0025	0.0025

表 1-2 《室内空气质量标准》（GB/T 18883—2002）中的环境污染物浓度限值[10]

污染物类别	污染物名称	单位	标准值	平均时间
化学性	二氧化硫(SO_2)	mg/m^3	0.50	1h平均
	二氧化氮(NO_2)	mg/m^3	0.24	1h平均
	一氧化碳(CO)	mg/m^3	10	1h平均
	二氧化碳(CO_2)	%	0.10	年平均
	氨(NH_3)	mg/m^3	0.20	1h平均
	臭氧(O_3)	mg/m^3	0.16	1h平均
	甲醛(HCHO)	mg/m^3	0.10	1h平均
	苯(C_6H_6)	mg/m^3	0.11	1h平均
	甲苯(C_7H_8)	mg/m^3	0.20	1h平均
	二甲苯(C_8H_{10})	mg/m^3	0.20	1h平均
	苯并[a]芘(BaP)	mg/m^3	1.0	年平均

续表

污染物类别	污染物名称	单位	标准值	平均时间
化学性	可吸入颗粒物(PM_{10})	mg/m^3	0.15	年平均
	总挥发性有机物(TVOC)	mg/m^3	0.6	8h平均
生物性	菌落总数	cfu/m^3	2500	依据仪器定
放射性	氡(^{222}Rn)	Bq/m^3	400	年平均

表1-3 2018年美国国家环境空气质量标准中六种主要污染物浓度限值[11]

污染物名称	平均时间	一级标准	二级标准
二氧化硫(SO_2)/$\times10^{-9}$	3h平均	—	0.5
	1h平均	75	—
二氧化氮(NO_2)/$\times10^{-9}$	年平均	53	53
	1h平均	100	—
一氧化碳(CO)/$\times10^{-6}$	8h平均	9	—
	1h平均	35	—
臭氧(O_3)/$\times10^{-6}$	日最大8h平均	0.070	0.070
可吸入颗粒物(PM_{10})/($\mu g/m^3$)	24h平均	150	150
细颗粒物($PM_{2.5}$)/($\mu g/m^3$)	年平均	12	15
	24h平均	35	35
铅(Pb)/($\mu g/m^3$)	3个月滚动平均值	0.15	0.15

四、汽车排气中的空气污染物

表1-4列出了装备稀燃汽油机、常规汽油机和柴油机三种传统燃油汽车排气中气体组分组成。排气一般直接排入环境空气，故直接影响环境空气质量。排气组分中的环境空气污染物NO_x（NO和NO_2）、CO和SO_2属于《环境空气质量标准》（GB 3095—2012）中限值的项目。HC为多种碳氢化合物的总称，包含参与光化学反应产生臭氧（O_3）的烯烃类和易于吸附于可吸入颗粒物PM_{10}和$PM_{2.5}$表面的烃类。

表1-4 汽车内燃机排气中气体组分组成[12]

组分	体积分数/%		
	稀燃汽油机	常规汽油机	柴油机
N_2	70~75	70~75	70~75
O_2	4~18	0.2~2	5~15
H_2O	2~12	10~12	2~10
CO_2	2~12	10~13.5	2~12
CO	0.04~0.08	0.1~6	0.01~0.1
HC(C_1)	0.002~0.015	0.5~6	0.005~0.05
NO_x	0.01~0.05	0.04~0.4	0.003~0.06
SO_x	与燃料中S含量有关		

表1-5列出了典型柴油乘用车的排气组分及排气污染物组成，柴油机排气主要组分N_2、

CO_2、H_2O 和 O_2 的体积分数约为 71%、11%、8% 和 10%,污染物 HC、CO、PM、SO_2 和 NO_x 总量约为 0.15%,其数量为万分之一左右或略高。可见,除 O_3 外,基本项目污染物中 SO_2、NO_2、CO、PM_{10} 和 $PM_{2.5}$ 都极易在柴油机排气中检出,但 O_3 是汽车排气导致的光化学烟雾中的主要二次污染物之一。

因此,如果考虑汽车排气对环境空气质量的间接影响,可以说汽车排气对《环境空气质量标准》中基本项目浓度限值的六种污染物全部都有影响。

表 1-5 典型柴油乘用车的排气组分及排气污染物组成[13]

污染物	N_2	O_2	CO_2	H_2O	HC	CO	PM	SO_2	NO_x
体积分数/%	71	10	11	8	0.01	0.04	0.07	0.02	0.01

五、汽车车室内的空气污染

车内挥发性有机化合物(VOC)及半挥发性有机化合物(SVOC)研究起始于 20 世纪 90 年代[14]。在夏季温度较高的情况下,车内部件的温度达到 70℃,导致挥发性组分大量挥发。在车内不仅检测到醛和甲苯,而且检测到高沸点的 SVOC 成分。下面以四个不同的测试结果为例予以说明。一是四辆新车在购买后第二天的挥发性有机化合物(VOC)的浓度测试结果显示:其中一辆车的初始浓度为 $7500\mu g/m^3$,比室外 TVOC 浓度大约高两个数量级,三周后下降 90%;其他三辆车的初始浓度为 $300\sim600\mu g/m^3$。VOC 组分中,甲苯、二甲苯、十一烷和乙苯的比例依次为 2.2%~12.6%、2.4%~10.7%、0.8%~7.5%、0.5%~2.2%;甲苯和二甲苯是构成车内 VOC 的主要组分[15]。二是对车内 VOC 详细组分进行测试,结果表明[16]:车内产生的 VOC 多达 162 种,并且随着外部空气温度的上升其浓度增大;但车内的挥发性有机化合物浓度在汽车交付后半年内急剧下降。三是对 101 辆客车进行检测,结果表明:甲苯、甲醛和二甲苯的浓度处于较高水平。四是对停止状态的一辆新车和两辆二手车内 VOC 进行的检测,测量结果表明[17]:新车的 TVOC 为 $4940\mu g/m^3$,两辆二手车的 TVOC 分别为 $1240\mu g/m^3$ 和 $132\mu g/m^3$。与表 1-2 所列的 GB/T 18883—2002 中的 TVOC 限值 $600\mu g/m^3$ 相比,新车内的 TVOC 浓度达到标准的 8 倍以上,旧车也可能为标准的 2 倍以上。

车内环境污染源主要有四个:一是新车内的零部件及内饰材料散发的环境污染物;二是进入车内的发动机排放的污染物;三是汽车空调系统的污染,长时间不清洗车用空调送风系统时,附着在空调过滤器上的尘土、细菌等会进入车内,造成细菌污染和微粒污染等;四是进入车内的车外污染物,当汽车开窗通风或者车辆密封不严时,可吸入颗粒物和汽车尾气等外界环境的污染物将进入车内环境,造成车内空气污染。其中,新车内的零部件及内饰材料散发的环境污染物危害最大,其控制难度最大[18~22]。新车车内各种配件(如座椅、坐垫、座椅套和座椅面料等)、内饰(如车内地垫、门内护板、车顶棚衬里、窗帘等)和生产中使用的油漆、稀释剂以及黏合用的胶水等在狭窄、密闭车内空间中,会发生出气(或称放气、释气等)现象。特别是在阳光照射充足的夏天,封闭暴晒后,车内温度可升至 60~70℃,因而有害物质大量挥发,浓度会增加数倍[23]。当新车放置时,其内饰材料及零部件如地垫、顶棚衬里、座椅、遮阳板、线束、计算机单元、仪表板、仪表、车身漆、座椅安全带、脚踏板、气囊、门密封、加热器、开关、门饰、通风与空调管路、隔声材料、堵缝材料、多媒体系统、导航系统、收音机、扬声器、方向盘、立柱、密封条、手制动器和螺栓等会释放出车内污染物（VOC）。

由于车室内的污染物对人体健康影响大，持续时间长。因此，中国、日本和韩国等国家先后制定了限制新车车内污染物排放的法规或指南[24,25]。

表 1-6 列出了环境保护部、国家质量监督检验检疫总局发布的《乘用车内空气质量评价指南》（GB/T 27630—2011）及韩国、日本对车内空气中有机物浓度的要求。GB/T 27630—2011 主要用于评价销售的新生产乘用车内的空气质量，在用乘用车也可参照使用。从表 1-6 可以看出车内的空气污染物主要有甲醛、苯、甲苯、乙苯、二甲苯、苯乙烯、乙醛、丙烯醛、对二氯苯（p-DCB）、邻苯二甲酸二丁酯（DBP）和邻苯二甲酸二（2-乙基己）酯（DEHP）共 11 种。中国、韩国和日本规定的污染物种类分别为 8 种、6 种和 9 种。三个国家共同限制的车内的空气污染物为甲醛、甲苯、乙苯、二甲苯和苯乙烯。

表 1-6 车内空气中有机物浓度的要求[25,26]

名称	浓度/($\mu g/m^3$)		
	中国	日本	韩国
甲醛	100	100	250
苯	110	—	30
甲苯	1100	260	1000
乙苯	1500	3800	1600
二甲苯	1500	870	870
苯乙烯	260	220	300
乙醛	50	48	—
丙烯醛	50	—	—
对二氯苯（p-DCB）	—	240	—
邻苯二甲酸二丁酯（DBP）	—	220	—
邻苯二甲酸二(2-乙基己)酯(DEHP)	—	120	—

六、汽车零件磨损等产生的非排气悬浮颗粒空气污染物

汽车在行驶过程中，其制动器、轮胎、离合器和路面等相互间会产生各种磨损；车身周围产生的湍流致使这些磨损颗粒物和扬起的道路粉尘悬浮形成可悬浮颗粒物，这就是汽车行驶过程中产生的非排气空气污染物。道路粉尘悬浮形成的可悬浮颗粒物的成分取决于当地环境，与车辆无关。磨损颗粒物形成的可悬浮颗粒物与零件的组成元素相同，如制动磨损产生的颗粒物的主要化学成分有 Fe、Cu、Ba 和 Pb，次要成分有有机碳和元素碳等。

非排气颗粒排放源主要有制动器、轮胎、离合器、路面等，潜在的排放源有发动机、车轮轴承，以及其他车辆部件和交通设施、防撞障碍物、减速杠的腐蚀及撞击等。在干燥气候条件下，汽车行驶产生的湍流以及风力作用使道路粉尘悬浮形成的非排气颗粒可能成为汽车行驶过程重要的颗粒物来源之一[27]。北京市环保局公布的 $PM_{2.5}$ 来源解析结果也表明这一点，该报告认为机动车行驶过程中产生的 $PM_{2.5}$ 主要有机动车直接排放 $PM_{2.5}$，机动车排放的挥发性有机物、NO_x 等产生的二次有机物和硝酸盐 $PM_{2.5}$，以及机动车行驶过程中产生的道路扬尘的"搅拌器"作用产生的 $PM_{2.5}$ 三个来源[28]。

有关研究结果表明：排气和非排气来源对与交通有关的总 PM_{10} 排放量的贡献几乎相

等[27]。制动器磨损对与非排气交通相关排放的相对贡献在16%～55%之间，占与交通相关的PM_{10}总排放量的11%～21%，制动器总磨损量的约50%最后成为空气中的PM_{10}污染物。汽车在高速公路上行驶时，制动频率较低，刹车片磨损产生的PM_{10}贡献较低。在交通密度大和制动频率高的城市环境中，刹车片磨损的PM_{10}贡献较高；刹车片磨损可占与非排气交通相关的PM_{10}排放总量的55%，以及与交通相关的PM_{10}排放总量的21%（质量分数）[29]。

制动器磨损产生的PM_{10}的质量分布通常呈单峰分布，最大值在2～6μm之间。制动器磨损产生的PM_{10}的粒子数分布为双峰分布，一个峰位于超细颗粒（<0.1μm）区域，另一个峰位于0.3μm附近。制动磨损颗粒物的主要化学成分是有机碳、Fe、Cu、Ba和Pb。研究表明：轻型载重车制动器磨损产生的PM_{10}排放因子为2.0～8.0mg/km，重型载重车制动器磨损产生的PM_{10}排放因子比轻型载重车高大约一个数量级[27]。

随着环境质量标准的逐步严格，非排气排放源对PM_{10}的相对贡献将变得更加突出，非排气颗粒排放将会受到关注。

七、汽车的CO_2排放问题

CO_2是汽车燃料燃烧的最终产物之一。CO_2属于温室气体，虽然在汽车排放标准中未被列为有害（毒）排气污染物，但很多国家或地区均设定了碳排放目标值或与CO_2排放密切相关的燃油消耗量限值等。因此可以认CO_2是汽车排放的一种特殊空气污染物。如欧盟设定的2021年乘用车CO_2排放目标为95g/km，要求汽油乘用车和柴油乘用车的燃油消耗量分别约为4.1L/100km和3.6L/100km；从2020年开始逐步实现所有新型轿车的平均CO_2排放95g/km的目标。轻型商用车2020年的CO_2排放目标为147g/km。如果达不到CO_2排放目标，则制造商必须为每辆注册的汽车支付超额排放费。从2019年起，销售的每辆汽车，CO_2每超过目标值1g/km将要额外支付95欧元[30]。表1-7列出了2015年和2016年英国新车CO_2排放统计，低于95g/km的车辆仅占8%，距离欧盟2021年95g/km的CO_2排放目标差距很大。

表1-7 2015年和2016年英国新车CO_2排放统计[31]

CO_2排放量/(g/km)	数量/千辆	占比/%
<95	80	8
95～104	200	21
105～114	220	23
115～124	200	21
125～134	100	10
135～144	70	7
145～154	40	4
155～164	20	2
165～174	10	1
175～184	5	1
185～194	5	—
195～204	5	—

续表

CO_2 排放量/(g/km)	数量/千辆	占比/%
205～224	5	—
≥225	5	—

另外，该统计还表明，2015 年和 2016 年英国 50% 新车的 CO_2 排放率不高于 114g/km；90% 车辆的 CO_2 排放率小于 145g/km。柴油车和非柴油车的销量分别为 78 万辆和 18 万辆，占燃油汽车的百分比分别为 81% 和 19%。

我国 2014 年发布的 GB 19578《乘用车燃料消耗量限值》规定：2020 年国产单车燃料消耗量限值和企业平均目标为 5.0L/100km。据此可推算出 CO_2 排放目标约为 120g/km[32]，与表 1-7 所列 2015 年和 2016 年英国新车 CO_2 排放统计结果相比，我国的 CO_2 排放目标差距较为明显。

第二节　汽车排放的气体污染物的主要危害及防治对策

汽车排放的气体污染物有 NO_2、NO、CO、SO_2、HC、NH_3 等有害物，以及温室气体 CO_2、N_2O 和空调制冷剂的氟氯烃等，这些环境污染物主要产生于汽车行驶过程，其主要特点是直接排入环境空气，进而产生各种环境危害。另外，车室内存在内饰材料及零部件释放的苯、甲苯、二甲苯、乙苯、苯乙烯、甲醛、乙醛和丙烯醛等室内空气污染物，这些污染物主要危害司乘人员的身体健康，受害范围小。下面对汽车的这些空气污染物的主要危害及其防治方法做一简要介绍[33,34]。

一、汽车排放的气体污染物的主要危害

1. 一氧化碳（CO）的危害

CO 是一种无色、无味的易燃、有毒气体。在水中的溶解度极低，但易溶于氨水。空气混合爆炸极限为 12.5%～74%。一般城市空气中的 CO 水平对植物及微生物无害。但高浓度的 CO 对人类有害，其原因是血红素与 CO 的结合能力是与氧结合能力的 200～300 倍，CO 能与人体内血红素作用生成羧基血红素，使血液携带氧的能力降低而引起缺氧，进而发生恶心、头晕、疲劳症状，严重时会使人窒息死亡。

2. 氮氧化合物的危害

汽车排气中含有 NO、NO_2 和 N_2O 三种空气污染物。

NO 是一种无色、无味的气体，稍溶于水，具有血管扩张作用，被认为是一种神经传导物质，常温下 NO 很容易氧化为 NO_2。一般空气中的 NO 对人体无害，但吸入一定量的 NO 后，可引起变性血红蛋白的形成，并影响中枢神经系统。

NO_2 在常温常压下为棕色，具有刺激气味，比空气重，易溶于水，有毒，易液化；易与碱溶液、水反应；具有麻醉作用，在医疗现场作为吸入麻醉剂使用。其危害可归纳为四方面：一是对人体、动植物有生理刺激作用，NO_2 的强氧化作用会伤害细胞，刺激黏膜，引发支气管炎和肺水肿等病，NO_2 对人体的毒性为 NO 的 4～5 倍；二是具有腐蚀性，可毁坏棉花、尼龙等织物，腐蚀镍青铜材料，使染料褪色等；三是损害植物，严重时使农作物减

产、植物落叶和萎黄等；四是参与光化学反应，形成光化学烟雾，降低物体亮度和反差。

N_2O 是一种无色、有甜味气体，室温下稳定，有轻微麻醉作用，并能致人发笑，故称笑气，属于痕量气体（Trace Gas）。N_2O 的主要环境危害是温室效应强，增温潜势达 CO_2 的 298 倍。另外，进入平流层，会导致臭氧层破坏，使太阳紫外线辐射增大，损害人体皮肤、眼睛和免疫系统等。N_2O 进入血液后会导致人体缺氧，吸入 NO_2 可能引起致窒息、晕厥、贫血及中枢神经系统损害等。

3. 二氧化硫（SO_2）的危害

SO_2 是一种无色透明气体，有刺激性臭味；溶于乙醇和乙醚，有一定的水溶性，与水及水蒸气作用时生成有毒及腐蚀性蒸气。SO_2 具有漂白作用，工业上常用 SO_2 漂白纸浆、草帽、毛和丝等；SO_2 还具有抑制霉菌和细菌滋生的作用。SO_2 被国内外允许作为食品添加剂使用，具有护色、防腐、漂白和抗氧化的作用。按照标准规定，合理使用 SO_2 时不会对人体健康造成危害。环境中 SO_2 浓度较高时则会对生态环境产生四方面的危害。一是 SO_2 对人体呼吸系统和眼睛具有刺激作用。患有慢性肺部病和心脏病的人最易受害，吸入低浓度的 SO_2 后，可引起呼吸道炎症；吸入高浓度的 SO_2 后，可引起咳嗽、呼吸道红肿等症状；大量吸入 SO_2 后可引起肺水肿，甚至致人死亡等。二是 SO_2 能与水反应生成亚硫酸，SO_2 和煤尘共存时能产生硫酸烟雾，形成酸雨。三是对材料具有腐蚀、破坏作用。与水及水蒸气作用生成的腐蚀性蒸气能使建筑材料、皮革、塑像及艺术品寿命缩短、强度降低和变色等。四是影响植物的正常生长。SO_2 主要通过气孔进入植物内部，遇水便会产生 H_2SO_3，导致叶片褪绿和叶脉间出现斑块，逐渐坏死，造成树枝尖端干枯及叶片过早凋落等。

4. 碳氢化合物（HC）的危害

汽车排放的 HC 包括排气管排放的未燃燃油、燃油系统泄漏的燃油、未完全燃烧的燃油和发动机曲轴箱泄漏的气体污染物等。汽车排气中 HC 的种类很多，分析极为困难。故此仅对 HC 中危害较大的烯烃类、醛类和多环芳烃（PAH）等的危害予以简要介绍。

烯烃的主要危害是参与光化学烟雾生成的化学反应。常见的烯烃类有乙烯、丙烯和丁二烯等，其主要危害分别如下。

乙烯是一种无色气体，略具烃类特有的臭味。乙烯是植物内活性激素，当乙烯污染超过植物忍耐的限度时，水果和蔬菜会出现早熟。人体吸入高浓度乙烯可立即引起意识丧失，无明显的兴奋期，但吸入新鲜空气后，可很快苏醒。乙烯对眼及呼吸道黏膜有轻微刺激性。液态乙烯可致皮肤冻伤。长期接触乙烯，可引起头昏、全身不适、乏力、思维不集中，个别人有胃肠道功能紊乱症状。

丙烯常温下为无色、稍带甜味的气体，属于低毒类物质，具有致癌嫌疑。吸入人体后，会出现感觉异常和注意力不集中、呕吐、眩晕，严重时意识丧失。

丁二烯是一种无色气体，有特殊气味，具有麻醉和刺激作用。吸入人体后，会出现头痛、头晕、恶心、咽痛、耳鸣、全身乏力和嗜睡等，严重时会出现酒醉状态、呼吸困难、意识丧失、抽搐等症状。皮肤直接接触丁二烯可发生灼伤或冻伤。长期接触一定浓度的丁二烯可出现头痛、头晕、全身乏力、失眠、多梦、记忆力减退、恶心、心悸等症状。

PAH（Polycyclic Aromatic Hydrocarbon）指具有两个或两个以上苯环的一类有机化合物，包括萘、蒽、菲和芘等 150 余种化合物。PAH 主要存在于柴油机微粒之中，对人体和动植物的危害很大。PAH 是一种强致癌物质，主要危害人的呼吸道和皮肤。当人们长期处于 PAH 污染的环境中时，可引起急性或慢性伤害，导致皮肤癌、肺癌，损害生殖系统，甚至导致不育症等。PAH 影响植物的正常生长和结果，当 PAH 落在植物叶片上时，会堵塞叶片呼吸孔，使其变色、萎缩、卷曲，直至脱落。

5. 微粒物（PM）的危害

汽车内燃机燃料燃烧过程生成的微粒有核态和积聚态两类。核态微粒主要由可挥发的物质凝结而成，如硫酸盐和重组分的未燃碳氢化合物等；积聚态微粒以碳烟为基础，可溶性有机物和硫酸盐附着在其表面，含有 PAH 等多种有害物质。非排气微粒物的粒径较大，结构和元素组成较为简单。PM 是形成雾霾的首要污染物，对生态环境的危害特别是人类健康影响极大。其主要环境危害有四方面。一是影响气候，遮挡阳光，减少日光对地面的辐射量，使气温降低或形成冷凝核心，使云雾和雨水增多。二是降低能见度，影响交通。PM 会对阳光产生吸收和散射作用，降低空气的可见度和导致光照减弱，致使交通不便，航空、水运与公路运输事故增多。三是增大发电污染物排放。照明时间增长，导致耗电增大，发电污染增多，使空气污染变得更加严重。四是影响健康。PM_{10} 一般会黏附在人鼻子的黏膜上，由呼吸进入肺部的量很少；由于 $PM_{2.5}$ 直径小，可以直接进入呼吸系统，黏附在肺部的深处，其上吸附的多种有害物质会致人出现过敏和哮喘症状，并会使心血管循环系统受损、血压升高、动脉硬化等，具有致癌和发生早死的嫌疑。研究表明，5nm、30nm、100nm 和 300nm 的颗粒在肺泡、气管、支气管和胸外区域沉积比例大约为 91%、63%、23% 和 13%。可见，颗粒物粒径越小，其沉积分数越大[35]。非排气颗粒物对人体的危害机理与排气 PM 略有不同。非排气颗粒物为含有铜、铁和锰等金属元素的细颗粒，与大气的酸性硫酸盐颗粒相遇时，发生相互作用，进而改变酸性硫酸盐的溶解度，形成毒性更大的气溶胶。当人吸入这种气溶胶时，可溶性过渡金属可通过氧化还原循环在体内产生活性氧物质，导致氧化应激，即出现体内氧化作用大于抗氧化作用的现象。进而，使人体的蛋白质、脂肪和 DNA 遭到破坏，机体的结构和功能改变。严重时会导致心血管疾病、糖尿病、中枢神经系统疾病、动脉粥样硬化等[36]。

6. 氨（NH_3）的危害

NH_3 是一种无色、极易溶于水、有强烈刺激气味的气体。NH_3 对人体的喉、鼻、眼、皮肤和黏膜等有刺激作用。NH_3 被吸入呼吸道内会生成氨水，氨水则透过黏膜、肺泡上皮侵入黏膜下、肺间质和毛细血管，进而引起多种病状，严重时会引起反射性呼吸停止、心脏停搏，常见的病状有声带痉挛、喉头水肿、组织坏死；气管、支气管黏膜损伤、水肿、出血和痉挛；肺泡上皮细胞、肺间质、肺毛细血管内皮细胞受损坏，通透性增强，肺间质水肿；淋巴总管痉挛，淋巴回流受阻，肺毛细血管压力增加；黏膜水肿、炎症分泌增多和肺水肿等。皮肤直接接触氨会产生碱性烧伤；眼部接触后易造成流泪等。

7. CO_2 和氟氯烃的危害

CO_2 和氟氯烃（CFC）属于温室气体，其主要环境危害是引起全球气候变暖。CO_2 是一种无色、无味气体，密度比空气大，能溶于水，与水反应生成碳酸。吸入少量 CO_2 时对人体无危害，但超过一定量时会影响人的呼吸，血液中的碳酸浓度增大、酸性增强，并产生酸中毒。当空气中 CO_2 的体积分数达到 1% 时，会出现气闷、头昏和心悸的感觉；达到 4%~5% 时会感到眩晕，达到 6% 以上时，会出现神志不清、呼吸逐渐停止以致死亡现象。CO_2 的环境危害是其具有保温的作用，引起地球表面温度升高。

CFC 也称氯氟碳化合物，是甲烷、乙烷和丙烷等饱和烃的卤代物的总称。其环境危害为破坏大气臭氧层和温室效应。CFC一旦进入大气层，就会在平流层内积累并消耗其中的臭氧，引发臭氧空洞现象。臭氧量的减少使得大量短波紫外线到达地球表面，导致皮肤癌等疾病患者增加；吸入CFC会引起困倦、口齿不清和方向障碍等，严重时会导致死亡；皮肤接触会导致皮肤敏感甚至皮炎；误食氯氟碳化合物会导致恶心和腹泻等。氟氯烃的温室效应远高于CO_2，CCl_3F、$CHCl_2F$和CHF_3 20年的增温潜势是CO_2的6300、700和9400倍。

8. 挥发性有机化合物的危害

挥发性有机化合物（Volatile Organic Compounds，VOC）的来源为内饰材料及零部件，危害较大的有表1-6所列的苯、甲苯、二甲苯、乙苯、苯乙烯、甲醛、乙醛和丙烯醛等，汽车VOC对环境影响有限，主要影响司乘人员健康。当车内VOC达到一定浓度时，短时间内人们会感到头痛、恶心、呕吐、乏力等，严重时会出现抽搐、昏迷，并会伤害到人的肝脏、肾脏、大脑和神经系统，造成记忆力减退等严重后果，甚至可能致癌[33,37]。

二、汽车排放的气体污染物的主要防治对策

汽车排放的气体污染物CO、NO_2、NO、N_2O、SO_2、HC、NH_3和CO_2等来自于汽车排气，因此，其主要方法是通过改善燃烧和采用排气后处理技术减少其排放量。环保部门应加强道路周边的空气污染物实时监测，当汽车排放的环境空气污染浓度聚集到危险水平时予以公示或报警等，道路交通参与人员可采取减少出行、避免进入超标区域等防治方法。

空调制冷剂的氟氯烃等来自于汽车空调系统，可通过采用新型环保制冷剂替代方法解决，对采用氟氯烃空调制冷剂的汽车则在报废时予以回收。

车室内存在内饰材料及零部件释放挥发性有机化合物（VOC）的防治方法主要有三个：一是采用VOC释放较少的或不释放VOC的绿色内饰材料及零部件；二是通过打开车窗、车门或换气系统，稀释车内VOC的浓度，使其降至安全水平；三是采用车内空气净化装置，通过分解、吸附或转化等方法，降低VOC的浓度或将其变为无害的气体。

总之，气体污染物的防治难度大，难以采用口罩等物理方法过滤，因此，其主要防治对策是源头控制、减少进入污染区域的时间或不进入污染区域。

第三节　汽车生命周期内的液体及固体污染

一、废液及固体污染物的来源与种类

废液和固体污染物主要来自汽车制造企业、汽车维修企业和报废汽车。

汽车制造企业排放的废液主要有磷化、涂装、喷漆和清洗的废水，脱脂、电泳和切削的废液、废油等；固体污染物主要有加工过程产生的磷化废渣、漆渣、废水处理后的污泥等。汽车维修企业排放的废液主要有冷却液、润滑油、蓄电池和动力电池的酸/碱电解液等；固体污染物主要有含有重金属零部件、轮胎、玻璃和胶黏剂等非金属材料。报废汽车中可能产生环境污染的物质主要有残留在的燃油供给系统中的燃油（汽油、柴油、LPG等）；残留在汽车发动机、变速器、差速器、液力变矩器、制动系统、离合器、动力转向装置等中的润滑油（脂）；空调系统中的制冷剂；汽车发动机及电动汽车驱动电机等冷却系统的冷却液（常含有防冻剂等添加剂）；动力电池和蓄电池的电解液以及含有铅、镉、锌、铜、汞、锰、镍、

锂及六价铬等有毒重金属的汽车材料[33]。

如果不及时回收和处理这些液体和固体废物，并且长时间堆放，则会造成环境污染。

二、液体类污染物的主要特性与危害

各种废水、废液和废油进入水系和土壤之后会影响环境水质量和生态环境。汽车制造企业和汽车维修企业生产场所固定，每天产生的废水、废液和废油的数量变化较小，处置条件较好，故易于通过专用处理设备进行液体类污染物防治和处理。报废汽车废液的防治相对较难。

残留于报废汽车的燃油和润滑剂除可能污染环境外，还可能引发火灾，产生次生污染。液冷式汽车发动机或驱动电机等的冷却液中一般添加有防冻剂等多种添加剂。防冻剂主要由乙二醇、离子软化水、防腐防锈防垢添加剂、抗泡剂、稳定剂和色素等组成。防冻液中的主要成分乙二醇具有毒性，当人吸入中毒后，会出现反复发作性昏厥和眼球震颤，淋巴细胞增多等。误食后，会出现中枢神经系统急性中毒症状，轻者似乙醇中毒的表现，重者迅速产生昏迷、抽搐，甚至导致死亡；随着中毒时间延长，会进一步出现肺水肿、支气管肺炎、心力衰竭和不同程度肾衰竭等。

汽车空调制冷中主要采用卤代烃制冷剂，其中不含氢原子的称为氯氟烃（CFC），含氢原子的称为氢氯氟烃（HCFC），不含氯原子的称为氢氟烃（HFC）。汽车空调制冷剂最早广泛使用的是二氟二氯甲烷［CFC-12（R12）］，后来使用环保型产品 HFC-134A 等。氯氟烃和氢氯氟烃是强温室效应气体，对大气臭氧层也有破坏作用，随着氯原子数增加，对大气臭氧层的破坏作用增强。HFC 不含氯原子，对臭氧层没有破坏作用。

汽车使用的铅酸蓄电池，其电解液是硫酸溶液。硫酸溶液对皮肤、黏膜等组织有强烈的刺激和腐蚀作用。硫酸蒸气或雾可引起多种疾病，可造成水体和土壤污染。汽车动力电池的酸、碱等电解液也可能污染土地和水系，使得土地和水系酸性化或碱性化，进而危害生物及植物等。

三、废弃固体污染物的主要特性与危害

汽车生命周期内的废弃固体中污染物种类繁多，难以一一说明。与废弃液体类似，汽车制造企业和汽车维修企业废弃固体物的污染问题防治和处理问题不太突出，报废汽车废弃固体污染物的防治相对较难。故此处仅以汽车的安全气囊，废旧动力蓄电池，材料中的铅、水银、六价铬、镉等有毒金属，塑料零部件和废旧轮胎等为例予以简要说明。

汽车的安全气囊，在汽车发生碰撞的时候能分解产生大量氮气使气囊鼓起，从而减轻对乘员的危害。因此，应及时拆除或处理报废汽车的安全气囊，否则可能引起安全事故和环境危害。安全气囊分解产生大量氮气的主要物质是叠氮化钠（三氮化钠）。叠氮化钠是一种无味、无臭的白色六方系晶体，热稳定性差，温度高于其熔点（275℃）或剧烈震动下可分解爆炸。叠氮化钠属于剧毒物质，可经皮肤吸收，危害健康。故应避免接近热源、明火、撞击等，以免发生爆炸，危害环境。

随着电动汽车的广泛使用，废旧动力蓄电池的环境危害将会逐步突出。一是废旧动力蓄电池的剩余电量可能引发触电及爆炸危险。废弃电池仍然带电，有人身触电危险；使用中电池内部结构发生变化，存在燃烧爆炸风险。二是锂离子电池的正极、负极材料及电解质进入水系和土壤之后会影响生态环境。电解液中的六氟磷酸锂，遇水可生成氢氟酸，有极强的腐

蚀性，污染水和空气；电解液中的多种有机溶剂可能通过化学反应造成醇类、醛类等有机污染；电解质中的强碱可能会提升水系或土壤的 pH 值，处理不当则可能产生有毒气体。电池正极的金属离子、负极的炭粉尘、电解质中的重金属离子，可能会污染水系和土壤；进而通过食物链危害人体健康，如钴元素可能会引起人们肠道紊乱、耳聋、心肌缺血等症状。

汽车材料中的铅、水银、六价铬、镉等有毒金属是汽车废弃物的重要污染源[38]。

铅是汽车上使用量最多的有毒金属，主要以金属铅、合金铅和添加剂等形式存在于汽车材料之中[38]。金属铅主要用于仪器指针的平衡重、安全带加速度传感器、喷射泵铅封、轮胎平衡重和减振器等；作为合金元素的铅主要用于钢材、铝材、润滑剂、发动机气门座、轴承、燃油箱的镀层、铜制散热器、车身、铜制加热器加热芯等的焊接处；作为有机材料添加剂的铅主要用于橡胶件、胶黏剂、涂料、密封件、润滑脂、摩擦材料树脂表面等；作为玻璃和陶瓷材料添加剂而使用的铅，主要用于添加在车窗和敞篷车折叠式可开启车顶等处的黑色陶瓷和灯泡等玻璃、电器的绝缘体与触点等处；作为电器电子的材料和添加成分而使用的铅，主要用于铅酸蓄电池的铅电极、线路板和元器件的焊接处等。

水银（汞）主要用于安装有放电管的仪器之中，如汽车上组合仪表里的照明灯、导航用的液晶显示器、前照灯和车内的荧光灯等。汞是毒性最强的重金属污染物之一，汞的毒性随其存在形态不同而不同。汞以金属汞、无机化合物（如氯化汞、氧化汞等）和有机汞（如甲基汞、乙基汞）三种形式存在。汞可借助细菌变为甲基汞，甲基汞可以在鱼和贝类中形成生物蓄积。汞在常温即可蒸发；吸入汞蒸气可对神经、消化和免疫系统造成损害。汞的无机盐对皮肤、眼睛和胃肠道具有腐蚀性，误食入后，可引发肾中毒。有机汞中的甲基汞是毒性最强的汞化合物，对人的神经、心血管、生殖、免疫系统和肾脏等具有危害。

六价铬是防锈膜和防锈颜料的主要成分之一，主要用于零件的防锈处理。汽车上使用六价铬的零部件主要有带轮、镀铬螺钉、门锁、制动系统的制动器和管路等。

镉在汽车上的用途主要有四个方面：一是作为合金元素使用，其功用是调节合金的熔点，如天然气气瓶的安全阀；二是作为涂料的成分使用，如在不同颜色的真空荧光灯的颜料里添加的镉化合物等；三是为了降低熔点和着色等，作为玻璃的添加剂而使用的镉；四是作为电气和电子材料的添加剂使用的镉，其目的主要是提高抗电弧能力（如 IC 回路的触点等），提高润滑性，调整阻抗和熔点等，镉还作为车用 Ni-Cd 电池的电极和光传感器的成分使用。

如果不对报废汽车及时采取有效措施，则汽车材料中的铅、水银、六价铬、镉将会在自然环境中被风吹、日晒和雨淋，进入空气、水系和土壤，并产生环境危害。铅、水银、六价铬、镉的环境危害表现为对人体健康、动物生存和农作物生长等的影响。铅、水银、六价铬、镉等物质主要通过三条途径影响人体健康：一是通过水系进入人体；二是以微粒或蒸气形式通过呼吸进入人体；三是间接的途径，即铅、水银、六价铬、镉先在植物（如蔬菜、水果等）或动物（如海鲜等）体内产生积累效应，再通过食物链进入人体。

汽车的废旧轮胎也是一种需要占用大量环境空间的废物，并且难以压缩、收集和消除。轮胎成分常含有一些危险物质，如合金钢丝帘线和橡胶添加剂氧化锌等中的铅、铬和镉等重金属。轮胎不具有生物降解性，故若处置和管理不当，长期堆放的轮胎会对健康和环境造成威胁。长期露天堆放，不仅占用了大量土地资源，而且极易滋生蚊虫，传播疾病，严重恶化自然环境，破坏植被，很容易因纵火或其他偶然原因（如雷电等）而发生火灾，进而产生烟雾和有毒污染物，影响土壤、航道和空气质量。

无法回收的塑料零部件是报废汽车的重要污染源之一，特别是不能降解的塑料，进入土壤后会改变土壤的特质,破坏土壤的正常呼吸、土壤内部的热传递和微生物生长等。经过长时间累积,还会影响农作物吸收养分和水分,导致农作物减产。废弃在地面上和进入水系后,容易被动物误食吞入,导致动物机体损伤和死亡等。如果采用不当的焚烧处理,还会产生大量的有毒气体,造成严重的大气污染。

第四节 汽车的噪声污染及防治方法

一、噪声的危害及道路交通噪声的现状

噪声指由不同振幅和频率组成的杂乱无章的嘈杂声,是人们不需要并希望加以控制和消除声音的总称。噪声使人厌烦,妨碍人类的生活和生产,对心理、生理、健康、生活和工作有不利影响。其主要危害是:使人的听力减弱、视觉功能下降;导致神经衰弱、血压变化;出现胃肠道消化功能障碍;影响人的睡眠、谈话、学习、工作和情绪等。国际标准化组织(ISO)及其他调查结果表明[39],在噪声级85dB和90dB的环境中工作30年,耳聋的可能性分别为8%和18%;在噪声级70dB的环境中,谈话就感到困难。调查结果显示,干扰睡眠、休息的噪声级阈值,白天为50dB,夜间为45dB。

汽车行驶或驻车时会在附近区域产生噪声,特别是大负荷高速行驶时,会显著增大道路周边的噪声。为了保护道路周边人群的健康和生存环境,我国制定了城市道路交通噪声强度等级划分标准。把道路交通噪声强度等级"一级"至"五级",对应的评价依次为"好""较好""一般""较差"和"差"。表1-8列出了城市道路交通噪声强度等级划分,近年的中国环境噪声污染防治报告中,均公布了按照表1-8得到的年度噪声监测结果。《2017年中国环境噪声污染防治报告》显示,2016年,全国共有320个地级及以上城市开展了昼间道路交通声环境质量监测,全国城市昼间道路交通噪声平均值为66.8dB(A)。其中,昼间道路交通噪声强度评价为一级的城市220个,占68.8%;二级的城市84个,占26.2%;三级的城市11个,占3.4%;四级的城市5个,占1.6%。

表1-8 城市道路交通噪声强度等级划分[40]　　　　　单位:dB(A)

项目	一级	二级	三级	四级	五级
昼间平均等效声级	≤68.0	68.1~70.0	70.1~72.0	72.1~74.0	>74.0
夜间平均等效声级	≤58.0	58.1~60.0	60.1~62.0	62.1~64.0	>64.0

表1-9 2016年交通噪声强度前十名城市的道路交通噪声昼间平均等效声级统计

项目	哈尔滨	西安	西宁	拉萨	上海	长沙	成都	沈阳	武汉	北京
覆盖路长/km	120.2	202.1	85.7	53	204.8	355.7	214.8	144	307	962.7
平均等效声级/dB(A)	73.4	71.2	69.7	69.3	69.7	69.6	70.9	69.1	67.1	69.3
超过70dB(A)的比例/%	82.4	70.8	63.7	59.1	56.7	54	51.3	50.2	42.9	42.1

表1-9列出了2016年交通噪声强度前十名的直辖市和省会城市道路交通噪声昼间平均等效声级统计结果。结果表明,这些城市昼间道路交通噪声平均值已远远超出了干扰睡眠和休息的阈值50dB。哈尔滨的昼间平均等效声级为73.4dB,属于"四级",西安的昼间平均等效声级为71.2dB,属于"三级",但这两个城市监测点覆盖路段上的昼间道路交通噪声水

平均超出了谈话就感到困难的 70dB 的噪声级阈值。因此，汽车噪声的防治在我国仍然是一个需要迫切解决的问题。

二、汽车噪声的来源

汽车噪声一般是 70～85dB 的中等强度噪声，重型车会超过 90dB。汽车噪声的特点是影响时间长，范围广，危害大。试验结果表明：在 88dB 时，驾驶员的注意力下降 10%；在 90dB 时，下降 20%。汽车的高噪声不仅会影响周围环境，还会使驾驶员工作效率下降，反应时间延长，增加交通事故发生率。

汽车噪声是一种综合噪声，其声源构成复杂，主要包括发动机的机械噪声、燃烧噪声、进排气噪声、风扇噪声，底盘的机械噪声、传动噪声、轮胎噪声，车厢振动噪声，货物撞击噪声，喇叭噪声，以及转向、倒车时的蜂鸣声，汽车防盗器的误鸣噪声等[33]。汽车等速行驶时的车外噪声可以分为轮胎或路面噪声和发动机及其他总成噪声两大类。燃烧噪声主要由缸内混合气燃烧时急剧上升的气缸压力产生。燃烧噪声主要通过活塞、连杆、曲轴、缸体及缸盖等发动机结构的表面振动辐射出来。压力升高率是影响燃烧噪声的主要因素，柴油机压缩比高，压力升高率大，其燃烧噪声明显高于汽油机。机械噪声是由于发动机运转而引起的声音，主要包括曲轴、活塞连杆、配气机构、发动机附件等产生的噪声。

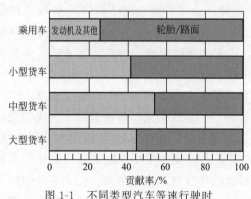

图 1-1 不同类型汽车等速行驶时车外噪声的构成[41]

如图 1-1 所示为不同类型汽车等速行驶时车外噪声的构成。图 1-1 中，贡献率越大，表明该部分产生的噪声越大。可见对乘用车而言，等速行驶时的车外噪声主要来自轮胎或路面；对中型载重车而言，等速行驶时的车外噪声来自轮胎/路面和发动机及其他总成的各一半。

如图 1-2 所示为日本乘用车加速行驶时噪声的声源及其贡献率[42]，图中用噪声能量的比例表示声源对噪声的贡献大小。图 1-2 中发动机代表由发动机机体传出的噪声，主要包括燃烧和机械噪声。若以 1971 年的 84dB（A）噪声限值的噪声能量作为 1，则 1998 年的噪声限值的噪声能量仅为 1/6。这些噪声中发动机的燃烧和机械噪声、冷却风扇噪声以及进、排

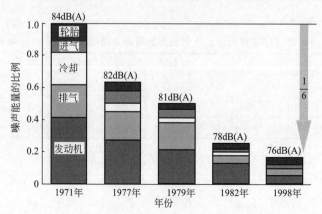

图 1-2 日本乘用车加速行驶时噪声的声源及其贡献率

气噪声是乘用车加速行驶时主要噪声来源。可见车辆在加速行驶与等速行驶时产生的车外噪声的构成差别很大。

大型货车加速行驶时噪声的声源及其贡献率与乘用车类似，如图1-3所示为日本大型载重车加速行驶时噪声的声源及其贡献率[41]。1971年的噪声限值为92dB（A），2001年时噪声限值为81dB（A），但2001年时的噪声能量仅为1971年限值的1/12。可见，发动机机体噪声所占比例明显大于乘用车，冷却风扇噪声和排气噪声对加速行驶时噪声的贡献仍然较大。这主要是因为重型车发动机功率大，其冷却风扇体积大，进排气流量大。

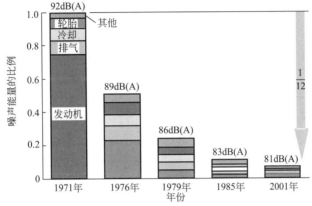

图1-3　日本大型载重车加速行驶时噪声的声源及其贡献率

三、汽车的噪声标准

由于汽车在加速行驶与等速行驶时车外噪声的构成差别很大，因此，国外的汽车噪声限值中有"汽车等速行驶时噪声限值"和"汽车加速行驶时噪声限值"之分。日本自1951年开始执行"汽车等速行驶时噪声限值"标准，但到1971年才开始执行"汽车加速行驶时噪声限值"标准；欧洲自1968年以来仅执行"汽车加速行驶时噪声限值"标准。

表1-10　汽车加速行驶时车外噪声限值[43]

汽车分类		噪声限值/dB(A)	
		第一阶段	第二阶段
		2002年10月1日～2004年12月30日期间生产的汽车	2005年1月1日以后生产的汽车
M_1		77	74
M_2(GVM≤3.5t)或N_1(GVM≤3.5t)	GVM≤2t	78	76
	2t<GVM≤3.5t	79	77
M_2(3.5t<GVM≤5t)或M_3(GVM>5t)	P<150kW	82	80
	P≥150kW	85	83
N_2(3.5t<GM≤12t)或N_3(GVM>12t)	P<75kW	83	81
	75kW<P≤150kW	86	83
	P>150kW	88	84

注：1. M_1、M_2（GVM≤3.5t）和N_1类汽车装用直喷式柴油机，其限值增加1dB（A）。
2. 对于越野汽车，GVM>2t时，如果P<150kW，则限值增加1dB（A）；如果P≥150kW，则限值增加2dB（A）。
3. M_1类汽车，若其变速器前挡多于四个，P>140kW，P与GVM之比大于75kW/t，并且用第三挡测试时其尾端出线速度大于61km/h，则限值增加1dB（A）。

与国外相比，我国汽车噪声控制起步较晚，自 1979 年 7 月 1 日试行 GB 1495—1979《机动车辆允许噪声》，标准规定了各类机动车辆加速行驶时，车外最大允许噪声限值。目前执行的是 GB 1495—2002《汽车加速行驶时车外噪声限值及测量方法》和 GB 16170—1996《汽车定置噪声限值》[42,43]。GB 16170—1996 对轿车和重型货车的定置噪声限值分别为 85dB（A）和 103dB（A）。GB 1495—2002 参考联合国欧洲经济委员会法规 ECE Reg. No.51 和 ISO 362 噪声测量标准制定，该标准要求所有已定型的新生产汽车和拟新定型的汽车加速行驶时车外噪声应达到表 1-10 规定的限值。表 1-10 中 GVM（Gross Vehicle Mass）表示车辆最大允许总质量，M 代表载客车辆，N 代表载货车辆，P 代表车辆最大功率。

四、汽车噪声的防治方法

噪声的防治方法主要有三种：一是声源控制法，即降低声源的噪声发射功率，如利用声的吸收、反射、干涉等特性控制声源噪声辐射的方法；二是传声途径控制法，如利用隔声屏障、吸声材料和吸附结构等控制噪声的传播方向和强度等；三是面向接收者的防护方法，如佩戴护耳器等。汽车噪声的防治方法可分为降低汽车噪声源的源头控制法和传声途径控制法两种。传声途径控制法有多孔性吸声道路、噪声屏障和吸声植物等方法。

从汽车加速行驶时车外噪声的能量构成来看，降低汽车加速行驶时车外噪声的主要途径有四个，即减少发动机机体噪声、冷却噪声、排气噪声和轮胎噪声。其中减少发动机机体噪声是降低汽车加速行驶车外噪声的重要途径，其减少方法主要有两种：一是减少发动机机体内产生的噪声能量，如减少运动件的摩擦和撞击力、降低发动机燃烧过程的最大压力升高率等；二是采用吸声材料和隔声装置等减少发动机机体内产生的噪声能量传出，如在变速器上盖、变速器下盖、发动机侧面和发动机油底壳镶嵌隔声或吸声材料隔离动力系统噪声的方法，如图 1-4 所示为这种方法的示意图。图 1-4（a）表示在变速器上盖、变速器下盖、发动机侧面隔离或吸收噪声的方法；图 1-4（b）为发动机底部采用吸声材料的部位及形状示意图。

减少汽车加速行驶时发动机排气噪声的方法是在发动机排气系统中安装消声器。如

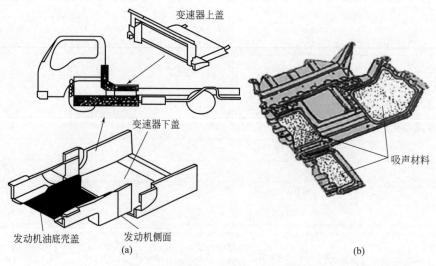

图 1-4 镶嵌隔声材料的发动机底盖[44]

图 1-5 所示为消声器在排气系统中的安装位置,根据车辆控制噪声的要求,排气系统可以安装一个、两个或多个消声器(如奥迪 100 轿车的排气系统有前、中、后三个消声器)。

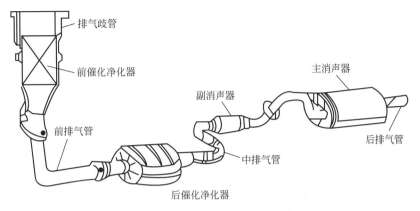

图 1-5 汽车的排气系统示例[45]

轮胎是汽车主要噪声源之一,其噪声形成非常复杂。轮胎噪声大致可分为结构噪声和气动噪声两类。气动噪声主要有泵浦噪声、空气柱共鸣噪声、赫姆霍兹共振噪声和空气紊流噪声等。结构噪声主要包括胎面冲击振动噪声、花纹块粘滑振动噪声和粘吸振动噪声等。当胎面与地面接触时,在径向、纵向和横向将产生压缩变形,使胎面沟部的容积减小,将沟内(或路面凹凸内)所含空气挤出,胎面离开地面时,沟部容积恢复,空气又流入沟内。胎面花纹间或路面凸凹内空气的不连续流动会造成压力波动,进而产生噪声。

减少汽车加速行驶时轮胎噪声的主要方法有两种:一是优化轮胎上花纹和沟槽的结构;二是改进道路的吸声和隔声性能。值得注意的是,改变轮胎上花纹和沟槽的结构可以减少噪声,但有可能给汽车的燃油经济性和安全性带来影响,改进轮胎的材料和优化花纹结构时,必须兼顾噪声与安全。如图 1-6 所示为三种不同花纹胎面对轿车噪声的影响,P2-A、P2-B 和 P2-C 为轮胎的代号。可见,胎面花纹形状的改变,可以使车辆降低三个噪声级左右,其效果是显著的。

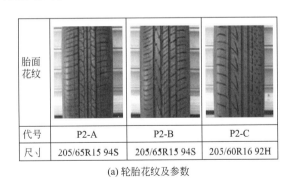
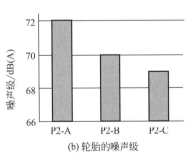

(a) 轮胎花纹及参数   (b) 轮胎的噪声级

图 1-6 三种不同花纹胎面对轿车噪声的影响[46]

不同花纹载货车和大客车用子午线轮胎的近场噪声试验也表明,不同轮胎花纹对近场噪声具有重要影响。3 款不同花纹轮胎的结构参数及声压级测量结果见表 1-11,试验时轮胎滚动速度为 70km/h。可见,花纹块宽度、长度及花纹沟宽度的不同,使子午线轮胎的近场噪声差异高达 9.5dB(A)

表 1-11　3 款不同花纹轮胎的结构参数及声压级测量结果[47]

花纹型号	声压级测量值/dB(A)	花纹块横向的宽度/mm	花纹块沿轮胎周向的尺寸/mm	花纹沟宽度/mm	花纹形状因子
CM335	90.39	36.50	38.90	10.50	0.21
AT557	94.89	78.00	63.00	7.00	0.10
WSR1	99.82	35.00	53.10	3.00	0.05

汽车加速行驶时车外噪声主要通过路面辐射和空气传出，因此，可通过道路性能改进、安装噪声屏障和种植吸声植物等方法减少汽车噪声传播。如图 1-7 所示为采用排水性道路降低汽车噪声的机理，排水性道路的渗水缝隙在很大程度上消除了轮胎与路面之间的泵吸作用，还可以吸收轮胎产生的噪声能量，因而可以降低汽车行驶中的轮胎噪声[48]。排水性沥青路面上汽车行驶噪声测试结果表明：在车速 80km/h 下，与车辆水平距离 7.5m 的测点上，汽车的行驶噪声比传统沥青路面低 3.4dB，且最大噪声频率降低[49]。

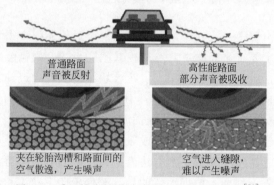

图 1-7　采用排水性道路降低汽车噪声的机理[50]

第五节　报废汽车固、液废弃物污染的防治对策

一、汽车的材料组成

防治汽车报废后的环境危害问题的基本前提是了解汽车的结构特点与材料组成等。不同汽车的结构特点千差万别，传统汽车和电动汽车的主要差别是动力系统。如图 1-8 所示为传统汽车和燃料电池汽车的组成。传统汽车主要由扬声器、多媒体系统、横梁、发动机和变速箱、发动机盖、传动轴、油气管路、悬架支柱、保险杠、车轴组件、车轮、制动盘、挡泥板、后舱室饰板、后备厢盖、车门和车身外壳等组成[51]。除动力系统外，燃料电池汽车与传统汽车的差别不大。燃料电池汽车的动力系统主要由动力控制单元、燃料电池堆、电机、动力蓄电池和高压氢气瓶等组成[52]。

尽管汽车的结构不同，但汽车的组成材料相近。汽车主要由金属材料、塑料、橡胶、玻璃等组成。不同时期和种类的汽车，其材料组成比例不同，但绝大多数汽车的材料组成中，都是以金属材料为主。相对有色金属材料而言，黑色金属材料中的钢和铸铁具有成本低、制造工艺成熟、加工难度较小、能耗较低、易于回收利用、环保性能好等优点，故黑色金属材料是组成汽车的最重要材料。由于汽车的重量对其性能，特别是经济性有重要影响，故汽车有轻量化的趋势，轻质的塑料和铝的用量逐年提高。

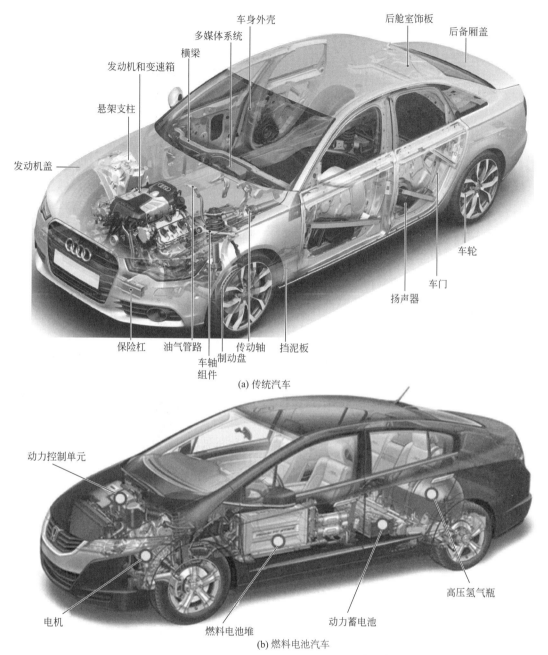

图 1-8　传统汽车和燃料电池汽车的组成[51,52]

汽车组成中各种材料的组成比例一般根据汽车干质量计算。汽车的干质量指仅装备有车身、全部电气设备和车辆正常行驶所需要的完整车辆的质量。通常所说的汽车的材料组成质量百分比，多指汽车干质量中各种材料的组成比例。2000 年和 2005 年欧盟轿车的平均单车材料组成如表 1-12 所列[53]。由此可以看出，橡胶用量的质量百分比未变；塑料件的质量百分比在 5 年间增加了 1%；钢板和铸铁材料质量百分比有所下降，有色金属用量略微上升；其他材料的质量百分比基本保持不变。

表 1-12　2000 年和 2005 年欧盟轿车的平均单车材料组成[53]

材料	2000 年		2005 年	
	质量/kg	百分比/%	质量/kg	百分比/%
钢板	478	40	490	38
普通钢	209	17	216	17
塑料（零件用）	120	10	143	11
铝	103	9	123	10
铸铁	95	8	89	7
橡胶	64	5	65	5
锌、铜、镁、铅	30	2	35	3
其他（胶黏剂、油漆、玻璃、织物）	108	9	114	9
合计	1197	100	1275	100

二、报废汽车环境污染的防治对策

报废汽车环境污染的防治对策应根据汽车的结构和材料组成特点制定。一般来说主要有四个：一是及时进行报废汽车的处理及回收；二是减少或限制汽车材料中环境污染物的用量；三是采用绿色环保结构材料和运行材料替代对环境有害的材料；四是采用绿色汽车设计方法。第一种对策属于后处理方法，后三种对策属于源头控制方法，即在汽车出厂前就采取的防治方法。

由于报废汽车的环境污染是在汽车报废之后才产生的，因此，及时进行报废汽车的处理及回收是降低报废汽车环境污染的最为主要的对策。为了做到对报废汽车的及时处置，各国政府采取了很多措施。如欧盟自 2007 年 1 月 1 日起全面执行报废车辆回收指令 2000/53/EC (Directive 2000/53/EC End of Life Vehicles Directive)[54]，根据该指令规定，汽车制造厂商在欧盟国家上市新车时必须出具证明，证明其投入市场的新款汽车的材料回收率至少要占总量的 85%，可利用率至少为 95%，才能获得市场准入许可证。日本从 2005 年 1 月 1 日起，开始执行《汽车回收再利用法》[55]，该法要求汽车厂商及进口商对氟里昂、安全气囊、ASR（汽车粉碎残渣）进行回收、循环利用和正确处理；到 2015 年 ASR 的回收再利用率提高到 70% 以上。该法规还规定，在汽车设计阶段，力求在减量化和原材料方面下功夫，从而控制生产工艺中产生的特定副产品，并开展回收再利用。汽车用户要交纳回收利用费，报废汽车由专门机构"汽车回收再利用促进中心"负责进行回收再利用。

我国发改委、科技部、环保总局也于 2006 年 2 月 14 日对外发布了《汽车产品回收利用技术政策》[56]，该文件规定自 2008 年起，汽车生产企业或销售企业要开始进行汽车的可回收利用率的登记备案工作，并确定了我国汽车产品回收利用的三个阶段性目标。第一阶段目标是 2010 年所有国产及进口的 M_2 类和 M_3 类、N_2 类和 N_3 类车辆的可回收利用率达到 85% 左右，其中材料的再利用率不低于 80%；所有国产及进口的 M_1 类、N_1 类车辆的可回收利用率要达到 80%，其中材料的再利用率不低于 75%；同时，除含铅合金、蓄电池、镀铅、镀铬、添加剂（稳定剂）、灯用水银外，限制其他用途的铅、汞、镉及六价铬使用。第二阶段目标是 2012 年所有国产及进口汽车的可回收利用率达到 90% 左右，其中材料的再利用率不低于 80%。第三阶段目标是 2017 年所有国产及进口汽车的可回收利用率达到 95% 左右，其中材料的再利用率不低于85%。

国家发改委、工业和信息化部、环境保护部、商务部、质检总局发布的《电动汽车动力蓄电池回收利用技术政策（2015年版）》则要求我国废旧动力蓄电池采用梯级利用、再生利用和再生材料三种方法减少其环境污染[57]。梯级利用指将废旧的汽车动力蓄电池（或其中的蓄电池包/蓄电池模块/单体蓄电池）应用到其他领域的过程。对于续驶里程无法达到设计要求的汽车动力蓄电池，可作为备用电源、用于电网削峰填谷和微电网的电源等使用工况，从而减少动力蓄电池生命周期内的环境污染。再生利用则指对废旧动力蓄电池的拆解、破碎、冶炼等处理，回收其中有价值的材料的资源化利用过程。动力蓄电池的破碎分选工艺过程应在封闭式构筑物中进行，破碎分选系统要设立分级，并在分选系统中独立回收外壳、集流体和正负极材料。不得对废旧动力蓄电池进行人工破碎和在露天环境下进行破碎作业，并明确要求镍、钴、锰以及稀土等综合回收率应不低于97%。

减少或限制传统汽车材料中环境污染物的用量是降低报废汽车的环境污染的主要对策之一。典型的对策有欧盟、日本等地区和国家自2003年7月开始实施的汽车铅用量削减指令，欧盟执行了2005年7月以后生产的汽车单车铅平均使用量为1996年单车铅平均使用量1/10的汽车铅含量削减指令。另外一个典型的对策是欧盟执行的报废汽车指令2000/53/EC，该指令要求建立报废汽车收集、处理、再利用的机制，鼓励将报废汽车的部件重复利用，限制2003年7月1日后生产的小汽车、小型货车及货车的材料中铅、水银、镉及六价铬等重金属含量。

采用绿色环保结构材料和运行材料替代有害物质也是降低报废汽车环境污染的重要对策之一。汽车结构材料应尽量采用环境友好材料。一是尽量采用可再生材料，既提高了资源回收率，又有利于实现可持续发展；二是尽量采用低能耗和低污染的材料；三是尽量采用环境兼容性好的材料及零部件，避免选用有毒、有害和有辐射性的材料，所用材料应易于再利用、回收、再制造或易于降解。汽车运行材料包括燃料、润滑料、特种液料和轮胎等物品，汽车运行材料特性千差万别，在汽车设计和使用时应尽量选择环保型运行材料。比较典型的实例是用HFC-134A替代CFC-12作为汽车空调制冷剂，减少了泄漏的CFC-12对臭氧层的破坏作用。

绿色汽车设计方法是减少回收利用过程的能源消耗和环境污染的重要方法之一。即在产品设计初期就考虑零件及材料的回收问题，包括易拆卸结构、零部件的种类和数量、拆解后的处理工艺等。这样既可以减少回收利用过程中有害气体、粉尘和零部件除漆剂及清洗剂等造成的废液等污染，也能节约回收利用过程的能源消耗。通常采用拆解性（零部件可从车辆拆卸）、分离性（零部件可分解为原材料）、识别性（原材料的名称可识别）、再利用性（原材料能够回收再利用）等指标评价汽车零部件回收再利用性能[58]。

如图1-9所示为报废汽车各个部分回收利用的示例。根据不同部件材料的组成特点，分别作为燃料和材料等利用，或进行再使用。实施"汽车回收利用法"可以促进汽车回收利用率。如日本在实施"汽车回收利用法"后，整个报废车辆回收利用率由实施前的83%提高到约99%，汽车制造商等收集的报废汽车粉碎物料的材料回收或热回收率约97.1%[59]。

电动汽车回收利用与传统汽车的主要差别是多了电机和动力电池，少了发动机及其燃油供给系统等。由于传统汽车均配备有启动电机和发电机，因此，回收利用传统汽车的企业已经掌握电机的回收利用方法。电动汽车的回收利用中较为困难的是动力蓄电池。动力蓄电池种类繁多，处理方法各异，可以按照每个汽车制造商设计的方案进行收集和处理。

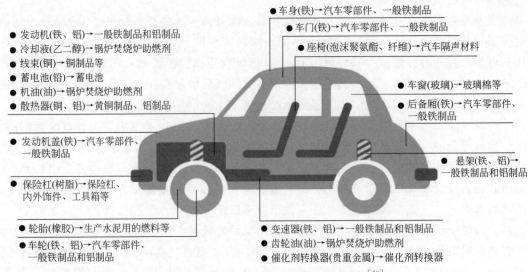

图 1-9 报废汽车各个部分回收利用的示例[60]

燃料电池汽车回收利用与传统汽车的主要不同是增加了氢气瓶、燃料电池和驱动电机等总成。回收时，首先需要释放氢气瓶中的剩余气体，然后再从车辆上拆解氢气瓶和燃料电池等[61]。

氢气瓶内侧（衬垫）通常使用尼龙或铝合金，其外层覆盖碳纤维增强塑料（CFRP）。大量处理 CFRP 的有效方法有热循环和焚烧等方法。热循环法是指先将氢气瓶的 CFRP 切割成碎块，然后投入电炉加热，使其变成渗碳材料再回收利用。焚烧法是指先用破碎机等将其粉碎成片状，然后投入电炉使其燃烧。

锂离子电池的处理需要专门方法和专用设备。目前，预先收集的动力锂离子电池由专门回收拆解企业按照每个汽车制造商设计的方案进行分解和处理。不需要放电或分解预处理的电炉加热法有可能在将来获得应用，该方法把动力电池放在电炉中加热，把炉内温度控制在其组成金属的熔点之下，使电池的树脂组分或电解液燃烧，然后将剩余材料粉碎，再通过磁力分选机、振动分选机以及有色金属分选机等回收金属类材料。电极部件的一部分在燃烧后成为粉末，可以通过溶剂萃取回收电极中的贵金属等。

燃料电池主要由阳极、阴极和质子交换膜组成。燃料电池回收利用的主要目标是设法提取其中的稀土、贵金属等作为新膜电极的原材料。驱动电机主要由金属外壳、磁极和线圈绕组等组成，回收利用方法是拆下电机的磁铁，通过提取其中的稀土作为新磁极的原材料；线圈绕组的铜线等拆解后可以作为高纯度的铜资源回收利用[62]。

第六节 汽车的热、电磁波及光污染

一、汽车的热污染及防治对策

热污染（Thermal Pollution）指工、农业生产和人类生活中排放出的废热造成的环境热化现象。热污染的直接结果是形成城市"热岛效应"，使人口密集城市的区域气温高于附近农村地区。100 万人以上城市的年平均气温可能比周围环境温度高出 1～3℃；晚上的差异则

更大。城市"热岛效应"的产生会导致城市区域夏季电能消耗增加,空调运行时间增长,空气污染和温室效应增强,水质变差,生活舒适度降低,与热相关的疾病和死亡率增大等[63]。

城市"热岛效应"形成的原因主要有四个:一是城市土地中树木、草地和湿地的比例小,树木和植物阴凉少,水分从土壤和树叶蒸发的冷却效果变差;二是城市的混凝土路面、屋顶和其他非反射性表面白天会吸收热量,夜间会释放热量;三是高层建筑和狭窄的街道减少了空气流动,空气对流散热变弱;四是汽车、工厂和空调的废热。

汽车的热污染指汽车行驶过程中向大气散发的热量造成道路周边温度高于其他地方的现象。汽车行驶过程中的热源主要有排气余热,车身和大气摩擦以及轮胎和地面摩擦产生的摩擦热,汽车散热器散发的热量,汽车制动器和各种具有相对运动的摩擦副之间产生的摩擦热等,其中排气余热约占汽车燃料热值的1/3,是汽车的主要热源。根据能量守恒定律可知,能量不能凭空产生或者凭空消失,只能通过一种形式转化为另外一种形式。因此,汽车行驶过程中除移动所需的动能和势能外,其余能量最终都通过各种途径转化为热能排放到大气中。可见,造成热污染的最根本原因是汽车携带的能源(电能或燃料的化学能)未能得到有效和合理利用,故汽车的能源效率越高,汽车行驶过程向大气散发的热量越少,汽车的热污染越小。

从汽车行驶过程的热源构成来看,纯电动汽车和燃料电池汽车无排气余热,因此其"热岛效应"弱。从减少汽车对城市"热岛效应"影响的角度看,应提高纯电动汽车和燃料电池汽车的使用比例,并提高传统汽车的能源利用效率。纯电动汽车和燃料电池汽车行驶过程中释放的热源主要来自动力系统的散热器和各种具有相对运动的摩擦副之间产生的摩擦热。纯电动汽车和燃料电池汽车行驶过程中释放到环境的热量越多,表明其能源转换效率越低。

综上所述,防治汽车热污染的主要对策是提高传统燃油汽车和电动汽车的能源转换效率。传统燃油汽车的重点是采用排气余热利用技术、降低摩擦副之间产生的摩擦热。电动汽车的重点是降低散热器散发的热量和减少摩擦副之间产生的摩擦热。

二、汽车的电磁波污染及防治对策

电磁波污染(Pollution of Electromagnetic)指各种电磁波的干扰及有害的电磁辐射,会造成人体神经衰弱、食欲下降、心悸胸闷、头晕目眩等"电磁波过敏症"。汽车电气系统中,众多的导线、线圈和电子元器件都具有大小不同的电感和电容,而任何一个具有电感和电容的闭合回路都可能形成振荡回路。汽车的电磁干扰源主要有汽油车的高压点火系统、感性负载(如电机类电器部件);开关类部件(如闪光继电器)、电子控制单元(ECU)和无线电设备等。汽车内部的电磁波干扰可分为发动机点火系统和感性负载(如雨刮器驱动电机、启动电机、暖风电机等各种类型的电机)产生的沿电源线传导干扰、部件或线缆间的相互耦合干扰、静电放电对车内电子部件的干扰和辐射干扰等。

汽车产生的电磁干扰不但会对车辆外界的无线电设备造成影响,而且会对汽车自身的各种电子部件造成不良影响。汽车电磁干扰曾经对环境周围的收音机、电视机和其他无线电装置产生过重大影响,但随着各种无线电装置抗干扰性能提高和汽车电磁干扰控制措施的改进,汽车电磁干扰的这种影响基本得到解决。但汽车技术的发展,电子装置大幅度增加,汽车电磁波干扰对其内部电子器件的影响增大,已影响到了车辆的正常运行、安全性和可靠性等。目前,汽车的内部电磁干扰及其控制技术受到重视。

电磁干扰抑制措施的选用，应根据干扰源的不同特点采取不同的抑制方式。常见的抑制电磁波干扰的措施有屏蔽、滤波、接地和增加阻尼等。一般的处理方式是限制干扰源产生的电磁干扰达到规定的合理范围内即可，无限制地加大干扰抑制会成倍地增加抑制成本，这在实际应用中是非常不可取的做法。

汽车电磁波污染的减少可以从降低汽车电器设备电磁波干扰的产生和提高无线电设备抗干扰性两方面考虑。防治点火系统干扰的常见措施有阻尼电阻法等。通过串入阻尼电阻以削弱火花放电产生的干扰电磁波，阻尼电阻值越大，抑制效果越好。但阻尼电阻太大则会减少火花塞电极间的火花能量。阻尼电阻一般用碳质材料制成，电阻值为 $10\sim20k\Omega$。对于电感性负载引起的干扰，常见的抑制方式是采用并联电容法，以消除反向过电压。如在抑制发电系统干扰时，常采用在调节器的"电池"接线柱与"搭铁"之间和发电机"电枢"接线柱与"搭铁"之间并联 $0.2\sim0.8\mu F$ 的电容器，就可有效降低其产生的电磁干扰。对来自汽车供电系统的干扰，一种简单而有效的方法是保证蓄电池电缆接线良好。若负极搭铁，则应尽量降低搭铁电阻值。对于线缆间耦合引起的干扰，一种节省成本的方法是在车内布线时，合理而有效地布置缆线，并应把ECU控制线或信号线与电源线分开布置，以减小因耦合而引起的干扰信号侵入；另外，采用屏蔽电缆的方式，也是避免外界电磁干扰侵入控制线和信号线的好方法。

值得注意的是，由于电动汽车上存在高压电气部件，其电磁环境较传统内燃机车辆复杂，因电磁干扰导致的电气系统故障较多。电动汽车电磁干扰的消除应从干扰源、耦合路径和受干扰信号三个角度考虑。如更换易受干扰的传感器、使电机三相高压线远离ECU线束、发动机ECU外壳搭铁、使传感器线束远离高压部件等[97]。例如某混合动力电动汽车在以 20km/h 的车速行驶过程中，当驱动模式由纯电动转换为混合动力驱动时，出现发动机启动失败、助力转向停止、发动机转速多次异常跳变等。但通过更换抗电磁干扰性能较强的有源式霍尔式传感器等后可解决混合动力车辆辐射式电磁干扰故障。

三、汽车的光污染

光污染（Light Pollution or Photo Pollution）泛指对人类正常生活、工作、休息和娱乐带来不利影响，损害人们观察物体的能力，引起人体不舒适感和损害人体健康的各种光。光污染改变了夜间天空的颜色和对比度，使自然的星光黯然失色，破坏了昼夜节律，影响环境、野生动物、人类和天文学研究，增加了能源消耗。根据美国国家海洋和大气协会2010年的一项研究，来自建筑物、汽车和路灯的人造光的强度虽然仅有太阳光的万分之一，但也会影响硝酸根自由基，并使其清洁过程减慢7%，导致空气中化学污染物臭氧增加5%[64]。

一般认为可产生光辐射的光的波长为 $10nm\sim1mm$，包括紫外辐射、可见光和红外辐射。在照射适当的情况下，对人体没有危害。但过度照射时，就可能成为光污染源，对人体产生潜在危害。

汽车的光污染主要是眩光（Glare）。夜间迎面的汽车前灯射出的光线，照射进人眼后会产生目眩现象，从而对人的视觉造成影响，使人视线模糊不清，降低人眼分辨光度强弱的能力。严重时，汽车灯光可以使行人或者驾驶员短暂性"视觉丧失"，从而引发交通事故。

光污染虽未被列入环境污染防治范畴，但它的危害显而易见，并在日益加重和蔓延。因此，人们在生活中应注意，防止各种光污染对健康的危害，避免过长时间接触光污染。汽车灯光系统的研发人员，应该关注汽车的光污染现象，以防患于未然。

第七节　电动汽车的优势与面临的问题

一、电动汽车的结构特点与种类

电动汽车在国内常被称为新能源汽车，主要包括纯电动（二次电池）汽车（PEV）、燃料电池汽车（FCEV）和插电式混合动力电动汽车（PHEV）三类，其结构特点如图 1-10 所示。

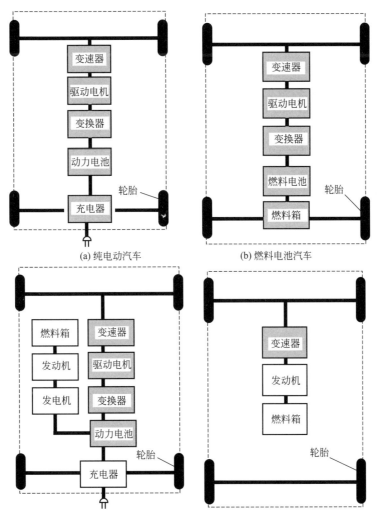

图 1-10　传统汽车与电动汽车动力系统的结构比较

由于电动汽车的叫法更为准确，与国际通用名称更为接近，因此，以下把此类汽车称为电动汽车（EV）。与图 1-10(d) 所示的传统燃油汽车相比，EV 的结构特点是动力系统与传统燃油汽车不同，PHEV 和 FCEV 的动力系统明显更为复杂。EV 的行驶特点是在全部工况或市区工况可以使用电力。PHEV 装备了电力驱动系统和基于燃油（气）发动机的发电系统以及可车载充电和外源充电的动力电池,行驶电力既可以来自燃油(气)发动机的发电系统,又可来自外源(电网)。因此,它兼有燃油汽车和纯电动汽车环境污染的优点和不足。

PEV 和 FCEV 被认为是未来传统汽车燃料枯竭后的交通工具,而 PHEV 是传统汽车燃料枯竭前的一种环境友好、过渡型的交通工具。21 世纪以来,电动汽车的开发受到了前所未有的重视。电动汽车甚至被认为是解决传统汽车环境问题的唯一选择和"灵丹妙药",其主要原因是电动汽车具有传统燃油汽车难以比拟的环保优势[65,66]。

二、纯电动汽车的主要优势、不足及应用中面临的主要问题

纯电动汽车(PEV)之所以快速发展,重要原因就是其具有潜在的环保优势。PEV 的主要优势有如下六个。

第一是可有效解决城市空气污染问题。纯电动汽车的特点是在所有工况下都使用电力行驶,因此电动汽车在行驶过程中可以不排放传统汽车行驶中产生的 HC、NO_x 和 CO 等污染物。尽管电动汽车使用的电力在生产过程中有污染物排放,但由于可以有效解决城市空气污染问题,因此电动汽车应用于城市公交、公共场所以及对排放控制有特殊要求的地方时其竞争优势更为明显。

第二是行驶过程噪声低。在汽车加速行驶时,发动机是汽车的主要噪声源。对于纯电动汽车而言,没有发动机的排气系统、曲柄连杆机构、配气机构和燃烧等噪声源;对混合动力汽车而言,其发动机排量通常小于同级别的传统汽车,并且多工作于稳定运转工况,其内燃机噪声低于同级别的内燃机汽车;燃料电池则按电化学原理工作,运动部件很少,无内燃机的燃烧噪声和进气门、排气门、活塞与曲轴等运动部件的机械噪声,燃料电池系统中最大的噪声源是空气压缩机(仅采用压力供气的燃料电池)和冷却风扇等。燃料电池汽车的噪声低于内燃机汽车。如图 1-11 所示为纯电动和混合动力汽车与传统汽车的噪声比较,纵坐标表示不同车速下相比于传统汽车而言,纯电动和混合动力汽车噪声的降低量。可见,车速低于 50km/h 时,效果非常明显;车速高于 50km/h 时,纯电动和混合动力汽车噪声的降低量变小,这主要是因为高速行驶时轮胎噪声所占比例增加。

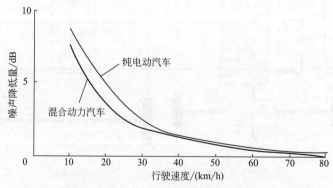

图 1-11 纯电动和混合动力汽车与传统汽车的噪声比较[67]

第三是能量转换效率高,CO_2 排放少。传统汽车在怠速、低负荷行驶时,燃料化学能的转换效率低,能源效率很低甚至为 0,因而导致传统燃油汽车的能耗并不理想。PEV 则可减少怠速、低负荷行驶时的能耗,提高能源效率。另外,PEV 可采用能量回收系统,很容易利用电机反转时发电的功能回收减速、制动或下坡时的能量,从而增加汽车的续驶里程,

提高经济性。近年新开发的电动汽车都具有下坡、制动或减速时的能量回收系统,具有能量回收系统的电动汽车的续驶里程可增加10%～15%。

研究表明,典型纯电动汽车的百公里能耗约为19kW·h,而相同级别普通汽油车的等价百公里能耗则约为67kW·h。若以英国电网排放为例,PEV运营产生的温室气体排放量约为汽油车的34%,柴油车的40%[68]。日产公司生产的电动汽车聆风(Leaf)与同类汽油车从制造到报废的生命周期内的CO_2排放计算结果表明,与汽油车相比,聆风生命周期的CO_2排放量减少约40%[95]。

但值得注意的是,由于PEV使用的是电能,发电厂的能量转换效率受到发电效率和电力传输距离等的制约。如果电网电力主要为传统的燃煤火力发电且能源效率不高,则推广EV能否获得高的能量转换效率和低的CO_2排放是值得质疑的。一些研究表明,从目前我国的电网来看,纯电动汽车在综合能源效率方面并无明显优势。

第四是可以减轻城市的"热岛效应"。传统汽车和混合动力汽车(HEV)行驶时排出的废气温度明显高于环境空气温度,废气携带的热量将导致环境空气温度升高,使大城市夏天的"热岛效应"现象更为严重。与氢及甲醇燃料电池汽车(FCEV)和纯电动汽车(PEV)相比,传统汽油车行驶时,1/3左右燃料的化学能通过废气和散热器排入大气;EV则没有排气余热,仅有蓄电池和电机等装置散热器散发的热量。如图1-12所示为FCEV、PEV和传统汽油车行驶时的热排放效率(单位里程排出的热量)的比较。可见传统汽车行驶时的热排放率明显高于FCEV,高达PEV的4～5倍。因此,可以说,使用电动汽车可以减轻城市的"热岛效应"。

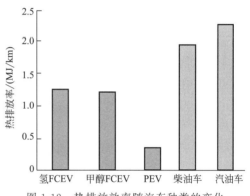

图1-12 热排放效率随汽车种类的变化

第五是使用成本低。EV的定期保养费用低,一般不需要定期更换机油和冷却剂等,因而,更为环保。另外纯电动汽车百公里电耗的费用明显低于燃油汽车,特别是使用个人充电桩的场合,如百公里油耗8L的燃油汽车和百公里电耗25kW·h的PEV相比,燃油汽车和纯电动汽车的百公里能源费用分别约为60元和15元人民币。

第六是可以缓解或有效解决汽车燃料的短缺问题。纯电动汽车使用的能源是由一次能源转换而来的电能。由于用于发电的一次能源来源非常广泛,因此,可以彻底摆脱汽车对化石燃料的依赖;实现能源供给的多样化,改善能源结构,使汽车能源的长远供给得到有效保障。

电动汽车的主要不足之处主要有以下四个。

第一是续驶里程短。PEV的蓄电装置有铅酸蓄电池、镍-氢电池、锂离子电池和超级电容器等。常见的蓄电池的比能量(指单位质量的动力电池组所能输出的能量)范围为50.53～199.40W·h/kg[69],而汽油的比能量(假定低热值为44MJ/kg)则为12222W·h/kg,假定传统汽油汽车的车辆效率为0.2,则汽油可实际利用的能量密度为蓄电池的12～48倍,两者之差相当悬殊。我国第1～8批《免征车辆购置税的新能源汽车车型目录》所列纯电动客车车型的主要技术参数的统计分析表明[70]:我国1661个纯电动客车车型的续驶里程的平均值仅为255.9km。我国第1～9批《免征车辆购置税的新能源汽车车型目录》中纯电动乘用车的参数的统计结果表明：纯电动汽车的一次充电行驶里程的平均值和最大值分别 175km 和 400km[69]，仍然难以和传统汽车的续驶里程相比。

第二是制造成本及售价高。目前纯电动汽车的价格一般为同级燃油汽车的 2 倍左右，如果没有相关补助，则普通消费者仍然无法接受。一般认为 EV 大规模生产后，成本会有一定幅度降低。但从目前的研发状况来看，EV 的成本仍然难以达到同级别燃油汽车的价格水平。根据北京市财政局、北京市科学技术委员会、北京市经济和信息化委员《关于调整完善新能源汽车推广应用财政补助政策的通知》（财建〔2018〕18 号）的要求，北京市 2018 年 1 月 1 日～2020 年 12 月 31 日，对新能源汽车（纯电动汽车、燃料电池汽车）按照中央与地方 1：0.5 的比例安排市级补助。这说明在目前的技术条件下，EV 价格仍然明显高于传统燃油汽车，需要通过补助进行促销。

第三是必须重新建设基础设施。为了克服蓄电池充电时间长（快充至 80% 约需 0.5h，慢充充满需要 6～10h，甚至 15h）的问题，需要在停车场或车库建设类似燃油汽车加油站的快速和慢速充电站（桩）。另外，快速充电站一般需要大功率，因此需要对电网进行改造，以免受电力供给的制约，但会带来新的环境污染，影响社区居民正常生活。慢速充电所需时间过长，不适应车位紧张的居民社区。

第四是载重量小。动力电池能量密度和比能量低，动力电池系统自重大、占用空间大导致汽车的载客和载货能力下降。我国第 1～9 批《免征车辆购置税的新能源汽车车型目录》中纯电动乘用车的参数的统计结果表明：纯电动汽车的动力电池系统比能量的平均值仅为 99.29W·h/kg，平均 15.83kW·h/100km。也就是说，一辆续驶里程 300km 的乘用车，其动力蓄电池系统的质量大约为 478kg[69]，因此，就目前的产品技术水平来看，动力蓄电池系统在车辆整备质量中的比例过大，致使汽车的载重量变小。

从上述纯电动汽车的优势和不足来看，纯电动汽车的普及面临多方面的问题。首先需要政府政策倾斜、购车补助、税收优惠等大力支持，并大力建设基础设施。其次制造商应加大开发力度，提高续驶里程等车辆性能。对于我国等庞大的汽车市场来说，政府的支持是有限的。因此，能否普及，以及在多大范围普及等，最终还是由市场决定，取决于汽车使用者能否得到实惠。如果在满足相近使用要求的前提下，使用者可以节省购置和使用费用，则纯电动汽车将会得到普及。另外，电力生产是否采用清洁燃料或再生能源、是否具有高的能量转换效率和充足的电力供给也是推广 PEV 的先决条件，否则纯电动汽车的环保节能效果不明显[39]。当然，对于市场规模小、广泛使用清洁电力的国家而言，政府的大力支持可能起到决定作用，如 2017 年挪威的纯电动汽车和插电式混合动力电动汽车的销量达 62000 辆，占新注册汽车市场份额的 32%；2018 年一季度 PHEV 及 PEV 新车销量市场份额高达 46%，这与挪威的电力主要为清洁电力密切相关，因为清洁电力的二氧化碳排放非常少[71]。

三、燃料电池车的优势、不足及面临的问题

燃料电池按电化学原理工作，不受卡诺循环的限制，理论效率可达 85%～90%，实际效率均在 40%～60% 的范围内。若实现热电联供，燃料的总利用率可高达 80% 以上。燃料电池可以以氢、甲醇等非石化燃料为能源。使用过程中，几乎不排放氮、硫氧化物，减轻了对大气的污染。以富氢气体为燃料时，在富氢气体的制取过程中，其二氧化碳的排放量比热机过程减少 40% 以上；以纯氢为燃料时，不排放任何有害气体（包括温室气体 CO_2）。

燃料电池汽车的历史可以追溯到 20 世纪 60 年代。1966 年，通用汽车以厢式货车为基

础开发出了世界第一辆 FCEV，该车采用了 150kW 的燃料电池堆，储氢系统为超低温液氢系统，续驶里程 240km[72]。80 年代末，巴拉德电力系统公司（Ballard Power Systems）对汽车用聚合物电解质燃料电池（PEFC）的研究开始引起人们的关注，各大汽车公司开始研发燃料电池汽车。到 90 年代后，燃料电池汽车又逐步成为开发热点。迄今为止，各大汽车公司几乎都研制出了燃料电池汽车的概念车。2002 年 12 月，丰田和本田的燃料电池汽车向日本五个部委租赁或出售。2005 年 3 月，日本国土交通省开始进行 FCEV 型式认证，2005 年 6 月丰田及本田的 FCEV 通过型式认证[73]。本田公司 2008 年推出的"上市版"燃料电池车 FCX Clarity，在美国加利福尼亚州以租赁形式投放市场 100 辆。而租赁的条件是 3 年，月租金 600 美元[74]。2007～2014 年，通用、福特、丰田、戴姆勒·奔驰、现代、本田和日产等汽车公司均在加利福尼亚进行了燃料电池汽车的租赁销售[72]。2013 年 2 月 26 日，现代汽车的 FCV ix35 在韩国蔚山工厂正式下线，成为世界上第一个量产版氢燃料电池汽车车型[75]。2014 年 12 月 15 日丰田 Mirai FCV 在日本正式上市销售[76]。2016 年 3 月本田 Clarity FCV 上市销售[77]。国内氢燃料电池汽车的历史可以追溯到 21 世纪初。2003 年，我国第一辆燃料电池轿车"超越一号"研制成功[78]。2008 年，上汽集团为北京奥运会提供了 20 辆氢燃料电池轿车，总运行里程 7.3 万千米，平均百公里氢耗 1.2kg。2008 年 8 月～2009 年 7 月，北汽集团生产的 3 辆 BJ6123C6N4D 燃料电池混合动力公交车在北京公交线路上进行了载客运行，总运行里程 7.5 万千米，平均百公里氢耗 9.56kg。2010 年，上汽集团为上海世博会生产了氢燃料电池轿车 68 辆、观光车 100 辆。2012 年，上汽荣威推出第三代燃料电池汽车，并生产了 18 辆工程样车。2014 年，上汽荣威牌燃料电池汽车（CSA7003 FCEV）进入工信部《节能与新能源汽车示范推广应用工程推荐车型目录》（第 60 批），2015 年销售 10 辆。2014 年，福田与亿华通合作生产 5 辆第二代 12m 氢燃料电池电动客车。2015 年 7 月，宇通燃料电池客车 ZK6125FCEVG1 正式列入道路机动车辆生产企业及产品（第 274 批）公告。2016 年，荣威 950 燃料电池轿车（CSA7004FCEV）列入产品目录[79]。2018 年 5 月 28 日，49 辆福田欧辉氢燃料电池客车交付张家口市[80]。

FCEV 的环保优势非常突出，主要有五方面：一是 FCEV 行驶过程无排气污染物，CO_2 排放为零；二是氢气可以通过多种燃料重整或电解水得到，可以缓解化石能源的供需矛盾，实现能源供给多样化等；三是没有传统汽车内燃机等噪声源，行驶过程噪声小，对减少城市道路交通噪声具有重要意义；四是具有电网电力调节、供给和应急功能，即国外常说的 V2G、V2M 和 P2G 等，可以作为发生自然灾害等时的应急电源使用；五是能源转化效率高。25℃ 和 101325Pa 条件下燃料电池的理论发电效率为 83%；25% 额定功率时的效率达到 65%。目前内燃机最高效率，汽油机约 40%，柴油机约 50%。从长远来看，FCEV 是汽车面临的各种挑战的长远对策之一。因而 FCEV 的开发同样受到了国内外的广泛重视。

目前国际汽车市场的燃料电池轿车参数及售价如表 1-13 所列，相对燃油汽车而言，动力性、燃料加注时间等参数接近，但车型数量非常少，价格几乎全部属于高级轿车的范围，因此 FCEV 面临的课题众多，普及尚需时日。

表 1-13　目前国际汽车市场的燃料电池轿车参数及售价[81～83]

项目	本田 Clarity	丰田 Mirai	现代 ix35 FCV	现代 Nexo
座位数/个	5	4	5	4
续驶里程/km	589	502	426	592

续表

项目	本田 Clarity	丰田 Mirai	现代 ix35 FCV	现代 Nexo
氢气瓶体积/L	141	122.4	5.63kg	156
最高加气压力/MPa	70	70	70	70
加气时间/min	3	3	3	5
燃料电池最大功率/kW	103	114	100	95
燃料电池功率密度/(kW/L)	3.1	3.1	1.65	—
驱动电机最大功率/kW	130	113	100	120
驱动电机最大转矩/N·m	300	335	300	395
储能电池种类	锂离子	镍氢	锂离子	锂离子(40kW)
外形尺寸(长/宽/高)/mm	4895/1875/1475	4890/1815/1535	4410/1820/1650	4670/1860/1630
整备质量/kg	1890	1850	1470～1529	2210
最高车速/(km/h)	160	175	160	179
市场售价/美元	59365	58385	86000	85000

表 1-14 列出了 2011～2016 年日本国内 EV、PHEV 和 FCEV 的保有量变化，这些数据可以大致反映全球主要汽车大国的 EV、PHEV 和 FCEV 的发展态势。无论是保有量，还是进入市场的时间，FCEV 均无法与 EV 和 PHEV 相比。主要原因是氢燃料电池汽车还面临生产和维护成本高、功率密度和质量比功率低、无清洁廉价的氢源、基础设施不完善、耐久性和安全性等方面的不足。

表 1-14 2011～2016 年日本国内 EV、PHEV 和 FCEV 的保有量变化[84] 单位：辆

项目		2011 年	2012 年	2013 年	2014 年	2015 年	2016 年
EV	乘用车	13266	24983	38794	52639	62134	73378
	其他汽车	56	78	93	456	1346	1640
	轻型汽车	8940	13646	15870	17611	17031	14826
PHEV	乘用车	4132	17281	30171	44012	57130	70323
FCEV	乘用车	—	—	—	150	630	1807
合计		26394	55988	84928	114868	138271	161974

一是燃料电池汽车制造成本和使用成本还没有达到市场预期。如本田 FCX Clarity 和丰田 Mirai 燃料电池轿车的售价分别为 766 万日元（约合人民币 45 万元/辆）和 723.6 万日元（约合人民币 43 万元/辆）[7,8,12]。现代 Tucson ix-35 FCEV 的售价为 5 万美元（约合人民币 35 万元/辆）。日本和美国加利福尼亚州加氢站氢气价格分别为 1100 日元/kg（约合 67 元人民币/kg）和 13 美元/kg（约合 88 元人民币/kg）[85,86]，据此推算，Mirai 加满氢气需支付 6000 日元或 65 美元，按照续航里程 650km 算，每千米所需费用 9.23 日元或 0.1 美元（约合人民币 0.61 元或 0.66 元），与汽油费用相近；车主额外付出的购置费用难以在使用过程回收。

二是廉价、清洁的制氢技术尚不成熟。氢气主要来源有碳氢燃料重整和电解水制氢等多种多样的途径。天然气水蒸气重整，是目前最有竞争力的制氢方式之一，其 CO_2 排放因子远低于水电解，约为 11kg CO_2/kg H_2。目前先进的水电解制氢系统能耗为 47～55kW·h/kg

H_2，按我国电力排放因子 0.822kg CO_2/(kW·h) 计算，CO_2 排放因子高达 39～45kg CO_2/kg H_2。因此，采用水电解制氢技术有可能导致更严重的异地环境污染。

三是储氢系统需要改进。如图 1-13 所示为不同储氢方式的特性比较，目前的 70MPa 高压储氢方式的体积密度和质量分数（氢气质量占燃料容器总质量的百分比）距美国能源部 2020 年目标和最终目标（接近燃油车油箱）尚有差距。

四是氢气站等基础设施尚需完善。众所周知，标准状态下氢气密度为 0.0899kg/m^3；液氢储存温度在 −252.8℃ 以下，密度为 70.8kg/m^3。按一次加注 5kg 氢气计算，标准状态下体积为 55.617m^3，−252.8℃ 以下液氢体积为 71L。为了实现接近燃油车的续驶里程，必须采用 70MPa 或 35MPa 压缩氢

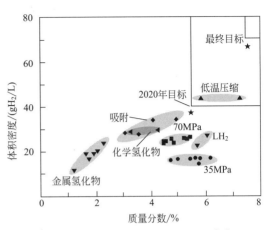

图 1-13 不同储氢方式的特性比较[87]

气。致使加气站需要 80MPa 或 40MPa 高压气瓶及压气机等，建设费用大幅增加。如国外一个供气能力 1500kg/天，可满足约 300 辆车使用的加氢站，设备需要投入约 505 万美元。国内价格也相当高，如 2017 年 9 月建成的国内首个商业化示范运营加氢站——瑞晖加氢站，占地面积约 6.7 亩（1 亩≈666.67m^2），储氢能力 360kg，氢气压力 35MPa，日加注能力为 350kg，但其不含土地费用的总投资达 1550 万元[88]。

燃料电池汽车的长远发展前景看好，目前尚处于示范阶段，面临的重大技术瓶颈问题尚未得到根本解决。

四、插电式混合动力汽车的主要优势及不足

PHEV 的主要优势是相对于 PEV 可利用已有的燃油设施，不存在续驶里程建设问题；相对于燃油汽车而言，具有 PEV 的优点。另外，充电设施可与纯电动汽车共用，因此其销售快速增长，有后来者居上的趋势。如图 1-14 所示，2014～2017 年挪威新注册电动汽车中 PHEV 市场份额的增长即可说明这一趋势。2014 年 PHEV 市场份额不到 PEV 的 1/10，2017 年则增长到了与 PEV 接近的程度。

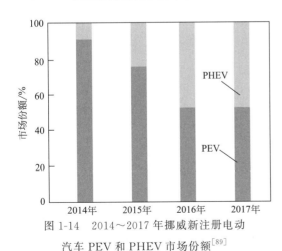

图 1-14 2014～2017 年挪威新注册电动汽车 PEV 和 PHEV 市场份额[89]

PHEV 普及中的主要不足是购置价格问题。由于增加了一套电力驱动系统和充电装置，车辆结构远比传统汽车复杂，因此，生产成本高，长期使用的故障率也会高于传统汽车，可靠性难以达到传统汽车的水平，维护费用也会增加。另外，PHEV 无法解决化石燃料枯竭之后的能源问题，因此只能作为未来电动汽车时代到来之前的一种过渡产品使用。但就目前的技术现状而言，PHEV 暂时仍

然是汽车面临的各种挑战的最佳对策之一。

第八节　汽车环境污染的防治对策

如前所述,汽车环境污染贯穿于其生命周期的全部过程。汽车的环境污染问题直接影响人类社会可持续发展,汽车环境污染影响面大,污染物种类繁多,除了第一节所述的汽车排放的空气污染物之外,汽车的环境污染还有噪声污染、电磁波污染、报废后产生的污染物和夜间行车的光污染,以及生产制造过程和维修过程的固体、液体有害废弃物和有害气体、温室气体排放等。

如何减少汽车生命周期的这些环境污染,汽车行业责无旁贷,是汽车环境污染的防治主力军,但仅靠汽车行业是远远不够的,汽车环境污染问题的解决或缓解还应包括公共政策、公众和交通等方面的协力。汽车环境污染防治对策应贯穿于其生命周期的全部过程。由于汽车使用过程的环境污染属于移动污染源,影响范围大,并且有害气体污染物和温室气体排放量占汽车生命周期内总排放量的比例高,因此,汽车使用者也是影响汽车环境污染的主要因素之一。

汽车行业、公共政策、公众和交通等方面协力防治汽车环境污染的对策可称为宏观防治对策;而汽车使用者采取的防治汽车环境污染的对策可称为微观防治对策。故下面将从汽车行业等方面(宏观)和使用者(微观)两个角度探讨汽车环境污染的防治对策。

一、汽车环境污染的宏观防治对策

各个方面防治汽车环境污染的主要对策可归纳为以下几个方面。

1. 制定严格的环境污染物排放标准

这一措施是被广泛采用的、对减少环境污染物最为有效的方法。近 20 年来,各国制定并执行了多种强制性的汽车排气污染物、温室气体和噪声等排放标准(详见本书的第四章)。如欧盟的欧 1 到欧 6 汽车排放标准,我国的国 1 到国 6 汽车排放标准,欧盟、日本和韩国的乘用车 CO_2 限值,美国的温室气体限值[96], GB 1495—2002《汽车加速行驶车外噪声限值及测量方法》等。行驶过程无温室气体或空气污染物排放的"零排放"是汽车排放标准的终极目标,部分国家已提出了战略规划,如英国的"到 2040 年所有新注册客车和货车是零排放车辆,到 2050 年所有客车和货车都是零排放车辆"战略计划等[90]。

另外,还有大量的有关汽车制造、维修和报废的排放标准。如欧盟报废车辆回收指令 2000/53/EC,日本的《汽车回收再利用法》,我国的《汽车产品回收利用技术政策》,北京市的《汽车整车制造业(涂装工序)大气污染物排放标准》和《汽车维修业污染防治技术规》等。这些标准的制定与执行,使汽车生命周期的环境污染显著减少。

2. 进行传统燃油汽车的技术改进

迄今为止,传统汽车的污染物控制技术并不是处于山穷水尽、无计可施的窘境。无论是从污染物的形成源头——燃料及其燃烧过程,还是从后处理技术来看,传统汽车污染物降低的空间仍然很大(详见本书的第五章和第六章),传统汽车的技术改进仍然是减少汽车环境污染的主要方法之一。

3. 开发新型清洁动力及绿色环保汽车

由于传统汽车燃料面临枯竭及供给紧张等问题,因此,新型清洁动力的开发关系到汽车的未来命运。近几十年来各种替代清洁燃料汽车和电动汽车（包括纯电动汽车、混合动力汽车和燃料电池汽车）的开发受到了前所未有的重视，并取得了长足发展，特别是纯电动汽车的发展异常迅猛。如我国 2016 年纯电动汽车产销量分别完成 41.7 万辆和 40.9 万辆，比上年同期分别增长 63.9% 和 65.1%[91]；2017 年纯电动车产销量分别为 66.6 万辆和 65.2 万辆，比上年同期分别增长 51.7% 和 53%[92]。为未来汽车环境空气污染，特别是城市的空气污染的防治指明了方向。另外，随着科学技术进步，新型绿色环保技术与材料不断出现，汽车的主要零部件，应积极采用其他领域新技术及绿色材料，降低汽车制造、使用（行驶）和报废过程中各种污染物的排放。

4. 合理使用

对传统汽车的使用不当，也会导致环境污染物的增多。因此，提高汽车使用人员的环保意识和使用技巧，也可大大减少汽车使用过程的污染物排放。

5. 加速研发和推广智能网联汽车（Intelligent & Connected Vehicles，ICV）[93]

由于 ICV 搭载了先进的车载传感器、控制器和执行器等装置，融合了现代通信与网络技术，实现了车与 X（人、车、路、云端等）的智能信息交换、共享，具备复杂环境感知、智能决策、协同控制等功能，因此，可以同时实现"安全、高效、舒适"与"节能、减排"。由此可见，发展智能网联汽车也是解决汽车环保与节能问题的有效途径，但需要研究各类汽车的生态驾驶控制方法，并制定其节能和减排优先的智能网联汽车控制策略。

6. 建设先进交通系统

先进交通系统可以减少燃油汽车低速及怠速等高排放工况行驶时间，也可以减少 EV 低效工况行驶时间，因而是减少汽车能耗和污染物排放的有效措施之一。

7. 提高企业及公众的环保与节能意识

采取多种宣传形式，大力宣传国内外汽车环境保护的先进经验和最新科研成果，提高公民主动参与减少汽车污染物排放的自觉性，提高公众在出行方式选择、车辆购置和合理使用等方面的环保意识。提高汽车制造、维修和报废等相关企业的生产活动中环保与节能的意识和主动性。

丰田公司 2018 年的"环境报告"表明[94]，该公司采取了多种措施减少汽车生产活动中相关 CO_2 排放。如采用轻质复合材料、树脂、薄壁和高刚性优化结构的零部件和车身等；采用天然植物本色的无涂料零件；利用热能转换回收能源，采用绝缘和隔热技术、现代电力节能控制技术等提高能源使用效率；采用低流动阻力结构和整流装置等减少气源的空气流动阻力；优化加工工艺，减少废弃材料并对其进行重复使用和再利用。采用上述一系列防治政策后，将汽车车身、涂装和总装生产过程的车均 CO_2 排放量由 2001 年的 209kg 降至 2017 年的 128kg，仅为 2001 年的 61%，这说明企业及公众的环保与节能意识对汽车生命周期的节能减排效果非常明显。

8. 政策调控

通过采取税收优惠、补贴等产业政策，鼓励使用环境友好型汽车。许多国家或地区都制定了相关的优惠政策，使新型清洁动力汽车得到了发展。受益于政策优惠，乙醇燃料在巴西的汽车上得到了大规模应用；丰田普锐斯混合动力车在美国和日本销售业绩取得了快速增长；纯电动、混合动力和燃料电池电动汽车以及清洁燃料汽车技术在近二十年来的长足进展等都是最好的例证。最近，我国四大部委制定了《新能源车私人购买补贴细则》，如果运作得当，这个产业政策对环境友好型汽车的发展将会起到促进作用。

9. 做好预防及预警

根据天气状况，对未来空气进行预测。当可能发生轻度到重度空气污染的天气时，及时做好预警。环保部门等可采取限行、限产等措施，主动减少排入空气中的污染物量，防止或减轻空气污染天气的发生；交通参与者或者生活于污染区域的易感人群，可及时采取戴口罩、避免户外活动和长时间暴露于道路及企业附近等防治措施。

上述9条主要对策中，第1~4条将在本章和其他章节进行较为详细的介绍；第5、6条超出了本书的内容范围；第7~9条不是技术工作者关注的重点。关于第4条"合理使用"的方法将在下面进行较为详细的介绍。

二、汽车使用中的环境污染防治对策

只要稍加留心，几乎每个汽车使用者都能为汽车使用中污染物排放的减少贡献绵薄之力。每个汽车使用者绵薄之力的总和，对一个城市或一个国家而言，具有巨大的效果。参考国外汽车管理部门的宣传口号以及汽车使用手册介绍的使用说明等，笔者总结了12条减少汽车使用中污染物排放的有效措施。这些措施如同室内人走灯熄的节电方式一样，对于汽车司乘人员而言，极易操作，希望读者在汽车使用中参考并将其介绍给其他汽车使用者，特别是汽车驾驶员。

表1-15列出了驾驶员对汽车排放和油耗的影响。试验用汽车整备质量1542kg，装备了手动变速箱和直列四缸涡轮增压、排量1.396L、额定功率93kW的汽油机；配置了国6排气催化净化器，气体污染物排放符合国6一阶段Ⅰ型试验排放值，但未配置汽油机颗粒过滤器（GPF）。试验时，车辆上安装了商用的PEMS系统，采集了实际道路CO、NO_x和粒子数（PN）等，并根据国标要求采用移动平均窗法（MAW）对试验后数据进行了处理。该结果表明：当车辆进行驾驶排放（RDE）实际道路试验时，在同一行驶路线上，不同驾驶员驾驶汽车时，汽车的排放和油耗结果相差很大，产生这种现象的主要原因是不同驾驶员的加减速次数、相对正加速度等行驶参数不同所致。为了便于比较驾驶员1和2的试验结果的差别，表1-15中还列出了驾驶员2与1的试验结果的比值，差别最大的NO_x排放两者相差1.71倍。

表1-15 驾驶员对汽车排放和油耗的影响[98]

项目	CO/(mg/km)	NO_x/(mg/km)	PN/(个/km)	油耗(L/100km)
国6一阶段Ⅰ型试验排放限值	630	75	6.0×10^{11}	—
Ⅰ型试验排放值	212	13	—	8.76
驾驶员1	1722	17	1.83×10^{12}	9.33
驾驶员2	2108	46	2.37×10^{12}	9.60
比值	1.22	2.71	1.30	1.03

减少传统燃油汽车使用中污染物排放有如下12条措施。减少电动汽车使用中异地污染物排放的措施见④~⑫。

① 停止无用的怠速。在遇到长时间驻车、等待信号、乘客上下车、堵车等时，应停止发动机怠速运转，既减少了油耗，又减少了噪声和污染排放。

② 短距离使用时燃油不加满，机油加入不过量。因为燃油加入过多，相当于车辆自重增加，行驶时燃油消耗增加。机油量在两个刻度线中偏少的一侧为好，因为此时既可保证良好的发动机润滑性能，又能使窜入燃烧室的机油量减少。

③ 手动变速杆操作要迅速，避免高速低挡行驶和低速高挡行驶。

④ 尽量使用经济车速行驶，既节油又环保。

⑤ 注意观察汽车异常状况，保持规定的轮胎气压。

⑥ 保持合适车距，避免急速制动。急加速、急减速和制动工况的燃油消耗量及污染物排放明显高于稳定行驶工况。因此，从环保的角度考虑，应避免汽车过渡工况行驶，以节约能源和减少实时和异地污染物排放。

⑦ 尽量安排好出行计划，避免无用空驶。

⑧ 在堵车等情况下，不违法驻车，以免导致交通恶化，使汽车滞留时间变长，污染物增加。

⑨ 有节制地使用汽车空调，不妨设定温度提高1℃。

⑩ 尽可能相互搭乘，既可减少排放污染，又可减轻交通压力。

⑪ 尽量利用公共交通工具，实行有计划出行。

⑫ 不在汽车上装载不必要的行李，因车辆自重越大，能耗越高。

参 考 文 献

[1] Parul Kumar. Environmental Pollution: Basic Concepts, Sources and Nature. [2018-02-04]. /http://www.biologydiscussion.com/pollution/environmental-pollution-basic-concepts-sources-and-nature/10895.

[2] 中国电器工业协会标准. 绿色设计产品评价技术规范-锂离子电池（T/CEEIA 280—2017）. 2017-11-01. /http://www.zbgb.org/139/StandardDetail4180277.htm

[3] 北京市环境保护局，北京市质量技术监督局. 汽车整车制造业（涂装工序）大气污染物排放标准. DB11/1227-2015. 2015-08-18. /http://www.bjepb.gov.cn/bjhrb/xxgk/fgwj/hjbhbz13/dfhbbz92/9a5cb7c1-3.html

[4] 环境保护部. 关于广汽本田汽车有限公司扩大生产规模（第二工厂）建设项目（二期12万辆/年）竣工环境保护验收合格的函. 2014年2月7日. /http://www.mep.gov.cn/gkml/hbb/spwj1/201402/t20140213_267680.htm

[5] 环境保护部. 关于中国兵器装备集团公司长安标致雪铁龙汽车有限公司暨深圳汽车生产基地建设项目竣工环境保护验收合格的函. 2014年12月5日. /http://www.mep.gov.cn/gkml/hbb/spwj1/201412/t20141211_292870.htm

[6] 北京环保局. 最新科研成果—新一轮北京市$PM_{2.5}$来源解析正式发布. 2018-05-14. /zhengwu.beijing.gov.cn/gzdt/t1523665.htm

[7] 北京市质量技术监督局. 汽车维修业污染防治技术规范. DB11/T 1426—2017. 2017-06-29. / http://www.bjepb.gov.cn/bjhrb/xxgk/fgwj/hjbhbz13/dfhbbz92/9a5cb7c1-3.html

[8] 环境保护部公告. 关于发布《机动车污染防治技术政策》的公告. 2017年第69号. /http://www.mep.gov.cn/gkml/hbb/bgg/201712/W020171218567003818136.pdf

[9] 环境保护部. GB 3095—2012-环境空气质量标准. /http://kjs.mee.gov.cn/hjbhbz/bzwb/dqhjbh/dqhjzlbz/201203/t20120302_224165.shtml

[10] 环境保护部. 室内空气质量标准. GB/T 18883—2002. /http://kjs.mee.gov.cn/hjbhbz/bzwb/dqhjbh/dqhjzlbz/200303/t20030301_67375.shtml

[11] EPA. NAAQS Table. / https://www.epa.gov/criteria-air-pollutants/naaqs-table

[12] Beñat Pereda-Ayo, Juan R. González-Velasco. NOx Storage and Reduction for Diesel Engine Exhaust Aftertreatment-Diesel Engine-Combustion, Emissions and Condition, p163/Monitoring. /http://cdn.intechopen.com/pdfs/44432/InTech-Nox_storage_and_reduction_for_diesel_engine_exhaust_aftertreatment.pdf

[13] Prakash Sardesai. Technology Trends for Fuel Efficiency & Emission Control in Transport Sector. PCRA Conference, 31st October 2007 at PHDCCI Auditorium, August Kranti Marg, New Delhi（2013-09-28）. /http：//

www. pcra. org/english/transport/prakashsardesai. pdf

[14] Tunga Salthammer, Erik Uhde, Wensing M. Standard test methods for the determination of VOC and SVOC in automobile interiors. in Organic indoor Air Pollutants, 1999, 147-161.

[15] James S. Grabbs, Richard L. Corsi, Vincent M. Torres. Volatile Organic Compounds in New Automobiles: Screening Assessment. Journal of Environmental Engineering. 2000, 126 (10): 974-977.

[16] 吉田俊明, 松永一朗. 乗用車内における空気中揮発性有機化合物濃度の推移（その2）. 室内環境学会誌, 2002, 5 (2): 56-59.

[17] YOU Ke-wei, GE Yun-shan, HU Bin, NING Zhan-wu, ZHAO Shou-tang, ZHANG Yan-ni, XIE Peng. Measurement of in-vehicle volatile organic compounds under static conditions. Journal of Environmental Sciences, 2007, 19 (10): 1208-1213.

[18] Literature and Reference Materials. Note 36: Identification Of Volatile Organic Compounds In a New Automobile. 1999. /https://www. sisweb. com/referenc/applnote/app-36. htm

[19] Grabbs James S, Corsi Richard L, Torres Vincent. Volatile Organic Compounds in New Automobiles: Screening Assessment. Journal of Environmental Engineering, 2000, 126 (10): 974-978.

[20] CSIRO Australia. New car drivers exposed to toxic emissions. 19-Dec-2001. / https://www. eurekalert. org/pub_releases/2001-12/ca-ncd_1121801. php

[21] Clover Charles. Enjoying the smell of a new car 'is like glue-sniffing'. The Daily Telegraph. 15 January 2003. / http://www. telegraph. co. uk/news/worldnews/asia/japan/1418764/Enjoying-the-smell-of-a-new-car-is-like-glue-sniffing. html

[22] Choi, Charles. That New-Car Smell? Not Toxic, Study Finds. Live Science. 6 April 2007. /http://www. livescience. com/health/070406_newcar_smell. html

[23] 自動車技術会. 国際標準化会議出席報告書. /http://tech. jsae. or. jp/kikaku/2010/012_TC22_TC146-JWG 報告書. pdf

[24] 自動車技術会. 自動車部品-内装材-揮発性有機化合物（VOC）放散測定方法（JASO M 902）. 2007. / www. scas. co. jp/analysis/pdf/tn342. pdf

[25] 环境保护部、国家质量监督检验检疫总局. 乘用车内空气质量评价指南（GB/T 27630—2011）. / http://www. mee. gov. cn/gkml/hbb/bgg/201111/t20111114_219914. htm

[26] 達晃一. 部品からのVOC放散量による車室内VOC濃度の予測. 横浜: 横浜国立大学大学院博士論文, 2016, 3.

[27] Theodoros Grigoratos, Giorgio Martini. Brake wear particle emissions: a review. Environ Sci Pollut Res Int. 2015; 22: 2491-2504.

[28] 北京市环保局组宣教处. 北京市$PM_{2.5}$来源解析正式发布. 2014年04月16日. /http://www. bjepb. gov. cn/bjhrb/xxgk/jgzn/jgsz/jjgjgszjzz/xcjyc/xwfb/607219/index. html

[29] Harrison RM, Jones AM, Gietl J, Yin J, Green DC. Estimation of the contributions of brake dust, tire wear, and resuspension to non-exhaust traffic particles derived from atmospheric measurements. Environmental Science & Technology, 46: 6523-6529.

[30] Climate Action (European Commission). Reducing CO_2 emissions from passenger cars. /https://ec. europa. eu/clima/policies/transport/vehicles/cars_ens

[31] HM Revenue & Customs. National Statistics-. Analysis of company cars by CO_2 emissions and fuel type. / https://www. gov. uk/government/statistics/analysis-of-company-cars-by-co2-emissions-and-fuel-type#history

[32] 装备工业司. 乘用车燃料消耗量第四阶段标准发布. 2015-01-05. /http://chinaafc. miit. gov. cn/n2257/n2260/c97209/content. html

[33] 李兴虎. 汽车环境污染与控制. 北京: 国防工业出版社, 2011.

[34] 郭立新, 巴琦, 秦传玉. 空气污染控制工程. 北京: 北京大学出版社, 2012.

[35] ICRP. Human respiratory tract model for radiological protection, A report of a task group of the International Commission on Radiological Protection. publication 66, 1994: 1-482.

[36] Ting Fang, Hongyu Guo, Linghan Zeng, Vishal Verma, Athanasios Nenes, Rodney J Webere. Highly Acidic

[37] 韩旸，白志鹏，袭著革．室内空气污染与防治（第 2 版）．北京：化学工业出版社，2013．
[38] 李兴虎．汽车材料中的有毒重金属及其环境危害．汽车技术，2005（3）：36-38．
[39] 环保 114．环保部：关于夜间和昼间国家噪声标准中划分的问题解释．2016 年 02 月 19 日．/http：//www. hb114. cc/news/hyzx/hbzx/20160219051036. htm
[40] 环保部大气环境管理司．2017 年中国环境噪声污染防治报告．/http：//dqhj. mep. gov. cn/dqmyyzshjgl/zshjgl/201706/t20170601_415153. shtml
[41] 井田哲哉．日欧などにみる騒音規制の現状と今後．Jamagazine，2008，42（502）：2-6．
[42] 环境保护部．汽车定置噪声限值（GB 16170—1996）．/http：//kjs. mee. gov. cn/hjbhbz/bzwb/wlhj/hjzspfbz/199701/t19970101_82039. shtml
[43] 环境保护部．汽车加速行驶车外噪声限值及测量方法（GB 1495—2002）．/http：//kjs. mee. gov. cn/hjbhbz/bzwb/wlhj/hjzspfbz/200210/t20021001_64378. shtml
[44] 日本環境測定分析協会．自動車騒音低減技術の開発状況について——自動車騒音低減技術に関する第 3 次報告書の概要について．環境と測定技術．1998，25（5）：8-16．
[45] 齋藤夫著．自動車工学入門（機械工学入門シリーズ）．東京：理工学社，1991．
[46] 環境省．タイヤ騒音に関する調査（資料 7-5）．/www. env. go. jp/council08noisey081-07mat05. pdf
[47] 项大兵，危银涛，冯希金．花纹结构对轮胎滚动噪声影响的研究．汽车工程，2016，38（6）：754-760．
[48] 沈雪香，王金刚，吴乃鹏，吴钊．排水性沥青路面的发展与应用．国外建材科技，2008，6：78-81．
[49] 蒋甫，应荣华，来学权．排水性沥青路面的社会环境和经济效益．公路与汽运，2010，4：85-89．
[50] 環境省．騒音低減対策技術の事例．/http：//www. env. go. jp/houdou/gazou/1434/955/166. pdf
[51] AUDI AG．Audi a6 life cycle assessment Life Cycle Assessment-Audi looks one step ahead．/https：//www. audi. com/corporate/en/sustainability/data-and-reports/downloads. html. html
[52] American Honda Motor Corporation．Fuel Cell Vehicles．/https：//www. fueleconomy. gov/feg/fuelcell. shtml
[53] 李名林．解读欧盟《关于报废汽车的技术指令》．汽车工艺与材料，2006，（5）：38-42．
[54] Waste electrical and electronic equipment．End of Life Vehicles Directive（2000/53/EC）．/http：//ec. europa. eu/environment/waste/elv/index. htm
[55] 汽车回收再利用促进中心．报废汽车与法定三样的收集情况．/http：//www. jamabj. cn/eco/recycle/table_02. asp
[56] 国家发改委、科技部、环保总局发布．《汽车产品回收利用技术政策》，2006. 2. 14．/http：//www. chinairn. com/doc/60260/58506. html
[57] 国家发展改革委，工业和信息化部，环境保护部，商务部，质检总局．电动汽车动力蓄电池回收利用技术政策（2015 年版）．2016 年 1 月 5 日．/http：//www. ndrc. gov. cn/zcfb/zcfbgg/201601/t20160128_773250. html
[58] 日本汽车工业协会．新型车可回收再利用率的定义及计算方法之导则．/http：//www. jamabj. cn/eco/eco_car/info/info_1t3. asp
[59] 経済産業省製造産業局自動車課自動車リサイクル室．自動車リサイクル制度の現状と今後について．JAMAGAZINE，2016：3：2-7．/http：//www. jama. or. jp/lib/jamagazine/jamagazine_pdf/201603. pdf
[60] 日本汽车工业协会．回收再利用．/http：//www. jamabj. cn/eco/recycle/index. asp
[61] トヨタ自動車．FCV（燃料電池自動車）適正処理/回収・リサイクル マニュアル（水素タンク，駆動用バッテリー、FCスタック）．2015 年 3 月．/https：//www. toyota. co. jp/jpn/sustainability/environment/recycling_based/proper_disposal/pdf/fcv_manual. pdf
[62] 離嶋村高士．トヨタのリサイクルへの取組み．2016. 2. 10．/https：//www. iges. or. jp/files/research/scp/PDF/20160210/7_shimamura. pdf
[63] United States Environmental Protection Agency．Heat Island Effect．/https：//www. epa. gov/heat-islands
[64] Mara Bermudez．How Does Outdoor Lighting Cause Light Pollution？/https：//www. delmarfans. com/educate/basics/lighting-pollution/
[65] 李兴虎．电动汽车概论．北京：北京理工大学出版社，2005．

[66] 李兴虎. 混合动力汽车结构与原理. 北京：人民交通出版社，2009.

[67] Department for Transport. Reducing emissions from road transport：Road to Zero Strategy. /https：//www. gov. uk/government/publications/reducing-emissions-from-road-transport-road-to-zero-strategy

[68] Department for Transport. Reducing emissions from road transport：Road to Zero Strategy. /https：//www. gov. uk/government/publications/reducing-emissions-from-road-transport-road-to-zero-strategy

[69] 李兴虎，赵耀炜，石谦，高润泽，周炜. 中国免税新能源汽车目录中纯电动乘用车性能指标分析. 汽车安全与节能学报，2017，8（2）：183-189.

[70] 李兴虎，石谦，高润泽，周炜.《免征车辆购置税的新能源汽车车型目录》中纯电动客车性能参数分析到. 汽车工程学报，2017，7（2）：123-132.

[71] EV Data Center. Norway Plug-in Sales Q3-2017 and YTD. 2018-9-3. /http：//www. ev-volumes. com/country/total-euefta-plug-in-vehicle-volumes/

[72] Fuel Cell Today. Fuel Cell Electric Vehicles：The Road Ahead. /http：//www. fuelcelltoday. com/media/1711108/fuel_cell_electric_vehicles_-_the_road_ahead_v3. pdf

[73] 資源エネルギー庁 燃料電池推進室. 燃料電池自動車について. 2014年3月4日. /www. meti. go. jp/committee/kenkyukai/energy/suiso_nenryodenchi/suiso_nenryodenchi_wg/pdf/003_02_00. pdf

[74] Terry Martin. Honda puts fuel cell FCX Clarity into production and calls for hybrid tariff cuts. 17 Jun 2008. /https：//www. goauto. com. au/future-models/honda/fcx-clarity/clarity-hits-the-road/2008-06-17/9756. html

[75] Hyundai Motor Company. THE ix35 Fuel Cell. /https：//www. hyundai. com/content/dam/hyundai/ww/en/images/footer/downloads/eco/e-brochure/ix35-fuel-cell-ebrochure-2015. pdf

[76] 小島康一. トヨタ自動車における燃料電池自動車開発の現状と展望. /www. rieti. go. jp/jp/events/14072201/pdf/kojima. pdf

[77] Honda Motor. CLARITY FUEL CELL Vehicle Evolution. /http：//world. honda. com/FuelCell/FuelCellVehicle-history/CLARITYFUELCELL/

[78] 许琦敏. 揭密燃料电池混合动力汽车"超越一号". 2003年08月07日. /http：//auto. sohu. com/28/00/article211890028. shtml

[79] 工业和信息化部. 第九批《免征车辆购置税的新能源汽车车型目录》. 2016-12-06. /http：//www. miit. gov. cn/n1146295/n1146592/n3917132/n4061919/c5400728/content. html

[80] 亿华通. 第十四届国际交通展-氢燃料电池客车成亮点. 2018-05-31. / http：www. xnyauto. com/news/201805/27154. html

[81] TOYOTA. セダンタイプの新型燃料電池自動車「MIRAI」を発売. Nov. 18，2014. /http：//newsroom. toyota. co. jp/en/detail/4197769

[82] Honda. 新型燃料電池自動車「Clarity Fuel Cell」を発売～ゼロエミッションビークルで世界トップクラスの一充填走行距離約750kmを実現～. 2016年3月10日. /http：//www. honda. co. jp/news/2016/4160310. html

[83] MH Themes. 2019 Hyundai Nexo FCV. March 24，2018. /http：//www. suvandtrucks2018-2019. com/2019-hyundai-nexo-fcv/

[84] 次世代自動車振興センター. EV等保有台数統計. /http：//www. cev-pc. or. jp/tokei/hanbai. html

[85] 東京ガス株式会社. 燃料電池自動車向け水素販売価格の決定について. 2015年1月8日. /https：//www. tokyo-gas. co. jp/Press/20150108-02. html

[86] Stephen Edelstein. Full-Retail Hydrogen Stations Now Coming Online In California. Oct 9，2015. /http：//www. greencarreports. com/news/1100395_full-retail-hydrogen-stations-now-coming-online-in-california

[87] Markus Florian Felgenhauer. Battery and fuel cell electric vehicles in the context of the energy transition. Technical University of Munich. 02. 12. 2016. PhD thesis Felgenhauer - mediaTUM. /https：//mediatum. ub. tum. de/doc/1327434/1327434. pdf

[88] 韩喻. 基础设施：FCEV加氢站建设中外对比（下）. 2018-07-16. /http：//www. chinabuses. com/tech/2018/0716/article_84829. html

[89] EV Data Center. Norway Plug-in Sales Q3-2017 and YTD. 2018-9-3. /http：//www. ev-volumes. com/country/total-euefta-plug-in-vehicle-volumes/

[90] Prime Minister's Office. Prime Minister Theresa May's speech at the Zero Emission Vehicle Summit in Birmingham. 11 September 2018./https://www.gov.uk/government/speeches/pms-speech-at-the-zero-emission-vehicle-summit-11-september-2018

[91] 新华网. 2016年新能源汽车销售50.7万辆同比仅增53%. 2017年01月12日./http://news.xinhuanet.com/auto/2017-01/12/c_1120298540.htm

[92] 新华网. 2017年新能源销售77.7万辆，充电桩21.3万个. 2018-01-13./http://auto.cnr.cn/gdbkxw/20180113/t20180113_524097734.shtml

[93] 中国汽车工程学会. 节能与新能源汽车技术路线图. 北京：机械工业出版社，2016.

[94] トヨタ自動車（株）. 環境報告（2018年度版）./http://www.toyota-ej.co.jp/activities/report.html

[95] 日産自動車. 電気自動車「日産リーフ」のライフサイクルCO_2排出量評価./https://www.nissan-global.com/JP/ENVIRONMENT/CAR/LCA/.

[96] Delphi Power Train. Worldwide Emissions Standards-Passenger Cars and Light Duty Vehicles. 2018 | 2019. /https://d2ou7ivda5raf2.cloudfront.net/sites/default/files/inline-files/booklet%20emission%20complete%20%20PC18.pdf

[97] 孙磊. 混合动力车电磁干扰机理分析和故障解决. 2018年世界内燃机大会学术交流论文集（上册）. 上海：上海大学出版社，2018：305-307.

[98] 张旎，孙文，陈嵘，熊明泽，龙永生. 驾驶行为对实际道路排放的影响. 2018年世界内燃机大会学术交流论文集（上册）. 上海：上海大学出版社，2018：37-41.

第二章 汽车排气污染物的生成机理与防治原理

第一节 汽车内燃机的燃烧与燃烧污染物

一、汽车内燃机的燃烧与燃烧产物

汽车内燃机是将燃料的化学能转化成内能再转化成机械能的机器。燃料的化学能是一种只有在发生化学变化的时候才可以释放出来,变成热能或者其他形式的能量。内能是组成物体分子的无规则热运动动能和分子间相互作用势能的总和。汽车要获得行驶所需动能,就必须先通过内燃机将燃料的化学能转化成内燃机工质的内能,再通过活塞连杆机构将工质的内能转换为机械能。内燃机的燃烧有许多化学反应和能量转换的过程,涉及许多复杂的物理和化学变化。燃料的燃烧是目前为止将其化学能转化成内燃机工质内能的最理想和最有效的方法。其主要不足是该过程需要通过燃烧产生高温实现。由于高温条件下燃料会与氧气和氮气发生反应,燃料分子之间和燃烧中间产物之间也会发生一系列的复杂反应,因而燃烧产物中会含有HC、NO_x、CO和PM等种类繁多的有害物质,即汽车排气污染物。

汽车使用的燃料多为碳氢燃料,部分为含氧燃料,其分子式可用$C_mH_nO_r$表示;燃料燃烧过程的总化学反应式可用式(2-1)表示[1]。

$$C_nH_mO_r + \lambda\left(n + \frac{m}{4} - \frac{r}{2}\right)(O_2 + \gamma N_2) \longrightarrow$$
$$N_2 + CO_2 + H_2O + O_2 + CO + H_2 + NO_x + N_2O + HC + PM \tag{2-1}$$

式中,λ为过量空气系数(进入缸内的实际空气燃料质量比/理论空气燃料质量比);γ为空气中的氮氧体积比(3.76)。

表2-1列出了在理论空燃比条件下柴油和汽油车辆的排气成分比例,其余气体为N_2。HC表示排气中包括含氧的碳氢化合物;PM表示颗粒物,主要存在于柴油车和缸内直喷汽油车排气中;NO_x表示NO_2和NO。发动机排气成分非常复杂,并且与燃料的组成有关,但体积分数达到1%以上的不多,正常工作条件下,仅有CO_2、H_2O、O_2和N_2四种组分而已,并且这四种组分占排气体积比例高达99%以上。

表2-1 在理论空燃比条件下柴油和汽油车辆的排气成分比例[2]

成分	柴油车	汽油车
空燃比	20~60	14.6
$NO_x/\times10^{-6}$	400~1300	500~1500
$CO/\times10^{-6}$	300~1000	300~3000

续表

成分	柴油车	汽油车
$HC/\times 10^{-6}$	40～200	300～800
$PM/(mg/m^3)$	20～500	—
$SO_2/\times 10^{-6}$	<1	<1
$O_2/\%$	6～16	0～0.5
$CO_2/\%$	4～11	13
$H_2O/\%$	4～11	13

进入内燃机气缸内的空气和燃料的质量比（空燃比）是影响排气中 CO_2、CO、H_2O、O_2 和 N_2 比例的主要因素。发动机排气的主要成分随空燃比的变化如图2-1所示，随着混合气变稀，CO 浓度降低，HC 在空燃比为 17 左右时最小，在过稀及浓混合气条件下增大，NO_x 则在理论空燃比附近达到最大值。

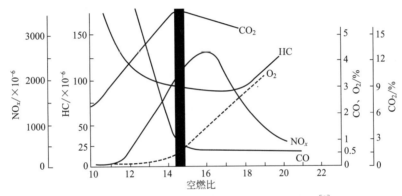

图 2-1　发动机排气的主要成分随空燃比的变化[3]

二、燃料燃烧的基元反应

式(2-1)是常见的表示燃料燃烧总化学反应的方程式，但该化学反应式并不能说明燃料燃烧的实际反应过程。燃料燃烧的化学反应需要经历非常多的步骤才能完成。通常把化学反应中仅经过一步就直接转化为产物的反应称为基元反应（Elementary Reaction），亦称简单反应等。为了说明基元反应与总化学反应方程式的区别，此处以氢气与氧气的化学反应为例予以说明。

众所周知，氢气和氧气总反应方程式为 $2H_2+O_2\Longrightarrow 2H_2O$。仅从总反应方程式看，氢气与氧气的化学反应是 2 个分子的 H_2 和 1 个分子的 O_2 直接反应生成 $2H_2O$ 的过程。若用基元反应表示，则相去甚远。表 2-2 列出了一种由 H、O、OH、H_2、O_2、HO_2、H_2O_2 和 H_2O 八种物质参与的 19 个基元反应方程式组成的氢氧化机理[4]。从表 2-2 可以看出，结构最简单的氢燃烧过程的起始反应是先生成 H 和 HO_2，H 和 HO_2 又引发一系列基元反应，中间产物还会发生重组基元反应。值得注意的是，不同文献给出的氢氧化机理的基元反应方程式和物质数量略有差异，不同文献给出的参与反应的物质和基元反应方程数可能不同。分子最简单的氢气尚且如此，结构远比氢气复杂的碳氢燃料燃烧反应的物质和基元反应方程数便可想而知。

表 2-2　氢气和氧气的基元反应

类别	反应
起始	$H_2+O_2 \longrightarrow HO_2+H$
链反应	$H+O_2 \longrightarrow O+OH$ $O+H_2 \longrightarrow OH+H$ $O+H_2O \longrightarrow OH+OH$ $OH+H_2 \longrightarrow H_2O+H$
重组	$H+H+M \longrightarrow H_2+M$ $O+O+M \longrightarrow O_2+M$ $H+OH+M \longrightarrow H_2O+M$ $OH+OH+M \longrightarrow H_2O_2+M$
HO_2 反应	$HO_2+HO_2 \longrightarrow H_2O_2+O_2$ $HO_2+H \longrightarrow OH+OH$ $HO_2+H \longrightarrow H_2+O_2$ $HO_2+O \longrightarrow O_2+OH$ $HO_2+OH \longrightarrow H_2O+O_2$ $H_2O_2+M \longrightarrow OH+OH+M$ $H_2O_2+H \longrightarrow H_2O+OH$ $H_2O_2+H \longrightarrow H_2+HO_2$ $H_2O_2+O \longrightarrow HO_2+OH$ $H_2O_2+OH \longrightarrow H_2O+HO_2$

研究表明，随着燃料分子的增加，详细反应模型的大小（基本反应和化学物质的数量）呈指数增加[5]；相同碳原子数的燃料中存在各种异构体是导致基元反应和化学物质增加的重要原因之一。表 2-3 列出了普林斯顿大学燃烧能源前沿研究中心给出的氢气及几种碳氢燃料的基元反应和化学物质的数量，可见，基元反应的物质数量和反应数的多少随分子大小而快速增长[6]。最简单碳氢燃料 CH_4 燃烧的物质数量和基元反应数分别为 30 和 200，这意味着想要提高模拟计算得到最终的燃烧产物组成，需要求解不同时刻的 200 个方程组成的方程组。由于常见的汽车燃料汽油和柴油均属于上百种不同大分子量的碳氢的化合物，因此，尽管现代计算和检测技术已经取得长足进展，但面对汽油和柴油众多的基元反应及化学物质，无论是详细反应模拟，还是燃烧过程的检测都鞭长莫及。但并不是无所作为，各种经验或简化模型在汽车内燃机燃烧污染的防治方面发挥了重要作用。

表 2-3　普林斯顿大学燃烧能源前沿研究中心给出的氢气及几种碳氢燃料的基元反应和化学物质的数量

燃料	H_2	CH_4	C_3H_8（丙烷）	C_6H_{14}（己烷）	$C_{16}H_{34}$（十六烷）
物质数量/个	7	30	100	450	1200
基元反应数/个	25	200	400	1500	7000

三、反应速率的概念

通过基元反应可以了解参与燃烧反应的化学物质有多少，但无法得到燃烧过程某一时刻或燃烧结束后燃烧产物的组成。要得到燃烧结束后包括各种有害污染物的燃烧产物有多少，还需了解燃料燃烧每一个基元反应的化学反应速率，结合反应时间确定反应物质的生成或消耗量。化学反应速率通常指单位时间内反应物浓度的减少或生成物浓度的增加，即参加化学反应的物质（反应物或生成物）的量随时间的变化率。因此，反应速率对时间积分后，即可得到某一时间段内参加化学反应的物质的浓度或质量的变化。如果积分时间段为反应开始到结束，则可得到生成物（产物）各组分的浓度。

基元反应的化学反应速率一般根据质量作用定律（Law of Mass Action）确定。由质量作用定律可知，在基元反应中，反应速率与物质的量浓度的计量系数次方的乘积成正比。质量作用定律于1863年由挪威化学家C. M. 古尔德贝格和P. 瓦格提出，它是分析和计算各种燃烧产物及污染物的重要理论依据。此处以式(2-2)所示基元反应为例，说明如何应用质量作用定律确定基元反应中各物质的浓度变化。式(2-2)为一个通用的双反应物和双生成物的基元反应。

$$m\text{A}+n\text{B} \Longleftrightarrow q\text{C}+p\text{D} \tag{2-2}$$

式中，A 和 B、C 和 D 分别表示基元反应的反应物和生成物；m、n、q 和 p 表示反应物和生成物的系数。

若用 (A)、(B)、(C) 和 (D) 表示基元反应物质 A、B、C 和 D 的物质的量浓度，则该基元反应的反应速率 v 为

$$v = \pm k(\text{A})^m(\text{B})^n \tag{2-3}$$

式中，k 为速率常数。不同的反应，k 的数值不同；同一反应 k 的大小与反应温度和催化剂有关，与反应物的浓度、压强无关。对于反应物，等号右边取负号；对于生成物，等号右边取正号。于是，由式(2-3)可得式(2-4)和式(2-5)。式(2-4)和式(2-5)进行积分，即可得到反应物和生成物的浓度。

$$\frac{1}{m} \times \frac{d(\text{A})}{dt} = \frac{1}{n} \times \frac{d(\text{B})}{dt} = k(\text{A})^m(\text{B})^n \tag{2-4}$$

$$\frac{1}{q} \times \frac{d(\text{C})}{dt} = \frac{1}{p} \times \frac{d(\text{D})}{dt} = -k(\text{A})^m(\text{B})^n \tag{2-5}$$

对于反应物和生成物均为气体的物质而言，反应物浓度与分压相同，故其速率也可以根据反应物质 A 和 B 的分压 p_A 和 p_B 计算，其计算式如下。

$$v = \pm k p_A^m p_B^n \tag{2-6}$$

温度 T 时的反应速率常数 k（$\min^{-1}$）通常可由式(2-7)所示的阿伦尼乌斯方程计算或实验测定[7]。

$$k = AT^n e^{-\frac{E_a}{RT}} \tag{2-7}$$

式中，A 为指前因子，也称为频率因子或阿伦尼乌斯常数，$\min^{-1}$；E_a 为反应活化能，一般为与温度无关的常数，J/mol 或 kJ/mol；T 为热力学温度，K；R 为摩尔气体常数，8.314J/(mol·K)。

第二节　CO 的生成机理与防治方法

一、CO 生成的主要化学反应

CO（Carbon Monoxide）是含碳燃料燃烧过程中的一个中间产物，它是最早被发现的有害污染物之一。CO 在大气中分散最多，也是燃烧过程中产生最多的污染物。内燃机排放的CO 是大气中 CO 的主要来源，其次是锅炉中化石燃料燃烧产生的 CO。含碳燃料中所有碳

元素在燃烧时最初都形成 CO,随着燃烧过程的进行,CO 将逐步减少。CO 的生成和破坏过程都受化学反应动力学过程所控制。CO 的生成过程非常复杂,一般需要多步化学反应完成[8]。

如图 2-2 所示为烷烃燃烧反应机理的层次,可见,烷烃碳氢燃料燃烧时的反应进行步骤为复杂烷烃→甲烷/乙烷→甲醇→CO→H_2。即烷烃燃料首先经过多步热解或脱氢反应等变为烯烃和甲烷等,烯烃或甲烷经过多步反应生成甲醇,甲醇再经过多步反应才可生成 CO;CO 经过氧化后会生成最终产物 CO_2,最后进行的化学反应是碳氢燃烧过程生成 H_2 的反应。

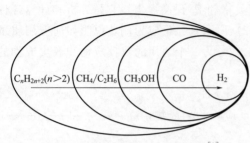

图 2-2 烷烃燃烧反应机理的层次[9]

从图 2-2 可以看出,CO 与一系列的化学反应相关。碳氢燃料燃烧过程中 CO 的氧化主要依靠 OH 自由基,CO 能否或有多少氧化,均与 H_2 的反应机理密切相关。CO 的氧化主要发生在烃火焰后的气体中。尽管不同结构碳氢燃料的 CO 生成细节略有差异,但碳氢化合物 CO 的生成通常均按照图 2-2 所示的从左到右的一系列反应逐步进行。

若用 RH 代表碳氢燃料,R 代表烷基,则低温和高温条件下碳氢化合物燃烧时 CO 的生成步骤分别如式(2-8)和式(2-9)所示[10]。低温条件下,RH 的氧化反应进行缓慢。RH 首先与 O_2 发生反应生成烷氧基 RO_2;其次是 RO_2 内氢原子移动,生成 QOOH;QOOH 再次与 O_2 结合便会生成 O_2QOOH;O_2QOOH 可释放出两个 OH 自由基,最终变为 OR'C=O 等,随着 OH 自由基增多,反应会逐步加速。高温条件下,RH 的氧化反应快速进行。RH 首先受外部能量的作用或与低温条件下产生的 OH 发生脱氢反应变为 R,R 经高温裂解变为 CH_3 等,CH_3 与 O_2 反应生成 CH_2O,CH_2O 与 H、O 或 OH 反应生成 CHO,CHO 与 H、O 或 OH 反应即可生成 CO。此时如果火焰后的气体中存在足够多的 OH,则 CO 会被全部转化为最终燃烧产物 CO_2,否则,最终产物中将会存在大量的 CO。

$$\text{低温条件:} RH \xrightarrow{+O_2} R \xrightarrow{+O_2} RO_2 \xrightarrow{} QOOH \xrightarrow{+OH} O_2QOOH \xrightarrow{+OH} HOOR'C=O \rightarrow OR'C=O \quad (2-8)$$

$$\text{高温条件:} RH \xrightarrow[\text{反应}]{\text{裂解}} R \xrightarrow{+O_2} CH_3 \xrightarrow{+H,O,OH} CH_2O \xrightarrow{+H,O,OH} CHO \xrightarrow{+OH} CO \rightarrow CO_2 \quad (2-9)$$

式(2-10)表示正庚烷(nC_7H_{16})在 OH 自由基引发脱氢反应之后,生成 CO 的主要步骤[11]。一般来说,燃料分子结构越复杂,其 CO 的生成过程越复杂。为了便于了解碳氢燃料(RH)生成 CO 的过程,通常用式(2-11)简要表示 CO 生成的主要过程,详细的基元反应过程随着燃料的不同而不同。到目前为止,只有少数简单燃料(如甲烷等)的 CO 生成模型较为清楚。对于汽油、柴油等由多种烃组成的燃料,在燃烧过程中生成 CO 的机理还有待进一步研究。

$$nC_7H_{16}+OH \longrightarrow nC_7H_{15}O+H \longrightarrow C_4H_9CO+OH \longrightarrow pC_4H_9 \longrightarrow pC_4H_9O_2 \longrightarrow$$
$$C_4H_8OOH_{1\sim3} \longrightarrow C_4H_8OOH_{1\sim3}O_2 \longrightarrow nC_4H_{13}O+OH \longrightarrow CH_3CHO+$$
$$CH_2CHO+OH \longrightarrow CH_2CHO+O_2 \longrightarrow CH_2O+OH+CO \quad (2-10)$$

$$RH \longrightarrow R \longrightarrow RO_2 \longrightarrow RCHO \longrightarrow RCO \longrightarrow CO \tag{2-11}$$

二、CO 生成量的近似计算

前已述及，燃料中所有碳原子在燃烧过程中最初都会形成 CO，因此，最终燃烧产物中 CO 的多少取决于 CO 的氧化速率及氧化持续时间。CO 在高温和 OH 等存在条件下会快速转换为 CO_2，但当缺氧或燃烧温度过低时 CO 将会保留到燃烧结束。碳氢燃料火焰中 CO 的生成速率远高于 CO 氧化成 CO_2 的速率，故燃烧产物中的 CO 浓度主要取决于 CO 氧化成 CO_2 的速率。CO 的生成量可根据各个压力和温度下 CO 的平衡浓度 $(CO)_e$ 计算。碳氢燃料火焰中存在大量 OH，OH 与 CO 的反应速率极快；相比之下，CO 与 O_2 的反应速率很慢。因此，在许多情况下可忽略 CO 与 O_2 的反应。在碳氢燃料的燃烧过程中，CO 氧化为 CO_2 的主要化学反应有如下两个[12]。

$$CO + OH \Longleftrightarrow CO_2 + H \tag{2-12}$$

$$CO + O_2 \Longleftrightarrow CO_2 + O \tag{2-13}$$

式(2-12)是火焰后气体中 CO 氧化动力学的关键步骤，决定了 CO 的氧化速率。如果火焰后气体中没有足够的 OH，则 CO 的氧化速率将会无法按照式(2-12)进行或进行得很慢。火焰后气体中 OH 主要来源于 H 和 O_2 之间、H_2 和 O 之间以及 H_2O 和 O 之间的反应，如 $H + O_2 \longrightarrow O + OH$、$O + H_2 \longrightarrow OH + H$ 和 $O + H_2O \longrightarrow OH + OH$ 等。

假定式(2-12)和式(2-13)正向与逆向反应的速率常数分别为 k_1 和 k_{-1}、k_2 和 k_{-2}，达到化学平衡时 CO、OH、CO_2、H、O_2 和 O 的浓度依次为 $(CO)_e$、$(OH)_e$、$(CO_2)_e$、$(H)_e$、$(O_2)_e$ 和 $(O)_e$，则有

$$R_1 = k_1 (CO)_e (OH)_e = k_{-1} (CO_2)_e (H)_e \tag{2-14}$$

$$R_2 = k_2 (CO)_e (O_2)_e = k_{-2} (CO_2)_e (O)_e \tag{2-15}$$

将质量作用定律用于式(2-12)和式(2-13)得

$$\frac{d(CO)}{dt} = k_1 (CO)(OH) - k_{-1}(CO_2)(H) + k_2(CO)(O_2) - k_{-2}(CO_2)(O)$$

用 $(OH)_e$、$(CO_2)_e$、$(H)_e$、$(O_2)_e$ 和 $(O)_e$ 替代上式中的 (OH)、(CO_2)、(H)、(O_2) 和 (O)，并把式(2-14)和式(2-15)代入上式得

$$\frac{d(CO)}{dt} = (R_1 + R_2)\left[1 - \frac{(CO)}{(CO)_e}\right] \tag{2-16}$$

应用式(2-16)计算时，首先需要由式(2-14)和式(2-15)确定 R_1 和 R_2 的数值，式(2-14)和式(2-15)中 $(CO)_e$、$(OH)_e$、$(O_2)_e$ 等的浓度可由化学平衡计算得到，k_1 和 k_{-2} 为温度的函数，可由下式计算[13]。其次是对式(2-16)计算得到的 (CO) 进行积分，最后即可得到 CO 的生成量。

$$k_1 = 6.76 \times 10^{10} \times \exp\left(\frac{-T}{1102}\right)$$

$$k_2 = 2.5 \times 10^{12} \times \exp\left(\frac{-24055}{T}\right)$$

图 2-3 表示由上列方法计算的菲亚特 2L 点燃式发动机中 CO 体积分数的计算与测量结果比较。计算时发动机转速为 3000r/min，转矩为 90N·m。可见，计算结果与测量结果基本一致，当发动机采用稀混合气时，CO 排放的测量值与计算值都非常小，大约在 1% 以下。

三、CO 生成的影响因素

影响 CO 生成的主要因素有 3 个，即混合比、火焰后的燃气温度和高温下的持续时间。如图 2-4 所示为甲烷-氧气混合气火焰中实测的 CO 浓度分布曲线。该结果表明：CO 是甲烷燃烧的中间产物，在甲烷燃烧完的位置附近（CH_4 的体积分数接近零）CO 的摩尔分数接近最大，随着远离燃烧中心（轴向距离增大），空气增多，CO 逐步氧化放热，温度略有升高，CO 浓度持续减少，CO_2 增多；若燃气温度持续高于 CO 氧化所需温度时，CO 氧化反应就不会停止；反之，CO 氧化反应就会停

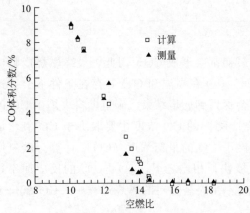

图 2-3　CO 体积分数的计算与测量结果比较

止，反应停止时的 CO 浓度即为排气中最终的 CO 浓度。因此，要把排气中的 CO 浓度降低到理想的程度，就应保证 CO 在高温火焰中的停留时间及充足的氧气[12]。

如图 2-5 所示为 11 种不同燃料，汽油发动机排气中 CO 随混合比过量空气系数 λ 变化的测试结果。可见在富燃料混合气（λ＜1）中，随 λ 的增大，排气中 CO 浓度增大；在贫燃料混合气（λ＞1）燃烧中，CO 浓度几乎不随混合比发生变化，其摩尔成分非常低。因此可以说混合气中氧含量是影响 CO 生成的主要因素。

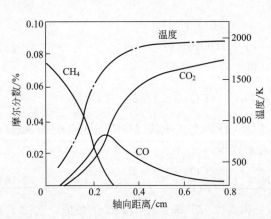

图 2-4　甲烷-氧气混合气火焰中实测 CO 浓度分布曲线

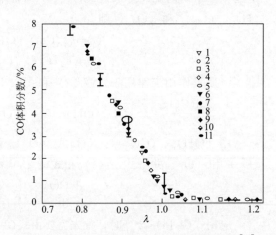

图 2-5　汽油发动机排气中 CO 随 λ 的变化[14]

四、CO 的防治措施

从 CO 的生成机理及影响因素可知，减少 CO 生成的主要方法是使用贫燃料混合气（稀混合气）燃烧、增加 CO 在高温段的停留时间（如热反应器）和保证高温条件下混合气中的氧含量（如二次空气）等。

第三节　HC 的生成机理与防治方法

汽车的未燃碳氢是由汽车排放的没有燃烧或部分燃烧的碳氢化合物的总称，通常用 HC

表示。点燃式内燃机汽车排气中的 HC 主要来源于排气系统、燃油供给系统和曲轴箱泄漏，压燃式内燃机汽车排气中的 HC 主要来源于排气系统和曲轴箱泄漏。下面对来源于排气系统、燃油供给系统和曲轴箱的 HC 的生成机理分别予以介绍。

一、汽油机排气中 HC 的生成机理与防治方法

汽油机排气中的 HC 来源于燃烧室，故此处对燃烧室中 HC 的生成机理予以说明。

燃烧室中 HC 的生成主要有四类[3]：第一类是由于多种原因造成的不完全燃烧所生成的 HC；第二类是燃烧室壁面的"火焰淬熄"作用形成的 HC；第三类是润滑油膜及燃烧室壁面多孔性积炭等物质的吸附及释放（解吸）所形成的 HC；第四类是 HC 在燃烧过程中进入燃烧室狭缝，避开了燃烧过程，并在排气时又回到混合气形成的 HC。

1. 不完全燃烧 HC

不完全燃烧 HC 是由烃的氧化反应终止所造成的。燃料的氧化反应受反应温度、压力、混合比及燃料种类等的影响。各种烃类燃料的燃烧实质是烃的一系列氧化反应，这一系列氧化反应有一个随着温度升高而拓宽的浓混合气界限和稀混合气界限。混合气过稀或过浓都将出现氧化反应终止，导致火焰传播中断，燃烧停止。在烃类燃料的燃烧过程中，当混合比过稀或过浓时，氧化反应变慢；当氧化生成的热量小于混合气散失的热量时，火焰传播会逐渐中断；当火焰遇到大的冷气团时，有时也会被吹熄。另外，即使供给混合气的平均混合比在可燃界限之内，燃烧室内混合气分布也很难保持均匀一致，难免有局部过浓或过稀现象，致使局部反应过慢或断火。可见，烃的氧化反应不完全是生成 HC 的一个途径。

2. 壁面淬熄

由于冷态的（或温度较低的）燃烧室壁面对火焰产生的热量或活性物质具有吸附作用，故当火焰接近燃烧室壁面时将会发生"壁面淬熄（Wall Quenching）"现象。火焰淬熄过程可以分为两个阶段：第一阶段是在接近冷态壁面时的火焰熄灭，当热反应区传递到壁面的热量大于火焰反应区释放的热量时，就会发生"火焰淬熄"现象；第二阶段是淬熄后 1ms 或数毫秒发生的扩散和氧化过程。由于浓度差的存在，淬熄层的未燃混合气将向高温的已燃区扩散，使生成的部分 HC 氧化。因此，燃烧室壁面淬熄不被认为是 HC 的主要生成源，有人甚至认为淬熄对 HC 排放的影响是可以忽略不计的。

火焰淬熄现象可分为单壁和"双壁"狭缝两种（图 2-6）。单壁和"双壁"狭缝在内燃机燃烧室中都有存在。当火焰传播到图 2-6(a) 所示的吸热体（壁面）附近时，火焰速度会逐渐降低直至为零，火焰传播不到反应区的距离称为淬熄距离（Quenching Distance），其厚度用 Δq_1 表示。当火焰传播到图 2-6(b) 所示的两个吸热体（"双壁"狭缝）中时，如果两个壁面的距离足够大，则"双壁"狭缝中的混合气除两个壁面表面"淬熄层"外的其他可燃混合气将被烧掉；但当两个壁面接近到一定程度时，火焰就不能通过此狭缝传播，"双壁"狭缝间的全部混合气都不能燃烧，通常把此时两个壁面间的这个临界距离称为"双壁"狭缝淬熄距离（Two-Plate Quenching Distance），用 Δq_2 表示。

"火焰淬熄"的理论分析和实验研究表明，Δq_1、Δq_2 和佩克莱特（Peclet）数 P_{e_1}、P_{e_2} 分别具有如下关系[14]。

$$P_{e_1}=\frac{\rho_u S_L c_{p,u} \Delta q_1}{K_u} \approx 8 \qquad (2-17)$$

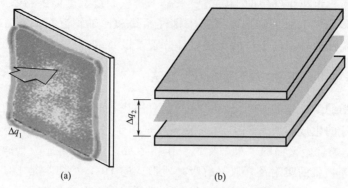

图 2-6 火焰在壁面及"双壁"狭缝附近的传播[15]

$$P_{e_2} = \frac{\rho_u S_L c_{p,f} \Delta q_2}{K_f} \tag{2-18}$$

式中，ρ、S_L、c_p、K 依次代表未燃混合气的密度、层流火焰速度、定压比热容和热导率；下标 u、f 分别表示未燃混合气和燃烧条件。

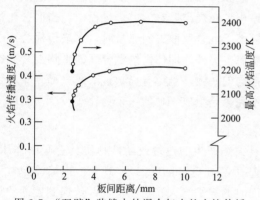

图 2-7 "双壁"狭缝中的混合气中的火焰传播速度及火焰温度与壁面间距离的关系[13]

两个壁面组成的"双壁"狭缝中的混合气中的火焰传播速度及火焰温度与壁面间距离的关系如图 2-7 所示。可见，当壁面间距离小到一定数值后，火焰传播速度及火焰温度急剧减少，发生"双壁"狭缝淬熄现象。

汽油机的高速摄影证明，在火焰到达壁面之前，有一层很薄的非辐射层附在壁面上，这个淬熄层在高负荷时较薄，低负荷和冷机时较厚。一般而言，$\Delta q_1 = 0.04 \sim 0.02$mm，$\Delta q_2 = 0.2 \sim 1$mm。甲烷-空气理论混合气的燃烧试验证明，在压力 0.05~1.7MPa 的范围内，Δq_1 为 0.43~0.016mm。

3. 润滑油及燃烧室壁面沉积物吸附及释放的 HC

当缸内混合气中燃油浓度较大时，发动机气缸壁的润滑油膜和燃烧室等处沉积物能吸收和溶解混合气中的燃油；当缸内混合气中燃油浓度很低或无燃油时（如排气冲程），润滑油膜和沉积物则会释放出吸附的燃油，从而使部分燃油避开燃烧过程而不被燃烧，并和燃烧产物一起被排出气缸，使排气中 HC 含量增多。

在发动机的进气和压缩行程中，气缸内的燃油浓度大，壁面上的润滑油膜或沉积物将吸收和溶解燃油蒸气。燃烧开始之后，气缸内燃油蒸气浓度逐步接近于零，如果燃烧完全的话，膨胀和排气过程中，气缸内燃油蒸气浓度应该为零，故吸收的燃油蒸气将从液态润滑油膜或沉积物中释放出来，并进入气态的燃烧产物中，释放过程一直延续到排气行程结束。早期释放出的部分燃油蒸气将与高温燃烧产物混合并氧化；后期释放的燃油蒸气由于与温度较低的燃烧产物混合，因而无法发生氧化反应，最终形成 HC 排出。由润滑油膜的吸附和解吸引起的 HC 生成量可由亨利定律进行定量计算。

根据亨利定律，在平衡状态下，溶解于润滑油中的燃料蒸气的摩尔分数 x_f 正比于气缸

内燃料蒸气的分压 p_f，即

$$x_f = \frac{p_f}{H} \tag{2-19}$$

式中，H 为亨利常数。在润滑油膜足够薄，扩散足够快时，式(2-19)可用来估计溶于润滑油中的燃料蒸气摩尔分数。若用 n_{f_c} 表示气缸中燃料的物质的量，R 表示通用气体常数，气缸内混合气温度及体积分别用 T、V 表示，则由气体状态方程可知

$$p_f = \frac{n_{f_c} RT}{V} \tag{2-20}$$

另外，根据 x_f 的定义可知，x_f 与溶入润滑油膜中燃料的物质的量 n_{f_0} 和润滑油的物质的量 n_0 具有下列关系。

$$x_f = \frac{n_{f_0}}{n_{f_0} + n_0} \tag{2-21}$$

一般而言，润滑油的物质的量 n_0 远大于溶入润滑油膜中燃料的物质的量 n_{f_0}，即 $n_0 \gg n_{f_0}$，故上式可写为

$$x_f \approx \frac{n_{f_0}}{n_0} \tag{2-22}$$

于是由式(2-19)~式(2-22)可得

$$\frac{n_{f_0}}{n_{f_c}} = \frac{n_0 RT}{HV} \tag{2-23}$$

由式(2-23)可知，在进气期间，n_{f_c} 增大，故 n_{f_0} 增大；在压缩过程中，n_{f_c} 几乎不变，但温度升高，可燃混合气体积 V 减少，故 n_{f_0} 增多。燃烧开始之后，n_{f_c} 逐渐减小，在膨胀后期和排气冲程，n_{f_c} 逐渐接近于零，故润滑油膜吸附的燃油将会部分解吸，并进入气态的燃烧产物之中，随排气一起排出。

式(2-23)的成立条件是扩散相当快。燃油在润滑油中的扩散快慢可用扩散时间常数 τ_d 表示，τ_d 可由润滑油膜厚度 δ 和扩散系数 D 求出，即 $\tau_d = \delta^2/D$，当 $\tau_d \ll 1/n$ 时上式成立，此处 n 为发动机转速（r/s）。

在 300K 和 400K 时，发动机中的燃油在润滑油膜中的扩散系数 D 分别为 $10^{-6} cm^2/s$ 和 $10^{-5} cm^2/s$，气缸中润滑油膜的厚度一般为 1~10 μm，故 $\tau_d = 10^{-3} \sim 10^{-1} s$。可见对于最薄的润滑油膜，条件 $\tau_d \ll 1/n$ 可以成立，即润滑油层可以达到平衡。

除壁面润滑油膜外，燃烧室壁面的多孔性积炭等对燃油蒸气同样具有吸附和释放作用。实验表明，使用含铅汽油的发动机燃烧室壁面上的积垢可使 HC 排放增加 7%~20%[14]。

4. 狭缝效应

狭缝效应指内燃机燃烧室中的狭缝形成 HC 的现象。燃烧室中的狭缝主要有活塞、活塞环与气缸壁之间的狭小缝隙，火花塞中心电极的空隙，火花塞的螺纹、缸内直喷汽油机喷油器周围的间隙等。表 2-4 和表 2-5 为四冲程四气门单缸汽油机和 V6 汽油机主要结构参数和发动机在冷态条件下的狭缝容积的测量数据。可见在上止点附近时，缝隙的总容积只占到发动机燃烧室容积的 1.34% 和 3.5%，这说明不同汽油机其缝隙容积差别很大。

当压缩过程中气缸压力升高时，未燃混合气或空气被迫进入各个狭缝区域，由于这些狭缝都有较大的面容比，故流入狭缝的气体被冷却，温度接近壁面温度。在燃烧过程中随着缸

内压力继续上升,未混合气流入狭缝。由于狭缝里气体温度较低以及上述的"双壁"狭缝的淬熄作用,火焰很难进入狭缝并烧掉进入狭缝的这些混合气,使这部分混合气避开燃烧过程。到了排气冲程,狭缝中的混合气向气缸内燃烧产物中扩散,重新流回气缸,除了一小部分被氧化燃烧之外,其余大部分将形成 HC。

表 2-4　四冲程四气门单缸汽油机的主要结构参数和狭缝容积数据[16]

燃烧室	参数
内径×冲程/mm	86×86
气缸工作容积/cm³	488
狭缝容积/cm³	0.725
压缩比	10∶1
进气门开、闭位置	上止点前 4°、下止点后 58°
排气门开、闭位置	下止点前 48°、上止点后 4°

表 2-5　V6 发动机单缸狭缝容积数据[14]

项目	容积/cm³	与燃烧室容积之比/%
第一道活塞环上部的容积	0.93	1.05
第一道活塞环下部的容积	0.47	0.52
第二、三道活塞环之间的容积	0.68	0.77
整个活塞环纹狭缝总容积	2.55	2.9
火花塞螺纹狭缝容积	0.25	0.28
气缸垫片狭缝容积	0.3	0.84
狭缝总容积	3.1	3.5

注：发动机单缸工作容积 632cm³,燃烧室容积 89cm³；由冷态条件下测得。

进入内燃机燃烧室中狭缝的混合气质量 m_{cr} 占气缸全部混合气的质量 m 的比例可由式(2-24)进行估算。

$$\frac{m_{cr}}{m}=\frac{V_{cr}}{V}\times\frac{T}{T_{cr}} \tag{2-24}$$

式中, V_{cr}、T_{cr}、V、T 依次表示狭缝中混合气体积、平均温度、燃烧室容积及上止点附近混合气平均温度。

假定狭缝中混合气平均温度为 700K,上止点附近混合气平均温度为 2100K,则对上述的单缸汽油机和 V6 汽油机而言,进入缝隙的气体质量分别占到缸内气体总质量的 4.02% 和 10.5%。流回燃烧室的气体的 HC 碳当量体积分数可达 $(5000\sim9400)\times10^{-6}$,这些回流气体将成为排气过程中没有燃烧的 HC 的散发源。因此,狭缝效应被认为是 HC 生成的最主要来源。

从汽油车燃烧室中 HC 的生成机理来看,防治汽油车排气中 HC 的主要方法是减少燃烧中"狭缝体积"。即通过优化和改进燃烧系统结构设计,减少活塞与气缸壁面、火花塞周边、气缸垫周边以及进气门和排气门周边等处的间隙。如图 2-8 所示为一种降低"狭缝体积"的活塞及活塞环结构,特点是减少了第一道活塞环到活塞顶的距离；活塞顶周边有倒角,增大了

图 2-8　一种降低"狭缝体积"的活塞及活塞环结构

活塞与气缸壁面的距离,使火焰易于传播到该区域;活塞环上翘,大大减少了狭缝体积。另外,提高汽油与空气混合的均匀性,及时清除燃烧室积炭、减少润滑油膜和壁面火焰淬熄层厚度也是防治汽油车排气中 HC 的有效方法。

二、柴油机排气中 HC 的生成机理与防治方法

柴油机燃烧的特点是进入气缸的是空气,燃油在压缩上止点附近喷入燃烧室,从喷油到着火燃烧开始,可燃混合气的形成时间极短。通常在燃烧开始之后,还继续向气缸喷入燃料,即喷油与燃烧重叠,采用边燃烧、边喷油、边混合的方式工作。另外,与大部分气缸壁面直接接触的是空气而不是混合气,这些特点决定了柴油机 HC 的生成机理与汽油机不同,使柴油机生成的 HC 途径少于采用预混合燃烧的汽油机。柴油机中最先喷入气缸的燃油与后期喷入气缸的燃油形成 HC 的机理略有差别,其详细差别如图 2-9 所示。最先喷入气缸的燃油形成 HC 的路径如图 2-9(a) 所示,主要有被大块冷气团吹熄的可燃混合气形成的 HC、反应过慢的局部过稀混合气形成的 HC 和过浓混合气形成的 HC 三条路径。如图 2-9(b) 所示为后期喷入气缸的燃油形成 HC 的路径,此时,喷入燃烧室的燃油周围都是混合气或燃烧产物。因此,在这种情况下,HC 的形成路径仅为两条,即被冷气团吹熄的可燃混合气形成的 HC 和反应过慢的局部过浓混合气形成的 HC。

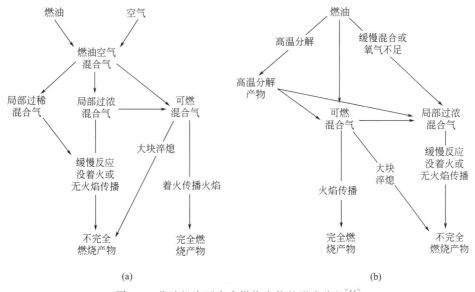

图 2-9 柴油机中不完全燃烧产物的形成路径[14]

由于柴油机中与大部分气缸壁面直接接触的是空气而不是混合气(壁面油膜蒸发混合方式除外),采用壁面油膜蒸发混合方式的柴油机,壁面直接与燃油接触的面积与燃烧室表面相比也非常小,因此,在柴油机中几乎不存在汽油机中由燃烧室壁面"火焰淬熄"、润滑油膜及燃烧室壁面多孔性积炭等物质吸附及释放(解吸)和燃烧室狭缝等形成 HC 的路径,这也是柴油机的 HC 排放低于汽油机的原因之一。

从柴油机中 HC 的生成机理来看,柴油机中 HC 的防治相对汽油机而言比较简单,其主要方法是提高油气混合速率,消除产生 HC 的局部过浓混合气。常见的措施有提高缸内气流湍流强度和减少喷雾液滴索特平均直径的方法等。

三、燃油蒸发和泄漏的 HC 排放

汽油车发动机曲轴箱泄漏气体由约 85% 的未燃混合气和 15% 的废气（由燃烧室泄漏的燃烧产物）组成，泄漏气体中 HC 体积分数可达 $6\times10^{-3}\sim15\times10^{-3}$。在早期无曲轴箱泄漏控制装置的汽车上，该部分排放较为严重，从曲轴箱通风管排入大气的泄漏气体大约为汽车 HC 化合物排放量的 25%，且泄漏量随着发动机的磨损增大而增加。现代汽油车已有效控制了曲轴箱泄漏气体。

汽油是一种容易蒸发的高挥发性液体，汽油蒸发损失主要有下列几种形式。第一，从油箱盖内呼吸孔泄漏出来的汽油蒸气。随着液体燃料从油箱泵出，汽油箱将会产生真空，高的真空将使发动机断油及停转，汽油箱被大气压压得变形或损坏，故发动机油箱盖内一般都有一个允许空气进出的呼吸孔；当汽车停放在太阳下暴晒时，汽油很快膨胀并蒸发，油箱内的压力很快高于环境压力，汽油蒸气即通过小孔进入大气，如果油箱太满时，汽油膨胀将使汽油从通风口溢出，滴漏到地面迅速蒸发进而造成 HC 污染物。第二，汽油蒸气污染源是发动机进排气系统的通风口。当发动机长时间运转后停下来时，发动机机体的温度会高于环境温度，发动机进气道的油膜等残余燃油、燃烧室中未燃烧的燃油就会蒸发，形成汽油蒸气，这些汽油蒸气便由内部通风口集聚到空气滤清器内或由排气管排出，其中一部分泄漏进入大气形成 HC 污染。

现代汽油车都安装了蒸发污染的控制装置，把由燃油系统的各个通风口泄漏的燃油蒸气先用炭罐吸收起来，等到发动机工作时再释放出来使其进入气缸内燃烧；但当炭罐性能劣化或使用不当时（如加满油长期停驶的汽车等），炭罐就会过载，使部分燃油蒸气泄漏到大气之中。

与汽油车相比，柴油车发动机燃烧室泄漏到曲轴箱的气体主要为空气或燃烧产物，因此，柴油车曲轴箱内气体污染物含量远低于汽油车，加上柴油的挥发性低，因此，早期的排放标准并未限制柴油车的曲轴箱气体泄漏。但随着排放标准加严，柴油车也安装了曲轴箱污染物控制装置[17]。

除了汽车本身之外，还应包括汽车加油过程中的燃油蒸发或泄漏。目前，在汽车加油站的油罐补充燃油和汽车加油时都采取了控制蒸发污染的措施，使加油过程的溢出、洒落以及加油站油罐补充燃油过程中的蒸发等得到有效控制。

第四节 氮氧化物的生成与防治方法

一、NO 的生成机理

根据 NO 生成机理的不同，通常把燃烧过程生成 NO 的方式分为热力或高温（Thermal）NO、燃料（Fuel）NO 以及瞬发（Prompt 或 Fenimore）NO 三种[8,12]。热力 NO 是由火焰温度下大气中的氮氧化而成的，特点是当燃烧温度下降时，高温 NO 生成反应会停止，即 NO 会被"冻结"。燃料 NO 由含氮燃料在较低温度下释放出来的氮原子所生成；除热力和燃料 NO 以外的其他机理生成的 NO 称为瞬发 NO，瞬发 NO 的主要来源是燃料燃烧过程中产生的原子团与氮气发生反应所产生的，主要存在于最高温度不超过 1600K 的湍流扩散火焰中。

1. 高温 NO

在燃烧过程中，空气中的 N_2 分子被氧化为 NO 的机理由科学家泽尔多维奇（Zeldovich）于 1946 年提出[6]，该机理被称为泽尔多维奇机理，NO 的生成用式(2-25) 和式(2-26) 描述。这个机理后来被进一步完善，现在普遍使用的化学反应方程由式(2-25)～式(2-27) 三个方程组成，这个 NO 的生成机理常称为扩展或扩大的泽尔多维奇机理[8,18]。

$$N_2 + O \rightleftharpoons NO + N \quad (2\text{-}25)$$

$$N + O_2 \rightleftharpoons NO + O \quad (2\text{-}26)$$

$$N + OH \rightleftharpoons NO + H \quad (2\text{-}27)$$

式(2-25)～式(2-27) 均为可逆反应。此处，将生成 NO 的反应称为正向反应，消耗 NO 的反应称为逆向反应；并把式(2-25)～式(2-27) 对应的正、逆反应的速率常数依次记为 k_1、k_2、k_3 和 k_{-1}、k_{-2}、k_{-3}。由于试验条件等的差异，不同文献给出的速率常数的数值与温度范围等不同，在使用这些常数时应给予注意。表 2-6 为参考文献 [14] 和常用软件 Fluent 中给出的正、逆反应的速率常数。值得注意的是文献 [14] 给出的常数计算式 k_1 和 k_{-3} 的适用温度范围分别是 2000～5000K 和 2200～4500K，在使用时应予以考虑。由于当温度低于约 1800K（有的文献认为是 1900K 或 2000K）时，空气中的 N_2 分子就不能被氧化为 NO，消耗 NO 的化学反应也停止，即出现 NO "冻结"[14]。

表 2-6 扩展的泽尔多维奇机理中的反应速率常数　　单位：$cm^3/(mol \cdot s)$

速率常数	反应式	参考文献[14]	温度范围/K	软件 Fluent
k_1	$N_2 + O \longrightarrow NO + N$	$7.6 \times 10^{13} \times \exp(-38000/T)$	2000～5000	$1.8 \times 10^{14} \times \exp(-38370/T)$
k_{-1}	$NO + N \longrightarrow N_2 + O$	1.6×10^{13}	300～5000	$3.8 \times 10^{13} \times \exp(-425/T)$
k_2	$N + O_2 \longrightarrow NO + O$	$6.4 \times 10^9 \times T \times \exp(-3150/T)$	300～3000	$1.8 \times 10^{10} \times T \times \exp(-4680/T)$
k_{-2}	$NO + O \longrightarrow N + O_2$	$1.5 \times 10^9 \times T \times \exp(-19500/T)$	1000～3000	$3.81 \times 10^9 \times T \times \exp(-20820/T)$
k_3	$N + OH \longrightarrow NO + H$	4.1×10^{13}	300～2500	$7.1 \times 10^{13} \times \exp(-450/T)$
k_{-3}	$NO + H \longrightarrow N + OH$	$2.0 \times 10^{14} \times \exp(-23650/T)$	2200～4500	$1.7 \times 10^{14} \times \exp(-24560/T)$

把质量作用定律用于式(2-25)～式(2-27) 可得

$$\frac{d(NO)}{dt} = k_1(N_2)(O) + k_2(N)(O_2) + k_3(N)(OH) -$$
$$k_{-1}(NO)(N) - k_{-2}(NO)(O) - k_{-3}(NO)(H) \quad (2\text{-}28)$$

式中，(NO)、(O)、(N_2)、(N)、(O_2)、(OH)、(H) 依次为括号中的各成分的浓度，mol/cm^3。

式(2-25)～式(2-27) 达到化学平衡时，同一反应的正向与逆向反应速率相等，如用 ( )$_e$ 表示各成分平衡时的浓度，并把 $k_1(N_2)_e(O)_e$、$k_2(N)_e(O_2)_e$、$k_3(N)_e(OH)_e$ 分别记为 R_1、R_2、R_3，则有

$$R_1 = k_1(N_2)_e(O)_e = k_{-1}(NO)_e(N)_e \quad (2\text{-}29)$$

$$R_2 = k_2(N)_e(O_2)_e = k_{-2}(NO)_e(O)_e \quad (2\text{-}30)$$

$$R_3 = k_3(N)_e(OH)_e = k_{-3}(NO)_e(H)_e \quad (2\text{-}31)$$

实验表明，在 NO 的生成反应中，除 N 和 NO 的生成时间相对较长外，可假定其他成分瞬时达到平衡。把式(2-29)～式(2-31) 代入式(2-28) 得

$$\frac{d(NO)}{dt}=R_1\left[1-\frac{(N)}{(N)_e}\times\frac{(NO)}{(NO)_e}\right]+R_2\left[\frac{(N)}{(N)_e}-\frac{(NO)}{(NO)_e}\right]+R_3\left[\frac{(N)}{(N)_e}-\frac{(NO)}{(NO)_e}\right] \quad (2\text{-}32)$$

同理可得

$$\frac{d(N)}{dt}=R_1\left[1-\frac{(N)}{(N)_e}\times\frac{(NO)}{(NO)_e}\right]-R_2\left[\frac{(N)}{(N)_e}-\frac{(NO)}{(NO)_e}\right]-R_3\left[\frac{(N)}{(N)_e}-\frac{(NO)}{(NO)_e}\right] \quad (2\text{-}33)$$

由于式(2-32)中还含有未知项(N)，故不能求解。实验证明(N)远远低于其他物质的浓度（摩尔分数约低于 10^{-5}），且变化非常缓慢。因此，可以认为 $\frac{d(N)}{dt}=0$。于是由式(2-33)可得

$$\frac{(N)}{(N)_e}=\frac{R_1+R_2\frac{(NO)}{(NO)_e}+R_3\frac{(NO)}{(NO)_e}}{R_1\frac{(NO)}{(NO)_e}-R_2-R_3}$$

若令 $\alpha=\frac{(N)}{(N)_e}$，$\beta=\frac{(NO)}{(NO)_e}$，则由(2-32)式可得

$$\frac{d(NO)}{dt}=R_1(1-\alpha\beta)+R_2(\alpha-\beta)+R_3(\alpha-\beta) \quad (2\text{-}34)$$

由式(2-33)可得

$$\alpha=\frac{R_1+R_2\beta+R_3\beta}{R_1\beta+R_2+R_3} \quad (2\text{-}35)$$

把式(2-35)代入式(2-34)可得

$$\frac{d(NO)}{dt}=2R_1\frac{1-\beta^2}{1+\frac{R_1\beta}{R_2+R_3}} \quad (2\text{-}36)$$

实验表明，NO的形成速率远远低于燃烧速率，大部分NO是在火焰后形成的，热力NO在燃烧过程中很难达到平衡浓度，需经过较长时间才可达到平衡。但给定温度下NO的形成速率可根据 O_2、N_2、O、H 及 OH 的平衡浓度及式(2-36)计算。对式(2-36)求时间的积分，即可得到燃烧过程中NO的生成数量。

对于稀混合气燃烧，式(2-26)所示的反应生成的NO远超过式(2-27)，故有 $k_3(OH)_e \ll k_{-2}(O_2)_e$，即 $R_3 \ll R_2$。另外，对燃烧反应区域而言，近似关系式$(NO)\ll(NO)_e$，即 $\beta\ll 1$ 成立，故式(2-36)可近似为

$$\frac{d(NO)}{dt}=2R_1=2k_1(O)_e(N_2)_e=15.2\times10^{13}\times\exp\left(-\frac{38000}{T}\right)(O)_e(N_2)_e \text{ mol}/(\text{cm}^3\cdot\text{s}) \quad (2\text{-}37)$$

式(2-37)说明了NO的生成速率与温度、混合气浓度密切相关，燃烧温度越高、混合气越稀（氧浓度大），(NO)的生成速率 $\frac{d(NO)}{dt}$ 越大。燃烧过程中生成的NO总量是 $\frac{d(NO)}{dt}$ 对时间的积分。

如图2-10所示为过量空气系数 $\lambda=2$ 的甲烷-空气混合气，在1900℃和15MPa条件下燃烧时，主要成分 CH_4、O_2、CO_2、H_2O 以及自由基O、OH、H的摩尔分数随时间变化的模型计算结果，下标e代表化学平衡时的摩尔分数。可见，自由基O、OH、H大约在燃烧开始后 $10\mu s$ 即达到化学平衡，而热力NO生成的时间持续10～100ms。对于以毫秒计的内燃机燃烧过程而言，只要生成条件存在，热力NO的生成将会贯穿整个燃烧过程。

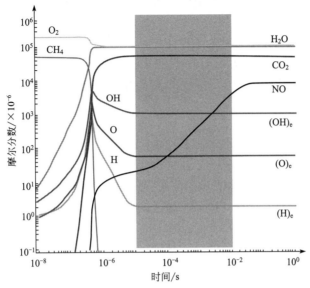

图 2-10 甲烷-空气混合气燃烧产物摩尔分数随时间的变化[19]（彩图）

因此，抑制 NO 生成的措施是降低最高燃烧温度和氧浓度，以及缩短在高温区的停留时间，另外还应避免燃烧区域中的局部高温和稀混合气区域。

图 2-11 表示着火时刻、EGR 率、喷射压力和负荷率对 NO 循环生成量的影响[34]。计

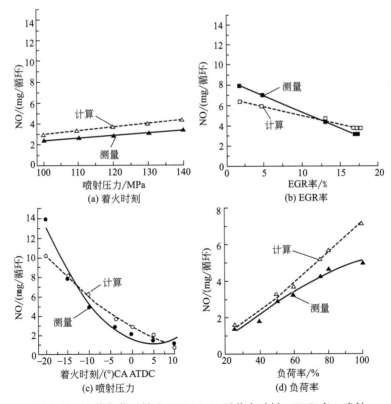

图 2-11 中等负荷、转速 1800r/min 下着火时刻、EGR 率、喷射压力和负荷率对发动机循环 NO 生成量的影响[34]

算模型和测量用发动机为共轨燃油喷射柴油机,直列 6 缸、缸径 102mm、行程 130mm、压缩比 18.5、排量 6.37L、最大有效功率 205kW。计算时使用的燃烧模型为半经验双区模型,NO 的计算采用扩展的泽尔多维奇机理。

图 2-11 的计算及测量条件为发动机转速固定为 1800r/min,着火时刻、EGR 率和喷射压力变化时,发动机负荷为中等负荷。该结果表明:发动机负荷越大、着火时刻越早、喷射压力越低、EGR 率越小,NO 循环生成量越多。图 2-12 表示发动机转速对 NO 循环生成量的影响。该结果表明:发动机转速越大,NO 循环排放量越低。出现上述现象的原因可用扩展的泽尔多维奇机理予以解释,由该机理可知,影响 NO 生成的因素主要有最高燃烧温度、高温区的停留时间和氧浓度三个。当发动机转速相同时,高温区停留时间的影响可以忽略,着火时刻越早和 EGR 率越小,最高温度越高,故 NO 循环生成量越少。喷射压力越低,燃油雾化越差,导致最高温度越低,故 NO 循环生成量越多。发动机负荷越大,混合气越浓,氧浓度越低,不利于 NO 生成。另外,循环供油量增大,循环最高温度增加、NO 循环生成量增加。由于后者引起的增加量超过了前者的减少量,故 NO 随着负荷的增大而增大。

发动机转速变化主要影响停留时间的长短,几乎不影响最高燃烧温度和氧浓度。转速越高,停留时间越长,NO 循环生成量就越多,故图 2-12 中所示的 1400r/min 下 NO 循环生成量明显高于 2200r/min 下 NO 循环生成量。

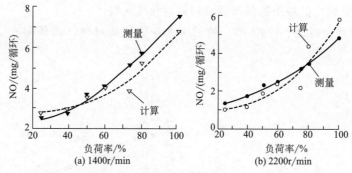

图 2-12　发动机负荷和转速对 NO 循环生成量的影响[34]

2. 燃料 (Fuel) NO

燃料中的氮化物主要有 N 与各种碳氢化合物结合成的环状化合物或链状化合物,常见的含氮燃料有沥青残渣、重质馏分油、原油和煤,其含氮量的质量分数依次为 2.3%、1.4%、0.65%、1%~2%。燃料中氮化物的 N 与空气中的 N_2 相比,其键能较小,在燃烧时易分解生成低分子量的含氮化合物 NH_3、HCN 和 CN 等。这些低分子量的活泼原子团 NH、HCN、CN 可与氧或氧原子迅速发生反应,其反应机理如下[19]。

$$NH+O \longrightarrow N+OH$$
$$NH+O \longrightarrow NO+H$$
$$HCN+O \longrightarrow NCO+H$$
$$CN+O_2 \longrightarrow NCO+O$$
$$NCO+O \longrightarrow NO+CO$$
$$NCO+O_2 \longrightarrow NO+CO+O$$

在上述反应中,燃料 NO 的生成主要取决于燃烧过程中氧原子及氧的浓度,与火焰温度关系不大。燃料中的氮化物低于火焰温度时就发生热分解，故达到氮化物分解温度即可生成燃料 NO。如果燃料分解出的低分子量氮化物缺氧，则将还原成 N_2。因而富燃料混合气中，燃料中的 N 转换为 NO 的比例小；贫燃料混合气与之相反。一般把实际生成的燃料 NO 与由理论上可生成的燃料 NO 的比值称为 NO 转换率 CR（Conversion Ratio），并用 NO 转换率评价燃料 NO 生成的难易程度。

图 2-13 表示含有 1%（质量分数）NH_3 的三种燃料 CO、CH_4、H_2 燃烧过程中生成的燃料 NO 的转换率和过量空气系数的关系。可见，不同燃料的 NO 的转换率差别明显。由于 CH_4 和 H_2 的燃烧与氮元素的分解相比更容易进行，故在小过量空气系数条件下，NO 转换率迅速降低。对于 CO 而言，CO 的燃烧比氮元素的分解更难进行，故在小过量空气系数下无 NO 转换率迅速下降的趋势。

实验证明，燃料中的含氮量越多，则燃料 NO 的生成量越多。燃料 NO 的理论生成量一般可用下列方法计算。

对于含氮质量分数为 1% 的 C_nH_{2n} 燃料和空气组成的当量比（过量空气系数的倒数）为 1 的混合气，其燃烧过程可用如下化学反应方程式描述。

$$C_nH_{2n}+aN+b\left(O_2+\frac{79}{21}N_2\right)=nCO_2+nH_2O+\frac{79}{21}bN_2+aNO \tag{2-38}$$

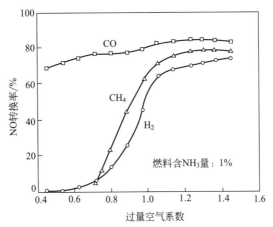

图 2-13　不同燃料的 NO 转换率和过量空气系数的关系[20]

由元素 N 和 O_2 的平衡可得

$$\frac{14a}{14a+(12n+2n)}=\frac{1}{100} \tag{2-39}$$

$$b=n+\frac{n}{2}+\frac{a}{2} \tag{2-40}$$

由式(2-39) 和式(2-40) 可求得

$$a=\frac{n}{99} \quad b=\frac{3n+a}{2}$$

于是可由式(2-38) 求出燃烧产物中 NO 的摩尔（体积）分数 X_{NO}。

$$X_{NO}=\frac{a}{n+n+\frac{79}{21}b+a}=\frac{1}{99+99+1+\frac{79}{21}\times\frac{(3\times99+1)}{2}}=0.00132=1312\times10^{-6}$$

可见,燃料 NO 的数量与热力 NO 数量级相当,含氮燃料中燃料 NO 的生成应予以重视。

3. 瞬发（Prompt）NO

燃烧过程中 NO 的生成除了高温条件下空气中的氮被氧化而生成的 NO 和由于燃料中含氮化合物分解成的低分子量氮化物被氧化而生成的 NO 外,还有一种在火焰的前段中生成的瞬发 NO。瞬发 NO 的生成分两步,第一步是空气中的 N_2 与低分子碳氢原子团 CH、C_2、C 等反应生成氰化物［带有氰基（CN）的化合物］,其主要反应式如下[8,20]。

$$CH+N_2 \Longrightarrow HCN+N$$
$$C+N_2 \Longrightarrow CN+N$$
$$CH_2+N_2 \Longrightarrow HCN+NH$$
$$CH_2+N_2 \Longrightarrow H_2CN+N$$
$$C_2+N_2 \Longrightarrow 2CN$$

第二步是上述反应生成的 HCN、CN 和 N 等与火焰中大量存在的 OH、O 等发生化学反应生成 NO,其主要反应方程如下。

$$HCN+OH \Longrightarrow CN+H_2O$$
$$HCN+O \Longrightarrow NCO+H$$
$$CN+O_2 \Longrightarrow CO+NO$$
$$N+OH \Longrightarrow NO+H$$
$$N+O_2 \Longrightarrow NO+O$$

瞬发 NO 的生成过程也十分复杂,详细的化学反应也并不清楚。控制其生成的主要因素有三个:第一个是燃料中碳氢化合物分解为 CH 等原子团的多少;第二个是 CH 等原子团与 N_2 反应生成氰化物的速率;第三个是氮化物之间相互转换速率。瞬发 NO 主要发生在预混合富燃料混合气中,并且反应速率很快,与停留时间无关,也与温度、燃料类型、混合程度无关。相比燃料 NO 和高温 NO 而言,瞬发 NO 的生成量小,在化学当量比混合气燃烧中,瞬发 NO 的体积分数为 $(50\sim90)\times10^{-6}$。瞬发 NO 很易受到温度脉动的影响,湍流扩散火焰中温度对瞬发 NO 影响的研究结果表明,温度的波动 $\Delta T=100K$ 可以使 NO 生成量增加 1.5 倍。

二、NO_2 的生成机理

燃烧过程中由上述三种机理生成的 NO,除了可与含 N 原子等中间产物反应还原为 N_2 外,还可与各种含氧化合物生成 NO_2。与 NO 的生成量相比,NO_2 的生成量较少。点燃式发动机排放的 NO_2 与 NO 的比值一般仅为百分之几,柴油机排放的 NO_2 与 NO 之比远大于汽油机,可达 10%～30%。生成 NO_2 的反应过程非常复杂。碳氢燃料在空气中燃烧时,生成 NO_2 的主要化学反应如下[8]。

$$NO+HO_2 \Longrightarrow NO_2+OH$$
$$NO+OH \Longrightarrow NO_2+H$$
$$NO+O_2 \Longrightarrow NO_2+O$$
$$NO+CH_3O_2 \Longrightarrow NO_2+CH_3O$$

与上列第一个反应相比,其他反应生成的 NO_2 很少,故可以认为生成 NO_2 的主要化学反应是 NO 和 HO_2 之间的反应。第一个反应在低温下进行得很快,其反应速率常数为 $2.11×10^{12}\exp(240/T)cm^3/(mol·s)$。按照第一个化学反应方程计算的 NO_2 与 NO 的比值非常大,与一般化学平衡所得结果不一致。这说明存在着生成的 NO_2 又转换为 NO 的化学反应。实验表明,生成的 NO_2 中除被过冷流体激冷保留下来的 NO_2 外,其余的 NO_2 则与燃烧区中的氧原子反应,重新生成 NO,即

$$NO_2+O \Longrightarrow NO+O_2$$

在低温反应时,上面反应的速率常数为 $5.5×10^{12}cm^3/(mol·s)$。在火焰后区,由于氧原子减少,因而生成 NO_2 的反应比 NO_2 转换为 NO 的反应进行得快。

如图 2-14 所示为点燃式发动机 NO_2 及 NO 排放数据的测定实例[14]。在当量比等于 0.85 的稀混合气条件下,点燃式发动机的 NO_2 与 NO 的最大比值仅为 2% 左右。如图 2-15 所示为柴油机排放的 NO_2 与 NO_x 的比值随平均指示压力 p_i 变化的一个测量结果。柴油机 NO_2 与 NO_x 的比值较大,特别是低负荷和低转速工况。柴油机转速升高,该比值减小。由于柴油机低负荷时及低转速时使生成的 NO_2 被冷流体淬冷的区域很大,故柴油机的排放中 NO_2 与 NO_x 之比可达 30%。

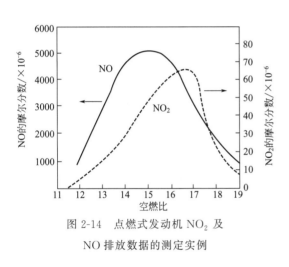

图 2-14 点燃式发动机 NO_2 及
NO 排放数据的测定实例

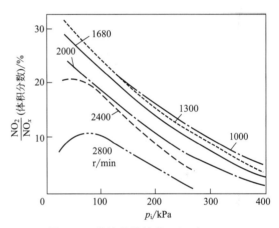

图 2-15 柴油机排放的 NO_2 与 NO_x
的比值随平均指示压力 p_i 的变化

三、N_2O 的生成机理

N_2O 是我国国 6 和欧盟、美国等近年要求限制的新型污染物或温室气体。与 NO_x 相比,N_2O 的相关研究非常少,其特点是排放量少。测试结果表明,汽车废气中 N_2O 的浓度为 $0.8×10^{-6}\sim17.0×10^{-6}$,装有催化剂的车辆的废气中存在高浓度的 N_2O[21]。由于汽车技术的进步,现代汽车的 N_2O 的浓度更低。1.5L 配备三效催化器的汽油车按照 FTP 驾驶循环行驶时的测试结果表明:在 FTP 的阶段 1(冷启动瞬态工况)下,排气中 N_2O 的浓度大约为 $0.60×10^{-6}$,转换为排放质量约为 4.50mg/mile(1mile=1.609km)。在阶段 3(热启动瞬态工况),排气中 N_2O 的浓度约为 $0.33×10^{-6}$,就排出质量而言约为 0.17mg/mile。在阶段 2(稳定工况),排气中 N_2O 的浓度为 $0.29×10^{-6}\sim0.30×10^{-6}$,冷启动试验或热启动试验中稀释空气的背景浓度约为 $0.32×10^{-6}$。去除 N_2O 的本底浓度后,试验车辆在冷

启动测试中 N_2O 约为 0.95mg/mile；N_2O 热启动测试中约为 0.14mg/mile，冷启动的排放大约是 EPA 法规值的 1/10[22]。

N_2O 的来源主要有两个：一个是燃烧过程；另一个是后处理系统，特别是 USCR 系统。燃烧过程中生成 N_2O 的主要化学反应如下[21]。

$$N_2 + O + M \longrightarrow N_2O + M$$
$$NO + NCO \longrightarrow N_2O + CO$$
$$NO + NH \longrightarrow N_2O + H$$
$$2NO + H_2 \longrightarrow N_2O + H_2O$$
$$2NO \Longrightarrow N_2O + O$$

这些反应可归纳 4 类，即 N_2 和 O 之间的化学反应，NO 和 H_2 之间的化学反应，低分子氮化物和 H_2 之间的化学反应，以及 NO 之间的化学反应。另外，对于 SCR 后处理系统，主要来自剩余 NH_3 与未净化的 NO 及排气中的 O_2 的如下反应。

$$4NH_3 + 4NO + 3O_2 \Longrightarrow 4N_2O + 6H_2O$$
$$2NH_3 + 2O_2 \longrightarrow N_2O + 3H_2O$$

四、氮氧化物的防治方法

汽车排气中的氮氧化物主要来源于热力 NO，它由空气中的 N_2 和 O_2 在高温下的一系列的复杂化学反应生成。一般来说，最高燃烧温度越低、高温区域越小且持续时间越短、高温区域中氧浓度越低，NO 的生成就越少。因此，氮氧化物的主要防治方法就是，设法降低最高燃烧温度和减少高温区域及其持续时间。由于降低高温区域中氧浓度意味着采用更浓混合气燃烧，不利于 PM、HC 和 CO 等排放减少，故 NO 的防治不宜采用降低高温区域中氧浓度这种方法。降低最高燃烧温度的常见方法有 EGR 技术、推迟点火或喷油时刻、强化冷却、汽油机超稀混合气燃烧技术和柴油机低温燃烧技术等；减少高温区域及其持续时间的方法有柴油机的多次燃油喷射技术、强化冷却、提高火焰传播速率和发动机转速等。

第五节 颗粒物的生成机理与防治方法

一、颗粒物的生成条件

大量试验测试结果表明，内燃机燃烧时混合气的当量比 ϕ（过量空气系数的倒数）和温度是决定能否生成颗粒物的主要因素[8]。如图 2-16 所示为普通柴油机的 ϕ-T 图，随着 ϕ 和 T 的变化，该图中存在一个 Soot（碳烟）生成区域和一个 NO 生成区域。在这两个区域中，越靠近核心区域，Soot 和 NO 生成量越多，其浓度也越高。如在 NO 的生成区域中，最外层的曲线上，其 NO 的体积分数仅为 200×10^{-6}，而内部曲线 NO 的体积分数则高达 1000×10^{-6}。从该结果可以看出，在 $\phi \approx 2$ 时，若 $1800K < T < 2200K$，就开始生成碳烟；在

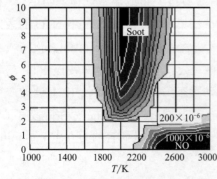

图 2-16 普通柴油机的 ϕ-T 图

$\phi \approx 10$ 时,若 1650K$<T<$2580K,就开始生成碳烟。可见,颗粒物的生成条件(ϕ-T条件)为 $\phi>2$,且 1600K$<T<$2600K。由于采用均质混合气燃烧方式,汽油机的混合气当量比 $\phi<1$,故其不会生成碳烟;而采用分层燃烧的 GDI 汽油机则存在局部混合气 $\phi>2$ 的现象,且 1600K$<T<$2600K。故 GDI 也会在部分工况排放碳烟。由于柴油机采用扩散燃烧方式,喷雾中心为纯柴油、远处为纯空气,混合气的理论范围为 $0<\phi<\infty$,故其颗粒物生成区域大,颗粒物排放问题突出。

二、颗粒物的生成过程与机理

1. 柴油机燃油喷雾燃烧中的污染物生成

柴油机中的燃油通过喷油器前端一个或者若干个小孔喷入燃烧室,高速、雾状的细小油滴即喷雾贯穿燃烧室。喷雾受燃烧室内高温、高压气体的作用,最先喷入的燃油经过蒸发、与空气混合等物理过程和滞燃期之后开始着火,使气缸内的压力上升,压缩其他未燃混合气,致使其他可燃范围内混合气的滞燃期缩短,并发生快速燃烧。先期喷入气缸燃料的燃烧使后喷入的液体燃料的蒸发时间缩短,喷油一直持续到预期的油量全部喷入气缸,喷入气缸的全部燃料均不断地经过雾化、蒸发、油气混合及燃烧等过程,气缸内剩余的空气、未燃燃油和已燃气体之间的混合贯穿于燃烧及膨胀的全过程。

如图 2-17 所示为采用激光切片成像技术对柴油机喷雾中污染物生成过程分析的结果。从该图可以看出喷雾断面上温度、燃油空气混合比及颗粒物、CO、未燃 HC 和 NO_x 等的分布。燃油喷雾和火焰中不同位置的 NO、HC 及颗粒物的生成数量不同。燃油以 350K 的温度喷入 950K 的环境空气后,环境空气被卷入喷雾之中,喷雾离喷孔出口距离越远,被卷入的空气越多。喷雾着火首先发生于温度 825K、当量比 $\phi=4$ 附近的喷雾区域,随着喷雾远离喷孔出口,喷雾中混合气的氧化燃烧反应不断加剧,喷雾断面温度逐步升高。处于喷雾前端边缘附近的燃油基本完全燃烧,生成 CO_2 和 H_2O,在喷雾边缘附近的高温富氧区域,生成 NO_x。CO、HC 和颗粒物主要生成于喷雾之中,碳烟微粒在喷雾着火开始即已产生,在喷雾前端中部 PM 浓度最大。

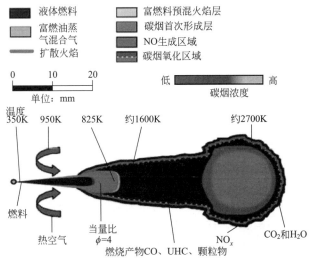

图 2-17 采用激光切片成像技术对柴油机喷雾中污染物生成过程分析的结果[23](彩图)

由于普通柴油机的缸内混合气的平均当量比 $\phi<1$，即采样稀混合气工作，因此，只要能够保证进入柴油机缸内的空气与燃油充分混合，则会使喷雾燃烧中生成的污染物在随后的膨胀等过程大量氧化燃烧，大幅度减少排气中包括颗粒物的污染物浓度。

2. 颗粒物生成的主要步骤

颗粒物的生成是一个非平衡过程，导致颗粒物生成的准确化学细节至今还不清楚。一般认为颗粒物的生成过程包括燃油分子在高温缺氧条件下分解、原子的重新排列、浓缩、成核和集聚等一系列过程[8]。根据已有的理论与实验观察结果，内燃机排气中的 PM 形成过程可归纳为气相反应过程和 PM 形成两大过程。气相反应的最终结果是生成多环芳烃（PAHs），由于该 PAHs 在缺氧和合适温度下会成为 PM 的核，常称为前体物或先导物（Precursor），气相反应过程包括燃油分子热裂解反应、加成反应、异构化反应、加成聚合反应等一系列化学反应。PM 形成过程从先导物成核开始，包括浓缩、聚集等物理过程，以及表面反应等化学过程。

PAHs 的生成是 PM 的形成过程中最为关键的一步。碳氢化合物种类不同，其生成 PAHs 的路径各异，如图 2-18 所示为脂肪族和芳香族生成 PAHs 的路径。脂肪类碳氢化合物（芳香族化合物以外的其他碳氢化合物）能否形成 PAHs，关键的一步是其热分解生成的小分子化合物能否在缺氧的条件下形成苯等单环芳烃，如果单环芳烃周围有足够的氧存在，则单环芳烃就会氧化为最终燃烧产物 CO_2 和 H_2O。如果单环芳烃周围没有足够的氧存在，则单环芳烃就会逐步形成多环芳烃；如果继续缺氧，就会发生多环芳烃的生长反应，多环芳烃经过多步反应生成大分子的稠环芳烃，即常说的前体物或先导物等（Precursor）。PM 的前体物周边氧气不足的话，前体物就会成核；前体物一旦成核，就会进一步经过凝结、表面反应和浓缩等过程最终生成排出的颗粒物。

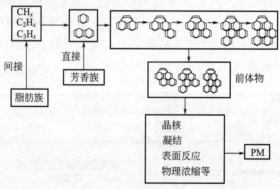

图 2-18　脂肪族和芳香族生成 PAHs 的路径

一般来说，含有苯环或其他芳香环化合物的芳香烃在高温缺氧条件下可以按照图 2-19 所示的直接路径生成 PAHs；也可以按照图 2-18 所示的间接路径生成 PM，即先经过热分解，生成小分子化合物，再由小分子化合物在缺氧条件下间接生成 PAHs，进而生成 PM。相对于直接生成路径而言，间接生成 PAHs 的路径复杂且速率慢。

当温度 <1700K 时，芳香烃碳氢化合物能通过相当快的直接路径产生 PAHs；当温度 >1800K 时，则通过一种较慢的间接路径生成 PAHs，芳香环先裂解为小分子化合物，小分子化合物又通过加成聚合反应等首先生成单环芳香烃。图 2-19 显示了苯形成 PAHs 的主要过程，需要经过"苯→苯基→苯氧基→茂基→萘→萘基→萘甲氧基→茚基→菲"八步反应形成一个三环的芳烃"菲",菲一旦生成,就可以快速形成 PM。由于国 6 标准要求柴油中的多环芳烃质量分数<5%,因此可以说脂肪族是柴油机燃烧过程生成苯环的主要燃油组分。

应该指出的是颗粒物生成的一系列化学反应发生的前提条件是氧气不足,因此通过气流运动等向颗粒物先导物 PAHs 以及初始粒子、生成的颗粒物等周边提供充足空气就可以有效抑制 PM 的生成。

三、颗粒物生成的计算模型

颗粒物生成的化学反应模型虽然仅可分为气相反应模型和颗粒物生成模型,但其中颗粒物生成的计算则远比化学反应模型复杂。图 2-20 表示颗粒物的九步反应模型。九步反应模型由乙炔(C_2H_2)的形成、前体物质(R)的形成、初始粒子形成、颗粒凝结、颗粒物表面生长、O_2 作用下的颗粒物表面氧化、OH 作用下的颗粒物表面氧化、乙炔氧化和前体物质(R)的氧化共九步组成。

其中乙炔(C_2H_2)生成的多少及空间分布需要通过柴油机三维燃烧模型确定;前体物质(R)生成量的确定则取决于乙炔(C_2H_2)空间分布及其氛围的温度和氧含量等,由燃

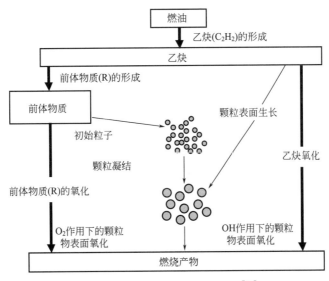

图 2-20 颗粒物的九步反应模型[24]

油到PAHs的形成可通过燃烧化学反应动力学模型计算。先导物成核即意味着初始粒子形成，在初始粒子表面就会发生气相物质表面反应，使其质量增加。由于初始粒子会成为凝结核，因此也会通过碰撞等发生凝并（团聚）等现象，从而减少初始粒子数量并增大颗粒物的体积。在颗粒生长的初始阶段，两个球状颗粒物的碰撞可引起它们聚集为单一的球体，这种过程主要发生在直径小于10nm的颗粒中。关于形成球体的原因，目前尚无定论。一种观点认为，初期的碳烟粒子由于轻质成分多而黏性较低，类似于半流体，因而粒子相撞后能融合成一体，并通过变成球形使表面能最低；另一种观点认为碳烟粒子形成初期，粒子直径小，相撞时原子力起作用，造成能量重新调整，使粒子趋于球形。球状粒子相互碰撞不再融合成球形，而是黏结为链状的现象称为集聚。初始粒子形成后经过0.02~0.07ms就会发生链状集聚，可以一直延续到膨胀冲程或碰撞成为"不黏附"的弹性碰撞。

九步反应模型可以计算颗粒物质量、数量、粒径和中间产物的生成量，并且被用于重型柴油机排气中颗粒物的模拟计算。与测试结果的对比表明，模拟结果与试验结果的变化趋势一致，但是数值有较大差异，这说明颗粒物的生成及随后的氧化燃烧过程极其复杂，还需要开展大量细致的研究工作。

四、碳烟微粒生成的主要影响因素

颗粒物生成的主要影响因素有燃料种类、当量比、燃烧温度和燃烧压力等。下面分别对这些因素进行介绍。

1. 燃料种类（氧含量）对碳烟微粒生成的影响

如前所述，颗粒物生成的必要条件是高温缺氧，并生成PAHs。由于芳香烃最易生成PAHs，故这类烃最易生成颗粒物。由于醚类和醇类都自带燃烧所需的部分氧，故这类碳氢化合物最不易生成颗粒物，并且含氧量越大，越不易生成颗粒物。一般来说，各类碳氢化合物生成颗粒物遵循下列由易到难的顺序。

芳香烃（Aromatics）＞炔烃（Alkynes）＞烯烃（Alkenes）＞烷烃（Alkanes）＞醇＞醚

如图2-21所示为由颗粒物生成的两阶段反应模型计算的不同燃料的最大碳烟微粒生成量、临界当量比和低温界限对比。图中英文缩写MB（Methyl Butanoate）代表$CH_3(CH_2)_2(CO)OCH_3$，DME（Dimethyl Ether）代表CH_3OCH_3，DMM（Dimethoxymethane）代表$CH_3OCH_2OCH_3$，MeOH代表CH_3OH。可见含氧燃料更不易生成颗粒物。

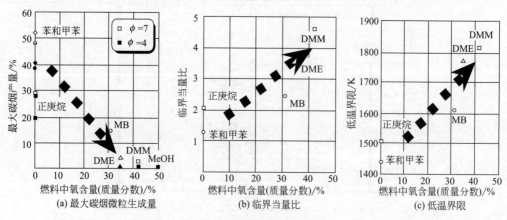

图2-21 不同燃料的最大碳烟微粒生成量、临界当量比和低温界限对比[25]

2. 当量比对碳烟微粒生成的影响

实验和理论研究表明，稀混合气时，碳氢燃料燃烧过程没有颗粒物生成。如果把燃烧产物中碳烟体积分数达到1%时的混合气当量比定义为颗粒物生成界限，在生成颗粒物的合适燃烧温度范围内，随着当量比增大（混合气变浓），则颗粒物的生成量增加。二甲醚（DME）、正庚烷（n-Heptance）和苯（Benzene）三种不同燃料的颗粒物生成界限随当量比的变化如图2-22所示。可见，随着混合气变浓，颗粒物生成量迅速增加。环状化合物最易生成颗粒物，含氧燃料最难生成颗粒物，烷烃难易程度居中。

3. 温度对碳烟微粒生成的影响

一般来说，过高、过低的温度对颗粒物的生成都不利，在常用的中等温度条件下，最易生成颗粒物。如图2-23所示为温度对碳烟微粒（Soot）生成的影响。实验条件是当量比$\phi=5$，压力$p=3$MPa，图2-23中给出了反应开始后0.1ms、0.3ms、0.5ms、0.9ms、1.2ms共5个时刻碳烟微粒的体积分数随温度的变化测量结果。不同时刻碳烟微粒的体积分数最大值对应的温度略有不同，但变化的趋势非常相似。

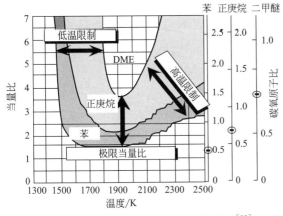

图 2-22　当量比对碳烟微粒生成的影响[25]

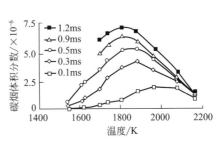

图 2-23　温度对碳烟微粒生成的影响[26]

4. 压力对碳烟微粒生成的影响

实验表明，压力不仅影响单位体积碳烟微粒生成的数量和体积分数，而且影响生成颗粒物的粒径。如图2-24所示为不同压力下甲苯氧化中碳烟微粒体积分数、颗粒物直径和单位

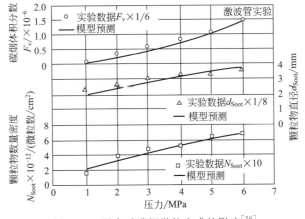

图 2-24　压力对碳烟微粒生成的影响[26]

体积碳烟微粒数量的模型预测（线）和实验（记号）结果对比，实验和计算条件是 $\phi=5$，$T=1600K$，反应时间 $t=1.5ms$，实验结果由激波管测量得到。可见压力越高，生成颗粒物的数量越多，并且粒径越大。

五、碳烟微粒的氧化燃烧

柴油机生成的颗粒物可以通过氧化燃烧除去或减少其体积与质量，从而降低其排放量。值得注意的是氧化燃烧除去颗粒物的方法在柴油机颗粒过滤器的再生中经常使用。如前所述，颗粒物结构和组成成分非常复杂，颗粒物表面对氧化燃烧反应表现出不同的活性，因此，迄今为止，对颗粒物的氧化燃烧的详细情况并不清楚。

碳烟微粒氧化燃烧的主要影响因素是氧分压、温度、碳烟微粒的表面积大小（受碳烟微粒的集聚影响较大）及活性等。对于特定的颗粒物来说，碳烟微粒的氧化燃烧仅受到氧分压和温度的影响。因此，碳烟微粒的氧化速率被归纳为温度和氧分压的经验及半经验公式[27]。

1. 碳烟微粒氧化速率的经验公式

碳烟微粒氧化速率的经验公式已有很多，此处仅以 Lee 等提出的碳烟微粒氧化的经验公式为例予以说明。该经验公式根据层流扩散火焰中碳烟微粒氧化的实验结果得到，试验温度范围为 $1200\sim1700K$，氧分压 p_{O_2} 的范围为 $4\sim12kPa$。Lee 等[28] 把层流扩散火焰中碳烟微粒的表面氧化速率 $\dot{w}_{O_2}[kg/(m^2 \cdot s)]$ 表示为氧化温度和氧分压的函数，其表达式如下：

$$\dot{w}_{O_2}=1.085\times10^5 \frac{p_{O_2}}{T^{\frac{1}{2}}}\exp\left(-\frac{164500}{RT}\right) \quad (2\text{-}41)$$

式中，T 为氧化温度，K；p_{O_2} 为氧分压，$\times10^5 Pa$；R 为通用气体常数，$8.3144kJ/(kmol \cdot K)$。

该式表明碳烟微粒的氧化速率与氧分压成正比，即碳烟微粒周围氧气越多，氧化反应进行得越快。与温度之间的函数关系较为复杂，其变化规律是温度越高，氧化反应进行得越快。

2. 碳烟微粒氧化速率的半经验公式

关于碳烟微粒氧化速率的半经验公式也有很多研究。下面以 Hiroyasu 等提出的碳烟微粒生成半经验模型说明碳烟微粒氧化的影响因素。Hiroyasu 等[29] 提出的模型把碳烟微粒氧化速率表示为式(2-42) 所示的阿伦尼乌斯形式。

$$\frac{dm_s}{dt}=Am_{s_0} p_{O_2}^{1.8} \exp\left(\frac{-E_a}{RT}\right) \quad (2\text{-}42)$$

式中，A 为与实际试验工况相关的常数；T 为氧化温度，K；p_{O_2} 为氧分压，$\times10^5 Pa$；$E_a=12\times10^4 kJ/kmol$；R 为通用气体常数，$8.3144kJ/(kmol \cdot K)$；m_{s_0} 为计算区域的总碳烟微粒量；m_s 为碳烟微粒氧化量。

该式用于柴油机颗粒物生成计算时，其误差在 20% 以内。该式表明碳烟微粒的氧化速率与氧分压的 1.8 次方成正比，即碳烟微粒周围氧气含量对颗粒物的氧化作用大于经验公式 [式(2-41)] 的氧化作用。与温度之间呈现较为复杂的指数函数关系，其变化规律也是温度越高，氧化反应越快。

六、基于 ϕ-T 图的颗粒物排放防治方法

前已述及,在压燃式内燃机的 ϕ-T 图上有两个类似半岛的碳烟和 NO 生成区域。因此要使柴油机避开颗粒物和 NO 的生成条件,在无或低颗粒物和 NO 排放的条件下工作,就必须使压燃式内燃机工作时的当量比和燃烧温度不落入这两个区域。如果对除碳烟和 NO 生成区域外的区域进行区分的话,可以划为如图 2-25 所示的浓混合气($1<\phi\leqslant2$)、理论比及稀混合气($\phi\leqslant1$)、过浓混合气($\phi>2$)和理想区域四个区域。$\phi\leqslant1$ 的混合气属于柴油机喷雾外围和汽油机的工作范围,普通柴油机无法在此区域工作;$1<\phi\leqslant2$ 的混合气区域虽然覆盖的柴油机工作范围有所扩大,但仍然难以满足柴油机对混合气的要求;$\phi>2$ 的区域混合气过浓,经济性突出,更好地控制 HC 和 CO 的排放。理想区域基本覆盖了柴油机的常用工作范围,且完全避开了颗粒物生成区域。随着压燃式内燃机当量比和燃烧温度控制精度的逐步提高,完全工作在理想区域的柴油机将有可能成为现实。

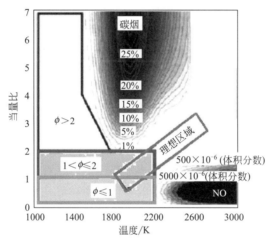

图 2-25 传统柴油机在 ϕ-T 图上的工作区域范围[25]

围绕着如何避开 ϕ-T 图上碳烟和 NO 生成区域的相关研究是内燃机燃烧研究的热点之一。图 2-26 显示了传统柴油机在 ϕ-T 图上的燃烧区域范围,可见柴油机使用的混合气当量

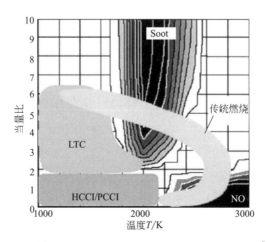

图 2-26 传统柴油机在 ϕ-T 图上典型的燃烧区域范围[30]

比和燃烧温度范围非常宽，当量比的范围为 0～6，已进入颗粒物和 NO_x 排放生成量的最高区域。因此，降低传统柴油机颗粒物和 NO_x 排放量非常困难，研究开发人员不得不拓展思路改良传统柴油机的燃烧模式。如图 2-26 所示的 LTC 和 HCCI/PCCI 就属于两种典型的新型内燃机燃烧模式，LTC 燃烧模式的混合气由浓混合气及过浓混合气组成，其当量比为 $2<\phi\leqslant 6.5$；HCCI/PCCI 燃烧模式的混合气当量比 $\phi\leqslant 1$。HCCI/PCCI 在 ϕ-T 图上的当量比和燃烧温度范围与传统柴油机没有任何重合；LTC 的重合区域也非常小。LTC 和 HCCI/PCCI 燃烧模式几乎完全避开了颗粒物和 NO 的生成区域，故可大幅度降低碳烟和 NO 排放。

第六节　光化学烟雾的生成机理与防治方法

一、光化学烟雾的生成条件

光化学烟雾（Photochemical Smog）指大气中的 NO_2 和烃类物质，在太阳紫外线的作用下，经过光化学反应形成包括臭氧、醛类、过氧化氢、各种过氧酰基硝酸酯（Peroxyacyl Nitrates，PANs）和微量的酮类、醇类、酸类等污染物的浅蓝色烟雾。光化学烟雾中包括体积分数 85% 以上的臭氧，约 10% 的 PANs，很小比例的其他物质。PANs 主要是过氧乙酰硝酸酯（PAN），其次是过氧苯酰硝酸酯（PBN）和过氧丙酰硝酸酯（PPN）。光化学烟雾具有强烈的氧化性，其主要危害物是氧化剂。

1974 年以来，我国兰州市西固区在夏季晴天常出现居民感觉眼和呼吸道受到刺激，植物也受到显著危害的"光化学烟雾"现象，其主要污染源是石油化工及炼制业。该地区光化学烟雾发生条件的研究也表明：氮氧化物、碳氢化合物与强光照射是形成光化学烟雾的必要条件，而逆温、微风和温度等气象条件是形成光化学烟雾的充分条件[31]。

除石油化工及炼制业工业基地外，普通城市光化学反应的主要污染源为汽车排放的 NO_2 和烃类物质。当城市气象条件处于气温高、天气晴朗、日照强烈、无风或微风和存在逆温层时，并且由汽车排气等污染源排入城市的 NO_2 和烃类物质达到一定浓度时，就会发生 NO_2 和烃类物质生成的二次污染物——光化学烟雾。

二、光化学烟雾生成的主要化学反应

光化学烟雾生成的第一步是空气中的 NO_2 在紫外线（290～430nm）照射下分解为 NO 和 O，NO_2 分解的 O 和 O_2 反应生成 O_3[32]。

$$NO_2 + h\nu \longrightarrow NO + O \tag{2-43}$$

式中，h 和 ν 分别表示普朗克常量和紫外线的辐射频率。

$$O + O_2 + M \longrightarrow O_3 + M \tag{2-44}$$

NO_2 分解的 NO 和式(2-44)反应生成的 O_3 又会发生式(2-45)所示的反应，将生成的 O_3 又消耗掉，即

$$NO + O_3 \longrightarrow NO_2 + O_2 \tag{2-45}$$

如果没有其他反应使空气中的 NO_2 增加，则式(2-45)所示反应处于平衡状态，即空气中的 NO_2 和 O_3 的浓度处于动态平衡。但当 NO_2 或 O_3 的浓度变化后，则 O_3 或 NO_2 的浓度也就随之而变，以维持新的平衡。

在污染的空气中，由于存在碳氢化合物，故上述平衡将被打破。这是因为碳氢化合物（以乙烯为例）可以与 O_3 反应产生大量的 OH 自由基，其化学反应方程式为

$$O_3 + C_2H_4 \longrightarrow OH + 其他产物 \tag{2-46}$$

另外，O_3 在紫外线的照射下会产生激发态（$^1D_2$）的氧原子 O^*，其反应方程式为

$$O_3 + h\nu \longrightarrow O_2 + O^*$$

O^* 将与水蒸气反应产生 OH 自由基。

$$O^* + H_2O \longrightarrow 2OH \tag{2-47}$$

上述反应产生的 OH 自由基与碳氢化合物（以丙烯为例）反应时，NO 被氧化为 NO_2，即

$$\begin{aligned}
& CH_3CH = CH_2 + OH + O_2 \longrightarrow CH_3CH(OH)CH_2OO \\
& CH_3CH(OH)CH_2OO + NO \longrightarrow NO_2 + HCHO + CH_3CHOH \\
& CH_3CHOH + O_2 \longrightarrow HO_2 + CH_3CHO \\
& HO_2 + NO \longrightarrow NO_2 + OH
\end{aligned} \tag{2-48}$$

或

$$\begin{aligned}
& CH_3CH = CH_2 + OH + O_2 \longrightarrow CH_3CH(OH)CH_2OO \\
& CH_3CH(OO)CH_2OH + NO \longrightarrow NO_2 + CH_3CHO + CH_2OH \\
& CH_2OH + O_2 \longrightarrow HO_2 + HCHO \\
& HO_2 + NO \longrightarrow NO_2 + OH
\end{aligned} \tag{2-49}$$

上述反应方程式表明，一个丙烯分子可以将 2 个分子的 NO 氧化为 NO_2，同时又生成 OH，OH 又与丙烯反应。即上述反应为连锁反应，生成大量的 NO_2，为了保持 NO_2 和 O_3 的浓度之间动态平衡，于是就生成大量的 O_3。RCHO 与 OH 等发生如下反应，进一步生成酰基（$CH_3C—O$）、过氧酰基 [$CH_3C(O)O_2$] 和过氧乙酰硝酸酯 [$CH_3C(O)—O—O_2—NO_2$] 等其他有害物质[33]。

$$\begin{aligned}
& CH_3CHO + OH \longrightarrow CH_3C—O(酰基) + H_2O \\
& CH_3C—O + O_2 \longrightarrow CH_3C(O)O_2(过氧酰基) \\
& CH_3C(O)O_2 + NO_2 \longrightarrow CH_3C(O)—O—O—NO_2(过氧乙酰硝酸酯)
\end{aligned}$$

三、光化学烟雾的防治措施

光化学烟雾的发生条件主要有 NO_2 和烃类等污染物浓度高、光照强烈和无风三个条件。后两个条件属于自然条件，几乎难以改变。因此，防治光化学烟雾的主要措施有两个方面：一是减少 NO_2 和烃类等污染物的排放量，如通过更严格的排放标准，促进汽车和化工企业污染物防治技术进步，以及通过限行、限产等措施，减少 NO_2 和烃类等的排放量，避免光化学烟雾污染的发生或减轻其危害；二是及时预防和实时监测光化学烟雾的污染状况及其发生区域，既可减少进入污染区域人员数量，避免光化学烟雾危害的扩大，也为限行、限产等措施的实施提供依据。

参 考 文 献

[1] 李兴虎，刘国邦. 空燃比的计算及测量精度分析. 燃烧科学与技术，2004，10（1）：32-36.
[2] 羽田政明. 環境エネルギー材料合成特論（4）～排ガス浄化触媒について～. 名古屋工業大学. /http：//www.crl.nitech.ac.jp/env/KZGT-H27-4.pdf

［3］ Toyota Motor Sales. Exhaust Analysis Using 4 and 5 Gas Analyzers Emissions. /www.autoshop101.com/forms/h56.pdf

［4］ 清水博志，坪井伸幸，林光一. 水素/空気デトネーションにおける詳細化学反応モデルが与える影響. 第14回数値流体力学シンポジウム講演集. A04-4，2000. 5. /www2.nagare.or.jp/jscfd/cfds14/pdf/a04-4.pdf

［5］ Miyoshi, Akira. An Invitation to Chemical Kinetic Modeling of Combustion. Journal of the Combustion Society of Japan，2008，50（154）：325-330.

［6］ Charles Westbrook. Fundamental Concepts in Combustion Kinetics. CEFRC，Princeton University. June，2010. https：//cefrc.princeton.edu/sites/cefrc/files/Files/2010％20Lecture％20Notes/Charles％20Westbrook/Combustion-Chemistry-Dr.-Westbrook-lecture-slides.pdf

［7］ 蒋德明. 内燃机燃烧与排放学. 西安：西安交通大学出版社，2001.

［8］ 李兴虎. 汽车环境保护技术. 北京：北京航空航天大学出版社，2004.

［9］ Bikas G，Michos K. Carbon Monoxide Emissions Model for Data Analytics in Internal Combustion Engine Applications Derived from Post-Flame Chemical Kinetics. SAE Technical Paper 2018-01-1153，2018.

［10］ 越光男. 燃焼における化学反応解析. 第48回燃焼シンポジウム. 福岡. 2010.12.1.

［11］ 安東弘光，酒井康行，彭志遠，桑原一成. 分子構造が炭化水素の燃焼反応機構に与える影響. 自動車技術会論文集，2010，41（3）：691-696.

［12］ 李兴虎. 汽车环境污染与控制. 北京：国防工业出版社，2011.

［13］ Arsie I，Pianese C，Rizzo G. Models for the Prediction of Performance and Emissions in a Spark Ignition Engine-A Sequentially Structured Approach. SAE Paper 980779，1998.

［14］ John B Heywood. Internal Combustion Engine Fundamentals. New York：McGraw-Hill Inc，1988．

［15］ Sotton J，Boust B，Labuda S & Bellenoue M. Head-on Quenching of Transient Laminar Flame：Heat Flux and Quenching Distance Measurements. Combustion Science and Technology，2005，177（7）：1305-1322.

［16］ Teraji Atsushi，Tsuda Tsuyoshi，Noda Toru，Kubo Teruyuki，Itoh Teruyuki. Prediction of Unburned HCs by Using Three-Dimensional Combustion Simulation in Spark Ignition Engines. Journal of the Combustion Society of Japan，2007，49（147）：70-76.

［17］ 李兴虎. 柴油车排气后处理技术. 北京：国防工业出版社，2016.

［18］ Vincent Martijn Van Essen. Fundamental limits of NO formation in fuel-rich premixed methane-air flames. University of Groningen，the Netherlands. 2007，Thesis.

［19］ Pia Kilpinen Docent，Åbo Akademi. NOx emission formation in marine diesel engines-towards a quantitative understanding. Marine News，2003（2）：18-23.

［20］ 牧野敦. 燃焼に伴う環境汚染物質の排出メカニズムとその影響. 空気調和・衛生工学，2000，74（7）：500-510.

［21］ 玉置元則. 大気中N_2Oの発生源と除去過程. 環境技術，1983，12（8）：23-33.

［22］ 原健児. 中赤外レーザ吸光法分析装置を用いた 自動車排ガス中 N_2O の測定. Readout，2013，40（3）：34-37.

［23］ JE Dec. A conceptual model of DI Diesel combustion based on laser-sheet imaging. SAE Paper 970873，1997.

［24］ Feng Tao，Rolf D. Reitz，David E. Foster，Yi Liu. Nine-step phenomenological diesel soot model validated over a wide range of engine conditions. International Journal of Thermal Sciences，2009（48）：1223-123.

［25］ T Kitamura，T Ito，J Senda，H Fujimoto. Mechanism of smokeless diesel combustion with oxygenated fuels based on the dependence of the equivalence ratio and temperature on soot particle formation. Int J Engine Research，2002，3（4）：223-248.

［26］ Kellerer H，Koch R，Wittig S. Measurements of the growth and coagulation of soot particles in a high pressure shock tube. Combust Flame，2000（120）：188-199.

［27］ Ian Kennedy M. Models of soot formation and oxidation. Progress in Energy and Combustion Science，1997，23（2）：95-132．

［28］ Lee K B，Thring M W，Beer J M. On the Rate of Combustion of Soot in a Laminar Soot Flame，Combust and Flame，1962（6）：137-145.

［29］ Hiroyasu H，Kadota T，Arai M. Development and Use of a Spray Combustion Modeling to Predict Diesel Engine Efficiency and Pollutant Emissions（Part 1 Combustion Modeling）. Bulletin of the JSME，1983，26（214）：569-575.

[30] Inagaki Kazuhisa,Fuyuto Takayuki,Nishikawa Kazuaki,Nakakita Kiyomi,Sakata Ichiro. Combustion System with Premixture-controlled Compression Ignition. R&D Review of Toyota CRDL,2006,41(3):35-45.
[31] 吴俊松. 兰州市光化学烟雾污染的多元线性回归分析. 科技情报开发与经济,2004,14(5):125-126.
[32] 竹川秀人,箕浦宏明. 汚染大気の光化学反応. 豊田中央研究所R&Dレビュー,2000,35(1):13-20.
[33] 单志强,陈建华. 光化学烟雾的形成、危害及防治. 地质灾害与环境保护,2003,14(3):36-38.
[34] Stelios A Provataris,Nicholas S Savva,Theofanis Chountalas,Dimitrios T Hountalas T. Prediction of NOx emissions for high speed DI Diesel engines using a semi-empirical,two-zone model. Energy Conversion and Management,2017,153:659-670.

第三章 汽车排气污染物的测量方法

第一节 汽车排气污染物的测量系统

一、排气污染物的评价指标

汽车的排气污染物主要有气体污染物和颗粒物两类,常见的气体污染物评价指标有如下3个[1,2]。

① 汽车行驶单位里程的气体污染物排放质量(g/km),也称为比排放、排放率和排放因子等。

② 汽车排气中排气污染物的体积比或体积分数。根据污染物浓度的高低不同,常采用百分比(%,10^{-2})、百万分比(ppm,10^{-6})和十亿分比(ppb,10^{-9})等表示。

③ 汽车发动机每千瓦时(kW·h)的排出气体质量,单位为g/(kW·h),该排放指标也称为比排放等。

轻型汽车排放的气体污染物常用①和②两个指标衡量其排放量的大小;重型汽车排放的气体污染物常用指标②和③衡量其排放量的大小。

应该指出的是,排气中的HC比较特殊,HC是多种碳氢化合物的混合物,测量HC组分费时、费力,且极不经济。因此,比较现实的选择是采用一种可以检测排气中碳原子数量的方法,这种方法得到的评价参数是碳原子数量浓度,然后根据排气中HC的碳和氢原子数的经验比值,推算出HC的单位体积的质量或物质的量。

常见的颗粒物质量排放评价指标有如下3个。

① 汽车行驶单位里程的颗粒物排放质量,单位为g/km。

② 汽车发动机每千瓦时(kW·h)的颗粒物排放质量,单位为g/(kW·h)。

③ 烟度和消(或吸)光系数。

轻型汽车排放的颗粒物排放质量常用指标①和③衡量其排放量的大小;重型汽车排放的颗粒物排放质量常用指标②和③衡量其排放量的大小。

轻型汽车排放颗粒物的粒子数量常用汽车行驶单位里程的颗粒物排放粒子数表示,单位为个/km;重型汽车排放颗粒物的粒子数量常用汽车发动机每千瓦时(kW·h)的颗粒物排放粒子数表示,单位为个/(kW·h)。

二、排气污染物测量的有关规定

要得到上述的汽车排气污染物评价指标,就必须使汽车行驶一定里程或使汽车发动机在给定的工况下运转一段时间,并测量出汽车排气中的污染物排放量。因此,选用哪些工况来测量汽车排气污染物就成了首要问题。由于汽车行驶工况(启动、怠速、加速、减速、等速等)不同,汽车排气污染物排放数量差别很大,加上各地区道路的通行能力和交通拥堵状况不同,故如何确定反映各地区汽车实际行驶工况的试验工况就非常困难。许多国家或地区采用试验统计的方法,根据当地的实际交通情况制定适合本地区的汽车排气污染物测试工况。通常把这种由一系列工况组合成的试验工况称为试验循环(Test Cycle)或驾驶循环(Drive Cycle)或试验工况(Test Mode)等。

由于试验循环或试验工况的制定费时费力,加上实际交通状况会随时间和地方经济的不同而变化,即汽车实际行驶工况的试验循环是变化的,因而试验循环只是一种近似的汽车实际行驶工况。因此,有很多国家或地区都直接采用发达国家或地区制定好的试验循环,这样既节省了人力和物力,又避免了汽车进入不同市场所需的型式认证及在用符合性等试验。

即使采用相同的试验循环或试验工况,也不能保证对汽车有害排放物有一个公平、合理的评价,这是因为汽车有害排放物的测量方法多种多样。为了对有害排放有一个统一的、合理的评价标准,在汽车的排放标准中都对汽车排气中有害排放物的试验系统、取样方法和装置,以及分析仪器的种类、标定方法与精度等级等测试做了明确规定[3~5]。

三、排气污染物的发动机台架测量系统

常见的汽车排气污染物测量方法可分为整车和发动机台架两种测量法[1,2]。发动机台架测量法常用来测量重型汽车发动机的污染物排放量。排气污染物的发动机台架测量系统与常规发动机性能台架试验系统非常相似,其主要区别是排气污染物的发动机台架测量系统需要在发动机管路上安装排气稀释、采样、气体、烟度、PM 和 PN 等测量装置。如图 3-1 所示为车用柴油发动机的 PM、PN 与气体污染物的测量系统组成示意图。图 3-1(a)为稀释测量系统;图 3-1(b)的气体及烟度采用直接采样法测量,PM 采用稀释测量法测量。CO/CO_2、NO_x 和 HC 分别采用 NDIR、CLD 和 FID 分析仪测量;PM 采用过滤法测量,PN 用颗粒数量分析仪测量。为了避免空气本底污染物浓度的影响,对稀释空气和排气都要进行取样与分析。在发动机台架上对排气污染物进行测量时,还需要测量发动机功率、转矩、转速、燃油消耗率、空气消耗率、温度和压力等参数,并通过计算得到发动机比排放等评价指标。

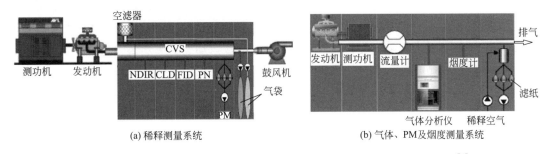

图 3-1 车用柴油发动机的 PM、PN 与气体污染物的测量系统组成示意图[6]

四、排气污染物的整车测量系统

整车测量法是指从汽车的排气管取样对整个排气或采集的样气进行分析,整车测量法主要用于轻型汽车的排放认证、产品一致性试验和各种在用汽车的排放监测等。整车测量法可以分为转鼓试验台法和道路试验法两种。道路试验法是欧盟和我国近年来开始采用的方法,

国 6 标准规定轻型汽车和重型汽车的型式认证及在用符合性等试验需要采用道路试验法测量汽车的排气污染物。转鼓试验台法也称底盘测功机法，是最常见的，也是应用最广泛的轻型汽车排气污染物测量方法。

为了对整车测量法有一个大致了解，下面以图 3-2 所示的转鼓试验台法为例对整车排放测量系统做一简要介绍。

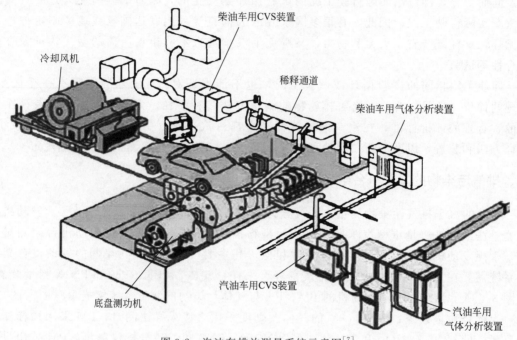

图 3-2　汽油车排放测量系统示意图[7]

图 3-2 所示汽油车排放测量系统可分为两个子系统：一部分是车辆实际行驶工况的模拟再现子系统；另一部分为排气污染物采样与分析子系统。工况模拟再现装置主要由冷却风扇、车况显示屏、底盘测功机及其控制模块等组成。冷却风扇用来模拟汽车在道路行驶时的冷却情况；车况显示屏的作用是显示汽车车速随时间的变化情况，以便于驾驶员控制车辆运行或试验人员观测车速。底盘测功机的作用是通过转鼓给汽车施加行驶阻力，模拟汽车在道路上的行驶。测量时，汽车驱动轮带动转鼓转动，转鼓带动底盘测功装置的交流电机等负载旋转，控制模块控制底盘测功机的负载参数，模拟汽车在道路上的行驶阻力。排气污染物采样与分析子系统随着分析对象的不同，其差异较大。下面以图 3-3 所示气体污染物的采样与分析子系统为例说明采样与分析装置的组成及功能。颗粒物质量和数量的采样与分析装置参见本章第三节。

采样与分析子系统由定容采样装置、排气分析仪器、控制装置和数据处理装置等组成。采样装置有定容采样和直接采样两种方式。定容采样一般先将排气用干净空气稀释，然后再用取样袋采集样气。样气经排气分析仪分析、数据处理装置处理后，即可得到测量结果。采样时刻和采样数量由定容采样控制装置控制。样气长时间存放会由于吸附和化学反应等引起误差，故一般要求在尽可能短的时间内完成气体分析工作。直接采集方式无需存储排气的气袋，排气被直接引入气体分析仪进行分析与处理。气体分析仪常见的有 NO_x、HC、CO/CO_2 分析仪和可分析多种气体成分的傅里叶变换红外光谱仪。

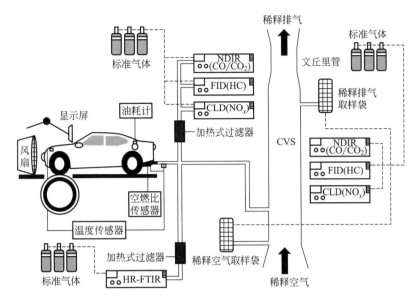

图 3-3　气体污染物的采样与分析装置示意图[8]

五、排气取样方法

如前所述，常见的取样装置有直接取样和定容取样两种方式。对汽车或发动机排气的样气进行分析时，采集的样气应尽可能反映全部排气的平均状态。为了使样气既具有代表性，又能反映污染物排放的真实情况，排放标准对直接取样和定容取样都有一些规定。

1. 直接取样法

直接取样法可以是连续取样，也可以是间歇式取样。直接取样法的特点是直接用取样探头从排气管获取检测所需样气。直接取样法的主要规定有三个：一是对取样探头结构及材质等的要求；二是对取样管在排气管中安装位置的要求；三是对取样管是否需要保温及保温温度的规定。如图 3-4 所示为排气取样探头结构示意图，一般要求取样管头部封死，管壁上的

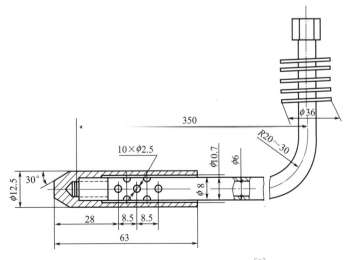

图 3-4　排气取样探头结构示意图[9]

气孔大小和数量等在排放标准中都有规定或推荐。样气由取样管上均匀分布的小孔进入[3,4]，探头材料一般采用不锈钢等。探头插入发动机排气管内的深度应在 350mm，取样管的中心线应尽量与排气管的中心线重合。

2. 定容取样法

定容取样（Constant Volume Sampling，CVS）法是一种稀释取样方法，CVS 法有控制地用周围空气对汽车排气进行连续稀释，模拟汽车排气向大气中扩散这一实际过程。其特点是用取样探头从稀释排气中获取检测所需样气。目前我国、美国、日本和欧盟等的轻型汽车试验法规中均规定采用 CVS 法取样。

CVS 取样系统有容积泵变稀释度 CVS 取样系统（PDP-CVS）、临界流量文丘里管变稀释度 CVS 取样系统（CFV-CVS）、用量孔控制恒定流量的变稀释度 CVS 取样系统等。此处以图 3-5 所示的容积泵变稀释度 CVS 取样系统（PDP-CVS）为例说明定容取样法的组成与原理。由于在常温或低温时，柴油机排气中蒸气压低的高沸点物质（如高沸点的碳氢化合物、氨等）极易凝缩而溶于水中，使测量误差增大，另外当排气成分浓度高低不同时，也会被管路所吸附，进而产生拖延流出时间，造成仪表反应迟缓。为了避免发生这些情况，故在测量重型汽车用汽油机和柴油机排气成分时，要求排气温度分别保持在（130±10）℃和（190±10）℃。图 3-5 中的虚线部分为压燃式发动机 HC 排放分析用附加设备，可使稀释排气的温度保持在（190±10）℃。汽车排气管与取样系统的连接管应尽可能短，以免对排气污染物浓度产生影响，连接管可以采取绝热和非绝热连接管，绝热和非绝热连接管的最大长度一般不超过 6.1m 和 3.6m[10]。为了提高污染物的测量精度，常采用不同量程分析仪测量不同污染物浓度的气体、提高气流速度、减少气流通道所出现的死区、采用不锈钢管和高温处理过的铜管等方法，以避免气体吸附等引起污染物损耗。

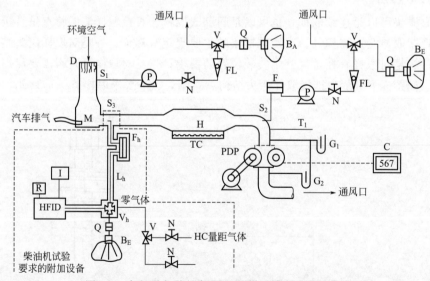

图 3-5 容积泵变稀释度 CVS 取样系统（PDP-CVS）

图 3-5 中各符号的含义如下[11]。

B_A——稀释空气取样袋，要有足够的容量。袋子的材料应该既不影响样气测量，也不影响样气的化学组成，如聚乙烯-聚酰胺多层薄膜或氟化聚烃。

B_E——稀释排气取样袋，容量和材料的要求同 B_A。

C——计数器，用来记录试验时容积泵的转数。

D——稀释空气滤清器，该滤清器内含有夹在两层纸之间能吸附碳氢化合物的活性炭。

F——滤清器，用来滤掉用作分析的稀释排气中的固体微粒。

F_h——加热式滤清器。

FL——流量计，用来调节和监控试验时样气的流量。

G_1——压力表，精度为±0.4kPa。装在紧靠容积泵的上游位置，用来记录稀释排气和周围空气之间的压力差。

G_2——压力表，精度为±0.4kPa。装在紧靠容积泵的下游位置，用来记录容积泵进、出口之间的压力差。

H——热交换器，它的容量应保证在整个试验中，稀释排气的温度在设定的运转温度±6℃以内，该装置不得影响稀释排气中污染物的浓度。

HFID——加热式氢火焰离子气体分析仪。

L_h——加热的管道。

M——混合室，使车辆排气和稀释空气均匀混合。

N——流量控制器，它保证在试验过程中从取样探口 S_1、S_2 取样时，流量（约 10L/min）稳定而均匀；并且保证样气的量在试验终了时足够分析使用。如必要可将滤清器加热。

P——取样泵，用来收集稀释空气及稀释排气。

PDP——Positive Displacement Pump（容积泵）的首字母，它用来输送和计量稀释排气。该泵的输送能力（泵的排量，L/min）由运转循环中加速时产生的最大排气流量的 2 倍或者由稀释排气取样袋中 CO_2 的体积浓度小于 3% 来确定。

Q——气密式快速紧固接头，装在快速接头与取样袋之间。此元件的取样袋一侧应能自动关闭。也可以用三向截止阀代替此接头。

S_1——稀释空气的定量样气取样口。

S_2、S_3——稀释排气的定量样气取样口。

T_1——温度传感器，精度为±1℃，作用是连续监控稀释排气的温度。

TC——温度控制系统，在试验前用来预热热交换器；在试验中控制稀释排气的温度在设定的运转温度±6℃以内。

V——快速三通接头，用来对样气的稳定气流分流，使其一部分进入取样袋或到外部通风口。

V_h——加热式多通阀。

容积泵变稀释度 CVS 取样系统（PDP-CVS）工作时，汽车排气一旦进入其内，便与经过稀释空气滤清器（D）滤清的空气在混合室（M）内混合而被稀释，其压力与大气压之差≤±0.25kPa，经过测量管道，最后被吸入容积泵（PDP）而排出。

稀释后的排气在进入容积泵以前，其温度通过热交换器（H）和温度控制系统（TC）控制在设定值的±6℃以内，以维持气体密度不变。取样泵由取样口吸出稀释排气的样气，并以≥5L/min 的流量进入稀释排气取样袋（B_E）内。B_E 用聚乙烯-聚酰胺多层薄膜或氟化聚烯等材料制成，以免影响排气的化学组成。

当排气的稀释度较高时和样气污染物浓度较低时，环境空气中微量的 HC、CO 和 NO_x

会导致分析结果产生较大误差。因此，稀释空气应尽量清洁，须在稀释空气滤清器（D）内加装活性炭层以吸附空气中 HC 等。另外，为了监控环境空气污染对测量的影响程度，需要以相近的取样速率对稀释空气进行取样及分析，以便及时修正环境空气污染对测量所造成的附加误差。

稀释空气适量时，排气温度保持在稀释空气露点以上，可以防止水蒸气冷凝（通常保持稀释排气取样袋中的 CO_2 体积分数<3%）。容积泵用以输送和计量稀释排气流量，容积泵流量由发动机排气流量和稀释比确定。稀释空气过量时，则造成污染物浓度过低，导致测量误差增大。因此，美国试验规范规定的稀释度不得低于 8，其目的在于使稀释空气与排气的比例接近于汽车排气扩散到大气中的实际状态，以提高测量精度。

排气稀释度测量系统如图 3-6 所示，其测量参数主要包括汽车发动机排气流量、稀释空气流量、稀释前后排气中的 CO_2 浓度。排气稀释度的调节根据发动机排气流量和稀释空气流量进行确定，排气稀释度由稀释前后排气中的 CO_2 浓度计算得到。

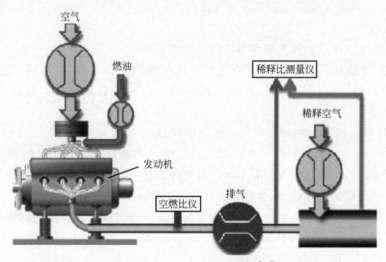

图 3-6　排气稀释度测量系统[10]

第二节　排气成分的分析方法

一、非分散式气体分析法

1. 工作原理

光的色散指复色光分解为单色光的现象，这种现象也称为光的分散或分光。非色散（亦称不分光、非分散）式仪器按其工作波长区段不同可分为非色散红外分析计和非色散紫外分析计两类。由于这种仪器采用的入射光不通过棱镜和衍射光栅等分开，采用同一光源发出的光测量气体成分，故称为非色散式分析仪，反之则称为色散式分析仪。非色散式分析仪具有结构简单、价格便宜、灵敏度较高等优点。

仪器工作原理为朗伯-比耳定律（亦称吸收定律）[1]。吸收定律是分光光度法的定量基础，以某一确定波长的平行单色光透过待测气体时，会发生光被待测气体分子所吸收的光吸收现象。待测气体分子的浓度越大，待测气体厚度越厚，光被吸收也越多，透过的光越弱。

朗伯-比耳定律定量地描述了这一物理现象。当一束平行单色光通过如图3-7所示的测量容器时，单色光被待测气体吸收的光量与被测气体的浓度、容器中气柱长度以及入射光的强度等因素有关。若入射单色光的强度为 I_0，容器中待测气体的浓度为 c、气柱长度为 L、透过光的强度为 I，则由朗伯-比耳定律可得式(3-1)。

$$\lg\left(\frac{I_0}{I}\right) = KcL \qquad (3\text{-}1)$$

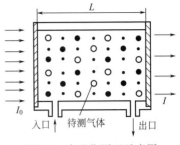

图 3-7　光吸收原理示意图

如果光完全不被吸收，则 $I_0 = I$，$\lg(I_0/I) = 0$；如果吸收程度越大，则 $\lg(I_0/I)$ 值也就越大。式(3-1)中 K 为常数，称为吸光系数。光度分析中常将 I/I_0 称为透光度，当透过光越弱时，I 越小，透过光越强，则透光度值越小；反之亦然。故当透光度和吸光系数 K 为已知时，则可由式(3-2)求出被测物质的浓度 c，即

$$c = \frac{\lg\left(\dfrac{I_0}{I}\right)}{KL} \qquad (3\text{-}2)$$

非色散式红外分析仪及非色散式紫外分析仪就是以此式为基础设计的。

2. 非色散式红外分析仪

当用红外线照射不同原子组成的双原子分子或多原子分子时，这些分子会吸收红外线作为原子之间的振动和旋转动能，并使气体自身膨胀。由于每一种气体吸收的波长范围是唯一的，故可利用不同原子组成的双原子分子或多原子分子的这一特性测量其体积分数。红外线是波长介于微波与可见光之间的电磁波，波长在 760nm～1mm 之间。红外气体分析仪分为非色散型和色散型两类。对于非色散型，使用从红外光源发出的宽波长带红外线进行测量。色散型气体分析仪中的红外线则要通过棱镜和衍射光栅等分开，即依靠同一光源发出的红外线的色散光测量排气中的成分。

红外分析仪工作的物理基础是基于待测气体对特定波长的红外辐射能的吸收程度与其浓度成比例这一物理性质。除了单原子气体（如 Ar、Ne）和相同原子的双原子气体（如 H_2、O_2、N_2）外，大多数非对称分子都有吸收红外线的能力，不同气体在红外波段内都有其特定波长的吸收带，图 3-8 给出了 CO、CO_2、NO 和 SO_2 的红外线透过率随波长的变化曲线。可见 CO、NO 分别在 4.5～5.0μm 和 5.3～5.7μm 的波长范围内具有很强的吸收能力，在吸收带之外的波长则不吸收或吸收很少的能量。而 CO_2 和 SO_2 则在 3 个波长范围内具有很强的吸收能力，这种气体测量仪用的红外线波长选择范围较大。

非色散式红外分析仪常用英文词头的缩写 NDIR（Non-Dispersive Infrared Analyzer）表示。NDIR 是目前测定 CO 的最好方法，其测量上限为 100%，下限可进行微量（10^{-6}）级以至痕量（10^{-9}）级分析；在一定量程范围内，即使气体浓度有极小变化也能检测出来；当 CO 排放浓度较高时，排气中干扰成分对测定值影响可略去不计；采用连续取样系统，能观察随发动机运转条件变化而引起的排气组成的变化。

NDIR 的基本组成如图 3-9 所示[13]。两个几何形状和物理参数相同的红外光源由恒定电流加热至 600～800℃，发出 2～7μm 波长的红外辐射。两部分红外线分别由两个抛物面反射镜聚成两束平行光束，再经滤光片和截光器后进入测量室及比较室。同步电机带动截光器转动，将红外线调制成频率为 10Hz 左右的断续红外辐射。其中一路通过测量室后到达检

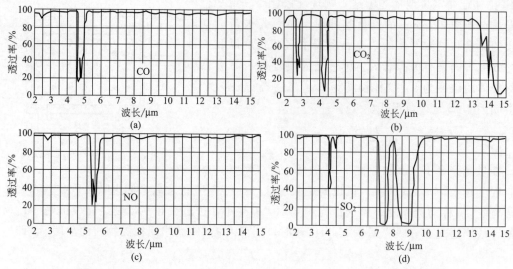

图 3-8 CO、CO_2、NO 和 SO_2 的红外线透过率随波长的变化曲线[12]

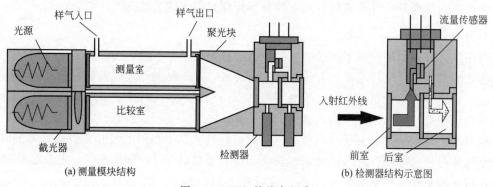

图 3-9 NDIR 的基本组成

测室的前室；另一路通过比较室后到达检测室的后室。前后两室是两个几何形状几乎完全相同的红外线接收室，其中充满纯的气体，并加以密封。前后两室之间由微通道连接，微通道中安装流量传感器。

样气可以连续进入测量室以供分析，比较室可封入氮气。当测量室没有测量气体或通过不吸收红外线的惰性气体时，检测器前后两室所吸收的红外线的光能相等，前后两室压力相同而保持平衡状态，检测器中连接前后两室的微通道中无气体通过，流量传感器输出为零；当有测量气体通过测量室时，特定波长内的红外辐射能被待测气体吸收，穿过测量室和比较室的红外线的辐射能，分别加热前后室中的气体，由于比较室内的辐射能没有被吸收，于是连接比较室的前室接收的辐射能多，其压力升高较多，气体通过微通道流向后室，流量传感器便有信号输出。被测气体浓度越高时，测量室内吸收的红外能也越多，两室所接收辐射能的差值也越大，致使两室的压力差也越大，流量传感器输出信号越大。由于待测成分的浓度与待测气体吸收的红外线的辐射能百分数成正比，所以流量传感器输出信号与试样室中待测气体的浓度成正比。

截光器的作用是使红外线断续地进入测量系统。当截光器遮住红外辐射时，无红外线进入测量室和比较室，测量室和比较室的压力相等，流量传感器输出为 0；当截光器不遮挡红外线时，测量室和比较室就有红外线进入，并产生压力差，流量传感器就有信号输出。截光器在同步电机的带动下连续转动，使红外线断续地射入测量室和比较室，使流量传感器输出信号不断变化，于是就将检测结果变为交流信号。由于交流信号比直流信号便于放大、整流、去除干扰和处理，因此，NDIR 一般都安装有截光器这一部件。

NDIR 的零点和量程校准与标定分别采用氮气和标准气体进行。标定零点时，用氮气通入测量室，进行零点调整。标定时，让满量程或不同量程浓度的标准气体通入仪器，读取仪器的指示值，绘出校准曲线。

NDIR 是汽车排放法规中规定的 CO 及 CO_2 测试仪器。由于 NDIR 便携方便，故也被较普遍用于怠速时 CO 及 HC 等的测定。值得注意的是，在测定 HC 时，测定的结果以正己烷当量浓度表示。这种仪器对不同的烃类有不同的感度，其中以饱和烃（甲烷除外）感度最高，不饱和烃和芳香烃感度较差。因此，NDIR 并不能测出排气中各种烃类的总含量，而主要是测定其中的饱和烃含量。

NDIR 要求气样清洁、干燥、含腐蚀性杂质少，无灰粒和水汽，进入分析仪的样气压力、温度和流量在仪表规定的范围内。内燃机的排气中，水分含量较高，有一定数量的碳烟微粒，含有 SO_2、H_2S、NH_3 等腐蚀气体，且压力和温度均高于仪表规定的条件，因此，气样在进入分析仪之前，必须进行冷凝、滤清、干燥等处理。

3. 非色散式紫外分析计（NDUV， Non-Dispersive Ultraviolet Analyzer）

NDUV 与 NDIR 的区别主要为工作波长不同。NDUV 也称为紫外吸收式分析计。如图 3-10 所示为紫外线吸收式臭氧分析计原理示意图[14]。以低压水银灯为光源，经滤光片得到 254nm 左右的窄束光射入长光程测量室，以提高分析测定的灵敏度。样气分为两路：一路通过电磁阀进入测量室；另外一路先经臭氧分解器（装有活性炭或石灰、苏打），使样气中所含臭氧分解，再转化样气为可作参比的零气。当样气不通过臭氧分解器，直接通过电磁阀进入测量室时，样气中的臭氧将吸收紫外线的光能，使紫外线的强度因臭氧分子吸光而衰减，接收透射光的光电管得到并经放大器放大的信号与样气中臭氧的浓度成正比，于是根据检测到的紫外线百分透光度或衰减程度（称吸光度）即可推算出样气中的臭氧含量。当样气通过臭氧分解器后再通过电磁阀进入测量室时，可进行仪器的零点标定。

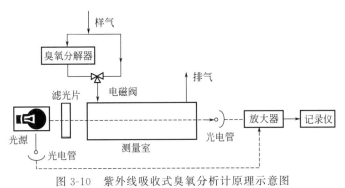

图 3-10　紫外线吸收式臭氧分析计原理示意图

非色散式紫外分析计还可以测定可吸收紫外线的二烯类、芳香族类及含羰基的有机化合物等。特别适合于燃烧废气中二氧化硫、二氧化氮等的测定，由于测试结果不受水蒸气、一氧化碳、二氧化碳等多种组分共存的影响，因而被广泛使用。由于气体成分的紫外吸收具有受激振动-转动的精细结构，因而非色散紫外分析法必须按选定的波长来对应待测组分，并由此来选用滤光片。

二、氢火焰离子化分析法

氢火焰离子分析仪（FID，Flame Ionization Detector）是国 6 标准规定的测定内燃机排气中碳氢化合物的仪器，其测试方法也是最有效的方法。其检测极限最小可达 10^{-9} 数量级，有很高的灵敏度，对环境温度及大气压力也不敏感。因产生火焰使用的燃料为氢气，故常称为氢火焰离子分析仪。

FID 的工作原理是基于大多数有机碳氢化合物在氢火焰中产生大量电离的现象来测定 HC 浓度的。因电离度与引入火焰中的碳氢化合物分子中的碳原子数成正比，故此法对烃类没有选择性，测量的 HC 浓度，经常用碳当量体积分数表示。可见 FID 测定的 HC 浓度与 NDIR 测定的 HC 浓度相差甚大，FID 的测量值为 NDIR 的 10 倍也不足为奇。

FID 通常由燃烧器组件、离子收集器及测量电路所组成[14]。如图 3-11 所示为 FID 的结构。试验时，含有 HC 的样气和氢气进入中心毛细管，经喷嘴喷出后，与另一路进入毛细管的助燃气体（一般为 O_2 或空气）相汇合，并与引入的助燃剂形成可燃混合气。用点火塞点燃后，样气中的 HC 便在氢火焰中形成碳离子流，为了保证可靠点火及燃烧，在燃烧器上安装有热电偶，以监控燃烧情况。由于在喷嘴和电极

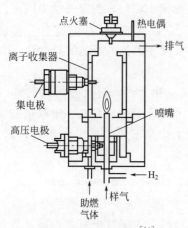

图 3-11　FID 的结构[14]

之间有 90～200V 的电压，于是 HC 燃烧产生的离子便在电极和喷嘴之间形成离子流，这个离子流（电流）的强度与 HC 中所含的 C 原子数成正比。只要测出这个离子流的大小，就可得到 HC 的浓度。由于收集到集电极的离子信号很微弱，故必须经静电放大器放大后送入指示或记录仪表。整个系统应加电磁屏蔽，以避免外界电磁干扰的影响。

FID 可直接用于轻型汽车排气污染物中 HC 的排放测定。我国排放法规规定用于柴油汽车或车用重型汽油机排气污染台架试验中 HC 的测量时应采取加热方式，使除取样探头外的其余部分温度保持在 (190 ± 10)℃（柴油汽车）或 (130 ± 10)℃（重型汽油排气污染机台架）的范围之内。采用这种方式的仪器称为 HFID（Heated Flame Ionization Detector）。

FID 所用氢气及空气应该纯净，以免产生干扰信号。整个集电极系统应有一个较大的立体角，合适的电场强度与分布，能迅速、完全地将离子收集起来；样气与氢气的流速影响仪表的灵敏度，故应按使用要求予以正确控制。为了避免高沸点 HC 在取样过程中产生凝结和防止水蒸气冷凝后堵塞毛细管，一般会对包括检测器在内的整个附加设备进行保温处理。

三、化学发光分析法

化学发光分析法被认为是目前测定 NO_x 的最好方法，对 NO_x 的测定效果非常理想，故汽车排放法规规定 NO_x 采用该方法进行测量。采用化学发光分析法的仪器称为 CLD（Chemiluminescent Detector），CLD 具有灵敏度高（约 0.1×10^{-6}），反应速度快（2～4s），在 $0\sim10000\times10^{-6}$ 范围内输出特性呈线性关系，适用于低浓度连续分析等优点。化学发光分析法长期被用来研究化学反应机理和化学反应动力学，之后被用于大气环境监测，主要监

测 O_3、SO_2 和 NO_x 等气体。

化学发光分析法只能直接测定 NO，不能直接测量 NO_2。通常利用 NO 与 O_3 的化学反应检测 NO 的浓度。NO 和过量的 O_3 在反应器中混合后，便产生电子激发态分子 NO_2^*。当 NO_2^* 衰减到基态时就放射出光子，其化学发光的反应机理为

$$NO + O_3 \Longrightarrow NO_2^* + O_2 \tag{3-3}$$

$$NO_2^* \Longrightarrow NO_2 + h\nu \tag{3-4}$$

式中，h 为普朗克常数；ν 为光子的频率。NO_2^* 衰减到基态时相对发光强度与波长的关系如图 3-12 所示。NO_2^* 发射光的波长范围非常宽广，这既给测量带来了困难，也带来了优势。其优势是光电转换元件可接收光的波长选择范围大，只要避开反应气体中其他一些化学发光反应产生的干扰波长即可。

化学发光强度与 NO 和 O_3 两种反应物浓度的乘积成正比。由于在正常工作情况下 O_3 数量大，相对于 NO 而言，其浓度变化率很小，绝对值几乎不变，故化学发光强度近似正比于 NO 的浓度。

化学发光反应所产生的光子，由光电倍增管转换成电信号后，经放大器放大送往记录器检测。

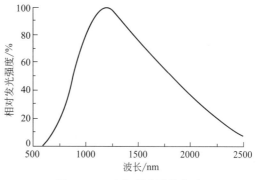

图 3-12 NO_2^* 衰减到基态时相对发光强度与波长的关系[15]

典型的化学发光检测装置的组成如图 3-13 所示。样气经进样口进入仪器后需要进行压力、流量调节等才可部分或全部进入反应室。反应气体 O_3 是一种活性物质，由装在仪器内的 O_3 发生器产生。O_3 发生器是一种放电装置，使用经过压力和流量调节后的空气或氧气产生 O_3，O_3 的摩尔分数可达 0.5%。反应室是含 NO 样气与 O_3 发生反应和产生化学发光

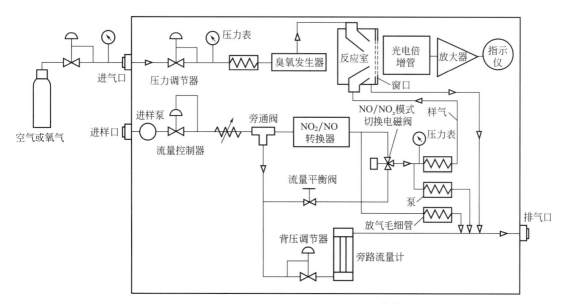

图 3-13 典型的化学发光检测装置的组成[17]

的场所。反应器最适宜的大小和几何形状取决于反应速率、内部压力和 NO 的流速。NO 的流量因装置不同在 $100\sim1000\text{mL/min}$ 之间变化。反应室内压力范围为 $10\sim100\text{kPa}$。使用滤光片分离给定的光谱区域,以避免反应气体中其他一些化学发光反应的干扰。虽然 NO_2^* 发射的波长为 $590\sim2500\text{nm}$,但研究表明 CLD 的滤波器窗口允许 $600\sim900\text{nm}$ 的光通过即可得到理想的测量精度[16]。透过窗口的透射光经光电倍增管转化为电信号,经放大器放大进入指示仪,即可得到样气中 NO_2 浓度的高低。

CLD 的基本电子系统由光电倍增管、高压电源、输出电流放大器和记录仪表组成。CLD 虽然只能直接测定 NO,但如果先在转换器中把 NO_2 转化成 NO,则可以测定 NO 和 NO_2 的浓度之和 NO_x;再利用测定的 NO_x 和 NO 的差值,可以测出 NO_2 的浓度。把 NO_2 转换成 NO 的方法是利用转换器的表面热反应(加热到 $600°C$)使 NO_2 分解成 NO。用来测定汽车排气成分的 CLD 一般都带有这种转换设备。由于转换器的效率对分析精度有直接影响,故应经常检查,当效率低于 90% 时,则需更换新的转换器。

在使用 CLD 时,应尽量增大 O_3 的浓度,降低其他成分浓度,以提高测试仪的灵敏度。使用能透过近红外光的玻璃滤光片,虽能滤去 CO 和烯烃的干扰,但不能消除 CO 转移 NO_2^* 的能量致使发光消失的影响,因此在直接取样时,要注意这一影响给测定带来的精度问题。为扩大测量范围,应使用四周有冷却介质流的冷型光电倍增管。

CLD 为各国汽车排放试验规范中推荐的检测仪器。但在无此种仪器的情况下允许采用其他分析仪。我国国家标准中曾规定 NO 的测量方法采用 CLD 或 NDUVR 型(非色散紫外线谐振吸收仪)分析仪。

化学发光分析法的主要特点有五个:一是灵敏度高,对气体试样浓度检出的灵敏度可达 10^{-9}(体积比)数量级;二是线性范围宽,其线性范围可达 $5\sim6$ 个数量级;三是化学发光反应实际上是瞬间完成的,故可进行连续快速测定;四是仪器结构相对简单,波长的分辨是不必要的,一般仅用一个滤光片即可;五是干扰少,不同化学反应产生同一种发光物质的可能性极小,常可不经分离而有效地分析监测许多种环境污染物。

四、气相色谱分析法

气相色谱(Gas Chromatography,GC)是众多色谱法中的一种,它是建立在吸附、溶解、离子交换、分子间亲和力或分子大小等差异基础上的分离方法。试样中待分离的两种或两种以上组分在色谱柱(也称分离柱)中进行分离。色谱柱中相对静止的一相称为固定相,而另一个相对运动的相称为流动相,气相色谱中的流动相是气体,故称为气相色谱。利用被分离组分在两相间的吸附能力等性质的微小差异,经过连续多次的传质过程,即可产生极好的分离效果,从而达到分离各组分的目的。对气相色谱中固定相是固体吸附剂者称其为气固色谱;对固定相是涂渍在固相担体上的固定液者称其为气液色谱。

气相色谱分析法在废气的测量和汽车排气成分分析中有广泛的应用。例如,在我国国家环保局制定的《空气和废气监测分析方法》中列出的用气相色谱法分析的污染物就有一氧化碳、二氧化碳、总烃、非甲烷烃、芳香烃(苯系物等)、苯乙烯、甲醇、低分子量醛、丙酮、酚类化合物等,总数约 20 项[18]。

色谱柱是气相色谱法的一个关键组成。常用的色谱柱有填充柱和毛细管柱两类,填充柱和毛细管柱的主要参数如表 3-1 所列。理论塔板数是定量表示色谱柱的分离效率的指标,该数量越大,则色谱柱的分离性能越好。填充柱和毛细管柱在材料、几何参数和样品加载量等方面存在明显差别。气固色谱柱内的填充物常用吸附性固体,如硅胶、活性炭、氧化铝及高分子多孔聚合物等。

表 3-1 填充柱和毛细管柱的主要参数[19]

参数	填充柱	毛细管柱
内径/mm	2～4	约 1
长度/m	1～5	5～100
薄膜厚度/μm	3～10	0.1～5.0
理论塔板数/个	2000～100000	7500～300000
材料	玻璃、不锈钢等	熔融硅胶、不锈钢等
单位长度的理论塔板数/(个/m)	2000～2500	1500～5000
活度	高	低
样品加载量/μg	10～20	0.05～3.0

气相色谱分析法的工作原理如图 3-14 所示。经过调整压力和流量的载气携带由进样口进入的试样一起进入色谱柱,试样中各组分在流动相(载气+试样)和固定相(分离柱的填充物)间通过溶解-挥发、吸附-脱附或其他亲和性能的差异而得以分离。经过一定时间后,在色谱柱出口端的检测器中即可先后接收到各个组分。从而得到如图 3-15 所示的检测器输出信号随时间变化的色谱图。当色谱仪未进样时,检测器输出信号一般不随时间发生变化,即为一条平行于时间轴的直线,该条直线常称为基线,色谱曲线位于基线之上。图 3-15 中符号 t_0 称为死时间,指载气流经色谱柱的时间,在死时间内流经色谱柱的载气体积称为死体积;t_R 称为保留时间,指从进样开始至色谱曲线信号出现最大值所需时间,该过程通过的载气体积称为保留体积;t'_R 称为调整保留时间,指扣除死时间 t_0 后的时间。色谱曲线主要参数有区域宽度 W、峰高 h、半峰宽高度 $h_{W/2}$ 等,理想的色谱峰形状具有正态分布特性。

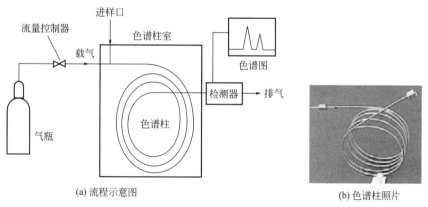

(a) 流程示意图　　(b) 色谱柱照片

图 3-14　气相色谱分析法的工作原理

气相色谱仪一般具备程序升温、自动控温、计算机控制及数据处理等功能。色谱分析法特别适合测量气体的组成。测量时首先用气体色谱仪得到各组分的色谱图,由于各组分的保留时间、调整保留时间等不同,故可以由色谱柱的出口先后得到气体各组分的色谱图。如图 3-16 所示为含有 C_{14}～C_{24} 烷烃的气体的色谱图测定实例。C_{14}～C_{24} 烷烃的色谱曲线先后出现,互不重叠,随着碳原子数增加,色谱曲线的峰值变小,保留时间增大。在色谱图中得

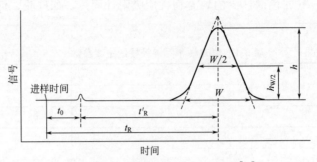

图 3-15　色谱曲线及其特征参数图[20]

到的色谱曲线并不总是符合正态分布的对称色谱峰,有的是不对称峰,甚至有严重拖尾峰。气相色谱仪一般都附带自动积分装置,可以精确计测任何形状色谱曲线与基线围成的面积(简称色谱面积)。根据组分 i 含量与其色谱面积成正比的关系即可由测得的组分 i 色谱面积得到组分 i 的含量。

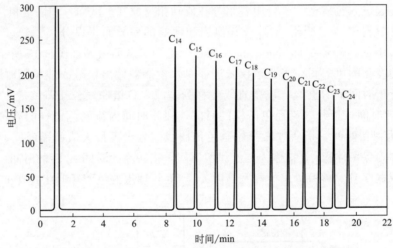

图 3-16　含有 $C_{14}\sim C_{24}$ 烷烃的气体的色谱图测定实例[19]

五、紫外荧光分析法

随着汽车排放法规的逐步加严以及对汽车污染物研究的不断深入,近年来,对汽车发动机排气中硫化物的测量越来越重视。测量汽车排气中的 SO_2、H_2S 和微粒排放中的硫酸盐等的测试仪器已被开发,下面以 HORIBA 公司的 MEXA-1170SX 分析仪为例给予简要说明。

硫化物测量仪的原理是紫外荧光(Ultra Violet Fluorescence,UVF)法,即通过检测 SO_2 在紫外线照射下产生的荧光强度来检测排气中 SO_2 的含量。SO_2 在紫外线照射下,将变成激发态的 SO_2^*,由于 SO_2^* 很不稳定,极易回到基态 SO_2,并发出荧光,其化学反应方程式如下。

$$SO_2 + h\nu(220nm) \longrightarrow SO_2^*$$
$$SO_2^* \longrightarrow SO_2 + h\nu(330nm)$$

可见,如果能利用波长 220nm 左右的紫外线照射排气样气,并用可检测波长 330nm 左右荧光的光电倍增管检测被紫外线照射过的排气样气，即可得到与样气中 SO_2 的含量成比例的电信号，该信号若经滤波、整流和放大后，即可送往指示仪显示或记录仪存储。

UVF 法的测量精度主要受排气中 NO 的影响，原因是 NO 的吸收波长和发出的荧光与 SO_2 的区分困难，NO 也可发生类似于 SO_2 的如下化学反应。

$$NO + h\nu(150 \sim 250nm) \longrightarrow NO^*$$
$$NO^* \longrightarrow NO + h\nu(>250nm)$$

因此，要想利用 UVF 法得到足够精度的测量结果，必须先除去排气中的 NO，除去 NO 的方法可采用化学发光法中的 NO_2 和 NO 之间的转换原理（$NO + O_3 \longrightarrow NO_2 + O_2$），即在测量 SO_2 之前，使 NO 和 O_3 发生化学发光反应，除去 NO。NO_2 虽然也可发生如下的类似于 NO 的化学发光反应，但 NO_2 的吸收波长和发出的荧光很容易与 SO_2 的区分。

$$NO_2 + h\nu(350 \sim 450nm) \longrightarrow NO_2^*$$
$$NO_2^* \longrightarrow NO_2 + h\nu(>350nm)$$

NO_2 的吸收波长大于 350nm，发出波长在 350nm 以上的荧光。因此只需选择波长范围为 250~340nm 的滤光片即可消除 NO_2 的干扰。SO_2 紫外荧光分析仪的原理示意图如图 3-17 所示，其检测精度主要受 NO 转换为 NO_2 的比例和光电倍增管精度等影响。

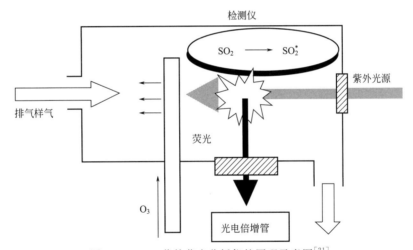

图 3-17　SO_2 紫外荧光分析仪的原理示意图[21]

图 3-17 所示的 SO_2 紫外荧光分析仪只能测量汽车排气中的 SO_2，不能测量 H_2S 等还原性硫化物（Total Reduced Sulfur，TRS）和颗粒物中的硫酸盐等。汽车排气中硫化物的测量可分为三类：第一类是排气中 SO_2 的检测；第二类称为 TRS·SO_2 检测，即既检测 SO_2，又检测全部还原性硫化物（TRS），这类测量只需对进入图 3-17 所示 SO_2 紫外荧光分析仪的样气进行 600℃ 的加热预处理即可；第三类称为总硫（Total Sulfur，TS）检测，即既检测 SO_2 和 TRS，还可检测微粒（PM）中的硫酸盐，这类测量需要对进入图 3-17 所示 SO_2 紫外荧光分析仪的样气进行 1100℃ 和 600℃ 两步加热预处理，TS 检测仪原理示意图如图 3-18 所示。在 1100℃ 电炉加热的预处理中，微粒中的硫酸盐和部分还原性硫化物转换为 SO_2，在 600℃ 电炉加热的预处理中，利用臭氧将剩余的还原性硫化物全部氧化为 SO_2。

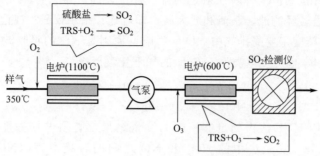

图 3-18　TS 检测仪原理示意图[21]

六、傅里叶变换红外光谱分析法

我国第六阶段重型柴油车污染物排放限值及测量方法要求检测排气中 NH_3 的浓度,并规定 NH_3 的测量使用傅里叶变换红外线光谱(Fourier Transform Infrared,FTIR)分析仪,其 NH_3 波长分辨率应在 $0.5cm^{-1}$ 以内。还要求取样管尽可能短,取样管路(取样管、前置过滤器和阀门)应采用不锈钢或聚四氟乙烯材料,并可至少加热到 $(463\pm10)K$,以降低氨的损失和取样产生的影响[4]。故下面对 FTIR 分析仪做简要介绍。

FTIR 通过测量中红外区域的吸收光谱和多变量分析,可以同时且连续地测量在检测区域中吸收的多组分气体的浓度及其瞬态变化。因此,FTIR 的应用逐步扩大。

傅里叶红外光谱仪的原理如图 3-19 所示,主要由红外平行光源、半反射镜、固定的反射镜、可移动反射镜、检测室和检测器组成。测量时,汽车排气进入检测室,光源发射的平行光通过半反射镜,分成透射光和反射光两部分。透射光和反射光分别由固定镜和移动镜反射,返回到半反射镜,再次合成,产生干涉波;干涉波通过检测室后进入检测仪,经傅里叶变换即可得到红外光谱。FTIR 的原理就是通过得到的傅里叶光谱区分不同待测组分产生的干涉波。因此,可以说 FTIR 是一种双光束干涉仪,它利用双光束产生的干涉波的傅里叶光谱对红外线进行区分。FTIR 的主要优点是,可以通过移动可移动反射镜进行多波长检测;信噪比(S/N)高;波数分辨率高,通过延长移动镜的移动距离可以提高波数分辨率;延长移动反射镜的移动距离,可以将相邻波数的光分离为独立的波。

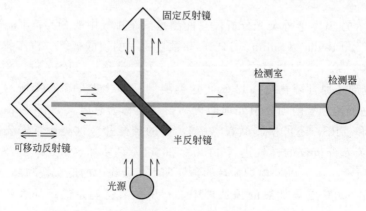

图 3-19　傅里叶红外光谱仪的原理[22]

实际产品的光路更为复杂。如图 3-20 所示为傅里叶变换红外光谱仪的光学系统示意图。光源发出的红外线通过干涉仪成为干涉光，干涉光通过测量室后，进入检测器。在检测器中对获得的信号（干涉图）进行快速傅里叶变换，即可得红外线的光谱（功率谱）。

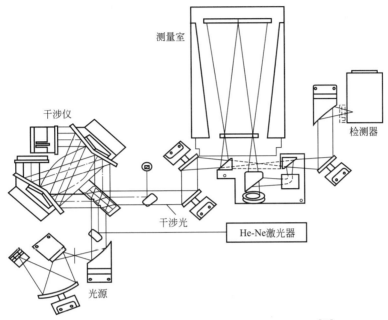

图 3-20　傅里叶变换红外光谱仪的光学系统示意图[23]

如图 3-21 所示为气体吸收率随波数的变化。可见，不同气体的红外线吸收率对应的波数不同。获得的光谱是多组分光谱的叠加，基于气体吸收光谱和多变量分析方法即可计算各组分的浓度值。

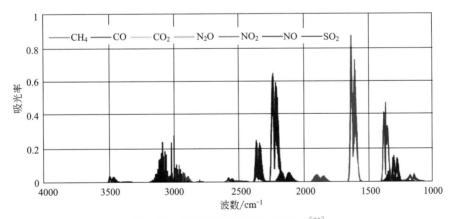

图 3-21　气体吸收率随波数的变化[23]

汽车排气分析仪器生产商开发了多种型号的傅里叶红外光谱仪，如 AVL 公司的 SES-AM i60 FT SⅡ光谱仪。该仪器的测量对象为 CO、CO_2、H_2O、NO、NO_2、N_2O、NH_3、CH_4、C_2H_2、C_2H_4、C_2H_6、C_3H_6、C_3H_8、C_4H_6、C_2H_5OH、CH_3OH、CH_3CHO、$HCHO$、$HCOOH$、SO_2、IC_5、NC_5、NC_8、$HNCO$、HCN、COS、AHC 等[24]。可见这种仪器适合于排气组分的测量与分析。

第三节　汽车排气中颗粒物的测量方法

欧 6 及我国国 6 标准对汽车排气颗粒物的质量（PM）和数量（PN）进行了限值。PM 指汽车发动机排气经洁净空气稀释后，温度不超过 325K 时，在规定的过滤介质上收集到的所有物质[3]。PN 则指按照标准规定的试验方法，在去除挥发性物质的稀释排气中检测的所有粒径超过 $0.023\mu m$ 的粒子总数。汽车排气中颗粒物的测量方法即为针对 PM 和 PN 的测量方法。

一、PM 的测量方法

PM 的测量原理是，首先把汽车排出的全部或部分废气在稀释风道内用洁净的新鲜空气进行稀释（稀释比 3～20 倍）；然后用规定材质和规格的滤纸进行样气取样及过滤；PM 的测量根据过滤前后滤纸的质量变化称量得到。为了保证测量精度，要求与原排气和稀释排气直接接触的、从排气管到滤纸保持架之间的稀释系统和取样系统的所有零件，在设计时必须从结构和材料上尽量减少颗粒物的附着或变化，所有零件必须由与排气成分不发生反应的导电材料制成，而且必须接地，以防止静电效应。并且稀释后气体流动状态应保持恒定，试样采集部位应在稀释空气和汽车排气充分混合之后的地方，并且最高温度不超过 325K。

颗粒物的收集和称量需要按照排放标准的相关规定进行。颗粒物采用初级过滤器和后备过滤器收集，每一个工况试验循环更换一次过滤器中的滤纸。我国第六阶段轻型汽车污染物排放限值及测量方法要求滤纸的材质采用碳氟化合物涂层的玻璃纤维滤纸或以碳氟化合物为基体（薄膜）的滤纸，滤纸形状应该是圆形的，其过滤区域面积不小于 $1075mm^2$。常见的滤纸过滤区域为圆形，滤纸外径有 47mm、70mm、90mm 和 110mm 等；并且，当通过滤纸的气体速率为 5.33cm/s 时，滤纸对 $0.3\mu m$ 的邻苯二甲酸二辛酯（DOP）等的采集效率不低于 99%。颗粒物取样滤纸应在试验完成后 1h 内送到称重室，放入一个防止灰尘进入的开口盘中静置至少 1h，然后称重。称量一般使用微克天平，精度至少为 $2\mu g$，分辨率至少为 $1\mu g$。滤纸称重时的温度应控制在 $(22\pm2)℃$，相对湿度应控制在 $(45\pm8)\%$[3]。

二、PM 的测量系统

1. 全流稀释系统

全流稀释系统随着标准的升级也有一些改进。如图 3-22（a）和（b）所示分别为 GB 17691—2001 和 GB 18352.6—2016 推荐的全流稀释风道颗粒物测量系统示意图，均推荐使用全流式排气稀释系统，取样方式为定容取样，在控制条件下用背景空气连续稀释所有的汽车排气，并按体积比例连续地收集混合气以进行分析。

全流稀释测量系统稀释排气的空气经空气净化器净化为洁净空气，然后进入稀释风道与汽车排气混合。洁净空气一方面起到冷却排气的作用，同时又能防止排气中水蒸气的凝聚。这样就使被测排气温度接近实际使用状态，使微粒的扩散大致接近车辆行驶时在大气中实际的扩散过程。在排气与稀释空气充分混合的地方对颗粒物及气体成分进行取样，剩余混合气由吸气泵（PDP）抽出排入环境。

排气污染物质量由样气浓度和试验期间的总流量计算得到，但需要用稀释空气中相应污染物的浓度进行校正。GB 17691—2001 和 GB 18352.6—2016 推荐的测量排气与稀释空气的

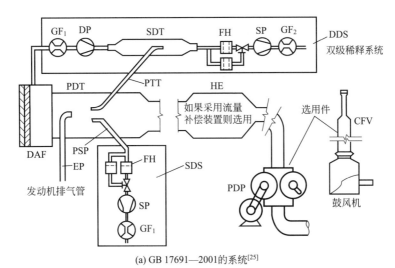

(a) GB 17691—2001的系统[25]

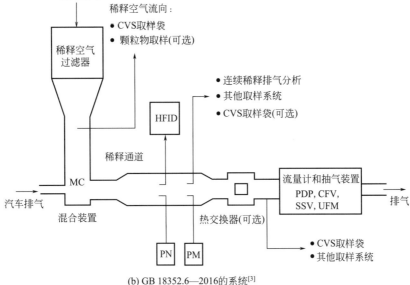

(b) GB 18352.6—2016的系统[3]

图 3-22　全流稀释风道颗粒物测量系统示意图

混合气的总容积的方法略有差异，前者推荐的仅有 PDP 和 CFV 两种，后者则有 PDP、CFV、SSV 和 UFM 四种。

全流稀释系统中各组成的名称（以英文字母为序）及技术要求如下。

CFV——临界流量文丘里管或平行布置的多个临界流量文丘里管。

DAF——稀释用空气过滤器，安装于稀释用空气入口处，其温度应为（298±5）K，并可取样以测量背景颗粒物的浓度，应从稀释排气的测量值中减去背景颗粒物的浓度。

DDS——双级（两级）稀释系统，从初级（第一级）稀释风道中采集样气，然后将样气传送到次级（第二级）稀释风道中，使样气被进一步稀释。

DP——稀释用空气泵（仅用于 DDS），其安装位置应保证次级稀释用空气的温度为（298±5）K。

EP——汽车发动机排气管。

FH——滤纸保持架,一般不得加热。

GF_1——气体流量测量仪(测量颗粒物取样流量)。

GF_2——气体流量测量仪(仅用于 DDS 的稀释空气)。

HE——热交换器,应有维持温度在要求范围以内的换热能力。

MC——排气与稀释空气混合器。

PDP——容积式泵,可根据泵的转数和排量来测量稀释排气总流量。

PDT——初级稀释风道。应具有足够小的直径以产生紊流(雷诺数 $Re>4000$),以及足够的长度,以使排气与稀释用空气充分混合。单级稀释系统的直径至少为 460mm,双级稀释系统的直径至少为 200mm。发动机的排气应顺气流引入初级稀释风道,并充分混合。

PSP——颗粒物取样探头(仅用于 SDS)。应逆气流安装在稀释用空气和排气混合均匀的地方,一般在稀释风道中心线上、在排气进入稀释风道处的下游大约 10 倍管径的地方,其内径最小为 12mm。从探头前端到滤纸保持架的距离不得超过 1020mm,取样探头不得加热。

PTT——颗粒物传输管。逆气流方向安装在稀释用空气和排气混合均匀的地方,一般在稀释风道中心线上、在排气进入稀释风道处下游大约 10 倍管径的地方,其内径最小为 12mm。从入口平面到出口平面不得超过 910mm。颗粒物取样口必须位于次级稀释风道的中心线上,并朝向下游。传输管不得加热。

SP——颗粒物取样系统。若不采用流量计算装置,该泵距风道应有足够的距离,以使进气温度保持恒定(±3K)。

SDS——单级稀释系统。从初级稀释风道中采集样气,然后使样气通过取样用滤纸。

SDT——次级稀释风道(仅用于 DDS)。最小管径为 75mm,并有足够的长度以保证经第二级稀释的样气至少有 0.25s 的驻留时间。

SSV——亚音速文丘里管。

UFM——超声波流量计。

全流稀释测量系统中"试样"一般在一级稀释风道中直接取样,但对于稀释率和温度等不能满足要求的试验条件,则要对排气进行二次稀释,采用两级稀释风道测量系统。次级稀释系统必须提供足够的次级稀释用空气,以保持稀释的排气在初级颗粒物滤纸前的温度不大于 325K。

单级稀释风道测量系统需要的稀释空气量大,一般采用的"风道"管径在 475mm 以上,管内的雷诺数在 4000 以上,要求稀释空气温度为 (25±5)℃,从发动机排气到稀释风道的距离应小于 9750mm,在大约 3657mm 以后要用隔热材料包裹,取样管应设置在充分稀释和混合的位置,约为距离排气入口 10 倍风道管径的地方。取样管要求面向来流方向,内径应大于 12.7mm。

两级稀释风道测量系统要求在第一级采样区域将稀释温度控制在 191℃ 以下,两级之间的输送管道内径大于 12.7mm,长度小于 914mm。在第二级稀释风道中把采样气体稀释温度控制到 51.7℃ 以下,然后让采样气体全部通过过滤器以收集排气中的颗粒物。第二级稀释风道测量系统中,因为第一级稀释温度较高,所以不需要使用大容量的 CVS 装置。另外,第二级稀释风道管内只引入了一部分第一级稀释之后的样气,所以第二级 CVS 装置体积更小。常见的单级稀释风道的直径为 18in（457.2mm）。常见的两级稀释风道的第一级和第二级的直径为 12in（304.8mm）及 3.27in（83.06mm）。第一级稀释风道内径一般应大于 203mm，第二级稀释风道内径一般应大于 76.2mm，与单级稀释法相比小了许多。

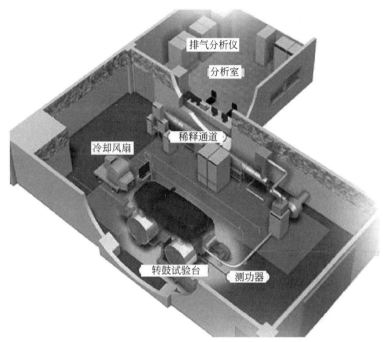

(a) 轻型车用微粒测量系统

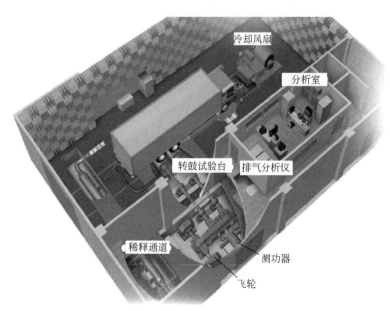

(b) 重型车用微粒测量系统

图 3-23　全流式颗粒物测量系统组成示意图[26]

如图 3-23 所示为东京都环境科学研究所研制的全流式颗粒物测量系统组成示意图。图 3-23(a) 和图 3-23(b) 分别为轻型车及重型车用微粒测量系统。系统主要由冷却风扇、稀释风道、转鼓试验台、测功器、排气分析仪、计算分析室等组成。取样装置均采用DLS-7200型，采用的流量范围为35～150L/min，过滤纸直径有47mm和70mm两种。由于重型车的行驶功率大，因此，其转鼓试验台中通常装有惯性飞轮，以模拟汽车的行驶阻力。轻型车和重型车的微粒测量系统的主要差别在于稀释风道和转鼓试验台。重型车的转鼓试验台采用直流电力测功机，可吸收的功率为370kW；而轻型车转鼓试验台则采用交流电力测功机，可吸收的功率仅为220kW。为了便于了解两种稀释风道的差别，表3-2给出了两种测量系统的主要性能及结构参数。

表3-2 两种测量系统的主要性能及结构参数[26]

参数	重型车	轻型车
型号	DLT-24120W	DLT-1840W
风道直径/mm	一级 609.6；二级（加热型）124	457.2
最大流量/(m³/min)	120	40
最大稀释空气流量/(m³/min)	130	60
稀释空气温度/℃	25±5	25±5
稀释空气相对湿度/%	30～75	30～75

2. 部分流稀释系统

部分流稀释系统是使发动机排出的废气通过一个分流器，只将一部分排气引入微型稀释风道，所以使整个测量装置的体积大大减小，可节省设备投资，该类测量系统主要用于重型车及其发动机[4]。如图3-24所示为部分流稀释系统，其特点是压力损失小，结构简单。汽车部分排气被顺气流引入稀释风道，通过一个混合孔板与稀释用空气完全混合。部分流稀释风道法需要测量的主要参数有燃料流量、进气流量、排气流量和稀释空气流量等，还可以为排气分析仪提供样气。部分流稀释风道颗粒物测量系统中各组成的名称及技术要求如下。

BV——球阀，直径不得小于取样管直径，其转换时间应少于0.5s。

DAF——稀释用空气过滤器，稀释用空气可以在稀释用空气入口处过滤，其温度应保持在（298±5）K之内。

DTP——压差传感器。

DT——稀释风道，管径要足够小，对于全部取样型，管径最小为25mm；对于部分取样型，管径最小为75mm。管子还应足够长，满足气流雷诺数$Re>4000$，保证排气与稀释用空气充分混合。

EGA——排气分析仪。

EP——发动机排气管。

FC_1——流量控制器，用于控制稀释用空气的质量流量。

FC_2——流量控制器，用于改善颗粒物取样流量的准确度。

FH——滤纸保持架，不得加热。

G_{exh}——排气流量。

GF_1——稀释空气用气体流量计，其安装位置应使进气温度保持在（298±5）K。

GF_2——颗粒物取样用气体流量计。

G_{fuel}——燃油流量计。

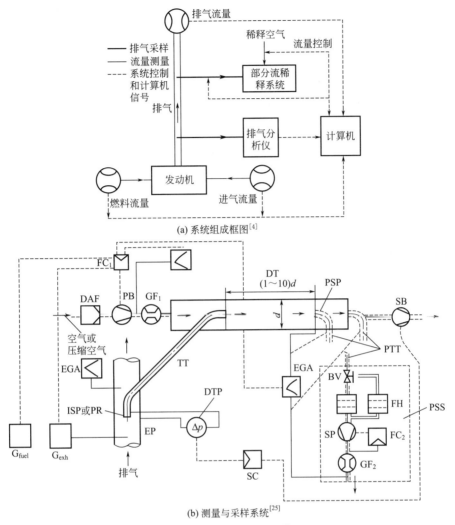

图 3-24 部分流稀释系统

ISP——等动态取样探头，内径至少为 12mm，应保证从原排气中按一定比例取样，并在探头顶端获得等动态流。

PB——压气机，应与 FC_1 相连。当采用压缩空气供给装置时，不需要 PB。

PSS——颗粒物取样系统。应能从稀释风道中取样，并使样气通过取样滤纸（部分取样型），或使全部稀释排气通过取样滤纸（全部取样型）。为避免对控制回路产生影响，建议取样泵在整个试验过程中保持运转。应在取样探头和滤纸保持架之间使用一个带球阀的旁通系统，使样气在所要求的时间流过取样滤纸。转换过程对控制回路的干扰应校正到 3s 以内。

PR——取样探头，最小内径为 4mm，应逆气流方向安装在排气管中心线上。

PSP——颗粒物取样探头，最小内径为 12mm。应逆气流方向安装在稀释用空气和排气混合均匀的地方，一般在稀释风道中心线上和在排气进入稀释风道处的下游大约 10 倍管径的地方。

PTT——颗粒物传输管，不得加热。长度不得超过 1020mm。

SB——抽风机，仅用于部分取样型。

SC——压力控制装置（仅用于 ISP）。该装置的作用为保持 EP 和 ISP 之间的压差为零，达到排气的等动态分离。

SP——颗粒物取样系统。若不采用流量计计算装置，该泵距风道应有足够的距离，以使进气温度保持恒定（±3K）。

TT——颗粒物取样传输管，应加热或隔热，使传输管内的气体温度不低于423K。

图 3-22 所示的全流稀释测量系统和图 3-24 所示的部分流稀释系统需要的稀释空气量大，"风道"管径粗，吸气泵流量大，整个测量系统庞大，因此，存在成本高、使用便利性差等问题。图 3-25 所示的微型风道稀释采样系统则可克服上述系统的不足。图 3-25 所示也属于分流稀释风道系统，其特点是取样管从发动机排气中取出的排气仅为排气体积流量的1/10 到 1/100，使"风道"管径、稀释空气流量和系统条件大幅度缩小，使用方便性提高，成本大幅度降低。

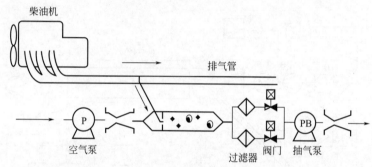

图 3-25　微型风道稀释采样系统[27]

三、颗粒物数量的测量系统

1. 测量原理

欧 6 及国 6 排放标准实施了微粒测试规范（Particle Measurement Program，PMP），PMP 对内燃机排气微粒的测量方法也提出了相应要求。由于内燃机排气 PM 中的 SOF 和硫酸盐等挥发性成分会凝缩产生新的颗粒物，并且新产生颗粒物的数量与气体排出后的稀释条件密切相关，其数量变化大。因此，PMP 规定只测量固体微粒数量。

如图 3-26 所示为 PMP 推荐的固体微粒数量测量系统原理示意图。来自 CVS 风道的样气首先经旋流器进行粒径分类，将 2.5μm 以上的微粒分离出去，把 2.5μm 以下的不稳定微粒（表面附着有 SOF 和硫酸盐等挥发成分）引入加热式稀释器，稀释空气温度为 150℃以上，其目的是阻止 SOF 和硫酸盐等形成新挥发性微粒；接着样气被引入温度为 300~400℃的蒸发管，使微粒中的 SOF 和硫酸盐等挥发成分气化；之后样气进入冷却式稀释器，在室温下对气化后的微粒进行再稀释，防止气化的挥发性微粒再凝缩，气流经过挥发成分的微粒除去装置后排气中的颗粒即变成了稳定微粒，其数量几乎不再变化，挥发性颗粒去除部件应能去除 99% 以上的挥发性颗粒。

GB 18352.6—2016 要求[3]：当入口粒子浓度大于 10000 个/m³ 且使用最低稀释率时，系统去除 30nm 以上四十烷颗粒物的效率应大于 99%；在几何平均直径大于 50nm 和质量浓度大于 1mg/m³ 时，系统去除多分散性烃链（癸烷或者更高链）或金刚砂油的效率应大于 99%。

经过挥发性微粒除去部分（图3-26中虚线框内部分）之后，样气中只含有稳定微粒，最后使样气进入微粒计数器。一般来说，加热式稀释器的稀释倍数为10～700倍，冷却式稀释器的稀释倍数为10～50倍。微粒计数器（CPC）可检出微粒粒径的下限为23nm，CPC对23nm和41nm的计数效率（Counting Efficiencies，CE）分别为（0.50±0.12）和0.9以上，精度为±10%。

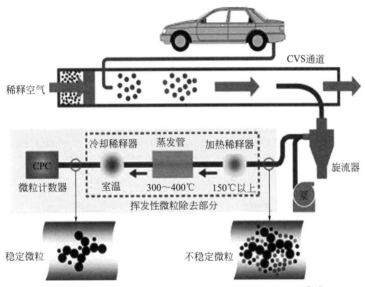

图3-26 PMP推荐的固体微粒数量测量系统示意图[28]

2. 颗粒物数量测量仪[29]

将上述的旋流分离器、挥发性微粒除去装置和微粒计数器等功能集成在一起，则测试系统使用方便性大大提高。MEXA-2000SPCS和MEXA-2100SPCS就是这种集成系统的两种典型装置，分别适用于CVS稀释系统和直接采样的颗粒物数量分析。测量时，MEXA-2000SPCS与MEXA-2100SPCS的连接方式如图3-27所示。测量时，MEXA-2000SPCS从CVS稀释风道的取样口取样，并把多余样气用连接管直接送回稀释风道。MEXA-2100SPCS与MEXA-2000SPCS的主要差别是前者增加了气体稀释模块和稀释空气装置，其余系统几乎相同。

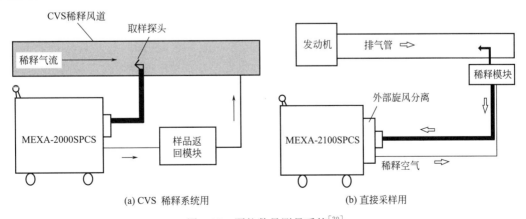

图3-27 颗粒数量测量系统[29]

表 3-3 列出了 MEXA-2000SPCS 型固体微粒数量测量系统主要参数及性能。该测量系统具有两个粒子数量程可供选择，对取样气体的稀释系数和样品流量有明确要求。颗粒物计数器采用的是激光散射浓缩颗粒计数（CPC）装置，不能区分颗粒物粒径，仅能得到颗粒数。使用时，该系统需要进行定期校正或检查。挥发性颗粒去除部件应能去除 99% 以上的挥发性颗粒，需要每年校正一次，校正时使用正四十烷 $[CH_3(CH_2)_{38}CH_3]$ 进行。每次测试时需要对系统中的泄漏和零点进行检查。检查泄漏时，让经过高效空气过滤器过滤的空气通过，指示应不高于 0.5 个/cm^3。检查零点时，将高效空气过滤器安装在取样系统的入口，CPC 的零点指示应不高于 0.2 个/cm^3。CPC 样品流量应在参考值的 ±5% 范围内，每月进行一次检查。

表 3-3 MEXA-2000SPCS 型固体微粒数量测量系统主要参数及性能[29]

测量项目	固体颗粒物的粒子数，范围 0～10000 个/cm^3 或 0～50000 个/cm^3（在装置中稀释后）
设备配置（标准）	挥发性颗粒去除部件（VPR），内置颗粒计数部件（PNC）和控制 PC（笔记本型）
VPR 规范	稀释装置（WRCD）:1 级稀释风道稀释系数 DF＝10～200;2 级释风道 DF＝15;样品流量 10L/min
PNC 规格	激光散射浓缩颗粒计数（CPC）
尺寸（长×宽×高）/mm	434×731×600（控制单元和选用件除外）

该测量系统的核心装置之一是微粒计数器，微粒计数器的工作原理随微粒的种类不同而异。GB 18352.6—2016 要求粒子浓度低于 100 个/cm^3 时，微粒计数器的分辨率不低于 0.1 个/cm^3。微粒计数器在整个测量范围内具有线性响应。数据采集频率应不低于 0.5Hz[3]。

光学微粒计数器最为常用，其原理是利用样气中的微粒穿过光敏感区时，产生散射光，形成光脉冲这种物理现象。光脉冲投影到光电倍增管上，光电倍增管将其转换成相应的电脉冲信号。此信号越强表明微粒直径越大，脉冲信号数越多表明微粒个数越多。该信号经放大处理后，送入计算机进行计数处理，即可得到单位体积的微粒个数。

常见的 PN 测量仪器有电称低压冲击仪（Electric Low Pressure Impactor，ELPI）、扫描迁移率粒子测量仪（Scanning Mobility Particle Sizer，SMPS）等，下面以 SMPS 为例说明 PM 的测量原理。如图 3-28 所示为 SMPS 的测量原理示意图。SMPS 由图 3-28(a) 所示的微分迁移谱仪（Differential Mobility Analyzer，DMA）和图 3-28(b) 所示的凝结粒子计数器（Condensation Particle Counter，CPC）两部分组合而成，DMA 的作用是按照粒径对粒子进行分类，并将对特定粒径范围的粒子传送到 CPC。DMA 的中心电极电压为 -20～-10000V，外壳为正电压。当带正电粒子和保护空气进入测试室后，过小的粒子流向中心电极，过大的粒子将随剩余气体排出，最后的结果是，在较窄的迁移范围内仅有特定尺寸的带正电的粒子作为单分散气溶胶集中到出口流出。施加的电压不同，作为单分散气溶胶集中到出口流出的粒子直径也不同。CPC 主要由乙醇、加热饱和器、激光二极管和光接收器等组成，其作用有两个：一是让颗粒物进入温度约为 30℃ 的加热饱和器，然后进入温度约 13℃ 的凝结部，使乙醇蒸气凝结在颗粒物表面，以增加颗粒物尺寸，提高颗粒物计数精度，减少有关颗粒尺寸的信息丢失；二是让浓缩颗粒经过激光二极管的聚光点，发生激光散射现象，用光接收器接收散射光，进而推算冷凝颗粒的数量。CPC 可检测颗粒尺寸的下限为 10nm 或更小（市售设备的最小值为约 3nm），上限为几微米[30]。

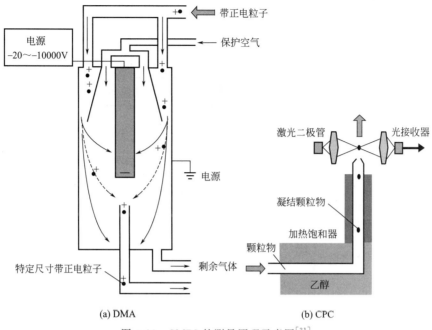

图 3-28 SMPS 的测量原理示意图[31]

第四节 实际行驶排放污染物的测量装置

实际行驶排放污染物的测量装置常称为车载排气污染物测量系统，它是一种便携式排放测量系统，行业内通常称为 PEMS（Portable Emissions Measurement Systems）。PEMS 最初主要用于科学研究和实际道路的排放调查等，后来，逐步被排放法规采用。2007 年，PEMS 被用于美国重型发动机行驶过程中气体污染物和 PM 检查；2013 年，欧盟开始采用 PEMS 检查重型发动机使用过程的污染物排放。自 2016 年以来，欧盟增加了实际驾驶排放（RDE）测试，把 PEMS 用于紧凑型轿车型式认证测试项目；2017 年 9 月起开始执行 RDE 法规。我国的国 6 轻型汽车和重型柴油车污染物排放限值及测量方法也要求汽车进行实际行驶条件下的污染物测量[3,4]。

一、PEMS 的主要组成及功能

PEMS 的主要功能是测试实际驾驶条件下汽车排气中的气体污染物、PM 和 PN 等。如图 3-29 所示为 PEMS 的主要组成，包括气体分析仪 NDIR、CLD 和 FID 等，以及 PN 和 PM 测量仪。为了得到气体污染物 PM 和 PN 等与汽车行驶工况的对应关系，还应记录测试时的气体流量计、车辆信息、温度、湿度和车辆位置（GPS）等。测试时，操作人员通过控制模块进行系统控制、计算和数据记录。试验数据的处理与分析则通过计算机用户界面完成。这些设备在汽车排放实验室通常占有庞大的空间，因此作为便携式车载排气污染物测量系统使用时，需要进行高度的一体化集成设计。

国 6 排放标准要求车辆位置的经度、纬度和海拔高度采用 GPS 或北斗系统测量，排气温度、环境温度、湿度和大气压采用传感器测量；排气流量采用电磁流量计（EMF）测量；车辆信息中的发动机转矩、转速、油门位置、燃油流量、进气流量和温度、冷却液温度和机油温度既可采用传感器测量,也可采用汽车 ECU 的信息;车辆信息中的故障状态、再生情况、实际挡位和期待挡位一般直接采用汽车 ECU 的信息[3]。

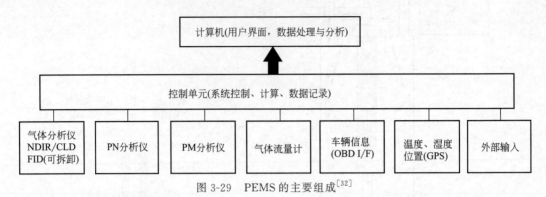

图 3-29　PEMS 的主要组成[32]

二、PEMS 的主要性能参数

表 3-4 和表 3-5 分别列出了 PEMS 的气态污染物及其 PM 和 PN 测量装置特性参数。由于测试实际驾驶条件下轻型和重型汽车要求检测的排气中气体污染组分的种类不同,故轻型和重型汽车用的 PEMS 的气体分析仪组成不同。重型汽车除 NDIR 和 CLD 外,还增加了用于测试 THC 的 FID 分析仪及其标定装置,因而重型汽车及研发用 PEMS 的质量远高于轻型汽车。

表 3-4　PEMS 的气态污染物测量装置特性参数[32]

项目	OBS-ONE(轻型汽车用)	OBS-ONE(重型汽车及研发用)
检测组分	$CO/CO_2/NO_x/NO/NO_2$	$CO/CO_2/NO_x/NO/NO_2/THC$
检测方法	1 个加热 NDIR,2 个 CLD	1 个加热 NDIR 和 FID,2 个 CLD
响应时间/s	≤2.0	2.5 以内
功耗/W	约 200(2m 管)	约 450(5m 管)
外形尺寸(长×宽×高)/mm	350×330×470	350×460×470
分析仪质量/kg	32	45
电池质量/kg	13	64
气瓶质量/kg	—	空气,H_2/He,量程标气
总质量/kg	45(包括电池和计算机)	115(包括电池和计算机)

表 3-5　PEMS 的 PM 和 PN 测量装置特性参数

项目	OBS-ONE-PM	OBS-ONE-PN
检测组分	PM	PN
检测方法	过滤和扩散充电器传感器	浓缩颗粒计数
稀释控制	部分流稀释法,比例取样或恒定稀释比取样	—
稀释排气流量/(L/min)	15	—
总稀释系数	—	100(初级及二级均为 10)
延迟时间/s	—	<5
响应时间 $t_{10\sim90}$/s	—	<3.5

续表

项目	OBS-ONE-PM	OBS-ONE-PN
功耗/W	250(包括 6m 加热传输管)	150(包括 0.75m 加热传输管)
外形尺寸(长×宽×高)/mm	350×470×460	350×470×225
总质量/kg	45	20

三、PEMS 的 PM 和 PN 测试装置

PM 的测试流程如图 3-30(a) 所示,主要包括混合器、稀释空气流量控制器、实时 PM 传感器、PM 过滤器、旋风分离器、扩散式屏幕、稀释排气流量控制器和流量计等。来自取样探头的汽车排气首先在混合器中与空气混合,然后经旋风分离器除去大的颗粒物。流过旋风分离器的稀释排气分两路:一路进入实时 PM 传感器,以测量实时的 PM 浓度;另一路进入 PM 过滤器,过滤排气中的颗粒物。根据 PM 传感器的信号和 PM 过滤器滤纸质量的变化即可得到 PM 的排放率。

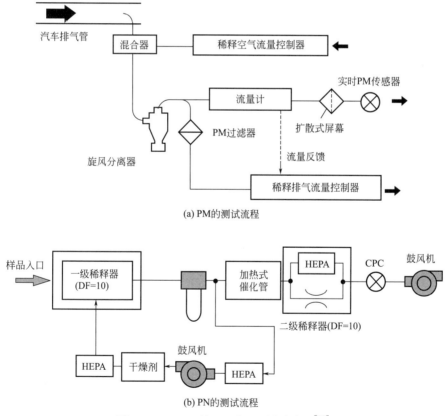

图 3-30　PEMS 的 PM 和 PN 测试流程[32]

PN 的测试流程如图 3-30(b) 所示,主要包括一级稀释和二级稀释器、加热式催化管、鼓风机等。一级稀释器具有稀释排气,防止冷却导致的颗粒损失和气体结露凝结等功能。采用循环稀释法,对一级稀释器出口处气体进行除湿后,作为稀释气体再利用。稀释气体中的颗粒用高效微粒空气过滤器(HEPA)除去,这样虽然影响稀释因子的测量精度,但使测量装置结构简化。具有氧化和除去颗粒挥发性成分的功能,还具有吸附易于再凝结的硫酸盐的

图 3-31 OBS-ONE 型 PEMS 的
实物及其安装在车外的照片[32]

作用。在 RDE 试验的 PN 测量中,与固定 PN 测量系统相比,稀释因子低,故采用这种可以更主动地去除挥发性颗粒的装置。二级稀释器的目的是将颗粒数浓度调节到适合于通过 CPC 测量的范围。

PEMS 虽然有上述的复杂组成,但由于车辆空间有限,故 PEMS 均进行了小型化和集成设计。如图 3-31 所示为 OBS-ONE 型 PEMS 的实物及其安装在车外的照片。PEMS 可以安装在车外,也可以安装在车辆后备厢内。PEMS 取样系统的探头直接插入排气管取样,样气进入系统后即可按照上述流程进行气体、PM 和 PN 等的检测分析。

第五节 柴油车排气烟度的测量方法

一、柴油机的排烟种类及评价方法

柴油机排烟(Diesel Smoke)指悬浮在柴油机排气气流中的微粒和雾状物。排烟阻碍光线通过,并反射和折射光线。柴油机排烟常见的有黑烟、蓝烟和白烟三种。白烟(White Smoke)通常由凝结的水蒸气和粒径大于 $1\mu m$ 的液体燃油的微滴形成。蓝烟(Blue Smoke)通常由粒径小于 $0.4\mu m$ 的未完全燃烧的燃油和润滑油的微滴形成。蓝烟和白烟是特殊条件下产生的排烟,故此处不予以分析。

黑烟(Black Smoke)主要由发动机燃烧过程中排出的粒径小于 $1\mu m$ 的固体碳烟(Carbon Soot)形成。传统的评价柴油机排烟多少的指标主要有烟度和光吸收系数等。烟度或光吸收系数越大表示排烟越多,排气中颗粒物浓度越高。

常见的测量和评价柴油车排气的烟度计有两种[1,2]:一种是让一定量的排气通过滤纸过滤,再利用滤纸的染黑度确定烟度大小,按此法进行工作的烟度测量仪常称为滤纸式或过滤式烟度计;另一种是让部分或全部排气连续不断地通过有光线透过的测量室,用照射光通过测量室时的透光度(或不透光度、光吸收系数等)来定量评价排气中碳烟排放量,按此法工作的仪表称为透射式(或称透光式、不透光式、消光式烟度仪)烟度计,这种烟度计可进行快速和瞬态测量。下面以这两种烟度计为例说明柴油车烟度的测量原理。

虽然 GB 18352.5—2015 及其之前的很多标准中有烟度的限值及其相关试验规定[37],但在 GB 18352.6—2016 中已无烟度的限值,这表明在未来的柴油车开发中烟度不再需要关注。但由于烟度与颗粒物数量和质量密切相关,加上柴油机应用广泛和在用柴油车仍需要监测烟度,因此,在柴油车产品开发、使用和科研中仍然需要进行柴油机的自由加速烟度和全负荷烟度等试验,因此下面对烟度计的原理和组成等做一简要介绍。

二、过滤式烟度计

如图 3-32 所示为滤纸式烟度计组成示意图,主要由采样装置、检测装置和显示装置等组成。采样装置由采样泵、取样探头、连接管路等组成。采样装置完成从排气中抽取固定容积的气样,并使被抽气样中的碳粒通过夹装在测量管路中的过滤纸,使微粒沉积在滤纸上。检测装置由光电测量探测和走纸机构等组成,利用滤纸被染黑的程度与气样中碳粒浓度成正比的关系,由滤纸被染黑的程度检测烟度大小。显示装置由显示电路和指示仪表等构成。

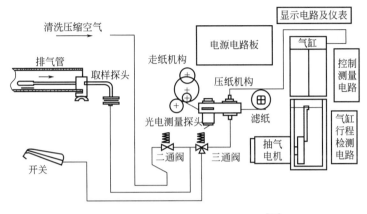

图 3-32 滤纸式烟度计组成示意图[25]

如图 3-33 所示为滤纸式烟度计检测部分原理示意图。根据光学反射作用,由光源射向滤纸的光线,一部分被滤纸上的碳粒所吸收,一部分被滤纸反射给环形光电管,从而产生相应的光电流。指示器上安装有调节旋钮,用来调节电源以控制光源亮度,光电管输出的光电流由指示仪的电流表指示。指示仪的刻度范围标尺为 0～10,0 为全白色滤纸色度,10 为全黑色滤纸色度。测量时,在已经取样的滤纸下面,垫上 4～5 张同样洁白的未用滤纸,以消除工作台的背景误差。仪表刻度应定期采用全白、全黑或其他标度的样纸进行校正。由此法测得的烟度通常记为 R_b 或 S_F 等,国标规定烟度单位为 FSN(Filter Smoke Number),国

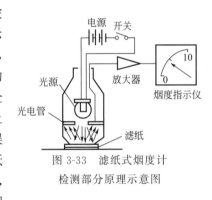

图 3-33 滤纸式烟度计检测部分原理示意图

际上也有用 BSU(Bosch Smoke Unit)的。$R_b=0$(FSN)表示过滤排烟后的滤纸色度为全白色,即无排烟;$R_b=10$(FSN)表示过滤排烟后的滤纸色度为全黑色,即烟度达到最大值。

过滤式烟度计结构简单,调整方便,使用可靠,测量精度较高,可在实验室和野外使用,宜于稳定工况的烟度测定;但不能连续测量烟度数值,不能在非稳态工况下测量,也不能测量蓝烟和白烟,且所用滤纸品质对测量结果有影响。

三、不透光式烟度计

1. 不透光式烟度计的测量参数及其相互关系

不透光式烟度计的测量参数有透光度 T(Transmittance)、不透光度 N 和光吸收系数 K 等。透光度 T 也称透射比等,指光透过一条被烟变暗的通道时到达观察者或仪器接收器的百分率;不透光度 N 指光源传来的光中不能到达观察者或接收器的百分数。假设入射光强度为 I_0,透射光强度为 I,则 N 和 T 的计算式及其之间的关系为[33]

$$T = \frac{I}{I_0} \tag{3-5}$$

$$N = 1 - T = 1 - \frac{I}{I_0} \tag{3-6}$$

光吸收系数 K（Coefficient of Light Absorption）指光束被排烟衰减的系数，其定义是单位容积的微粒数 n、微粒的平均投影面积 a 和微粒的消光系数 Q 三者的乘积，单位为 m^{-1}。

$$K = naQ \tag{3-7}$$

不透光度仪测量的车辆的可见污染物，有两种计量单位。一种为光吸收单位（Coefficient of Light Absorption），也称消光系数，范围为 $0 \sim 10 m^{-1}$；另一种为线性分度单位，范围为 $0 \sim 100$。两种计量单位的量程均以光全通过时为0，全暗时为满刻度。两种计量单位之间可以换算，下面对其换算方法给予简要说明。

烟度计读数间的关系式可用比尔-朗伯（Beer-Lambert）定律表示。当光通道有效长度 L（m）已知时，不透光度 N、透光度 T 和光吸收系数 K 之间为指数关系。当不透光度 N、透光度 T 和光吸收系数 K 三者中的任何一个已知时，即可由下列计算式推算其他两个烟度值。

$$N = 1 - T = 1 - e^{-KL} = 1 - e^{-naQ} \tag{3-8}$$

$$K = -\frac{\ln(1-N)}{L} = -\frac{\ln(T)}{L} = -\frac{\ln\left(\frac{I}{I_0}\right)}{L} \tag{3-9}$$

由式(3-8)和式(3-9)可以看出，对接近满量程的排烟而言，光吸收系数 K 接近10，不透光度 N 接近1，要使式(3-8)成立则必须有 $e^{-KL} \to 0$。

当 $KL=3$、4、5、6时，$e^{-KL}=0.049787$、0.018316、0.006738、0.002479。因此，可以说，当光通道有效长度 $L \geqslant 0.4m$，由光吸收系数 K 推算的不透光度 N 的误差不超过2%，并且光通道有效长度 L 越长，由光吸收系数 K 推算的不透光度 N 的误差越小。

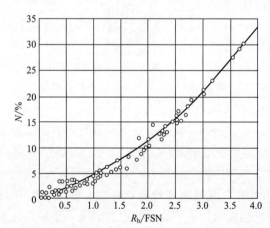

图 3-34　同一样气的 R_b 和 N 的测量结果[34]

如图 3-34 所示为同一样气的 R_b 和 N 的测量结果。试验结果为五个实验室多个发动机上的测量结果，R_b 和 N 分别由博世烟度计与 AVL 415S 测量得到。该结果表明，R_b 和 N 之间为高度正相关关系，由最小二乘法即可得到式(3-10)所示的 R_b 和 N 之间的近似换算式。

$$N = 0.12R_b^3 + 0.62R_b^2 + 3.96R_b \tag{3-10}$$

2. 组成及工作原理

不透光式烟度计（Smoke Opacimeter）又称消光式烟度计、透射式烟度计等，工作原理是利用透光衰减率来测量排气烟度。如图 3-35 所示为不透光式烟度计的测量原理。光源一般使用色温在2800～3250K范围内的白炽灯或光谱峰值在550～570nm之间的绿色发光二极管（LED）光源；光电转换器采用光电池或光电二极管。当光源是白炽灯时，光电转换器应与人眼一样，在波长550～570nm范围内具有最大响应[9]。测定前，用两个风扇向测量室吹入干净空气，进行零点校正。测量时，风扇停止工作，让发动机排气连续不断地由入口进入测量室。光源发射的光线经过半反射透镜和透镜变为平行光后进入充满发动机排气的测量室，到达对面的反射镜后被反射回的光线经过透镜和半反射透镜后由光电转化器转化为电信号输出，该信号强弱即与排气烟度的大小成正比。如果由入口进入测量室的是发动机全部排气，则称为全流式烟度计；否则，称为部分流式烟度计。

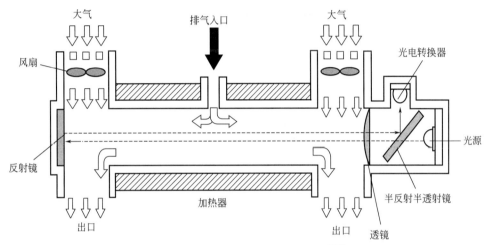

图3-35 不透光式烟度计的测量原理[35]

不透光式烟度计是基于式(3-9)工作的，把光通过的烟柱长度L、入射光的强度I_0和透射光强度I代入式(3-9)即可计算出光吸收系数K。

这种烟度计可以进行稳态和非稳态下的烟度测定，不仅能测定排气中的黑烟，也能显示排气中蓝烟和白烟的烟度，但是光学系统易受污染，必须注意清洁，以免影响测量精度。烟度计的调整较为复杂，当排气导入量不能保持固定时，就会产生测量误差，故通常通过控制样气压力使排气导入量保持一定。不透光式烟度计的显示仪表有两种计量单位：一种为绝对光吸收系数单位，从0～10m^{-1}；另一种为不透光度的线性分度单位，从0～100%。两种计量单位的量程均应以光全通过时为0，全遮挡时为满量程。

滤纸式烟度计测量的是滤纸的染黑度，无法反映排气中白烟、蓝烟以及不能被过滤的超细微粒的影响。不透光式烟度计测量的则是全部微粒对光线的吸收和散射，包含了排气中的碳烟颗粒、微小油滴及水蒸气等，对柴油机排气烟度的反映更为全面。如图3-36所示为中国重汽技术中心检测的柴油机排气的波许烟度R_b与消光系数K之间的关系曲线。从波许烟度R_b与消光系数K之间的关系曲线可以看出，R_b与K之间为强相关，但不是线性关系。

3. 不透光式烟度计的主要性能要求

一般测量中，对烟度计的精度、零漂和分辨率等计量性能都有要求。国标对不透光度仪的主要要求有：光源为色度在2800～3250K范围内的白炽灯；接收器由光电池组成，光响应曲线应类似于人眼的光适应曲线；被测气体封闭在一个内表面不反光的容器内，应使由于

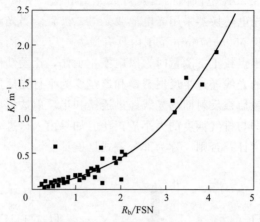

图 3-36 波许烟度 R_b 与消光系数 K 之间的关系曲线[36]

内部反射或漫反射作用产生的反射光对光电池的影响减小到最小。另外对不透光度仪的有效长度、响应时间、被测气体的温度和压力、清扫空气的压力等也有详细要求。国家计量检定规程（JJG 976—2010《透射式烟度计》）对光吸收比（不透光度）和光吸收系数计量性能提出的要求如表 3-6 所示，对测量范围、分辨力、30min 零位漂移、烟稳定性、示值误差和不一致性进行了明确规定。

表 3-6 国家计量检定规程对光吸收比 N（不透光度）和光吸收系数计量性能提出的要求[33]

项目	光吸收比 N	光吸收系数
测量范围	0～98.6%	0～9.99m^{-1}
分辨力	0.1%	0.01m^{-1}
30min 零位漂移	≤±1.0%	—
最大允许误差	≤±2.0%	—
重复性	1.0%	—
示值误差	±2.0%	—
响应时间/s	1.0±0.1	1.0±0.1
不一致性①	—	≤0.05m^{-1}

① 指仪器的光吸收系数示值与按仪器光吸收比（不透光度）的示值用公式计算得到的光吸收系数值之间的差值。

4. 部分流式不透光烟度

如图 3-37 所示为部分流式不透光烟度的组成示意图。发动机排气由取样探头取出，经输送管和流量计后进入测量室，烟度在测量室被测量后排入大气。测量装置的特点是光源和光接收器分置于测量室的两端。由于取样探头取出的是排气中一小部分排气，因而设备体积很小，使用方便。

采用该种方法测量烟度时，取样探头与排气管的横截面积之比应不小于 0.05，取样探头应位于烟气分布大致均匀的断面上，并尽可能放置于排气管的最下游，必要时可放在延长管中。探头、冷却装置等和不透光度仪之间的距离应尽可能短，管路应从取样点倾斜向上至不透光度仪，应避免出现使碳烟积聚的急弯。

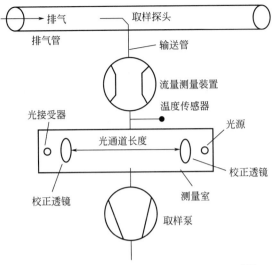

图 3-37　部分流式不透光烟度的组成示意图[25]

5. 全流式不透光烟度仪

GB 17691—2005 中推荐的全流式不透光烟度仪的组成如图 3-38 所示，它是将柴油机全部排气都导入检测部分进行烟度测定的透光式烟度计。光源和光电变换装置直接放在离发动机排气口一定距离的排气通道上，以减小排气散热的影响，无专设的校正管，使用时应注意消除光源以外的光线的干扰。值得注意的是排气管直径对测定值有较大影响。因此，对不同功率的发动机标定功率规定使用的测量室的管径不同，表 3-7 列出了发动机标定功率与测量管径的关系，测量管径随发动机标定功率的增加而增大。

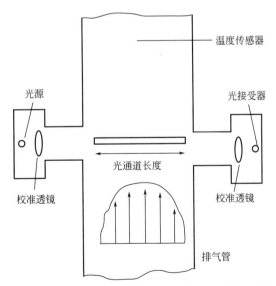

图 3-38　GB 17691—2005 中推荐的全流式不透光烟度仪组成[25]

表 3-7　发动机标定功率与测量管径的关系

发动机标定功率/kW	≤73.5	73.5～147	147～220.5	≥220.5
测量管径/mm	50.8	76.2	101.6	127

参 考 文 献

[1] 李兴虎.汽车环境污染与控制.北京:国防工业出版社,2011.
[2] 李兴虎.汽车环境保护技术.北京:北京航空航天大学出版社,2004.
[3] 中华人民共和国国家标准.轻型汽车污染物排放限值及测量方法(中国第六阶段、GB 18352.6—2016)北京:中国环境出版社,2017.
[4] 中华人民共和国国家标准.重型柴油车污染物排放限值及测量方法(中国第六阶段、GB 17691—2018).北京:中国环境出版社,2019.
[5] United States Environmental Protection Agency. Regulations for Emissions from Vehicles and Engines. /https://www.epa.gov/regulations-emissions-vehicles-and-engines/final-rule-control-air-pollution-motor-vehicles-tier-3
[6] AVL Emission Test Systems. Emission Testing Handbook-2016. /https://www.avl.com/emission-testing-handbook.
[7] 国土交通省.排出ガス路上試験等調査概要及び検証方法(不正ソフトの有無等)./http://www.mlit.go.jp/common/001121837.pdf
[8] Suarez-Bertoa R,Zardini A A,Astorga C. Ammonia exhaust emissions from spark ignition vehicles over the New European Driving Cycle. Atmospheric Environment,2014,97:43-53.
[9] 中华人民共和国国家标准.车用压燃式发动机和压燃式发动机汽车排气烟度排放限值及测量方法(GB 3847—2005).北京:中国环境科学出版社,2005.
[10] AVL Emission Test Systems. Emission Testing Handbook-2016. /https://www.avl.com/emission-testing-handbook
[11] 中华人民共和国国家标准轻型汽车污染物排放限值及测量方法(GB 18352.3—2005,中国Ⅲ、Ⅳ阶).北京:中国环境科学出版社,2005.
[12] 横河電機株式会社. EXA IR 赤外線ガス分析計. 2011.7. / https://www.yokogawa.co.jp/pdf/provide/J/GW/TI/0000042565/0/TI11G00A01-01.pdf
[13] Norikazu Iwata. VA-3000 Series Multiple Gas Analyzer. Readout Technical Reports,English Edition,2006,10(11):26-29.
[14] 日本電気計測器工業会.炭化水素計測器./https://www.jemima.or.jp/tech/5-01-04.html&5-01-05.html
[15] 浅野一朗.エンジン排出ガスの計測技術.日本マリンエンジニアリング学会誌,2006,41(3):90-95.
[16] 日本電気計測器工業会.窒素酸化物計測器./https://www.jemima.or.jp/tech/5-01-03.html.
[17] Rosemount Analytical. Model 951A NO/NOX Analyzer Instruction Manual. /www.emerson.com/documents/automation/Manual-951A-NO-NOx-Analyzer-Rev-Y-en-69980.pdf
[18] 国家环境保护总局《空气和废气监测分析方法》编委会.空气和废气监测分析方法.第 4 版增补版.北京:中国环境科学出版社,2007.
[19] ジーエルサイエンスグループ.ガスクロマトグラフィー(GC)の基礎./https://www.gls.co.jp/technique/technique_data/gc/basics_of_gc/p3_7.html
[20] 何燧源.环境污染物分析监测.北京:化学工业出版社,2001.
[21] 村上慎一.自動車排ガス硫黄成分測定装置.特集論文(Feature Article),2009,(34):66-71.
[22] 日本分光株式会社. FTIRの基礎. 2007. /https://www.jasco.co.jp/jpn/technique/internet-seminar/ftir/ftir2.html.
[23] 井戸琢也.光吸収を用いたガス計測機器. Readout,2014(42):132-135.
[24] AVL LIST GmbH. AVL SESAM i60 FT Multi Component Exhaust Measurement System. /https://www.avl.com/-/avl-sesam-i60-ft-multi-component-exhaust-measurement-system
[25] 中华人民共和国国家标准.车用压燃式发动机排气污染物排放限值及测量方法(GB 17691—2001).北京:中国环境科学出版社,2001.
[26] 東京都環境科学研究所.シャシダイナモメータ. 2009. /https://www.tokyokankyo.jp/kankyoken/research/mobile2/chasi-dynamo-big/
[27] Shigeo Nakamura. The Development of PM Measurement Systems at Horiba. Horiba Technical Reports,Feature Article,17-21. / www.horiba.com/uploads/media/RE03-04-017-600.pdf

[28] 日下竹史，浅野一朗. 連続固体粒子数測定装置 MEXA1000SPCS. Readout，2009，34：50-59.

[29] 篠原政良，大槻喜則. 連続固体粒子数測定装置連続固体粒子数測定装置 MEXA—2000SPCSシリーズ. Readout，2010，5（36）：56-63.

[30] 櫻井博. 粒子の気中個数濃度と粒径分布の計測技術と標準. 産総研計量標準報告，2005 年，4（1）：53-63. / www. nmij. jp/public/report/bulletin/BOM/Vol4/1/V4N1P53. pdf

[31] 齊藤敬三. 自動車排出微粒子の計測法. 自動車技術会 No. 06-10 講習会「自動車排出微粒子の評価手法の基礎と実践」資料. 2010 年 11 月 19 日，（社）自動車技術会第一会議室. / http：//www. jsae. or. jp/

[32] 大槻喜則，青木伸太郎，近藤謙次. 車載型排ガス計測システム OBS-ONE シリーズ. Readout，2016（46）：63-70.

[33] 国家质量监督检验检疫总局发布. 中华人民共和国国家计量检定规程 JJG 976—2010《透射式烟度计》. 北京：中国计量出版社，2010.

[34] P. A. Lakshminarayanan and S. Aswin. Estimation of Particulate Matter from Smoke, Oil consumption and Fuel Sulphur. /www. anv-congress. com/brazil/papers/CMC India 2014/CMC

[35] HORIBA. オパシメータ MEXA-600SW. /http：//www. horiba. com/jp/automotive-test-systems/products-jp/analyzersampling/exhaust-gas-pm-analyzer/details/mexa-600s-3435/

[36] 张兆合，任丽娟，王树芬. 柴油机排气烟雾不同表达方法之间的关系. 农业机械学报，2008，39（4）：43-46.

[37] 中华人民共和国国家标准. 轻型汽车污染物排放限值及测量方法（GB 18352.5—2013，中国第五阶段）. 北京：中国环境出版社，2013.

第四章 汽车排放标准及试验规范

第一节 汽车排放标准的发展历程

一、我国国家标准的发展历程

我国最早的国家汽车排放标准为 1983 年 9 月 14 日发布的 GB 3842—1983 至 GB 3847—1983 六项标准,并于 1984 年 4 月 1 日执行。这些标准规定了汽油车怠速时污染物 CO 和 HC 的排放限值,以及柴油车自由加速时的烟度限值等。这些标准的特点是仅限制了汽油车、柴油车个别运转条件的排放值,因此对汽车污染物排放的评价不够全面和科学[1,2]。

随着我国经济和汽车工业的发展,我国的汽车排放标准越来越科学和全面,GB 3842—1983 至 GB 3847—1983 发布之后的 30 多年来,我国制定和执行的相关标准的污染物限值和测试规范基本上沿用了欧盟的标准。相关标准不仅规定了汽车排放污染物的型式认证和生产一致性检查试验的排放限值,还规定了排气污染物排放、曲轴箱气体排放、装点燃式发动机车辆的蒸发污染物排放、污染控制装置耐久性等试验的测试方法。初步统计表明,从 GB 3842—1983 至 GB 3847—1983 的发布到 2018 年止,我国颁布的与汽车相关的国家排放标准已有 44 个,表 4-1 为 1983 年以来我国颁布的汽车排放标准汇总。目前正在执行的汽车标准有 GB 17691—2018、GB 18352.6—2016、GB 19755—2016、GB 18352.5—2013、GB 1495—2002、GB 3847—2005、GB 18285—2005、GB 17691—2005、GB 11340—2005、GB 20890—2007、GB 14762—2005 和 GB 14763—2005 等。

表 4-1 1983 年以来我国颁布的汽车排放标准汇总

序号	发布时间	实施时间	代号	名称
1	1983 年 09 月 14 日	1984 年 04 月 01 日	GB 3842—1983	汽油车怠速污染物排放标准
2	1983 年 09 月 14 日	1984 年 04 月 01 日	GB 3843—1983	柴油车自由加速烟度排放标准
3	1983 年 09 月 14 日	1984 年 04 月 01 日	GB 3844—1983	汽车柴油机全负荷烟度排放标准
4	1983 年 09 月 14 日	1984 年 04 月 01 日	GB 3845—1983	汽油车怠速污染物测量方法
5	1983 年 09 月 14 日	1984 年 04 月 01 日	GB 3846—1983	柴油车自由加速烟度测量方法
6	1983 年 09 月 14 日	1984 年 04 月 01 日	GB 3847—1983	汽车柴油机全负荷烟度测量方法
7	1989 年 06 月 21 日	1990 年 01 月 01 日	GB 11340—1989	汽车曲轴箱排放物测量方法及限值
8	1989 年 09 月 07 日	1990 年 01 月 01 日	GB 11641—1989	轻型汽车排气污染物排放标准
9	1989 年 09 月 07 日	1990 年 04 月 01 日	GB/T 11642—1989	轻型汽车排气污染物测试方法
10	1993 年 12 月 10 日	1994 年 05 月 01 日	GB/T 3845—1993	汽油车排气污染物的测量 怠速法
11	1993 年 12 月 10 日	1994 年 05 月 01 日	GB/T 3846—1993	柴油车自由加速烟度的测量 滤纸烟度法
12	1993 年 12 月 10 日	1994 年 05 月 01 日	GB 3847—1993	汽车柴油机全负荷烟度测量方法

续表

序号	发布时间	实施时间	代号	名称
13	1993年11月08日	1994年05月01日	GB 14761.1—1993	轻型汽车排气污染物排放标准
14	1993年11月08日	1994年05月01日	GB 14761.2—1993	车用汽油机排气污染物排放标准
15	1993年11月08日	1994年05月01日	GB 14761.3—1993	汽油车燃油蒸发污染物排放标准
16	1993年11月08日	1994年05月01日	GB 14761.4—1993	汽油车曲轴箱污染物排放标准
17	1993年11月08日	1994年05月01日	GB 14761.5—1993	汽油车怠速污染物排放标准
18	1993年01月01日	1994年05月01日	GB 14761.6—1993	柴油车自由加速烟度排放标准
19	1993年12月10日	1994年05月01日	GB 14761.7—1993	汽车柴油机全负荷烟度排放标准
20	1993年12月10日	1994年05月01日	GB/T 14762—1993	车用汽油机排气污染物试验方法
21	1993年12月10日	1994年05月01日	GB/T 14763—1993	汽油车燃油蒸发污染物的测量 收集法
22	1999年03月01日	2000年01月01日	GB 3847—1999	压燃式发动机和装用压燃式发动机的车辆排气可见污染物限值和测试方法
23	1999年03月01日	2000年01月01日	GB 14761—1999	汽车排放污染物限值及测试方法
24	1999年03月01日	2000年01月01日	GB 17691—1999	压燃式发动机和装用压燃式发动机的车辆排气污染物限值和测试方法
25	2000年12月28日	2001年07月01日	GB 18285—2000	在用汽车排气污染物限值及测试方法
26	2001年04月10日	2001年04月16日	GB 17691—2001	车用压燃式发动机排气污染物排放限值及测量方法
27	2001年04月10日	2001年04月16日	GB 18352.1—2001	轻型汽车污染物排放限值及测量方法（Ⅰ）
28	2001年04月16日	2004年07月01日	GB 18352.2—2001	轻型汽车污染物排放限值及测量方法（Ⅱ）
29	2002年01月04日	2002年07月01日	GB 18322—2002	农用运输车自由加速烟度排放限值及测量方法
30	2002年11月18日	2003年01月01日	GB 14762—2002	车用点燃式发动机和装用点燃式发动机汽车 排气污染物排放限值及测量方法
31	2005年04月15日	2007年07月01日	GB 18352.3—2005	轻型汽车污染物排放限值及测量方法（中国Ⅲ、Ⅳ阶段）
32	2005年04月15日	2005年07月01日	GB 14763—2005	装用点燃式发动机重型汽车 燃油蒸发污染物排放限值及测量方法（收集法）
33	2005年04月15日	2005年07月01日	GB 11340—2005	装用点燃式发动机重型汽车 曲轴箱污染物排放限值及测量方法
34	2005年05月23日	2005年10月01日	GB/T 19755—2005	轻型混合动力电动汽车 污染物排放测量方法
35	2005年05月30日	2006年01月01日	GB 19756—2005	三轮汽车和低速货车用柴油机排气污染物排放限值及测量方法（中国Ⅰ、Ⅱ阶段）
36	2005年05月30日	2007年07月01日	GB 17691—2005	车用压燃式、气体燃料点燃式发动机与汽车排气污染物排放限值及测量方法（中国Ⅲ、Ⅳ、Ⅴ阶段）
37	2005年05月30日	2005年07月01日	GB 18285—2005	点燃式发动机汽车排气污染物排放限值及测量方法（双怠速法及简易工况法）

续表

序号	发布时间	实施时间	代号	名称
38	2005年05月30日	2005年07月01日	GB 3847—2005	车用压燃式发动机和压燃式发动机汽车排气烟度排放限值及测量方法
39	2007年04月30日	2007年10月01日	GB 20890—2007	重型汽车排气污染物排放控制系统耐久性要求及试验方法
40	2008年04月02日	2009年07月01日	GB 14762—2008	重型车用汽油发动机与汽车排气污染物排放限值及测量方法（中国Ⅲ、Ⅳ阶段）
41	2013年09月17日	2018年01月01日	GB 18352.5—2013	轻型汽车污染物排放限值及测量方法（中国第五阶段）
42	2016年08月22日	2016年09月01日	GB 19755—2016	轻型混合动力电动汽车污染物排放控制要求及测量方法
43	2016年12月23日	2020年07月01日	GB 18352.6—2016	轻型汽车污染物排放限值及测量方法（中国第六阶段）
44	2018年06月28日	2019年07月01日	GB 17691—2018	重型柴油车污染物排放限值及测量方法（中国第六阶段）

  由于我国经济发展的不平衡，导致部分城市或地区汽车保有量快速增加，空气污染日益严重。因此我国也出现了一些汽车排放的"地方标准"，其中北京市为制定轻型汽车排放地方标准最早和最多的地区之一。仅 2000 年以来，北京市环保局就发布了 DB 11/122—2000《汽油车稳态加载污染物排放标准》、DB 11/123—2000《轻型汽油车简易瞬态工况污染物排放标准》、DB 11/318—2005《装用点燃式发动机汽车排气污染物限值及检测方法（遥测法）》、DB 11/122—2006《在用汽油车稳态加载污染物排放限值及测量方法》、DB 11/121—2010《在用柴油车加载减速烟度排放限值及测量方法》、DB 11/183—2010《在用三轮汽车和低速货车加载减速烟度排放限值及测量方法》、DB 11/832—2011《在用柴油汽车排气烟度限值及测量方法（遥测法）》、DB 11/946—2013《轻型汽车（点燃式）污染物排放限值及测量方法（北京Ⅴ阶段）》、DB 11/044—2014《汽油车双怠速污染物排放限值及测量方法》、DB 11/045—2014《柴油车自由加速烟度排放限值及测量方法》、DB 11/1476—2017《重型车氮氧化物快速检测方法及排放限值》、DB 61/T 1046—2016《在用汽车排气污染物限值及检测方法（遥测法）》、DB 11/965—2017《重型汽车排气污染物排放限值及测量方法（车载法　第Ⅳ、Ⅴ阶段）》、DB 11/1475—2017《重型汽车排气污染物排放限值及测量方法（OBD法　第Ⅳ、Ⅴ阶段）》等十余项标准[3]。另外，我国行业管理部门也发布了很多行业标准，如原环境保护部 2008-03-01、2010-02-01、2014-01-13、2014-01-16、2017-07-27 和 2017-09-19 发布的 HJ/T 396—2007《点燃式发动机汽车瞬态工况法排气污染物测量设备技术要求》、HJ 500—2009《轻型汽车车载诊断（OBD）系统管理技术规范》、HJ 2532—2013《环境标志产品技术要求　轻型汽车》、HJ 689—2014《城市车辆用柴油发动机排气污染物排放限值及测量方法（WHTC工况法）》、HJ 845—2017《在用柴油车排气污染物测量方法及技术要求（遥感检测法）》和 HJ 857—2017《重型柴油车、气体燃料车排气污染物车载测量方法及技术要求》等[4]。

二、欧盟、美国和日本国家标准的发展历程

  我国的汽车排放标准制定及执行均晚于欧盟、美国和日本等发达国家和地区的汽车污

物排放标准。美国是世界上最早执行排放法规的国家,也是排放控制指标种类最多、排放法规最为严格的国家之一。美国的汽车排放法规分为联邦排放法规(Federal Standards)即环境保护局(EPA)排放法规和加利福尼亚州空气资源局(CARB)排放法规。联邦排放法规落后加利福尼亚州排放法规1~2年。美国加利福尼亚州1960年立法控制汽车排气污染物,1963年开始控制曲轴箱燃油蒸发物排放,1966年颁布实施"7工况法"汽车排放测试规范,1970年开始控制轿车燃油蒸发物排放。美国联邦1968年采用"7工况法"控制汽车排放,1970年开始制定一系列车辆排放控制法规[1,2,5]。

美国在1990年颁布的空气清洁法(Clean Air Act Amendments,CAAA)确定了轻型汽车(Light Duty Vehicles,LDV)的两个标准Tier 1和Tier 2[5]。美国乘用车(Passenger Cars)和轻型货车(Light Duty)的排放标准Tier 1于1991年6月公布,于1994~1997年逐步实施。Tier 2于1999年12月通过,从2004~2009年逐步实施。2014年3月美国环保署(EPA)发布了关于机动车排放及汽油硫含量的Tier 3标准,Tier 3标准对现有Tier 2标准进行了修订。Tier 3标准从2017年开始逐步实施,2025年将全面实施。

欧洲经济委员会(Economic Commission for Europe,ECE)从1970年开始以ECE R15法规的形式对轻型汽油车排放污染物和曲轴箱污染物排放进行监控,以后每隔3~4年修订加严一次,形成了ECE R15-01(1974)、ECE R15 02(1977)、ECE R15-03(1979)和ECE R15-04(1984)系列排放法规。ECE于1974开始实行汽车排放标准,最初的标准只限制HC和CO的排放,从1977年的ECE 15/02法规开始限制NO_x的排放。从ECE R15-04法规开始(即1984年以后的标准中)对NO_x和HC的限制采用此两者之和NO_x+HC。从1988年起的排放法规分为ECE R83(88/76/EEC)和ECE R15-04两部分,其中ECE R83适用于最大总质量不大于2500kg或定员6人以下的燃油(含铅汽油、无铅汽油、柴油)汽车,ECE R15-04适用于最大总质量大于2500kg而小于3500kg的汽车。为了达到ECE R83法规要求,1989年起ECE开始使用无铅汽油。ECE在1991年修改了ECE R83-00法规,制定了欧1排放法规,从1992年开始实施。该法规大幅度加严了排放限值,并考虑道路交通情况的变化,把驾驶循环修改为ECE15(城区)工况+EUDC(城郊)工况试验循环。1992年以后欧洲轻型汽车开始实行或制定的标准为分别称为Euro 1、Euro 2、Euro 3、Euro 4、Euro 5和Euro 6(我国称为欧1、欧2、欧3、欧4、欧5和欧6)的6个标准。从欧3标准开始把试验的驾驶循环修改为NEDC工况,2017年9月起实施全球统一的汽车测试循环工况[5]。

日本1966年起开始控制汽车排放污染,对新车进行4工况排放试验检测,并规定CO排放限值的体积分数是3%,1969年加严到2.5%。1971年规定小型车CO小于1.5%,轻型车CO小于3%。1973年采用10工况法,增加了HC和NO_x的排放限值。1986年对柴油轿车排放进行控制,对在用车实施定期车检法规,1993年开始对所有柴油车排放进行控制。1991年起新车采用10·15工况法试验。2000年后,日本的排放标准则沿着短期→长期→新短期→新长期→新长期后(或后新长期)→次期(或下一期)的路线不断加严[1,6]。轻型汽车及微型汽车先后采用10·15循环工况,11循环工况,10·15工况与11工况组成的复合循环工况,10·15工况与JC08工况组成的复合循环工况,以及JC08冷、热启动工况组成的复合循环工况等。日本2018年开始实施的"次期"汽车排放标准,采用WLTC试验循环。

图4-1给出了我国、欧盟和美国的轻型汽车最新气体排放法规中NO_x和THC的排放限值。到2023年,我国拟实施的国6b的NO_x和THC的排放限值将比欧6d的更为严格,

但低于美国 2025 年的排放标准。

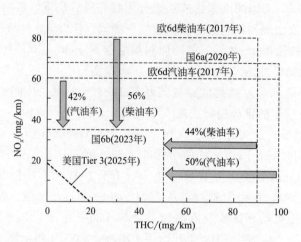

图 4-1　国 6 与欧洲、美国轻型排放限值的比较[7]

三、汽车排放标准的框架

虽然各国汽车排放标准的具体内容、实施时间和试验工况等差别巨大，但其框架结构相近。下面以 GB 18352.6—2016《轻型汽车污染物排放限值及测量方法（中国第六阶段）》为例予以介绍[8]。如图 4-2 所示，GB 18352.6—2016 由 11 部分组成。型式检验、销售和注册

```
前言 ......................................................................Ⅲ
1  适用范围 ............................................................1
2  规范性引用文件 ...................................................1
3  术语和定义 .........................................................2
4  型式检验 ............................................................7
5  技术要求和试验 ...................................................8
6  型式检验扩展 .....................................................14
7  生产一致性 .......................................................17
8  在用符合性 .......................................................20
9  标准的实施 .......................................................21
附录 A（规范性附录）  型式检验材料 .........................22
附录 B（资料性附录）  型式检验报告格式 ....................41
附录 C（规范性附录）  常温下冷启动后排气污染物排放试验（Ⅰ型试验）.........46
附录 D（规范性附录）  实际行驶污染物排放试验RDE（Ⅱ型试验）..........158
附录 E（规范性附录）  曲轴箱污染物排放试验（Ⅲ型试验）..........212
附录 F（规范性附录）  蒸发污染物排放试验（Ⅳ型试验）..........214
附录 G（规范性附录）  污染控制装置耐久性试验（Ⅴ型试验）..........230
附录 H（规范性附录）  低温下冷启动后排气中CO、THC和NOx排放试验（Ⅵ型试验）..........244
附录 I（规范性附录）  加油污染物排放试验（Ⅶ型试验）..........248
附录 J（规范性附录）  车载诊断（OBD）系统 ..........262
附录 K（规范性附录）  基准燃料的技术要求 ..........330
附录 L（规范性附录）  燃用液化石油气(LPG)或天然气(NG)汽车的特殊要求 ..........334
附录 M（规范性附录）  作为独立技术总成的替代用污染控制装置的型式检验 ..........336
附录 N（规范性附录）  生产一致性保证要求 ..........343
附录 O（规范性附录）  在用符合性 ..........345
附录 P（规范性附录）  排气后处理系统使用反应剂的汽车的技术要求 ..........354
附录 Q（规范性附录）  装有周期性再生系统汽车的排放试验规程 ..........357
附录 R（规范性附录）  混合动力电动汽车(HEV)试验 ..........361
```

图 4-2　GB 18352.6—2016 的目录

登记、生产一致性检查和在用符合性检查的实施时间及要求等在"标准的实施"中进行了详细说明。"技术要求和试验"部分是最为重要的一章，对不同类型汽车在型式检验时要求进行的试验项目及其试验条件，以及试验中需要测量的污染物种类及其对应的排放限值等做了详细介绍。

GB 18352.6—2016 共有 18 个附录，占其整个篇幅的 90%，型式检验、型式检验扩展、生产一致性及在用符合性等试验的具体操作均在附录中做了详细说明。

四、汽车排放标准的常用术语

1. 车辆的有关术语

各个国家有关车辆类别的术语含义略有差异，如关于重型汽车和轻型汽车的最大总质量划分界限等。因此，此处主要介绍我国标准中相关术语的定义[8,9]。

M 类车辆：至少有四个车轮的载客机动车辆；或有三个车轮且厂定最大总质量超过 1t 的载客车辆。

M_1 类车辆：除驾驶员座位外，乘客座位不超过 8 个的载客车辆。

M_2 类车辆：除驾驶员座位外，乘客座位超过 8 个，且厂定最大总质量不超过 5t 的载客车辆。

M_3 类车辆：除驾驶员座位外，乘客座位超过 8 个，且厂定最大总质量超过 5t 的载客车辆。

N 类车辆：至少有四个车轮的载货车辆；或有三个车轮且厂定最大总质量不超过 1t 的载货车辆。

N_1 类车辆：厂定最大总质量不超过 3.5t 的载货车辆。

N_2 类车辆：厂定最大总质量超过 3.5t，但不超过 12t 的载货车辆。

N_3 类车辆：厂定最大总质量超过 12t 的载货车辆。

重型汽车：最大总质量大于 3.5t 的 M 类和 N 类车辆。

轻型汽车：最大总质量不超过 3.5t 的 M_1 类、M_2 类和 N_1 类车辆。

第一类轻型汽车：设计乘员数不超过 6 人（包括司机），且最大总质量≤2.5t 的 M_1 类车辆。

第二类轻型汽车：除第一类车辆以外的其他所有轻型汽车。

两用燃料车：既能燃用汽油，又能燃用一种气体燃料，但不能同时燃用气体燃料和汽油的汽车。

整备质量（Curb Weight）：汽车的净重，通常指空车，不包括货物、驾驶员及乘客的质量，但是包括车本身的油箱（含汽油）、机油、冷却液及汽车本身自有装备及内饰、备胎工具。

基准质量（R_M）：整车整备质量加 100kg 质量。

最大总质量（GVM）：汽车制造厂规定的技术上允许的车辆最大质量。

行驶质量（Mass in Running Order，MRO）：包括加注 90% 油箱总容积的燃油、司机（75kg）、冷却液体和标准设备的车辆质量。

车辆实际质量（Actual Mass of the Vehicle）：指车辆行驶质量加上单车装配的可选装置质量。

代表车辆负荷的质量（Mass Representative of the Vehicle Load）：指一定百分比的最大

车辆载重量，客车和货车分别为最大载重量的15%和28%。

测试质量（Test Mass，TM）：指车辆实际质量、25kg以及能够代表车辆负荷的质量之和。

燃气发动机：指以天然气（NG）或液化石油气（LPG）作为燃料的发动机。

新生产汽车：指制造厂合格入库或出厂的汽车。

在用汽车：指已经登记注册并取得号牌的汽车。

2. 污染物的有关术语

气态污染物（Gaseous Pollutants）：指一氧化碳（CO）、碳氢化合物（HC）、氮氧化物（NO_x）、氧化亚氮（N_2O）、氨及甲醛。氮氧化物以二氧化氮（NO_2）当量表示；碳氢化合物以碳（C）当量表示，假定碳氢比：汽油为$C_1H_{1.851}$；柴油为$C_1H_{1.86}$；液化石油气为$C_1H_{2.525}$；天然气为C_1H_4。

碳氢化合物可分为非甲烷碳氢化合物（NMHC）、总碳氢（THC）化合物和非甲烷有机气体（NMOG）。

颗粒物（PM）：指按标准描述的取样方法，在规定稀释排气温度条件下，由过滤器收集到的固态或液态微粒。轻型汽车的排气温度条件是最高温度不超过325K；重型汽车的排气温度条件是温度在315~325K范围内。

粒子数量（Particle Numbers，PN）：按照标准规定的试验方法，在去除了挥发性物质的稀释排气中检测的所有粒径超过$0.023\mu m$的粒子总数。

排气排放（污染）物：对以点燃式发动机为动力的车辆，是指排气管排放的气体污染物；对以压燃式发动机为动力的车辆，是指排气管排放的气体污染物和颗粒物。

蒸发排放物：指除汽车排气管排放以外，从车辆的燃料（汽油）系统蒸发损失的碳氢化合物，包括燃油箱呼吸损失和热浸损失。

燃油箱呼吸损失（昼间换气损失）：由于燃油箱内温度变化排放的碳氢化合物（用$C_1H_{2.33}$当量表示）。

热浸损失：汽车行驶一段时间以后，静置汽车的燃料系统排放的碳氢化合物（用$C_1H_{2.20}$当量表示）。

加油过程污染物（Refueling Emissions）：指汽车在加油过程中排放的碳氢化合物蒸气，用$C_1H_{2.33}$当量表示。

曲轴箱污染物（Crankcase Pollutants）：指从发动机曲轴箱通气孔或润滑油系统的开口处排放到大气中的物质。

3. 排放试验的有关术语

测试循环：指汽车在底盘测功机上按照规定的等速、怠速、加速和减速工况进行试验的程序，也称驾驶循环、驾驶模式、试验规范、试验程序和试验循环等。我国轻型汽车采用的驾驶循环有全球统一的轻型汽车测试循环（Worldwide harmonized Light duty Test Cycle，WLTC）和新欧洲驾驶周期（New European Driving Cycle，NEDC）等。

双燃料发动机（Dual-Fuel Engine）：指可以同时燃用柴油和一种气体燃料的发动机。

城市车辆（Urban Vehicles）：主要在城市运行的公交车、邮政车和环卫车。

发动机试验循环：指发动机在试验台架上按照规定转速和转矩进行试验的程序，也称试验模式等。我国采用的发动机的试验循环有全球瞬态循环（World Harmonised Transient

Cycle，WHTC)、全球稳态循环（World Harmonized Stationary Cycle，WHSC）和 13 工况等。

型式检验：验证汽车产品能否满足技术标准要求所进行的试验，即车型符合标准程度的检验。

车辆型式检验（Vehicle Type Test）：汽车的一种车型在设计完成后，对试制出来的新产品进行的定型试验。

污染控制装置（Pollution Control Devices）：汽车上控制或者限制排气污染物或蒸发污染物排放的装置。

颗粒物后处理装置（Particulate After-treatment Device）：指设计通过机械、空气动力学、扩散或惯性分离方式减少颗粒污染物排放量的排放后处理装置。

除氮氧系统（DeNO$_x$ System）：指设计用来降低排气中 NO$_x$ 的后处理系统，如被动或主动式的 NO$_x$ 稀释催化器、NO$_x$ 捕集器、SCR 系统等。

车载诊断（On Board Diagnostic，OBD）系统：排放控制用车载诊断系统，它应具有识别可能存在故障区域的功能，并以故障码的方式将该信息存储在电控单元存储器内。

车载加油油气回收系统（On-board Refueling Vapor Recovery，ORVR）：指安装在汽车上的控制加油过程中油气（碳氢化合物）排放的污染控制装置。

失效装置（Defeat Device）：通过测量、感应或响应汽车的运行参数（如车速、发动机转速、变速器挡位、温度、进气支管真空度或其他参数），来激活、调整、延迟或停止某一部件的工作或排放控制系统的功能，使得汽车在正常使用条件下排放控制系统的效能降低的一种装置，也称减效设备等。

排放策略（Emission Strategy）：在发动机系统或车辆的总体设计里以控制排放为目标的技术要点。

失效策略（Defeat Strategy）：指不满足标准规定的基础排放策略或辅助排放策略性能要求的排放策略。

周期性再生系统（Periodically Regenerating System）：在不超过 4000km 的正常车辆运行期间需要一个周期性再生过程的催化转化器、颗粒捕集器或其他污染控制装置。对于周期性再生系统，再生阶段的排放可以超标。

重型发动机的周期性再生（Periodic Regeneration）：发动机正常运行期间，排放控制装置不超过 100h 进行的周期性再生过程。

实际行驶排放（Real Driving Emission，RDE）：指车辆在实际使用条件下的排放。

便携式排放测试系统（Portable Emission Measure System，PEMS）：指符合标准规定要求的由便携式排放测试设备组成的测试系统，PEMS 应使用独立的电源供电和使用分析仪检测排气中污染物浓度，可以同时检测汽车发动机排气质量流量、车辆的位置、车速、海拔高度、环境温度、相对湿度和大气压力等。

第二节 全球统一的汽车测试循环

一、全球统一汽车测试循环推广的必要性

前已述及，目前全球有多种驾驶循环，为什么还要花费巨大的人力和物力制定全球统一

汽车测试循环？这从表 4-2 和表 4-3 列出的欧 5 排放标准乘用车在不同驾驶循环下排气污染物、CO_2 和百公里油耗的绝对值及相对值即可得到答案。表 4-2 和表 4-3 中所列的 WMTC 测试循环中阶段 1、阶段 2 和阶段 3 三个阶段的车速随行驶时间变化的差别如图 4-3 所示。表 4-2 中综合一栏指阶段 1、阶段 2 和阶段 3 的加权平均值。表 4-3 以综合一栏作为比较基准。该结果表明，WLTC 不同阶段的排气污染物、CO_2 及油耗率测试相差较大。HC 的综合测试结果与阶段 1 测试结果相差最大，达 5.31 倍；其次是 NO_x 和 CO，测试结果最大相差 2.32 倍和 0.49 倍。阶段 3 的 CO_2 测试结果最小，阶段 2 的百公里油耗测试结果最小，两者均比综合测试结果低 17%。可见，不同驾驶循环下排气污染物、CO_2 及油耗率的测试结果不具备可比性，导致难以根据一种驾驶循环的测试结果判定同一车型在其他驾驶循环下的结果。因此，为了使同一车型在不同的国家或地区销售，就必须进行不同驾驶循环下的排放测试，必然导致人力、物力和时间成本的巨大浪费。可见，推广全球统一汽车测试循环对汽车的节能减排意义重大，无论是对汽车制造企业、管理部门，还是对汽车消费者而言，都是一件非常有益的事。

表 4-2 测试循环（WMTC）不同阶段的污染物、CO_2 及百公里油耗的绝对值[10]

试验循环	HC /(mg/km)	CO /(mg/km)	NO_x /(mg/km)	CO_2 /(g/km)	百公里油耗 /(L/100km)
阶段 1	101.0	463.5	63.0	146.2	6.18
阶段 2	3.0	998	7.0	156.3	5.04
阶段 3	1.0	196.5	19.5	119.6	6.63
综合	16.0	670.5	19.0	143.3	6.07

表 4-3 测试循环（WMTC）不同阶段的污染物、CO_2 及百公里油耗的相对值 单位：%

试验循环	HC	CO	NO_x	CO_2	百公里油耗
阶段 1	631	69	332	102	102
阶段 2	19	149	37	109	83
阶段 3	6	29	103	83	109
综合	100	100	100	100	100

二、全球统一的轻型汽车测试循环

全球统一的轻型汽车测试循环（Worldwide harmonized Light duty Test Cycle，WLTC）共有 3 个低速段子循环、4 个中速段子循环、4 个高速段子循环和 2 个超高速段子循环。WLTC 测试循环对于不同类别的车辆，其组成的子测试循环数量和名称不同，表 4-4 列出了 1 类、2 类、3a 类、3b 类汽车用 WLTC 测试循环的组合方法。表 4-4 中 PMR 表示汽车的额定功率（W）与整备质量（kg）的比值。

表 4-4 中低速段 1、低速段 2 和低速段 3 依次表示 1 类、2 类、3 类汽车的低速段；中速段 1、中速段 2、中速段 3-1 和中速段 3-2 依次表示 1 类、2 类、3a 类、3b 类车辆中速段；高速段 2、高速段 3-1 和高速段 3-2 依次表示 2 类、3a 类、3b 类车辆的高速段；超高速段 2 和超高速段 3 依次表示 2 类、3 类车辆超高速段。

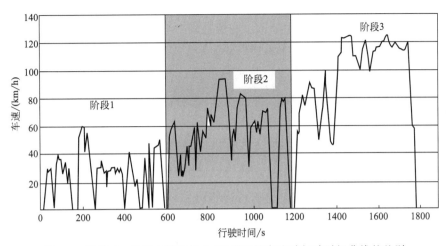

图 4-3 阶段 1、阶段 2 和阶段 3 WMTC 的车速随行驶时间曲线的差别

表 4-4 1 类、2 类、3a 类、3b 类汽车用 WLTC 测试循环的组合方法[11]

车辆类别	1 类汽车	2 类汽车	3a 类汽车	3b 类汽车
PMR/(W/kg)	PMR≤22	22<PMR≤34	PMR>34	PMR>34
最高车速/(km/h)	—	—	<120	≥120
速度曲线组合	低速段 1、中速段 1 和低速段 1	低速段 2、中速段 2、高速段 2 和超高速段 2①	低速段 3、中速段 3-1、高速段 3-1 和超高速段 3①	低速段 3、中速段 3-2、高速段 3-2 和超高速段 3①

① 采用本条约的任何国家或政府间组织,可以去除超高速段。

表 4-5 WLTC 的子测试循环特性参数比较[12]

参数名称	持续时间/s	停车时间/s	行驶距离/m	停车时间占比/%	最高车速/(km/h)	平均车速(不计停车)/(km/h)	平均车速(包括停车)/(km/h)	最小加速度/(m/s²)	最大加速度/(m/s²)
低速段 1	589	154	3330	26.1	49.1	27.6	20.4	−1.00	0.76
低速段 2	589	155	3101	26.3	51.4	25.7	19.0	−0.94	0.90
低速段 3	589	156	3095	26.5	56.5	25.7	18.9	−1.47	1.47
中速段 1	433	48	4767	11.1	64.4	44.6	39.6	−0.53	0.63
中速段 2	433	48	4737	11.1	74.7	44.3	39.4	−0.93	0.96
中速段 3-1	433	48	4721	11.1	76.6	44.1	39.3	−1.47	1.28
中速段 3-2	433	48	4756	11.1	76.6	44.5	39.5	−1.49	1.57
高速段 2	455	30	6792	6.6	85.2	57.5	53.7	−1.11	0.85
高速段 3-1	455	31	7124	6.8	97.4	60.5	56.4	−1.49	1.58
高速段 3-2	455	31	7162	6.8	97.4	60.8	56.7	−1.49	1.58
超高速段 2	323	7	8019	2.2	123.1	91.4	89.4	−1.06	0.65
超高速段 3	323	7	8254	2.2	131.3	94.0	92.0	−1.21	1.03

为了了解 WLTC 测试程序低速段(Low)、中速段(Medium)、高速段(High)和超高速段(Extra High)各子测试循环特性参数的差异,表 4-5 列出了 WLTC 的子测试循环特性参数比较,可见低速段的行驶时间最长、停车时间占比大,超高速段 3 的行驶距离、平

均车速和最高车速最大；高速段 3 的加速度变化最大。

如图 4-4 所示为由低速段 1、中速段 1 和低速段 1 组成的 1 类汽车用 WLTC 测试循环的车速-时间曲线；如图 4-5 和图 4-7 所示为由低速段、中速段、高速段和超高速段子循环组成的 2 类及 3b 类的 WLTC 测试循环的车速-时间曲线。为了比较 3a 类和 3b 类的 WLTC 测试循环的差异，图 4-6 中同时画出了 3a 类和 3b 类 WLTC 的车速-时间曲线，可见两者的中速段和高速段不同，但差异甚微。

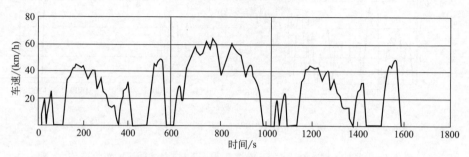

图 4-4　1 类汽车的 WLTC 车速-时间曲线

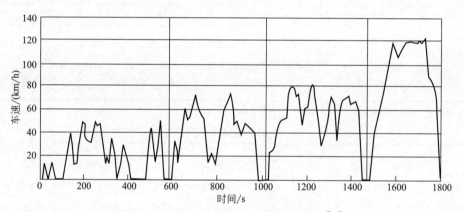

图 4-5　2 类汽车的 WLTC 车速-时间曲线[12]

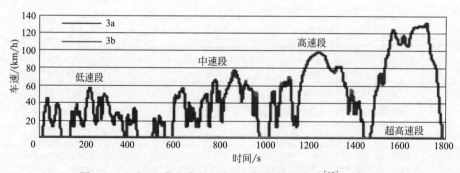

图 4-6　3a 和 3b 类汽车的 WLTC 车速-时间曲线[13]（彩图）

三、全球统一的重型发动机测试循环

全球统一的重型发动机认证程序于 2006 年由 UN-ECE/WP29（United Nations-Economic Commission for Europe/Working Party 29）制定[14]。全球统一的重型发动机认证程

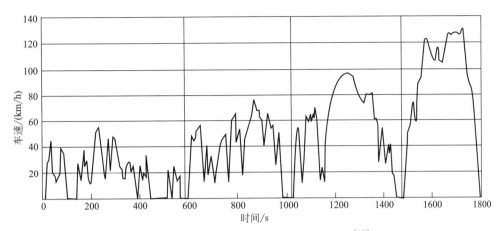

图 4-7　3b 类汽车的 WLTC 车速-时间曲线[12]

序中规定了重型发动机认证的全球瞬态循环（World Harmonized Transient Cycle，WHTC）和全球稳态循环（World Harmonized Stationary Cycle，WHSC）两个试验循环。如图 4-8 所示为全球瞬态循环（WHTC）的发动机转矩和转速随时间的变化曲线。试验时，图 4-8 中的发动机的转矩为相对于发动机最大转矩的百分比，负值表示发动机由电机拖动运转。转速为规范化的转速，试验时发动机实际转速由发动机怠速转速、最高转速、额定功率转速和该规范化转速计算得到。

全球统一的稳态循环（WHSC）的运行工况包括 12 个工况和 1 个拖动工况，各工况的发动机转矩和转速百分比、采用时间及运行时间，以及计算污染物排放量的权重系数如表 4-6 所列。WHSC 为热启动运行工况，拖动运行工况的权重系数为 0.24，排放以 0 计算。稳态测试循环涵盖了重型发动机的典型运行工况范围。根据每种有害污染物浓度、排气流量、输出功率测量值以及权重系数计算污染物排放量。颗粒测量值为整个试验程序中由合适的过

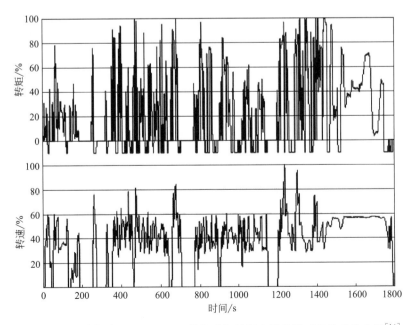

图 4-8　全球瞬态循环（WHTC）的发动机转矩和转速随时间的变化曲线[14]

滤器上采集到的颗粒物质量。

表 4-6　WHSC 的运行工况的参数[12]

工况编号	转速/%	负荷/%	权重系数/%	采样时间/s	运行时间/s
0	拖动	—	24	—	—
1	0	0	17	340	370
2	55	100	2	40	70
3	55	25	10	200	230
4	55	70	3	60	90
5	35	100	2	40	70
6	25	25	8	160	190
7	45	70	3	60	90
8	45	25	6	120	150
9	55	50	5	100	130
10	75	100	2	400	70
11	35	50	8	1600	190
12	35	25	10	200	230
总计	—	—	100	1520	1880

第三节　轻型汽车的型式检验、生产一致性、在用符合性检查及其限值

新车型只有通过型式检验才能取得制造许可；通过型式检验的新车型必须通过生产一致性检查才能批量生产。通过生产一致性检查的车型如果不能通过在用符合性检查，则会面临暂停或撤销车型的制造许可。因此，可以说各国汽车排放标准中的型式检验、生产一致性及在用符合性检查的相关试验及试验结果的判定依据（限值）等是关系到汽车企业生存的关键内容。下面以我国 GB 18352.6—2016《轻型汽车污染物排放限值及测量方法（中国第六阶段）》中的相关内容为例予以说明。

GB 18352.6—2016 于 2016 年 11 月 24 日批准，2016 年 12 月 23 日发布，2020 年 7 月 1 日实施，自发布之日起即可按照该标准的相应要求进行型式检验。自 2020 年 7 月 1 日起，所有销售和注册登记的轻型汽车都应符合该标准要求，其中Ⅰ型试验应符合 6a 限值要求。自 2023 年 7 月 1 日起，所有销售和注册登记的轻型汽车都应符合该标准要求，其中Ⅰ型试验应符合 6b 限值要求。按 GB 18352.6—2016 标准获得型式检验的轻型汽车，其生产一致性检查自型式检验通过之日起执行。按照 GB 18352.6—2016 标准要求生产、销售和注册登记的轻型汽车，其在用符合性检查应符合 GB 18352.6—2016 标准要求。

一、型式检验试验的类型与限值

1. 型式检验试验的类型

型式检验是车辆取得制造许可的前提，其内容包括一种车型的排气污染物、实际行驶排气污染物、曲轴箱污染物、蒸发污染物、加油过程污染物、污染控制装置耐久性和 OBD 系

统等方面，型式检验试验类型共有 8 类，即常温下冷启动后排气污染物排放试验（Ⅰ型试验）、实际行驶污染物排放试验（Ⅱ型试验）、曲轴箱污染物排放试验（Ⅲ型试验）、蒸发污染物排放试验（Ⅳ型试验）、污染控制装置耐久性试验（Ⅴ型试验）、低温下冷启动后排气中 CO、THC 和 NO_x 排放试验（Ⅵ型试验）、加油过程蒸发污染物排放试验（Ⅶ型试验）和 OBD 系统验证试验。这 8 类型式检验试验并不是所有汽车都必须进行的，汽车所需进行型式检验试验项目的多少随其装备发动机种类的不同而异，表 4-7 列出了不同类型发动机汽车的型式检验试验项目。

表 4-7　不同类型发动机汽车的型式检验试验项目[8]

型式检验试验类型	装用点燃式发动机的轻型汽车（包括 HEV）			装用压燃式发动机的轻型汽车（包括 HEV）
	汽油车	两用燃料车	单一气体燃料车	
Ⅰ型气态污染物	进行	进行	进行	进行
Ⅰ型颗粒物质量	进行	进行（只试验汽油）	不进行	进行
Ⅰ型粒子数量	进行	进行（只试验汽油）	不进行	进行
Ⅱ型实际行驶污染物	进行	进行（只试验汽油）	不进行	进行
Ⅲ型曲轴箱污染物	进行	进行	进行	不进行
Ⅳ型① 蒸发污染物	进行	进行（只试验汽油）	不进行	不进行
Ⅴ型② 耐久性	进行	进行	进行	进行
Ⅵ型冷启动排放	进行	进行	不进行	不进行
Ⅶ型加油过程蒸发污染物	进行	进行（只试验汽油）	不进行	不进行
OBD 系统	进行	进行	进行	进行

① Ⅳ型试验前，还应按标准中 5.3.4.2 的要求对炭罐进行检测。
② Ⅴ型试验前，还应按标准中 5.3.5.1.2 的要求对催化转化器进行检测。

2. 型式核准试验项目的试验限值

（1）常温下冷启动后排气污染物排放试验（Ⅰ型试验）的排放限值　Ⅰ型试验对第一类轻型汽车采用统一的排放限值；对第二类轻型汽车则根据测试质量的不同，采用三个排放限值。Ⅰ型试验需要测量的排气污染物为 7 个，其限值分 6a 和 6b 两阶段执行，Ⅰ型试验限值分 6a 和 6b 两个阶段，执行日期分别为 2020 年 7 月 1 日和 2023 年 7 月 1 日；6a 和 6b 阶段的污染物的排放限值分别如表 4-8 和表 4-9 所列。与 6a 阶段限值相比，6b 阶段的 THC、NMHC、NO_x 和 PM 污染物排放限值大幅度加严。

表 4-8　6a 阶段的Ⅰ型试验排放限值[8]

类别		测试质量 (TM)/kg	CO /(mg/km)	THC /(mg/km)	NMHC /(mg/km)	NO_x /(mg/km)	N_2O /(mg/km)	PM /(mg/km)	PN /(个/km)
第一类车		全部	500	100	68	60	20	4.5	$6.0×10^{11}$
第二类车	Ⅰ	TM≤1305	500	100	68	60	20	4.5	$6.0×10^{11}$
	Ⅱ	1305<TM ≤1760	630	130	90	75	25	4.5	$6.0×10^{11}$
	Ⅲ	TM>1760	740	160	108	82	30	4.5	$6.0×10^{11}$

表 4-9　6b 阶段的 Ⅰ 型试验排放限值[8]

类别		测试质量(TM)/kg	CO/(mg/km)	THC/(mg/km)	NMHC/(mg/km)	NO_x/(mg/km)	N_2O/(mg/km)	PM/(mg/km)	PN/(个/km)
第一类车		全部	500	50	35	35	20	3.0	6.0×10^{11}
第二类车	Ⅰ	TM≤1305	500	50	35	35	20	3.0	6.0×10^{11}
	Ⅱ	1305＜TM≤1760	630	65	45	45	25	3.0	6.0×10^{11}
	Ⅲ	TM＞1760	740	80	55	50	30	3.0	6.0×10^{11}

（2）实际行驶污染物排放试验（Ⅱ型试验）的排放限值　Ⅱ型试验的排放限值由Ⅰ型试验的排放限值与表 4-10 中规定的符合性因子的乘积计算得到，标准要求计算过程中不得采用四舍五入。实际行驶污染物排放试验的测量结果不得超过计算得到的限值[8]。

表 4-10　符合性因子①

发动机类别	NO_x	PN	CO③
点燃式	2.1②	2.1②	—
压燃式	2.1②	2.1②	—

① 2023 年 7 月 1 日前仅监测并报告结果。
② 2022 年 7 月 1 日前评估认证。
③ 在 RDE 测试中，应测量并记录 CO 试验结果。

（3）曲轴箱污染物排放试验（Ⅲ型试验）的排放限值　Ⅲ型试验的排放限值为 0，即不允许发动机曲轴箱通风系统有任何曲轴箱污染物排入大气。Ⅲ型试验在通过了Ⅰ型试验的汽车上进行，所有汽车均需要进行Ⅲ型试验，但对两用燃料车，仅对燃用汽油时进行；对混合动力电动汽车，仅对纯发动机模式进行此项试验，制造厂应提供可以进行Ⅲ型试验的工作模式。对没有曲轴箱强制通风的汽车，应将曲轴箱污染物计入排气污染物总量。

（4）蒸发污染物排放试验（Ⅳ型试验）的排放限值　Ⅳ型试验适用于燃用汽油的汽车、混合动力电动汽车以及汽油与 NG、汽油与 LPG 两用燃料车，其排放限值如表 4-11 所列。第一类车和 TM≤1305kg 的第二类车限值为 0.7g/试验，第二类车的限值随质量的增大而增加。

表 4-11　Ⅳ型（蒸发污染物排放）试验的排放限值[8]

车辆类型		测试质量(TM)/kg	排放限值/(g/试验)
第一类车		全部	0.70
第二类车	Ⅰ	TM≤1305	0.70
	Ⅱ	1305＜TM≤1760	0.90
	Ⅲ	TM＞1760	1.20

（5）污染控制装置耐久性试验（Ⅴ型试验）的劣化系数及劣化修正值　Ⅴ型试验用于验证满足Ⅰ型、Ⅳ型和Ⅶ型限值的污染控制装置的耐久性试验。试验时，汽车需要在底盘测功机上或试验场进行累计 160000km 的耐久性试验，并进行固定间隔的Ⅰ型、Ⅳ型和Ⅶ型排放试验；根据固定间隔的排放试验结果与Ⅰ型、Ⅳ型和Ⅶ型限值确定Ⅰ型、Ⅳ型和Ⅶ型试验的劣化系数或修正值，Ⅰ型试验劣化系数不应高于表 4-12 所列劣化系数；Ⅰ型试验劣化修正值不应高于表 4-13 所列修正值，Ⅳ型和Ⅶ型试验的劣化修正值不应高于表 4-14 所列修正值。

表 4-12　Ⅰ型试验劣化系数[8]

发动机类别	CO	THC	NMHC	NO_x	N_2O	PM	PN
点燃式	1.8	1.5	1.5	1.8	1.0	1.0	1.0
压燃式	1.5	—	—	1.5	1.0	1.0	1.0

表 4-13　Ⅰ型试验劣化修正值[8]　　　　　单位：mg/km

发动机类别		CO	THC	NMHC	NO_x	N_2O	PM	PN
点燃式	6a	150	30	20	25	0	0	0
	6b	110	16	10	15	0	0	0
压燃式	6a	150			25	0	0	0
	6b	110			15	0	0	0

表 4-14　Ⅳ型和Ⅶ型试验劣化修正值[8]

Ⅳ型试验（热浸＋昼夜换气排放）	0.06g/试验
Ⅶ型试验（加油排放）	0.01g/L

（6）低温下冷启动后排气中 CO、THC 和 NO_x 排放试验（Ⅵ型试验）的排放限值　Ⅵ型试验为检验低温下冷启动后汽车排气中 CO、THC 和 NO_x 是否超标的试验项目，Ⅵ型试验项目的排放限值如表 4-15 所列。除单一气体燃料外的所有汽车均应进行Ⅵ型试验，两用燃料车则仅对燃用汽油时进行Ⅵ型试验。Ⅵ型试验应在底盘测功机上，汽车按照Ⅰ型试验的低速段和中速段运行，试验环境温度为（－7±3)℃，试验期间不得中止，排气分析采用稀释取样方法，取样在发动机启动时开始。试验前，试验汽车应按规定进行预处理，以保证试验结果的再现性。

表 4-15　Ⅵ型试验项目的排放限值[8]

车辆类型		测试质量 TM/kg	CO/(g/km)	THC/(g/km)	NO_x/(g/km)
第一类车		全部	10.0	1.20	0.25
第二类车	Ⅰ	TM≤1305	10.0	1.20	0.25
	Ⅱ	1305＜TM≤1760	16.0	1.80	0.50
	Ⅲ	TM＞1760	20.0	2.10	0.80

（7）加油过程蒸发污染物排放试验（Ⅶ型试验）的排放限值　Ⅶ型试验用于汽车加油时产生的燃油蒸发排放量测量。试验时，先对车辆进行预处理，再把汽车放置于密闭室，并测量加油过程蒸发污染物排放量。加油过程污染物排放试验项目的限值为 0.05g/L。

（8）OBD 系统试验　OBD 系统试验的目的是检查安装在汽车上的 OBD 系统功能是否满足标准要求，检查 OBD 系统是否随时监控发动机的运行状况和排气后处理系统的工作状态等。OBD 系统验证试验适用于型式检验、生产一致性及在用符合性检查。测试设备包括但不限于临界及老化催化器、失火故障、氧传感器故障、燃油系统故障、VVT（Variable Valve Timing）系统故障以及冷启动减排控制策略故障的模拟设备等。OBD 系统试验需要监测的 OBD 系统的零件及功能很多，如催化转化器、加热型催化器的加热功能、蒸发系统、燃油系统、氧传感器、废气再循环（EGR）系统、曲轴箱通风（PCV）系统、发动机冷却系统、冷启动减排策略、VVT（可变气门正时）和 VVL（可变气门升程）控制系统、颗粒捕集器（DPF 及 GPF）、电子动力系统零部件、碳氢捕集器和 NO_x 储存装置等，随着车型及排放控制技术的不同，检验项目略有差异。

二、生产一致性检查试验

1. 生产一致性检查的目的及方法

生产一致性检查试验用于检验批量生产的汽车、系统、部件以及独立技术总成与已型式检验的状态一致性，检查批量生产汽车的排放是否达标。生产一致性检查由汽车制造企业和主管部门协作完成。汽车制造企业对每个车型系列制订并实施生产一致性保证计划，每个系列可以包括一个或多个排放系族；在车型获得型式检验前，型式检验主管部门对企业的生产一致性保证能力及计划进行评估审核；在车型批量生产后，对企业的一致性保证计划的实施情况进行检查。

生产一致性检查试验由型式检验主管部门抽取批量新生产的车辆，并部分或全部进行试验验证。检查分两步进行：第一步是确认抽取车型的排放控制关键部件或排放控制策略是否与型式检验车型一致，不一致车型将被视为不满足生产一致性要求的车型；第二步是进行生产一致性检查试验，当车型检验结果不能满足任意一条要求时，即为不满足生产一致性的车型。有关部门应暂停或撤销相关车型的型式检验。对于一致性不达标的车辆，汽车生产企业应尽快改进生产一致性保证体系，并对已生产或销售的相关车辆采取补救措施。

2. 生产一致性检查种类及要求

生产一致性检查试验需要在同一系列的批量产品中任意选取三辆车。对于型式检验主管部门选定的汽车，制造厂不应进行任何调整。但制造厂可以要求试验在磨合后的车辆上进行，磨合按照制造厂的磨合规范进行，但不能对汽车进行任何调整，装用点燃式发动机或压燃式发动机的汽车的磨合里程应分别在 3000km 和 15000km 以下。生产一致性检查试验项目与型式检验项目相同，共有Ⅰ型试验、Ⅱ型试验、Ⅲ型试验、Ⅳ型试验、Ⅴ型试验、Ⅵ型试验、Ⅶ型试验和 OBD 系统验证试验 8 项。

Ⅰ型试验在任意选取的三辆车上进行，若各种污染物排放结果均不超过限值的 1.1 倍，且其平均值不超过限值，则定为合格；否则为不合格。

Ⅱ型试验（RDE）一般在抽取的三辆车中随机抽取的一辆车上进行，若测量结果满足标准要求，则认为Ⅱ型试验结果合格；若测量结果不满足标准要求，则需要对抽取的其他两辆车进行试验。若其他两辆车的试验结果均满足标准要求，则认为Ⅱ型试验结果满足生产一致性要求；否则判定Ⅱ型试验结果不合格。

Ⅲ型试验在任意选取的三辆车上进行，若测量结果均满足Ⅲ型试验限值，则认为Ⅲ型试验结果满足要求；否则判定Ⅲ型试验结果不合格。

Ⅳ型试验一般在抽取的三辆车中随机选择的一辆车上进行，若测量结果不大于表 4-11 所列限值和表 4-14 所列劣化修正值之和，则认为Ⅳ型试验满足要求；否则判定为不满足标准要求，可以对抽取的其他两辆车进行Ⅳ型试验。若三辆车的蒸发污染物排放结果均不超过限值的 1.1 倍，且其平均值不超过限值，则判定Ⅳ型试验生产一致性检查合格；否则判定Ⅳ型试验结果不合格。

Ⅴ型试验一般在抽取的三辆车中随机抽取的一辆车上进行，若测量结果满足标准要求，则认为Ⅴ型试验满足要求；若测量结果不满足标准要求，则可以对抽取的其他两辆车进行耐久性试验。若其他两辆车的耐久性试验结果均满足标准要求,则认为Ⅴ型试验结果满足生产一致性要求;否则判定Ⅴ型试验结果不合格。

Ⅵ型试验在抽取的三辆车中随机抽取的一辆车上进行,若测量结果符合标准要求,则认为Ⅵ型试验的生产一致性满足要求,否则为不满足标准要求,需要对抽取的其他两辆车进行低温冷启动试验。若三辆车的各种污染物排放结果均不超过限值的1.1倍,且其平均值不超过限值,则判定Ⅵ型试验生产一致性检查合格;否则为不合格。

Ⅶ型试验在随机抽的三辆车中随机抽取的一辆车上进行,若加油过程中污染物排放结果不超过0.05g/L,则判定为Ⅶ型试验结果合格;否则,需要对抽取的其他两辆车进行检验。若三辆车加油过程中污染物排放结果均不超过限值的1.1倍,且其平均值不超过限值,则判定Ⅶ型试验结果合格;否则,判定为Ⅶ型试验结果不合格。

OBD系统试验在抽取的三辆车中随机抽取的一辆车上进行,若检测满足相关要求,则判定为合格;否则,需要对抽取的其他两辆车进行检验。若两辆车的检验结果都满足相关要求,则判定检验结果合格;否则为不合格。

三、在用符合性检查

在用符合性检查(In-service Conformity)的对象是已通过污染物排放型式检验的车型。检查制造厂是否采取适当措施确保汽车在正常使用条件下和正常寿命内污染控制装置的正常功能。

制造厂每年应至少进行一次在用符合性自查,并确保8年内完成对低里程(10000～60000km)、中里程(60000～110000km)和高里程(110000～160000km)车辆自查,每年的检查结果都应上报型式检验主管部门。还应向型式检验主管部门提交详细记录的排放质保相关部件的索赔、修理、故障的频率和原因,以及维修过程中记录的OBD故障等内容的报告。但对故障频率超过4%的部件,应在30个工作日内进行报告。

在用符合性抽查一般在使用不超过160000km(或12年,以先到为准)的汽车上进行,在用符合性检查试验应采用标准规定的基准燃料。在用符合性抽查不合格车型被视为不达标车型;制造厂应按照相关要求对不达标车型和存在同样缺陷的扩展车型采取补救措施。补救措施由制造厂提出,并负责完成,但补救措施计划需要型式检验主管部门同意。型式检验主管部门可以根据制造厂补救措施的执行情况,采取暂停或撤销不合格车型的型式检验等。

第四节 轻型汽车污染物排放试验的相关规定简介

在各国轻型汽车排放标准中,对污染物排放试验设备、测试条件、测试循环、试验用燃料特性等均有严格的规定。为了便于了解轻型汽车污染物排放试验的相关规定,此处以我国的GB 18352.6—2016《轻型汽车污染物排放限值及测量方法(中国第六阶段)》中的主要相关规定为例予以说明。

一、Ⅰ型试验的主要规定及要求

Ⅰ型试验的目的是测量汽车行驶过程排气中的气体污染物、颗粒物、粒子数和CO_2的排放量及比排放。GB 18352.6—2016规定Ⅰ型试验在底盘测功机上进行,试验循环采用适用于3b类汽车的WLTC测试循环(见第二节),但对于最高车速低于WLTC最高车速的车辆，Ⅰ型试验的测试循环需要按照相关说明进行修正。试验持续时间共 1800s，其中低速段、中速段、高速段和超高速段的持续时间依次为 589s、433s、455s 和 323s。

测量Ⅰ型试验的气体污染物、颗粒物、粒子数和 CO_2 时，采用定容积（CVS）法将样气收集到气袋中，在试验结束后或者各速度段结束后对各组分进行分析，或者在试验过程中对各组分进行连续分析。PM 测量采样时使用一张滤纸测量 WLTC 循环的 PM 排放量。测量粒子数量（PN）时，在发动机启动前或启动点开始取样，循环结束时停止取样。粒子取样系统应能连续测量粒子排放数；粒子的平均浓度由整个测试循环测量结果的积分来确定。

用于 CO_2 排放率测量时，需要对低速、中速、高速和超高速四个速度段分别测量，并采用里程加权平均方法计算。WLTC 测试循环下的 CO_2 排放率 CO_{2WLTC} 的计算公式如下。

$$CO_{2WLTC} = \frac{CO_{2L}D_L + CO_{2M}D_M + CO_{2H}D_H + CO_{2EXH}D_{EXH}}{D_L + D_M + D_H + D_{EXH}}$$

式中，CO_{2L}、CO_{2M}、CO_{2H} 和 CO_{2EXH} 依次代表低速段、中速段、高速段和超高速段 CO_2 排放的算术平均值，g/km；D_L、D_M、D_H 和 D_{EXH} 依次代表低速段、中速段、高速段和超高速段的理论行驶距离，km。

二、Ⅱ型试验的主要规定及要求

1. Ⅱ型试验的必要性

采用一系列便携式车载排放测量系统（PEMS）检测发现，实际驾驶条件下柴油车的 NO_x 排放超出预想。图 4-9 表示 15 辆达到欧 6 排放限值柴油车的实际道路行驶时的 NO_x 测量结果，图中圈内的字母 A、B、C 等为车辆代号，圈旁的 SCR、LNT 和 EGR 等代表该车采用的 NO_x 排放控制技术。15 辆柴油车来自 6 个制造商，10 辆采用 SCR 控制技术、4 辆采用 EGR 控制技术、1 辆采用 LNT 控制技术。结果显示，实际道路行驶时，15 辆柴油车的 NO_x 排放平均值为法规限值的 7.1 倍；车辆 C 的 NO_x 排放最低，刚好达到欧 6 排放限值；车辆 L 的 NO_x 排放最高，其排放值为法规限值的 25.4 倍[15]。这就是在国 5 之前的

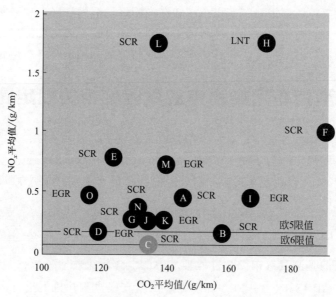

图 4-9　15 辆达到欧 6 排放限值柴油车的实际道路行驶时的 NO_x 测量结果

标准中均无 RDE 试验，而在国 6 标准中增加Ⅱ型试验的原因。顾名思义，Ⅱ型试验指实际行驶污染物排放试验，由于各地交通条件差异很大，Ⅱ型试验应在何种交通条件和行驶工况下进行就成为一个问题，因此，GB 18352.6—2016 对 RDE 试验进行了详细规定。

2. 一般要求

制造厂应确保车辆能在道路上使用 PEMS 进行排放测试，为排气管提供合适的连接件，提供访问 ECU 信号的权限，并提供必要的技术支持。同时向型式检验主管部门说明：被选车辆、驾驶模式、状态和载荷能够代表的车辆系族，确认包含驾驶员、试验人员和试验装备等的基本载荷与附加载荷的总和不超过车辆最大载荷的 90%，以及海拔能够满足Ⅱ型试验的测试要求。

进行Ⅱ型试验时，车辆应该在实际道路上按正常的驾驶模式、状态和载荷行驶。PEMS 应使用独立于车辆运行的排气质量流量测试装置。测试线路应包括市区道路、市郊道路和高速公路。确保Ⅱ型试验测试结果能够代表车辆使用者按正常的载荷在实际道路上行驶的排放。PEMS 测试数据的有效性由型式检验主管部门根据有关规定确认，对于认为无效的测试，型式检验主管部门应该记录测试结果数据和测试失效的原因。

3. 试验环境条件要求

环境条件要求有温度和海拔两个方面。试验许可的海拔有普通海拔、扩展海拔和进一步扩展海拔条件三种，普通海拔、扩展海拔和进一步扩展海拔条件对应的海拔依次为不高于 700m、高于 700m 但不高于 1300m、高于 1300m 但不高于 2400m。试验许可的温度条件有普通温度和扩展温度两种。普通温度条件的温度范围为高于或等于 0℃ 且低于或等于 30℃；扩展温度条件的温度范围为高于或等于 −7℃ 且低于 0℃，或高于 30℃ 且低于 35℃。普通海拔、扩展海拔和进一步扩展海拔的测量结果之间的换算系数为 1、1.6 和 1.8。

4. 车辆的要求

一是车辆动力学状态正常。二是车辆状态和运行正常，空调系统和其他辅助设备的运行方式应该与消费者在道路上实际驾驶时一致，对于装有周期再生系统的车辆，如果试验期间发生周期性再生，可以认为试验无效，在制造厂的要求下可以重复进行一次试验。制造厂应确保在第二次试验前，车辆已完成再生，并且已经进行了适当的预处理。如果在重复进行道路行驶试验期间再次发生再生，排放评价结果中应该包括重复试验期间排放的污染物。三是润滑油、燃油和反应剂符合制造厂公布的、推荐消费者使用的指标，并将样品至少保存一年。

5. 行驶路线要求

试验行驶的顺序一般为市区道路、市郊道路、高速公路，如果制造厂申请且型式检验主管部门同意，则可以改变行驶顺序。市区道路、市郊道路和高速公路行驶的特点分别指车速 60km/h 以下、车速在 60～90km/h 之间和车速高于 90km/h 的公路行驶；路线中市区道路、市郊道路和高速公路行驶距离的比例大约为 34%、33% 和 33%，各段行驶比例误差最大为 ±10%，但市区道路的行驶比例不能低于总行驶距离的 29%。试验车辆在市区道路、市郊道路和高速公路的最小行驶距离均为 16km。

试验时，市郊行驶可以被市区（行驶距离很短）行驶中断；高速行驶可以被市区或市郊（行驶距离很短）行驶中断。行驶过程持续总时间应在 90～120min 之间，开始点和结束点之间的海拔差不得超过 100m。正常情况下车速应不超过 120km/h，但在不超过高速公路行驶时间3%的时间内，允许最高车速增加15km/h。在道路测试中应遵守道路交通限速规定，但不应因为违反道路交通限速规定导致PEMS试验结果无效。市区道路行驶的平均车速（包括停车）应在15～40km/h之间。停车阶段的定义是指实际车速小于1km/h的时段，应占市区行驶时间的6%～30%，市区行驶应包含10s或更长时间的停车阶段，单次停车超过180s时，该阶段的测量数据应予以剔除。高速公路行驶时，车速高于100km/h的时间至少在5min以上，且至少应覆盖90～110km/h的车速范围。

6. 行驶试验要求

安装PEMS时，应尽可能减少对车辆排放和性能的影响，并尽可能减轻安装设备质量，降低对车辆空气动力学特性的潜在影响。车辆配置载荷应满足相关规定，PEMS应由外部电源供电。

试验开始前，测试车辆应避免长时间的怠速运转。试验过程中发动机意外熄火时，应重新启动车辆，但不得中断对污染物的采样。试验应连续进行，并连续记录试验数据。

三、Ⅲ型试验的主要规定及要求

1. 汽车运转工况

由发动机曲轴箱和大气之间的通气口所流出的气体即为曲轴箱的气体排放物。发动机工作时，曲轴箱内的气体和蒸气可从此通道逸出。测量汽车发动机曲轴箱污染物排放时，发动机的缝隙或孔应保持原状，怠速应调整到制造厂规定的状况，测量时车辆运转工况如表4-16所列。

表4-16 测量时车辆运转工况[8]

工况号	车速/(km/h)	底盘测功机吸收的功率
1	怠速	无
2	50±2(3挡或前进挡)	相当于Ⅰ型试验50km/h下的调整状况
3	50±2(3挡或前进挡)	2号工况设定的功率值乘以系数1.7

2. 试验方法

试验一般采用在机油标尺孔处等位置安装倾斜式压力计的方法。试验用进气歧管中的压力测量准确度应在±1kPa以内，车速测量准确度应在±2km/h以内；曲轴箱内的压力准确度应在±0.01kPa以内。在表4-16所列的运转工况下，测得的曲轴箱内的压力均不超过测量时的大气压力，则认为汽车曲轴箱污染物排放满足要求。

如果测试结果为表4-16所列的个别运转工况下的曲轴箱内的压力超过了测量时的大气压力，则汽车曲轴箱污染物排放是否满足要求需要经过进一步的试验验证，即进行一个追加试验。汽车曲轴箱气体污染物追加试验装置示意图如图4-10所示。试验时发动机的缝隙或孔应保持原状。在机油标尺孔处连接一个容积大约为5L的不泄漏曲轴箱气体的柔性袋，结构为图4-10(a)～(c)所示时，气袋用引出管连接；结构为图4-10(d)所示时，气袋应接到通风口上。在每次测量前都应将气袋排空并封闭。在规定的每种测量工况下，气袋应与曲轴箱接通5min。若在规定的每一测量工况下，气袋均没有出现可观察到的充气现象，则认为车辆满足要求。

如果受发动机结构的限制不能按上述方法进行试验，则应按下述方法进行测量。即试验

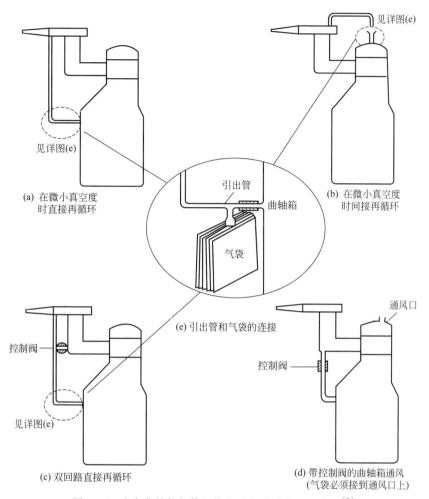

图 4-10 汽车曲轴箱气体污染物追加试验装置示意图[8]

前,除回收气体所需的孔外,封闭发动机的所有缝隙或孔。气袋装在再循环管路中一个不应导致任何额外压力损失的合适的取气管上,且再循环装置直接装在发动机连接孔上。

四、Ⅳ型试验的主要规定及要求

蒸发污染物排放试验用于测量昼夜温度波动、停车期间热浸和车辆行驶所产生的碳氢化合物(蒸发污染物排放)排放量。蒸发污染物排放(Ⅳ型)试验规范随汽车燃油蒸发污染物控制系统的不同而略有差异。装备非整体仅控制加油排放炭罐系统(NIRCO)汽车和装备整体炭罐、非整体炭罐系统(NIRCO 除外)汽车的蒸发污染物排放测定步骤分别如图 4-11 及图 4-12 所示,图中 NOVC 和 OVC 分别代表不可外接充电的混合动力电动汽车及可外接充电的混合动力电动汽车。

蒸发污染物排放试验包括车辆准备、放油和重新加油至油箱标称容积的 40%、浸车、预处理行驶、再次放油和重新加油至油箱标称容积的 40%、预处理炭罐至临界点、高温浸车、高温行驶、热浸试验、常温浸车和 2 日昼夜排放测试等。其中热浸试验和 2 日昼夜排放测试是最为关键的步骤[8]。

热浸试验和 2 日昼夜排放测试均在密闭室内进行。热浸试验用于测量热浸损失。当车辆

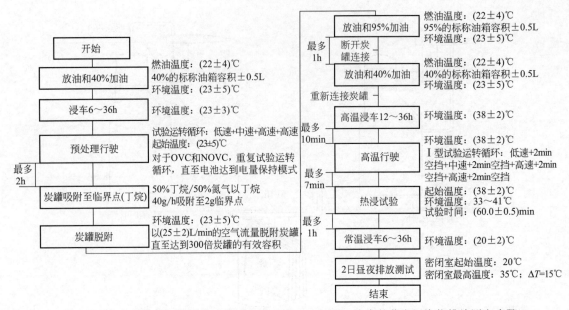

图 4-11 装备非整体仅控制加油排放炭罐系统（NIRCO）汽车的蒸发污染物排放测定步骤

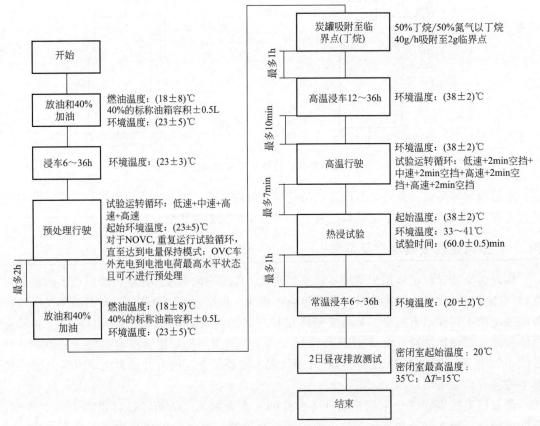

图 4-12 装备整体炭罐、非整体炭罐系统（NIRCO 除外）的汽车蒸发污染物排放测定步骤

在（38±2）℃环境温度下，在底盘测功机上运转完毕之后，应立即关闭发动机，关闭发动机舱盖并移除汽车与试验台之间的所有连接件，打开车窗和后备厢。在发动机熄火后 7min 内

将车辆以最低的油门开度或手动方式移到密闭室，关闭并密封密闭室的门，开始（60.0±0.5）min 的热浸。测量并记录热浸试验的初始碳氢化合物的浓度、温度和大气压力等。根据密闭室碳氢化合物浓度、密闭室温度和压力初始及最终的读数即可计算出热浸损失。

2 日昼夜排放测试用于测量昼夜换气损失。试验前，应打开风扇清理密闭室，对 FID 碳氢化合物分析仪和其他分析仪进行零点和量距标定。在汽车发动机熄火、车窗和后备厢打开的情况下将汽车从浸车区移至密闭室内，关闭并密封密闭室门，开始进行 2 日昼夜排放测试。昼夜换气损失通过碳氢化合物浓度、密闭室温度和压力的初始和最终读数，以及密闭室的有效容积等参数的获取进行计算得到。

昼夜换气损失与热浸损失之和即为蒸发污染物排放的测试结果。

蒸发排放测量的关键设备是密闭室，图 4-13 所示为密闭室（Sealed Housing Evaporative Determination，SHED）实物照片[16]。密闭室是一个汽车应能方便地接近各侧面且可用来容纳汽车的气密性好的矩形测量室，包括变容积或定容积两种。密闭室内表面由不渗透碳氢化合物并不与其发生反应的材料组成。密闭室配备温度调节系统，内部空气温度应能按规定的温度-时间曲线变化，且整个试验期间平均误差在±1℃内；在昼夜换气试验期间，内表面温度不应低于 5℃和高于 55℃；在热浸试验期间，密闭室内表面温度不应低于 20℃和高于 52℃。流入和流出的气体碳氢化合物可以用在线氢火焰离子化分析仪连续测量，碳氢化合物质量测量装置的分辨率应不高于 0.01g。密闭室配备的流入和流出气体流量及碳氢化合物测量精度应满足相关要求。

(a) 外形　　　　　　(b) 内部

图 4-13　密闭室实物照片[16]

可变容积密闭室一般配备有一种适应密闭室内部容积变化的装置，如移动板或风箱。可变容积密闭室容积调节装置应能将内部气体压力与外部大气压之间的压差控制在±500Pa 以内，并能固定容积不变；可变容积密闭室应能从其"标称容积"调节变化±7%。

定容积密闭室采用刚性板建造，以保持固定的密闭室容积；密闭室一般设置一个出口和一个入口。保证试验期间，可以从密闭室内抽出空气和向密闭室补充空气。补充空气用于平衡抽出的气体，补充空气应经活性炭过滤，使碳氢化合物浓度相对恒定。抽出空气和补充空气时应保证密闭室内压力与大气压间压差保持在 0～500Pa。

五、Ⅴ型试验的主要规定及要求

GB 18352.6—2016 的 6a 和 6b 阶段对污染物控制装置的耐久性要求分别为 160000km 及 200000km。由于各种类型汽车的使用条件和各地的交通状况等不同，故耐久性（Ⅴ型）试验必须按照耐久性试验规范进行。Ⅴ型试验用于确认装点燃式或压燃式发动机汽车的污染控制装置耐久性。用于耐久性试验的车辆应处于良好的机械状态，发动机和污染控制装置应是新的；燃料应使用市场上符合相关规定的车用燃料；车辆的维护、调整和污染装置的使用应符合制造厂的规定。耐久性试验可在跑道、道路、底盘测功机和催化器老化台架等上进行。从试验开始（0km），每隔（10000±400）km或更短的行驶里程，以固定的间隔直到160000km或200000km，按照规定进行Ⅰ型等试验，测量排气污染物，并计算每一种污染物的劣化系数或修正值。在跑道、底盘测功机上进行时，汽车按照AMA循环（Approved Mileage Accumulation Cycle）或SRC（Standard Road Cycle）运行。

汽车行驶速度-时间的变化过程应符合表4-17和图4-14、图4-15所示特征。耐久性试验测试循环由11个运行循环组成，每个循环的行驶里程为6km；前9个循环的速度-时间变化如图4-15(a)所示，各个循环的循环车速如表4-17所列；汽车在每一循环中途停车4次，每一次发动机怠速15s；正常加速和减速；每个循环中途5次减速，车速从循环速度减速到32km/h，然后，汽车再逐渐加速到循环车速。第10个循环的车速-时间变化如图4-15(b)所示，汽车在89km/h等速下运行。第11个循环的速度-时间变化如图4-15(c)所示，汽车从停止点以最大加速度加速到113km/h。到该循环里程一半时，正常使用制动器，直至汽车停止。然后怠速15s和开始第二次最大加速。第11个循环结束后，第一个耐久性试验测试循环结束。进行耐久性试验时，除测量排气污染物外，车辆需按照上述测试循环周而复始地行驶，直到160000km或200000km。

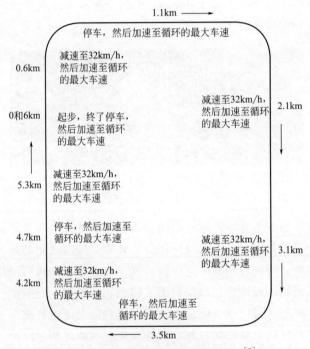

图4-14　耐久性试验行驶循环组成图[8]

表4-17　AMA里程累积循环的循环车速[8]

循环	1	2	3	4	5	6	7	8	9	10	11
循环车速/(km/h)	64	48	64	64	56	48	56	72	56	89	113

在催化器老化台架上进行时，装备点燃式发动机的汽车台架老化试验应按照标准台架循环（Standard Bench Cycle，SBC）运行，装备压燃式发动机的汽车台架老化试验应按照标

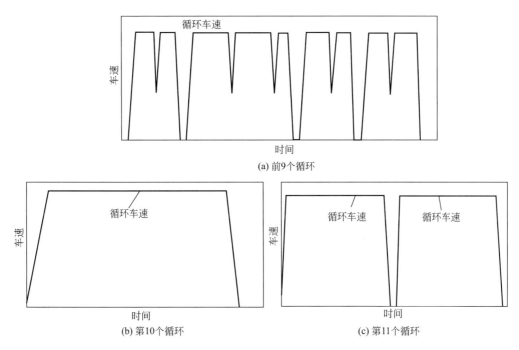

图 4-15 耐久性试验测试循环的车速-时间变化过程

准柴油机台架循环（SDBC）运行。标准老化耐久性试验主要用于点燃式内燃机"催化器-氧传感器"系统等的老化试验。SBC 以 60s 作为一个测试循环，在测试循环中发动机混合气空燃比及二次空气的变化过程如图 4-16 所示，SBC 的空燃比及二次空气的控制要求如表 4-18 所列。"催化器-氧传感器"系统需要按照 SBC 测试循环反复试验，直到满足标准规定时间为止。

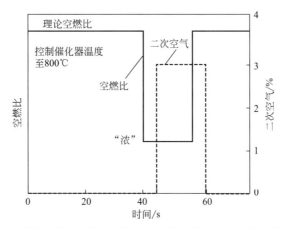

图 4-16 在测试循环中发动机混合气空燃比及二次空气的变化过程[8]

制造厂也可以使用图 4-17 所示的标准道路循环（SRC）替代 AMA 循环点燃式发动机汽车催化转化器的台架老化耐久性试验循环，汽车可以在跑道、道路或底盘测功机上按照 SRC 运行。每个 SRC 测试循环（7 圈）的行驶里程为 5.95km。

表 4-18　SBC 的空燃比及二次空气的控制要求[8]

时间/s	发动机空燃比	二次空气喷射
1～40	理论空燃比（通过发动机转速、负荷、点火正时的控制来实现催化器最低温度为 800℃）	无
41～45	"浓"（选择 A/F 比值，以实现催化器温度在整个循环内最高为 890℃，或比较低的控制温度高 90℃）	无
46～55	"浓"（选择 A/F 比值，以实现催化器温度在整个循环内最高为 890℃，或比较低的控制温度高 90℃）	3.0%±0.1%
56～60	理论空燃比（通过发动机转速、负荷、点火正时的控制来实现催化器最低温度为 800℃）	3.0%±0.1%

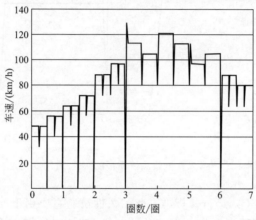

图 4-17　标准道路循环 SRC 各圈的车速变化曲线[8]

装备压燃式发动机的汽车后处理系统等的台架老化试验应按照标准柴油机台架循环（Standard Diesel Bench Cycle，SDBC）进行。标准的老化台架由安装了后处理系统的发动机、发动机控制器和发动机测功机组成，后处理系统的入口状态和控制特征应满足相关的规定。SDBC 的发动机转速和负荷应重现 SRC 中的值。为了加速老化过程，可以调整燃料喷射正时或 EGR 策略等，以降低试验发动机系统加载时间。在后处理装置等台架老化之前和之后车辆应至少进行两次 I 型试验，以便计算劣化系数。SDBC 的台架老化持续时间为相当于行驶了 16 万千米或 20 万千米的再生和（或）脱硫循环（以时间较长者为准）次数所用总时间。

六、Ⅵ型试验的主要规定及要求

Ⅵ型试验用于模拟 -7℃下汽车在道路上的运行状况，确定汽车低温下冷启动后排气中 CO、THC 和 NO_x 的排放量。试验时汽车所处环境平均温度应在（-7 ± 3）℃，且不得低于 -13℃，不得高于 -1℃[8]。试验由车辆预处理、冷浸和低温排放试验三步组成，具体如图 4-18 所示。

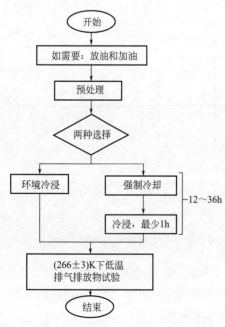

图 4-18　低环境温度下的排放试验程序

表 4-19 Ⅵ型试验判断标准

试验	判断标准	污染物排放
第一次试验	CO、THC 和 NO_x 排放结果	≤限值×0.9
第二次试验	第一次和第二次试验结果算术平均值	≤限值×1.0

试验的测试循环仅由Ⅰ型试验的低速段和中速段两部分组成。Ⅵ型试验允许进行两次，如果第一次试验排放结果满足表 4-19 所列要求，则可判定试验通过[8]；否则应进行第二次试验。如果第二次试验排放结果满足要求，可判定试验通过；否则判定试验不通过。

七、Ⅶ型试验的主要规定及要求

Ⅶ型试验用于测定点燃式发动机汽车、混合动力电动汽车（NOVC）及插电式混合动力电动汽车（OVC）加油污染物（蒸发的碳氢化合物）排放。非整体或非整体仅控制加油排放（NIRCO）炭罐系统车辆加油过程污染物排放试验规程和整体控制系统车辆加油过程污染物排放试验规程分别如图 4-19 及图 4-20 所示。加油排放测试主要包括车辆预处理、Ⅰ型试验和加油控制系统处理行驶、密闭室内加油和排放测量。进行加油排放测试时，需将汽车放置于密闭室。加油污染物排放测量所使用的密闭室的技术要求与蒸发排放测量的密闭室基

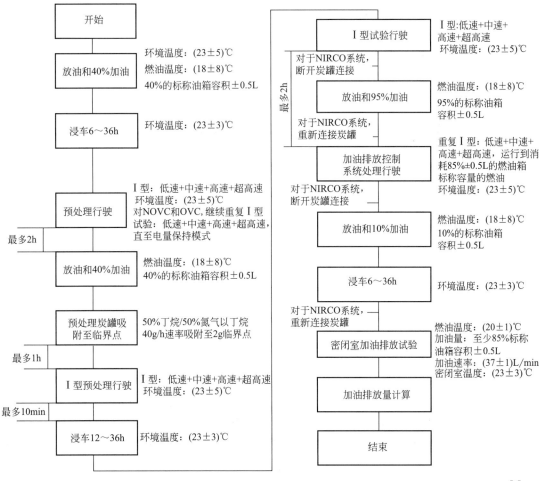

图 4-19 非整体或非整体仅控制加油排放（NIRCO）炭罐系统车辆加油过程污染物排放试验规程[8]

本一致。主要区别是，加油污染物排放测量用密闭室应配备一个或多个由低渗透材料制成的手套操作箱，以便测试人员在密闭室封闭状态下操作加油枪给车辆加油。加油时碳氢化合物排放量由密闭室中碳氢化合物浓度、室温度和压力的初始与最终读数，以及密闭室的有效容积等参数的计算得到。

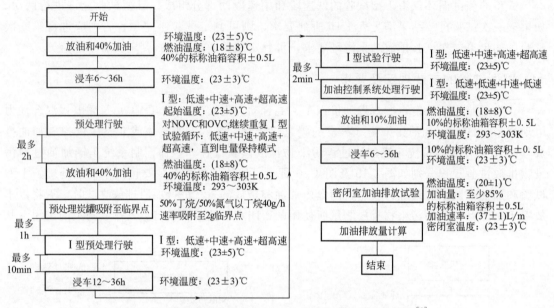

图4-20　整体控制系统车辆加油过程污染物排放试验规程[8]

第五节　重型汽车的排放标准及测试规范简介

一、重型汽车污染物排放试验项目

生态环境部与国家市场监督管理总局2018年6月28日联合发布国家污染物排放标准GB 17691—2018《重型柴油车污染物排放限值及测量方法（中国第六阶段）》，GB 17691—2018自2019年7月1日起实施[9]，并于2019年7月1日起废止《装用点燃式发动机重型汽车曲轴箱污染物排放限值及测量方法》（GB 11340—2005）中气体燃料点燃式发动机相关内容及《车用压燃式、气体燃料点燃式发动机与汽车排气污染物排放限值及测量方法（中国Ⅲ、Ⅳ、Ⅴ阶段）》（GB 17691—2005）。

GB 17691—2018规定了装用压燃式发动机汽车及压燃式发动机所排放的气态和颗粒污染物的排放限值及测试方法，以及天然气或液化石油气燃料点燃式发动机汽车及其发动机所排放的气态污染物的排放限值及测试方法。

与第五阶段标准（GB 17691—2005）相比，第六阶段标准加严了污染物排放限值，增加了粒子数量排放限值，变更了污染物排放测试循环；增加了非标准循环排放测试要求和限值、整车实际道路排放测试要求和限值、排放质保期规定和实际行驶工况有效数据点氮氧化物排放浓度要求等。

GB 17691—2018《重型柴油车污染物排放限值及测量方法（中国第六阶段）》适用于

基准质量大于 3500kg 的 M_1、M_2 类及所有 M_3 和 N_2、N_3 类汽车装用的压燃式、气体燃料点燃式发动机及其车辆的型式检验、新生产车的排放监督检查，以及在用车符合性检查。污染物排放试验项目如表 4-20 所列。试验循环分为标准和非标准两类，标准循环用于发动机（发动机系族）型式检验；非标准循环用于发动机（发动机系族）型式检验和车辆型式检验的整车车载法（PEMS）试验。

发动机（发动机系族）型式检验指发动机（发动机系族）的一种机型在设计完成后，对试制出来的新产品进行的定型试验，以验证产品能否满足本标准技术要求的检验。发动机稳态工况试验循环用于气态污染物、颗粒物（PM）、粒子数量（PN）、CO_2 和油耗的测量；发动机瞬态循环（WHTC）用于气态污染物、颗粒物（PM）和粒子数量（PN）的测量。发动机台架非标准循环用于气态污染物和颗粒物测量。整车车载法（PEMS）试验用于 CO、THC、NO_x 和粒子数量（PN）测量。

表 4-20　污染物排放试验项目[9]

试验项目			柴油机	单一气体燃料机	双燃料发动机①
标准循环	稳态工况（WHSC）	气态污染物	进行	—	进行
		颗粒物(PM)			
		粒子数量(PN)			
		CO_2 和油耗			
	瞬态工况（WHTC）	气态污染物	进行	进行	进行
		颗粒物(PM)			
		粒子数量(PN)			
非标准循环	发动机台架非标准循环(WNTE)	气态污染物	进行	—	进行
		颗粒物(PM)			
	整车车载法(PEMS)试验②		进行	进行	进行
曲轴箱通风			进行	进行	进行
耐久性			进行	进行	进行
OBD			进行	进行	进行
NO_x 控制			进行	—	进行

① 按 GB 17691—2018 中附录 N 的要求进行型式检验。
② 整车 PEMS 试验，可以是 GB 17691—2018 中 6.2.2 规定的该发动机所安装车型的 PEMS 试验之一。

二、车辆或发动机污染物的排放限值及测量方法

发动机标准循环试验项目、发动机非标准循环（WNTE）试验项目和整车试验（PEMS）项目的排放限值如表 4-21～表 4-23 所列。发动机标准循环排放限值与试验循环和发动机型式相关；压燃式发动机限值的污染物有 CO、THC、NO_x、NH_3、PM 和 PN 六个；点燃式发动机限值的污染物有 CO、NMHC、CH_4、NO_x、NH_3、PM 和 PN 七个；其中 NH_3 较为特殊，排放限值为体积分数。发动机非标准循环（WNTE）试验项目限值的污染物有 CO、THC、NO_x 和 PM 四个；压燃式发动机 PEMS 试验限值的污染物有 CO、NO_x 和 PN 三个；点燃式发动机 PEMS 试验限值的污染物有 CO、THC、NO_x 和 PN 四个。

表 4-21 发动机标准循环排放限值[9]

试验	CO /[mg/(kW·h)]	THC /[mg/(kW·h)]	NMHC /[mg/(kW·h)]	CH_4 /[mg/(kW·h)]	NO_x /[mg/(kW·h)]	NH_3 /$\times 10^{-6}$	PM /[mg/(kW·h)]	PN /[个/(kW·h)]
WHSC 工况（压燃式）	1500	130	—	—	400	10	10	8.0×10^{11}
WHTC 工况（压燃式）	4000	160	—	—	460	10	10	6.0×10^{11}
WHTC 工况（点燃式）	4000	—	160	500	460	10	10	6.0×10^{11}

表 4-22 发动机非标准循环（WNTE）排放限值[9]

试验工况	CO /[mg/(kW·h)]	THC /[mg/(kW·h)]	NO_x /[mg/(kW·h)]	PM /[mg/(kW·h)]
WNTE 工况	2000	220	600	16

表 4-23 整车试验排放限值[9]

试验工况	CO/[mg/(kW·h)]	THC /[mg/(kW·h)]	NO_x /[mg/(kW·h)]	PN① /[个/(kW·h)]
压燃式	6000	—	690	1.2×10^{12}
点燃式	6000	240(LPG),750(NG)	690	—
双燃料	6000	1.5×WHTC 限值	690	1.2×10^{12}

① PN 限值从 6b 阶段开始实施。

气体组分可以采用直接采样或全流稀释系统（CVS 系统）测量；颗粒物可以采用部分流稀释系统或全流稀释系统（CVS 系统）测量。污染物测量结果由各种污染物的排放质量和相应的发动机循环功计算得到。气体污染物、PM 和 PN 的测量方法与轻型汽车基本相同，此处不予赘述。

三、发动机非标准循环（WNTE）和整车实际道路排放测试规程

1. 发动机非标准循环（WNTE）

试验工况的发动机转速和转矩应位于图 4-21 中所示的 WNTE 控制区域内（阴影部分），WNTE 控制区域由 5 条线段围成[17]。图 4-21 中 n_{hi} 为 70% 最大发动机功率时的最高发动机转速；n_{lo} 为 50% 最大发动机功率时的最低发动机转速。n_{15} 表示由下式计算得到的转速。

$$n_{15}=n_{lo}+0.15(n_{hi}-n_{lo})$$

常规污染物的质量比排放测试点应为位于 WNTE 控制区域内划分的网格中的随机分布点。若发动机额定转速＜3000r/min，则把 WNTE 分成 9 网格，即测试点为 9 个；若额定转速≥3000r/min，则把 WNTE 分成 12 个网格，即测试点为 12 个[9]。

2. 整车实际道路排放测试规程

整车实际道路排放测试采用便携式排放测试系统（PEMS）进行，试验路线构成应接近于汽车正常使用时的道路运行工况分布。整车试验路线应包括市区道路、市郊道路和高速公路，其构成比例偏差与实际情况相差≤±5%。

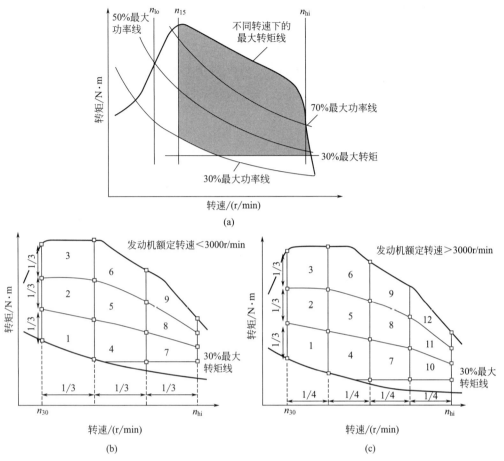

图 4-21 发动机非标准循环

除公交、环卫和邮政等特殊用途的城市车辆外，M_1、M_2、M_3 和 N_1、N_2 类车辆的测试道路组成为：45% 的车辆行驶速度 ≤50km/h 且平均车速为 15~30km/h 的市区道路、25% 的车辆行驶速度 ≤75km/h 且平均车速为 45~70km/h 的市郊道路和 30% 的车辆行驶速度 >75km/h 的高速公路。

对于公交、环卫和邮政等城市车辆，车辆测试道路组成为：70% 的市区道路和 30% 的市郊道路。

对于 N_3 类车辆，车辆测试道路组成为 20% 的市区道路、25% 的市郊道路和 55% 的高速公路。

整车实际道路排放测试时，汽车行驶时的加速、减速、匀速和怠速的大约时间占比依次为 26.9%、22.6%、38.1% 和 12.4%。

四、曲轴箱排放试验、排放控制装置的耐久性和排放质保期的主要规定

1. 发动机曲轴箱排放试验

发动机曲轴箱内的任何气体不允许直接排入大气。如果在所有运转工况下，曲轴箱排气均被引入排气后处理装置的上游排气中（闭式），则认定曲轴箱排放满足要求；否则，应按照开式曲轴箱污染物评价方法进行曲轴箱排放测试。

2. 排放控制装置的耐久性

发动机系族或发动机-后处理系统系族的污染物排放控制装置耐久性应满足表 4-24 规定的行驶里程或使用年限。型式检验时,应按相关规定,确定发动机系族或发动机-后处理系统系族的劣化系数,以证明其排放耐久性符合本标准的要求。

表 4-24 有效寿命期[9]

车辆类型	有效寿命期①	
	行驶里程/km	使用年限/年
M_1、M_2 和 N_1	200000	5
最大设计总质量不超过 18t 的 N_2 和 N_3 类车辆;M_3 类中的 Ⅰ 级、Ⅱ 级和 A 级车辆;以及最大设计质量不超过 7.5t 的 M_3 类中的 B 级车辆	300000	6
最大设计总质量超过 18t 的 N_3 类车辆;M_3 类中的 Ⅲ 级车辆;以及最大设计总质量超过 7.5t 的 M_3 类中的 B 级车辆	700000	7

① 行驶里程和使用时间两者中以先到者为准。

3. 排放质保期规定

生产企业应保证排放相关零部件在有效寿命期内的正常功能。如果在质保期内出现故障或损坏,导致排放控制系统失效,或车辆排放超过标准限值要求时,生产企业应当承担相关维修费用。生产企业应对行驶里程 80000km 或 5 年之内的 M_1、M_2 和 N_1 类汽车,以及行驶里程 160000km 或 5 年之内的 M_3、N_2 和 N_3 类汽车的排放相关零部件提供排放质保服务。

五、耐久性运行试验的主要规定

耐久性运行试验在安装了试验发动机的车辆上或发动机台架上进行[9]。耐久性试验方式、耐久试验行驶里程(或发动机运行时间)以及耐久循环由生产企业根据工程经验选择。耐久性运行试验中的气体和颗粒物排放的试验采用热启动 WHTC 和 WHSC 试验工况,最少测量 5 次气体和颗粒物排放,并且包括开始点和寿命终点,试验点之间的间隔里程应均匀分布。开始点和有效寿命终点的排放值应满足标准的规定限值要求,中间测试点的排放结果可以超出限值。每次测量时可以只选择一种循环(WHSC 或热态 WHTC),另一种循环只在耐久性运行试验开始时和结束时进行。根据每种污染物有效寿命终点和耐久性试验起点的排放之比或之差即可确定试验车辆的污染物控制装置的劣化系数。根据劣化系数即可确认耐久性运行试验结果是否合格。

第六节 欧盟、美国和日本的汽车污染物排放限值及测试规范简介

一、欧盟的排放限值及测试规范简介

1. EU(European Union)的轻型乘用车及商用汽车排放标准[18]

欧 6 标准的排放限值分别为见表 4-25 和表 4-26,标准限值适用车型为 M_1、M_2、M_3 类乘用车,以及轻型商用车 N_1 类中的 CL_1、CL_2、CL_3 三个子类和 N_2 类载货汽车。M_1、

M_2、M_3、N_1 和 N_2 类乘用车的定义与我国的相同，由于 N_2 为厂定最大总质量超过 3.5t 但不超过 12t 的载货车辆，因此，可以说该标准对商用车而言，N_2 类车的排放限值与其质量无关。N_1 类中的 CL_1、CL_2 和 CL_3 三个子类是欧盟的排放限值中独有的。按照车辆基准质量（Reference Mass，RM）的不同，CL_1、CL_2 和 CL_3 的定义分别如下：CL_1 指基准质量不超过 1.305t 的四轮及四轮以上载货车辆；CL_2 指 $1.305t<RM\leqslant1.760t$ 的四轮及四轮以上载货车辆；CL_3 指 $1.760t<RM\leqslant3.500t$ 的四轮及四轮以上载货车辆。可见，点燃式发动机汽车排放限值共有 THC、NMHC、NO_x、CO、PM 和 PN 六项限值；压燃式发动机汽车排放限值有 NO_x、NO_x+HC、CO、PM 和 PN 五项限值。

表 4-25 欧 6 点燃式发动机汽车排放限值[18]

车辆类别	阶段	THC	NMHC	NO_x	CO	PM[①]	PN[①,②]
		/(mg/km)					/(个/km)
M,CL_1	欧 6b,欧 6c,欧 6d-Temp,欧 6d	100	68	60	1000	4.5	6.0×10^{11}
CL_2	欧 6b,欧 6c,欧 6d-Temp,欧 6d	130	90	75	1810	4.5	6.0×10^{11}
CL_3,N_2	欧 6b,欧 6c,欧 6d-Temp,欧 6d	160	108	82	2270	4.5	6.0×10^{11}

① 按照联合国 Reg 83 Suppl 7 中定义的测试程序测量。
② 仅适用于压燃式和缸内直喷汽油机汽车，在制造商要求的情况下，对于欧 6 缸内直喷式汽车，型式核准/首次注册登记的颗粒排放限值 6.0×10^{12} 的日期可以延迟 3 年。

表 4-26 欧 6 压燃式发动机汽车排放限值[18]

车辆类别	阶段	NO_x	$HC+NO_x$	CO	PM[②]	PN[②]
		/(mg/km)				/(个/km)
M[①],CL_1	欧 6b,欧 6c,欧 6d-Temp,欧 6d	80	170	500	4.5	6.0×10^{11}
CL_2	欧 6b,欧 6c,欧 6d-Temp,欧 6d	105	195	630	4.5	6.0×10^{11}
CL_3,N_2	欧 6b,欧 6c,欧 6d-Temp,欧 6d	125	215	740	4.5	6.0×10^{11}

① 压燃式发动机汽车：免税的 M_1 车辆必须符合 CL_3 试验 I 的限值，非免税的车辆必须符合欧 6 限值。
② 按照联合国 Reg 83 Suppl 7 中定义的测试程序测量。

表 4-25 和表 4-26 中欧 6b、欧 6c、欧 6d-Temp、欧 6d 四个阶段的主要区别如下。欧 6b 污染物测量采用的测试循环为 NEDC。欧 6c 的特点是在欧 6b 的基础上明确了点燃式发动机汽车的最终 PN 标准，要求采用 OBD EURO 6-2 和使用 E10 和 B7 基准燃料，污染物测量循环为 NEDC，但增加了 NO_x 的 RDE 测试，测试结果仅用于监测。欧 6d-Temp 与欧 6c 的差别是增加了针对临时符合性因子的 RDE 测试。欧 6d 与欧 6d-Temp 的区别是确定了针对最终符合性因子的 RDE 测试。值得说明的是，从 2016 年 4 月开始采用 RDE 试验监测新车的 NO_x，从欧 6d-Temp 开始使用临时符合性因子；欧 6d 开始采用最终的符合性因子。从 2017 年 9 月新车型开始采用 WLTC 驾驶循环替代 NEDC，从 2018 年 9 月开始所有车辆采用 WLTC 驾驶循环。

欧盟还要求所有欧 6 乘用车和轻型商用车辆进行 NO_x 和 PN 排放的实际道路排放试验（RDE），并同时测量和记录 CO 排放量。RDE 监控阶段始于 2016 年 4 月 20 日。新车型从 2017 年 9 月起，所有新车从 2019 年 9 月起，其 RDE 试验测试的 PN 和 NO_x 排放值分别不得超过相应车型限值的 1.5 倍和 2.1 倍。新车型从 2020 年 1 月起，所有新车从 2021 年 1 月起，其 RDE 试验测试的 NO_x 排放值不得超过相应车型限值的 1.5 倍[19]。

欧 6b、欧 6c、欧 6d-Temp、欧 6d 四个阶段的型式核准试验和首次注册登记日期如表 4-27

所列。

表 4-27 欧 6b、欧 6c、欧 6d-Temp、欧 6d 四个阶段的型式核准试验和首次注册登记日期

车辆类别		欧 6b	欧 6c	欧 6d-Temp	欧 6d
M、CL_1	型式核准试验	2014 年 9 月 1 日	2017 年 9 月 1 日	2017 年 9 月 1 日	2020 年 1 月 1 日
	首次注册登记	2015 年 9 月 1 日	2018 年 9 月 1 日	2019 年 9 月 1 日	2021 年 1 月 1 日
CL_2、CL_3、N_2	型式核准试验	2015 年 9 月 1 日	2018 年 9 月 1 日	2018 年 9 月 1 日	2021 年 1 月 1 日
	首次注册登记	2016 年 9 月 1 日	2019 年 9 月 1 日	2020 年 9 月 1 日	2022 年 1 月 1 日

为了了解目前汽车产品能达到的排放水平和欧 6 排放标准限值之间的差别，表 4-28 和表 4-29 分别列出了 2018 年英国市场欧 6 汽油车和柴油车在 NEDC 工况下的排气污染物及噪声的测量结果。与欧 6 排放标准限值相比，目前汽车产品可以达到远低于限值的排放水平。

表 4-28 2018 年英国市场欧 6 汽油车 NEDC 工况下的排气污染物及噪声测量结果示例[20]

参数	CO/(mg/km)	HC/(mg/km)	NO_x/(mg/km)	CO_2/(g/km)	油耗/(L/100km)	噪声/dB(A)
起亚 Niro	111	28	4	88	3.8	72
菲亚特 500	348	42	31	88	3.8	73

表 4-29 2018 年英国市场欧 6 柴油车 NEDC 工况下的排气污染物及噪声测量结果示例[20]

参数	CO/(mg/km)	NO_x/(mg/km)	HC+NO_x/(mg/km)	PM/(mg/km)	CO_2/(g/km)	油耗/(L/100km)	噪声/dB(A)
BMW 1	119	37	66	0.14	89	3.4	68
MINI F56	193	38	107	0.1	89	3.4	71

2. 欧盟的重型车用发动机排放标准[21]

欧盟的汽车排放标准除了上述轻型乘用车及商用汽车排放标准外，还有重型车用发动机的排放标准。1992 年开始执行欧 1 重型车用发动机排放标准，之后陆续发布了欧 2～欧 6 重型车用发动机排放标准。欧 1～欧 5 使用的测试工况有稳态发动机试验循环 ECE R-49、ESC、ELR 和瞬态工况 ETC 等；污染物种类有 CO、THC、NO_x、PM 和烟度。

欧 6 开始采用全球统一的稳定循环（WHSC）和瞬态试验循环（WHTC）测量车用发动机污染物排放量。采用 WHSC 试验循环时，柴油和气体发动机排气污染物有表 4-30 所列的 CO、THC、NO_x、NH_3、PM 和 PN 六项限值；采用 WHTC 试验循环测量时，柴油和气体发动机排气污染物有表 4-31 所列的 CO、NMHC、CH_4、NO_x、NH_3、PM 和 PN 七项限值。该排放标准适用于所有装备压燃式发动机或点燃式天然气（NG）或 LPG 发动机，且最大允许装载质量超过 3500kg 的机动车辆。

表 4-30 欧盟的重型车柴油和气体发动机的欧 6 排放标准（WHSC 试验循环）[22]

实施日期	CO/[g/(kW·h)]	THC/[g/(kW·h)]	NO_x/[g/(kW·h)]	PM/[g/(kW·h)]	PN/[个/(kW·h)]	NH_3
2013 年 01 月	1.5	0.13	0.4	0.01	$8.0×10^{11}$	/$×10^{-5}$

表 4-31 欧盟的重型汽车柴油和气体发动机的欧 6 排放标准（WHTC 试验循环）

实施日期	CO /[g/(kW·h)]	NMHC /[g/(kW·h)]	CH₄[①] /[g/(kW·h)]	NO$_x$ /[g/(kW·h)]	PM /[g/(kW·h)]	PN /[个/(kW·h)]	NH₃
2013 年 01 月	4.0	0.16[②]	0.5	0.46	0.01	6.0×10¹¹	/×10⁻⁵

① 仅限 NG 和 LPG 燃气发动机。
② THC 用于柴油发动机。

二、美国联邦（加利福尼亚州除外）的汽车限值及测试规范简介

1. 美国联邦乘用车和轻型货车的排放标准

美国现行的乘用车和轻型货车的排放标准是 2014 年 3 月美国环保署（EPA）发布的 Tier 3 标准[23]。Tier 3 标准从 2017 年开始逐步实施，2025 年全面实施。与 Tier 2 标准相比，Tier 3 标准降低了轿车、轻型卡车、中型客车和部分重型车的排气排放污染物及蒸发排放污染物限值，轻型车车队平均 NMOG+NO$_x$ 排放减少了约 80%、单车 PM 排放减少了 70%；重型车车队平均的 NMOG+NO$_x$ 和单车 PM 排放同时下降了 60%。排放控制装置耐久性里程（寿命）从 120000mile（193080km）延长到 150000mile（241350km）。Tier 3 标准限值的污染物项目有 NMOG+NO$_x$、CO、HCHO 和 PM 四项[23]。标准规定制造商生产的所有类型燃料车辆必须达到表 4-32 所列的七个 Bin 限值中的一个，车辆污染物测量时采用 FTP-75 测试循环，但测量 NMOG+NO$_x$ 限值时，需要采用额外的追加测试循环。Bin 的命名依据是 NMOG+NO$_x$ 的排放限值数量，如 Bin 160 表示 NMOG+NO$_x$ 的排放限值为 160mg/mile（99.4mg/km）。Bin 160 的 NMOG+NO$_x$ 限值与 Tier 2 标准 Bin 5 相当。

表 4-32 Tier 3 标准认证 Bin 限值[24]

Bin	NMOG+NO$_x$		PM[①]		CO		HCHO	
	mg/mile	mg/km	mg/mile	mg/km	g/mile	g/km	mg/mile	mg/km
Bin 160	160	99.4	3	1.9	4.2	2.6	4	2.5
Bin 125	125	77.7	3	1.9	2.1	1.3	4	2.5
Bin 70	70	43.5	3	1.9	1.7	1.1	4	2.5
Bin 50	50	31.1	3	1.9	1.7	1.1	4	2.5
Bin 30	30	18.6	3	1.9	1	0.6	4	2.5
Bin 20	20	12.4	3	1.9	1	0.6	4	2.5
Bin 0	0	0.0	0	0.0	0	0.0	0	0.0

① 2017～2020 年为过渡阶段，制造商销售的部分车辆满足 PM 限值即可（详见表 4-33）。
注：1mile=1.609km。

NMOG+NO$_x$ 和 CO 的限值采用 FTP 及 SFTP 两种试验循环测试，SFTP 测试循环由 FTP、US06 和 SC03 三部分组成，US06 循环代表公路驾驶模式，包括更高的速度和加速度变化；SC03 循环则模拟了 35℃ 环境温度下车辆使用空调的工况。采用 SFTP 试验循环测试时，NMOG+NO$_x$ 的限值如表 4-33 所列；CO 排放限值则为一个固定值 4.2g/mile（2.6g/km），该值与 Tier 3 标准认证 Bin 160 的限值相同。表 4-33 所列的 Tier 3 标准 NMOG+NO$_x$ 车队平均标准，从 2017 年开始，到 2025 年结束，NMOG+NO$_x$ 的限值逐年降低。SFTP 循环的 NMOG+NO$_x$ 测试结果由 FTP、US06 和 SC03 测试结果加权计算，其计算公

式如下。

$$(NMOG+NO_x)_{SFTP}=0.35(NMOG+NO_x)_{FTP}+0.28(NMOG+NO_x)_{US06}+0.37\times(NMOG+NO_x)_{SC03}$$

式中，$(NMOG+NO_x)$ 代表测试的污染物 NMOG 与 NO_x 的排放量之和，下标 SFTP 等代表测试时使用的测试循环。

表 4-33 Tier 3 标准 SFTP 试验循环 $NMOG+NO_x$ 车队平均标准[25]

车辆种类	单位	2017[①]年	2018年	2019年	2020年	2021年	2022年	2023年	2024年	2025年
LDV、LDT MDPV	mg/mile	103	97	90	83	77	70	63	57	50
	mg/km	64.0	60.3	55.9	51.6	47.8	43.5	39.1	35.4	31.1

① 对于 MDPV（Medium-Duty Passenger Vehicles）及车辆总质量等级（Gross Vehicle Weight Rating，GVWR）6000 lb（2721.6kg）及以上的 LDV（Light-Duty Vehicles）和 LDT（Light-Duty Trucks）车辆，车队平均标准应用开始时间为 2018 年。

注：1mile=1.609km；1lb=0.4536kg。

PM 的限值则采用 FTP 和 US06 两种试验循环测试，两种试验循环下车辆排放的 PM 限值如表 4-34 所示。Tier 3 PM 标准不是车队平均标准，适用于每个独立注册的车辆。然而，由于未来汽车技术不确定性，如缸内直接喷射汽油发动机、自动启停系统和超低排放 PM 的控制或测量方法等，因此美国环境保护局采用的 PM 标准期限为 5 年。在过渡阶段按表 4-34 所示的基于销售车辆的百分比执行，即在 2017 年、2018 年、2019 年、2020 年销售车辆的 20%、20%、40% 和 70% 需要达到标准规定的认证限值，剩余的车辆达到过渡期标准限值 6mg/mile（3.7mg/km）即可，但到 2021 年，全部销售车辆均应达认证标准限值[25,26]。

表 4-34 Tier 3 PM 标准分阶段实施表[25,26]

试验循环	阶段		2017年	2018年	2019年	2020年	2021年	2022年	2023年	2024年以后
	销售车辆的比例/%		20[①]	20	40	70	100	100	100	100
FTP	认证标准	mg/mile	3	3	3	3	3	3	3	3
		mg/km	1.9	1.9	1.9	1.9	1.9	1.9	1.9	1.9
	在生产车标准	mg/mile	6	6	6	6	6	3	3	3
		mg/km	3.7	3.7	3.7	3.7	3.7	1.9	1.9	1.9
US06	认证标准	mg/mile	10	10	6	6	6	6	6	6
		mg/km	3.7	3.7	3.7	3.7	3.7	3.7	3.7	3.7
	在生产车标准	mg/mile	10	10	10	10	10	10	10	6
		mg/km	6.2	6.2	6.2	6.2	6.2	6.2	6.2	3.7

① 2017 年开始，制造商 LDV（Light-Duty Vehicles）和 LDT（Light-Duty Trucks）车队中车辆总质量等级（GVWR）6000lb（2721.6kg）以下的 20%，或者 LDV、LDT 和 MDPV 车队的 10% 必须达到认证标准。

注：1mile=1.609km；1lb=0.4536kg。

2. 美联邦重型汽车（HDV）Tier 3 排放标准

美联邦重型汽车 Tier 3 排放标准适用于 GVWR 在 8501lb（3856.1kg）～14000lb（6350.4kg）之间的车辆。把 GVWR 在 8501lb（3856.1kg）～10000lb（4536.0kg）之间的卡车称为 2b 类重型汽车，把 GVWR 在 10001lb（4536.5kg）～14000lb（6350.4kg）之间的卡车称为 3 类重型汽车。Tier 3 标准中 2b 类和 3 类重型汽车的排放标准如表 4-35 和表 4-36 所列[24]。Tier 3 标准限值的污染物项目有 $NMOG+NO_x$、NMOG、NO_x、PM、CO 和

HCHO 六项。与轻型车相比,除了把 NMOG+NO$_x$ 列为限值之外,还把 NMOG 和 NO$_x$ 分别列为限值。由于重型汽车尺寸大,排量、载重量和测试负载大,因此 2b 类和 3 类重型汽车的排放标准明显高于轻型车。制造商生产的 2b 类和 3 类重型汽车必须达到表 4-35 和表 4-36 所列 Bin 限值中的一个,并且 NMOG+NO$_x$ 排放量应满足表 4-38 所列 FTP 驾驶循环下车队平均的排放限值,FTP 驾驶循环下车队平均 NMOG+NO$_x$ 排放限值从 2018 年开始执行,并逐步加严,2022 年及以后 2b 类和 3 类重型汽车 NMOG+NO$_x$ 排放限值分别达到 178mg/mile(110.6mg/km)和 274mg/mile(170.3mg/km)。标准规定车辆污染物测量时采用 FTP(Federal Test Procedure)程序测试,但测量 NMOG+NO$_x$ 限值时,需要采用额外的追加测试循环(SFTP),其测试结果需满足表 4-35～表 4-37 所列的 2b 类和 3 类重型汽车 FTP 驾驶循环下认证 Bin 的排放限值,以及 FTP 驾驶循环下车队平均 NMOG+NO$_x$ 的排放限值。表 4-36 和表 4-37 中 Bin 的命名依据是 NMOG+NO$_x$ 的排放限值数量,如 Bin150 表示 NMOG+NO$_x$ 的排放限值为 150mg/mile(93.2mg/km)。

表 4-35　2b 类重型汽车 FTP 驾驶循环下认证 Bin 的排放限值[24]　　单位：mg/mile

Bin	NMOG+NO$_x$	NMOG	NO$_x$	PM	CO	HCHO
340	—	140	200	8	6.4	6
250	250	—	—	8	6.4	6
200	200	—	—	8	4.2	6
170	170	—	—	8	4.2	6
150	150	—	—	8	3.2	6
0	0	—	—	0	0	0

注：1mile=1.609km。

表 4-36　3 类重型汽车 FTP 驾驶循环下认证 Bin 的排放限值[24]　　单位：mg/mile

Bin	NMOG+NO$_x$	PM	CO	HCHO
400	400	10	7.3	6
270	270	10	4.2	6
230	230	10	4.2	6
200	200	10	3.7	6
0	0	0	0	0

注：1mile=1.609km。

表 4-37　Tier 3 重型汽车 2018 年以后 FTP 驾驶循环下车队平均 NMOG+NO$_x$ 的排放限值[24]

单位：mg/mile

车辆类别	2018 年	2019 年	2020 年	2021 年	2022 年及以后
2b 类	278	253	228	203	178
3 类	451	400	349	298	247

注：1mile=1.609km。

Tier 3 为美国第一个重型汽车 SFTP 试验循环下的排放限值标准。因此,重型汽车还要求车辆满足 SFTP 试验循环下的 Tier 3 排放要求,SFTP 试验循环下的排放限值如表 4-38 所列。SFTP 试验循环下的排放限值对于 2b 类车辆既考虑了其 FTP 的 Bin 限值,又考虑了车辆"功率/总质量"的比值;3 类车辆 SFTP 试验循环下的排放限值则仅考虑其 FTP 的 Bin 限值。

表 4-38 重型车 SFTP 试验循环下的 Tier 3 排放限值[24]

车辆类别		SFTP 试验循环下的排放限值/(mg/mile)		
		NMOG+NO$_x$	PM	CO
2b 类且功率/总质量≤0.024hp/lb	FTP Bins 200,250,340	550	7	22
2b 类	FTP Bins 150,170	350	7	12
2b 类	FTP Bins 200,250,340	800	10	22
2b 类	FTP Bins 150,170	450	10	12
3 类	FTP Bins 270,400,570	550	7	6
3 类	FTP Bins 200,230	350	7	4

注：1mile=1.609km；1hp=0.735kW；1lb=0.4536kg。

3. 美国联邦重型公路车用发动机排放标准

美国联邦的汽车排放标准除了上述针对整车的排放之外，还有针对重型公路车用的发动机排放标准。美国联邦重型公路车用发动机（清洁燃料车队）排放标准如表 4-39 所列。标准规定了低排放车辆（LEV）、固有低排放车辆（ILEV）、超低排放车辆（ULEV）用发动机排放的 NMHC+NO$_x$、CO、PM 和 HCHO 限值。对低排放车辆用仅明确规定发动机 NMHC+NO$_x$ 排放的限值，CO、HCHO 和 PM 限值与传统车辆相关标准（详见美国 EPA 的 CFR Part 86）相同。

表 4-39 美国联邦重型公路车用发动机（清洁燃料车队）排放标准[27]

标准代号	NMHC+NO$_x$/[g/(hp·h)]	CO/[g/(hp·h)]	PM/[g/(hp·h)]	HCHO/[g/(hp·h)]
LEV	3.8	b	b	b
ILEV	2.5	14.4	0.10	0.05
ULEV	2.5	7.2	0.05	0.025

注：b 表示低排放重型汽车用发动机的排放应符合传统车辆相关标准的 CO、NMOG 和 PM。1hp=0.735kW。

4. 美国的温室气体排放标准

美国的汽车排放有两套平行标准：一套是上述有毒污染物排放标准；另一套是美国环保署的温室气体标准。该标准要求汽车按照 FTP-75 驾驶循环行驶时，其排气中 N$_2$O 和 CH$_4$ 分别不超过 0.010g/mile 和 0.030g/mile，CO$_2$ 排放应达到表 4-40 所列的车队平均目标值。车队平均目标值分为乘用车、轻型载重车和综合三个目标值。综合目标值指 67% 的乘用车和 33% 的轻型载重车组成的车队的加权平均值。表 4-40 中的油耗为碳排放的当量油耗。

表 4-40 美国 2017~2025 年的 CO$_2$ 排放目标值[18]

车辆种类	限值	2017 年	2018 年	2019 年	2020 年	2021 年	2022 年	2023 年	2024 年	2025 年
乘用车	CO$_2$/(g/mile)	212	202	191	182	172	164	157	150	143
	油耗/MPG	41.9	44.0	46.5	48.8	51.7	54.2	56.6	59.3	62.2
轻型载重车	CO$_2$/(g/mile)	295	285	277	269	249	237	225	214	203
	油耗/MPG	30.1	31.2	32.1	33.0	35.7	37.5	39.5	41.5	43.8
综合	CO$_2$/(g/mile)	243	232	222	213	199	190	180	171	163
	油耗/MPG	36.6	38.3	40.0	41.7	44.7	46.8	49.4	52.0	54.5

注：1MPG（mile/gallon）≈0.3539km/L；1mile=1.609km。

5. FTP 和 SFTP 测试循环

FTP（Federal Test Procedure）一般指 FTP-75 测试循环；SFTP 测试循环指 FTP-75、US06 和 SC03 三部分组成的测试循环[23,24]。下面对 FTP-75、US06 和 SC03 分别做介绍。

（1）FTP-75 试验循环　世界上最早的排放测试试验循环是由美国加利福尼亚州 1966 年制定的试验循环。该试验循环已于 20 世纪 70 年代初美国联邦试验循环 FTP-72 所代替，FTP-72 是通过对美国洛杉矶市早上上班的公共汽车的运行工况实测得到的，1975 年后已被改进为 FTP-75 的试验循环。FTP-75 试验循环是美国乘用车和轻型货车排放标准规定的试验循环。

FTP-75 试验循环分四阶段进行：第一阶段为冷启动（环境温度 20～30℃）瞬态阶段（0～505s）；第二阶段为稳定阶段（505～1372s）；第三阶段为热浸阶段（最少 540s，最长 660s）；第四阶段为热启动瞬态阶段（0～505s）。第四阶段的速度-时间变化历程曲线与第一阶段冷启动瞬态阶段相同。由于第三阶段车辆速度一直为零，故在速度-时间曲线中未进行表示。FTP-75 试验循环的速度-时间曲线如图 4-22 所示。试验总里程为 17.77km（11.04mile），总试验时间为 2477s，每循环热浸持续行驶时间为 1877s，平均车速为 34.12km/h（21.2mile/h），最高车速出现在第 240s 时其大小为 91.25km/h（56.7mile/h）。车辆三个运行阶段的排放物和环境空气分别取样到三个袋中，进行分析并乘以不同的加权系数，其和即为测试结果。冷启动瞬态阶段、稳定阶段和热启动瞬态阶段的加权系数依次为 0.43、1.0、0.57。第一和第三阶段的试验循环反映市区试验循环，有时称为 LA♯4 循环或 UDDS（Urban Dynamometer Driving Schedule）循环。

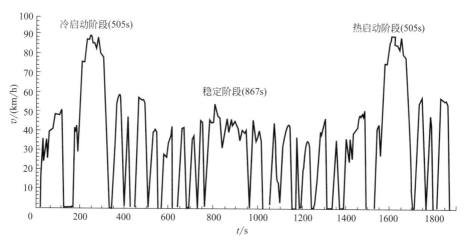

图 4-22　FTP-75 试验循环的速度-时间曲线[23]

（2）US06 试验循环　2000～2004 年之间美国联邦法规逐渐引入了 SFTP 试验循环。SFTP 包括高速公路行驶状况下排放的 US06 工况和城市中空调使用状况下排放的 SC03 工况。US06 是由 FPT-72 发展而来的一个瞬态循环，用于乘用车和轻型货车认证的排放值测试。US06 是美联邦增补的一个试验循环，用于弥补 FTP-75 的不足。SFTP US06 试验循环反映了汽车用高速、高加速、高速时高加速和速度快速变化等运行模式，用于模拟在浸蚀的公路上的运行。US06 的试验循环如图 4-23 所示，该试验循环的总路程为 12.8km（8.01mile），平均速度为 77.9km/h（48.4mile/h），最高速度为 129.2km/h（80.3mile/h），试验时间为596s。

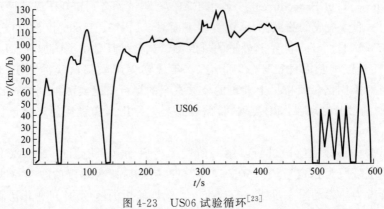

图4-23 US06试验循环[23]

(3) SC03试验循环 美国联邦增补的另一个试验循环是用于模拟空调系统工作时排放的SC03试验循环。SC03的速度-时间关系曲线如图4-24所示。该试验循环的总路程为5.8km（3.6mile），平均速度为34.8km/h（21.6mile/h），最高速度为88.2km/h（54.8mile/h），试验时间为596s。

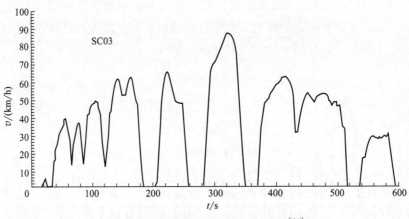

图4-24 SC03的速度-时间关系曲线[23]

三、日本排放限值及测试规范简介

1. 日本的次期汽车排放标准

表4-41和表4-42分别为日本汽油、液化石油气（LPG）及柴油乘用车、微型车、货车及客车的次期排放标准[6]。标准将车辆分为乘用车类、货车及客车类两大类。标准中限定的污染物为NMHC、CO、NO_x和PM共四种，限值对应的测试循环也在表中列出。乘用车根据燃料不同分为汽油、LPG及柴油乘用车三小类，三小类乘用车的排放限值相同，但标准实施的日期略有差异。日本汽油及液化石油气货车及客车则根据GVW质量的不同，分为微型汽车（长≤3.40m，宽≤1.48m，高≤2.00m，排量≤0.660L）、轻型车（GVW≤1700kg）、中型车（1700kg＜GVW≤3500kg）和重型车（GVW＞3500kg）四个类别，分别执行不同的排放限值，但汽油及液化石油气重型车（GVW＞3500kg）继续执行2009年制

定的排放标准，试验工况仍为 JE05。日本柴油货车及客车则根据 GVW 质量的不同，分为轻型车（GVW≤1700kg）、中型车（1700kg＜GVW≤3500kg）和重型车（GVW＞3500kg）三个类别，分别执行表 4-43 所列的排放限值。

表 4-41 日本汽油、LPG 及柴油乘用车排放限值[28]　　　　单位：g/km

生效时间	测试循环	CO 最大（平均）	NMHC 最大（平均）	NO$_x$ 最大（平均）	PM[①] 最大（平均）
2018 年	WLTC[②]	2.03(1.15)	0.16(0.10)	0.08(0.05)	0.007(0.005)

① 仅适用于装备 NO$_x$ 还原催化器的稀燃缸内直喷式汽油机汽车。
② 冷态 WLTC 下的测量值。

表 4-42 日本汽油及液化石油气微型车、货车及客车排放限值[6]　　　　单位：g/km

整备质量/kg	生效时间	测试循环	CO 最大（平均）	NMHC 最大（平均）	NO$_x$ 最大（平均）	PM[①] 最大（平均）
微型车	2019 年	WLTC[②]	7.06(4.02)	0.16(0.10)	0.08(0.05)	0.007(0.005)
GVW≤1700	2018 年	WLTC[②]	2.03(1.15)	0.16(0.10)	0.08(0.05)	0.007(0.005)
1700≤GVW≤3500	2019 年	WLTC[②]	4.48(2.55)	0.23(0.15)	0.11(0.07)	0.009(0.007)
GVW＞3500	2009 年	JE05	21.3(16.0)	0.31(0.23)	0.9(0.7)	0.013(0.010)

① 仅适用于装备 NO$_x$ 还原催化器的稀燃缸内直喷式汽油机汽车。
② 冷态 WLTC 下的测量值。

表 4-43 日本柴油乘用车、载重车及客车排放标准[28]

整备质量/kg	生效时间	测试循环	单位	CO 最大（平均）	NMHC 最大（平均）	NO$_x$ 最大（平均）	PM[①] 最大（平均）
GVW≤1700	2018 年	WLTC[②]	g/km	2.03(1.15)	0.16(0.10)	0.08(0.05)	0.007(0.005)
1700＜GVW≤3500	2019 年	WLTC[②]	g/km	4.48(2.55)	0.23(0.15)	0.11(0.07)	0.009(0.007)
GVW＞3500	2016 年[④]	WHTC[③]	g/(kW·h)	2.95(2.22)	0.23(0.17)	0.7(0.4)	0.013(0.010)

① 仅适用于装备 NO$_x$ 还原催化器稀燃缸内直喷式汽油机汽车。
② 冷态 WLTC 下的测量值。
③ 污染物限值由冷态 WHTC 模式的测量值乘以 0.14 与热状态下 WHTC 模式的测量值乘以 0.86 计算得到。
④ 载重车 2017 年开始执行，3500kg＜GVW≤7500kg 的车辆 2018 年开始执行。

2. 日本的汽车排放测试循环

日本的汽车排放测试循环如图 4-25 所示[29]。测试循环①为除去超高速段后的 class 3a 类车辆适用的 WTLP-gtr 测试循环。测试循环②为除去超高速段后的 class 3b 类车辆适用的 WTLP-gtr 测试循环。根据日本的次期汽车排放标准规定，汽油、液化石油气轻型载重车最高车速低于 120km/h 和最高车速超过 120km/h 的车辆分别采用测试循环①和②；乘用车、轻型和中型载重车采用测试循环②。

GVW＞3500kg 的汽油及液化石油气载重车及客车采用图 4-26 所示的 JE05 工况测试，工况的持续时间约为 1800s，平均速度为 26.94km/h，最高速度为 88km/h。GVW＞3500kg 的柴油载重车及客车的测试循环为 WHTC，污染物限值由冷态下 WHTC 模式的测量值乘以 0.14 与热状态下 WHTC 模式的测量值乘以 0.86 计算得到。

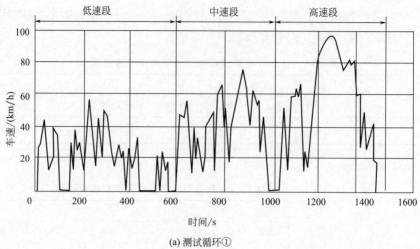

(a) 测试循环①

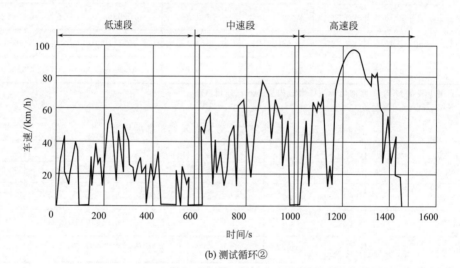

(b) 测试循环②

图 4-25　日本的汽车排放测试循环

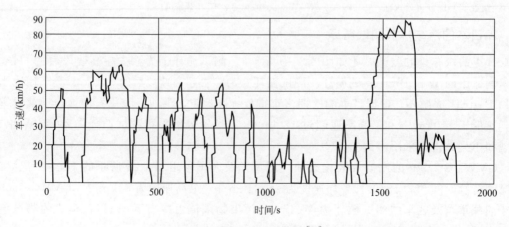

图 4-26　JE05 工况测试[30]

参 考 文 献

[1] 李兴虎.汽车环境污染与控制.北京：国防工业出版社，2011.
[2] 李兴虎.汽车环境保护技术.北京：北京航空航天大学出版社.2004.
[3] 北京市环境保护局.大气环境保护./http：//www.bjepb.gov.cn/bjhrb/xxgk/fgwj/hjbhbz13/dfhbbz92/index.html
[4] http：//kjs.mee.gov.cn/hjbhbz/
[5] ECOpoint Inc. Emission Standards./https：//www.dieselnet.com/standards/
[6] 環境省・経済産業省・国土交通省.次世代自動車ガイドブック2015./http：//www.env.go.jp/air/car/vehicles2015/index.html
[7] Ameya Joshi. Progress and Outlook on Gasoline Vehicle Aftertreatment Systems. Johnson Matthey Technology Review，2017，61（4）：311-325.
[8] 中华人民共和国国家标准.轻型汽车污染物排放限值及测量方法（中国第六阶段、GB 18352.6—2016）.北京：中国环境出版社，2017.
[9] 中华人民共和国生态环境部.重型柴油车污染物排放限值及测量方法（中国第六阶段、GB 17691—2018）.北京：中国环境出版社，2018./http：//kjs.mee.gov.cn/hjbhbz/bzwb/dqhjbh/dqydywrwpfbz/201807/t20180703_445995.shtml.
[10] European commission joint research centre. institute for environment and sustainability. regulated emissions of a euro 5 passenger car measured over different driving cycles./http：//www.unece.org/fileadmin/DAM/trans/doc/2010/wp29grpe/WLTP-DHC-04-03e.pdf.
[11] United Nations. Addendum 15：Global technical regulation No. 15，Worldwide harmonized Light vehicles Test Procedure. 12 March 2014.
[12] ECOpoint Inc. Worldwide Harmonized Light Vehicles Test Cycle（WLTC）.2018.07./https：//www.dieselnet.com/standards/cycles/wltp.php
[13] 鈴木央一，山口恭平.国際統一試験サイクル（WLTP）における燃費および排出ガス性能に関する検討.自動車技術会論文集，2016，47（4）：973-978.
[14] WHDC Working Group. Worldwide Harmonized Heavy Duty Emissions Certification Procedure. 20.06.2005./https：//www.unece.org/fileadmin/DAM/trans/doc/2005/wp29grpe/TRANS-WP29-GRPE-50-inf04r1e.pdf
[15] 日本産業機械工業会.EUの自動車排ガス規制 Euro6 の現状とその影響.調査報告ウィーン./www.jsim.or.jp/kaigai/1702/001.pdf
[16] Richmond Instruments & Systems，INC. SHED（Sealed Housing for Evaporative Determination），2014./http：//www.risi1.com/shed
[17] ECOpoint Inc. NTE（Not-To-Exceed）Testing./https：//www.dieselnet.com/standards/cycles/nte.php
[18] Delphi Power Train. Worldwide Emissions Standards-Passenger Cars and Light Duty Vehicles. 2018｜2019./https：//d2ou7ivda5raf2.cloudfront.net/sites/default/files/inline-files/booklet%20emission%20complete%20%20PC18.pdf
[19] ECOpoint Inc. EU：Cars and Light Trucks./https：//www.dieselnet.com/standards/eu/ld.php#stds
[20] Vehicle Certification Agency. Find new cars by fuel economy./http：//carfueldata.dft.gov.uk/search-by-fuel-economy.aspx
[21] International Council on Clean Transportation and DieselNet EU：HEAVY-DUTY：EMISSIONS./https：//www.transportpolicy.net/standard/eu-heavy-duty-emissions/
[22] ECOpoint Inc. EU：Heavy-Duty Truck and Bus Engines./https：//www.dieselnet.com/standards/eu/hd.php
[23] United States Environmental Protection Agency. All EPA Emission Standards. April 27，2017./https：//www.epa.gov/emission-standards-reference-guide/all-epa-emission-standards
[24] Environmental Protection Agency. Control of Air Pollution From Motor Vehicles：Tier 3 Motor Vehicle Emission and Fuel Standards；Final Rule. Federal Register /Vol. 79，No. 81 /Monday，April 28，2014 /Rules and Regulations 23414-23886./https：//www.transportpolicy.net/standard/us-light-duty-emissions/
[25] ECOpoint Inc. Emission Standards—United States：Cars and Light-Duty Trucks-Tier 3. 2014-12-30./http：//www.die-

selnet.com/standards/us/ld_t3.php

[26] California Air Resources Board. Public Workshop to Discuss Proposed Modifications to The LEV Ⅲ Criteria Pollutant Requirements For Light-and Medium-Duty Vehicles and to the Hybrid Electric Vehicle Test Procedures. 2014-012-30. /http：//www.arb.ca.gov/msprog/levprog/leviii/workshop_presentation_5-30.pdf

[27] U.S. Environmental Protection Agency. EPA Emission Standards for Heavy-Duty Highway Engines and Vehicles. March 2016. /https：//www.epa.gov/emission-standards-reference-guide/epa-emission-standards-heavy-duty-highway-engines-and-vehicles.

[28] 環境省.自動車排出ガス規制値./http：//www.env.go.jp/air/car/gas_kisei.html=

[29] 中央環境審議会大気・騒音振動部会自動車排出ガス専門委員会.今後の自動車排出ガス低減対策のあり方について（第十二次報告）.2015年2月4日./https：//www.env.go.jp/air/car/taisaku/t07-2702_1.pdf

[30] ECOpoint Inc. Japanese JE05 Cycle. /https：//www.dieselnet.com/standards/cycles/jp_je05.php

第五章 汽油车的排气污染与防治对策

第一节 汽油车排放污染物的防治方法

一、汽油机排气成分随空燃比的变化特性与汽油机工作模式

空燃比常用进入发动机燃烧室的空气质量与汽油质量的比值表示,通常把进入燃烧室的汽油刚好完全燃烧时的空燃比称为理论空燃比或化学计量空燃比等。现代汽油机对空燃比的控制要求越来越高,除了控制燃烧室内的平均空燃比外,还对不同时刻及空间上的空燃比进行控制。空燃比是现代闭环反馈电子控制燃油喷射发动机的重要控制参数,这是因为空燃比的控制精度对汽油机动力性、燃油经济性和排放性能都有重要影响,特别是对汽油机的排气组成及排气中 HC、NO_x、CO 等有害物的排放比例起决定性影响。如图 5-1 所示为汽油机排气成分随空燃比的变化特性。图 5-1 中竖直线对应的空燃比为理论空燃比。该结果表明:随着富燃料混合气变浓(空燃比变小),燃烧产物中 CO_2、CO、HC 及 H_2 的比例增加,O_2、NO_x 和 CO_2 的比例减少。随着贫燃料混合气变稀,燃烧产物

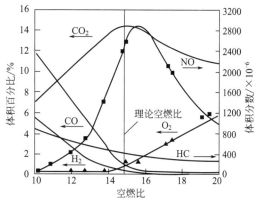

图 5-1 汽油机排气成分随空燃比的变化特性[1]

中 CO、HC 及 H_2 比例减少,O_2 的比例增加,NO_x 先增加后减少,在比理论空燃比稍稀的混合气下排放最多。严格来说发动机的排气成分非常复杂,并且与燃料的组成有关。汽油等碳氢燃料燃烧后,其燃烧产物的主要成分是 CO_2、CO、H_2O、O_2、H_2 和 N_2,微量成分主要有 NO 以及 HC(包括未燃及未完全燃烧的燃料、燃烧中间产物)等。由于实际发动机气缸中存在激冷层、狭缝、局部混合气过浓和过稀区域等,故进入缸内的燃料无法完全燃烧,即使在空燃比达到 20 以上的稀混合气和空燃比在 10 以下的浓混合气条件下,排气中仍然有 HC 和 O_2 存在。

不同燃料或型式的汽油机排气中 CO、HC 及 NO_x 的组成比例随空燃比变化的趋势虽然与图 5-1 相似,但 CO、HC 及 NO_x 的组成比例的大小具有一定差异[2]。这主要是因为不同燃料的组成成分不同,不同型式汽油机的燃烧系统及工作参数等存在差异。燃料的组成成分不同,其理论空燃比就不同。汽油的组成成分随产地或生产企业的不同而不同,但其理论空燃比的差异不大。对于直接使用乙醇汽油和气体燃料的发动机而言,其理论空燃比差异则不

能忽视，汽车排气中CO、HC及NO_x的排放比例差异明显。为了了解常用的汽油、甲醇、乙醇、液化石油气和天然气等燃料的理论空燃比的差异，下面对理论空燃比计算方法做一介绍。

假定燃料由C、H和O三种元素组成，其平均分子式为$C_mH_nO_r$，对于常见的汽油和柴油而言，氧含量可以忽略。空气一般视为仅由氧（O_2）及氮（N_2）组成，其体积（摩尔）比约为3.76。由于理论空燃比$(A/F)_0$指燃料完全燃烧时的空气和燃料的质量比值，故$(A/F)_0$可由式(5-1)中左边的混合气组成得到[3]，其计算公式如式(5-2)所示。

$$C_nH_mO_r + \left(n + \frac{m}{4} - \frac{r}{2}\right)(O_2 + 3.76N_2) = nCO_2 + \frac{m}{2}H_2O + 3.76\left(n + \frac{m}{4} - \frac{r}{2}\right)N_2 \quad (5\text{-}1)$$

$$(A/F)_0 = \frac{137.28\left(n + \frac{m}{4} - \frac{r}{2}\right)}{12n + m + 16r} \quad (5\text{-}2)$$

表5-1 几种点燃式发动机燃料的理论空燃比$(A/F)_0$

燃料种类	甲醇	乙醇	柴油	汽油	辛烷	十六烷	液化石油气	天然气
平均分子式	$C_1H_4O_1$	$C_2H_6O_1$	$C_1H_{1.86}$	$C_1H_{1.95}$	C_8H_{18}	$C_{16}H_{34}$	$C_1H_{2.525}$	C_1H_4
$(A/F)_0$	6.44	8.95	14.51	14.64	14.88	15.05	15.42	17.16

表5-1为由式(5-2)计算的几种点燃式发动机燃料的理论空燃比$(A/F)_0$。可见，含氧燃料的理论空燃比$(A/F)_0$明显低于碳氢燃料，不同种类燃料的理论空燃比$(A/F)_0$有较大差别。碳氢燃料的理论空燃比$(A/F)_0$随着其分子中平均H/C原子数比例的增加而增加，由于不同产地或工艺生产的汽油分子中的平均碳氢原子数比例略有差异，故不同文献给出的汽油理论空燃比$(A/F)_0$存在差异。因此当按照基准燃料设计和调试的汽油车使用含氧燃料或气体燃料时，发动机排气中CO、HC及NO_x的比例将会发生变化，偏离三效催化净化器的"空燃比窗口"，最终导致原有污染物控制系统的控制效果出现偏差，汽车CO、HC或NO_x的排放量增大。

目前在用汽油车中占比最大的车型是多点电子燃油喷射汽油车，这种汽车多以减少排气中CO、HC及NO_x等排放量为优先目标，因而常采用理论空燃比模式工作，即在绝大多数行驶工况下把进入发动机气缸混合气的空燃比尽可能控制在理论空燃比附近。但在冷启动、怠速、加速和最高功率工况则使用浓混合气工作，因此无法保证在所有行驶工况下使汽油机缸内混合气处于三效催化净化器高净化率的"空燃比窗口"之内，导致汽油车排放增加。

现代缸内直喷汽油车，由于采用了汽油缸内直接喷射、混合气分层和快速燃烧等技术，实现了进入发动机气缸混合气的平均空燃比在18～50条件下的稳定燃烧。通常把这种采用稀混合气行驶的工作模式称为稀混合气燃烧模式，简称为稀混模式或稀燃模式。缸内直喷汽油车可以在绝大多数行驶工况下使用稀燃模式工作，仅在极少数行驶条件下使用浓混合气或理论混合气工作，因此大大提高了汽油机的燃油经济性，减少了汽车碳排放，节能效果显著，其市场份额逐步提高。为了保证这种汽车在稀燃模式工况下稳定行驶，就必须保证在点火时刻火花塞间隙具有易于着火的浓混合气，以及火花塞周边区域具有易于火核快速传播的空间混合气分布。因此，如何提高汽油机燃烧室内的平均空燃比，以及不同时刻及空间上的空燃比分布精度是汽油机燃烧和污染物源头控制的重要课题。

二、汽油车空气污染物的主要防治方法

1. 汽油车空气污染物防治方法概述

汽油车空气污染物有排气污染物、蒸发污染物和曲轴箱污染物三大类。从 20 世纪 60 年代对汽车的排放进行控制以来，围绕着这三类污染物的降低，采取了各种各样的措施。这些措施涉及燃料、混合气形成、燃烧、控制和后处理五个方面。曲轴箱污染物的控制相对简单，使用闭式曲轴箱通风系统即可达到标准要求。燃油系统的蒸发污染物一直使用活性炭罐吸附技术，但随着环境污染中 VOC 问题的日益突出，包括加油过程在内的蒸发污染物控制标准逐步加严，一些新型包括加油过程在内的蒸发污染物控制装置逐步得到应用。

排气污染物的控制一直是汽车环境空气污染物排放的控制重点，其主要技术可归纳为源头控制技术和后处理技术两类。排气污染物产生的源头为汽油机的燃料和燃烧，因此，其防治方法可分为燃料净化和燃烧净化。常见的燃烧净化技术有发动机空燃比控制、点火时间控制、稀燃速燃、分层燃烧、多次喷油、涡流及滚流控制和排气再循环技术、连续可变气门定时机构（VVT-i）、电动连续可变气门定时机构（VVT-iE）等，这些技术的特点是改善发动机的燃烧，把污染物消灭在其生成的源头——燃烧过程。

燃料净化技术是防治汽油车排气污染物的重要途径之一，燃料品质直接影响汽油车排放标准的升级换代，因此每一个新的排放标准均有一个明确的基准燃料技术要求。燃料中烯烃、芳烃、苯、氧、硫、铅、锰、铁和磷等对汽油车燃烧过程污染物的生成量和污染物后处理系统净化效率等有重要影响。燃料净化一般由汽油生产企业实施，其方法是采取各种物理或化学方法，优化燃料中烯烃、芳烃、苯、各种烃类和氧的组成比例，除去有害的硫和磷等，添加适当比例的各种添加剂（如有机锰、二茂铁等）。

后处理（After Treatment）技术也称机外净化（Outer Engine Emissions Reductions）技术，如各种催化净化器、热反应器和二次空气系统等，这些技术的特点是进一步减少发动机排气中的污染物浓度。

表 5-2 为满足欧 1～欧 6 排放标准的主要排气污染物控制技术的变迁。可见高效的三效催化净化器（Three Way Catalyst Converter，TWCC）、燃烧与燃料净化技术始终是汽油机排气污染物控制的核心技术。现代汽油车排气污染物控制技术的开发重点是发动机工作参数空燃比、点火时间、EGR 率、涡流强度、增压度、喷油时刻和喷油量等精确控制，新型高效催化净化器和低热容量快速起燃三效催化净化器开发，HC 和 NO_x 吸附净化催化器、汽油机排气颗粒过滤器和 OBD 检测性能的提高等。可以说，这些措施仍然是源头控制技术和后处理技术的进一步完善和提高。随着欧 6 和国 6 等最新排放标准的实施，GDI 汽油车的颗粒物排放问题日益突出，因此，GDI 汽油车用颗粒过滤器（Gasoline Particulate Filter，GPF）、涂覆催化剂的颗粒过滤器 C-GPF 以及 GPF 与 TWC 一体式净化装置（Three Way Filter，TWF）等将成为汽油车污染物控制开发的热点之一。

表 5-2 为满足从欧 1～欧 6 排放标准的主要排气污染物控制技术的变迁

排放标准	主要对策
欧 1	TWCC
欧 2	TWCC、燃烧与燃料净化
欧 3	TWCC(涂层改进、催化剂加热、安装位置前移)、燃烧与燃料净化、二次空气

续表

排放标准	主要对策
欧 4	TWCC(缩短起燃时间、涂层改进等)、燃烧与燃料净化、二次空气、排气再循环等
欧 5	TWCC(高效涂层、缩短起燃时间)、还原催化器、热反应器式排气管、燃烧与燃料净化、二次空气、排气再循环、空燃比与点火时间精确控制、停缸控制等
欧 6	TWCC(高效涂层、歧管型和底盘型并用)、还原催化器、热反应器式排气管、燃料与燃烧净化、二次空气、排气再循环、空燃比和点火时间精确控制、停缸控制、GPF(Gasoline Particulate Filter)、C-GPF、TWF(Three-Way-Filter)等

2. 汽油车的空气污染物控制系统

在汽油机污染物的控制系统中，一部分系统是无法直接由汽油机的外部结构观察到的，如源头控制方法中的点火时间控制、停缸控制、空气辅助喷射技术、涡流控制技术和分层燃烧技术等；另一部分则是可以直接由汽油机外部结构观察到的装置，这些装置中常见的汽油机污染物控制系统如图 5-2 所示[3]。汽油机污染物的控制系统包括后处理系统的 TWC 等催化净化系统（装置）、曲轴箱通风系统、燃料蒸发控制系统、排气再循环系统、二次空气系统和热反应器系统等。后处理系统的作用是降低发动机排出气体中的有害成分，其主要零部件有催化器温度、压力和空燃比或氧的传感器等。曲轴箱通风系统的作用是使通过活塞环端隙等处泄漏到曲轴箱的混合气重新进入进气系统并在气缸中燃烧，避免这些以 HC 为主的混合气通过曲轴箱的机油加注口、机油标尺口和其他缝隙排入大气。燃料蒸发控制系统的作用是用炭罐中的活性炭吸附燃油箱因温度升高而产生的有害燃料蒸发气体，并依靠发动机进气系统真空度的作用使其与空气一起被吸入气缸中燃烧。排气再循环系统的作用是使排出废气的一部分重新进入气缸，降低燃烧温度，以减少 NO_x 的生成和排出量。二次空气系统的作用是，当排气中氧气不足时，将新鲜空气引入排气系统，并使其与燃烧产物混合，提供氧化燃烧产物中 CO 和 HC 所需的氧气。热反应器实质上是一种保温氧化装置，它直接连接在气缸盖上，使排气中的 CO 和 HC 具

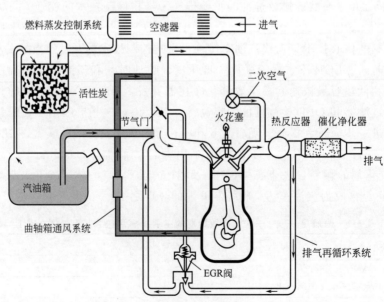

图 5-2　汽油机污染物控制系统

备氧化所需的温度条件及反应时间。以上六种系统是最为常见的、从汽油机外部结构可以直接看到的净化装置。随着汽油机排放水平的不同,所采用的净化装置是各式各样的,可以装备上述常见的六种系统的全部,也可以只是其中的几个。

三、EGR 的原理及 EGR 系统的基本构成

如第二章所述,燃烧温度越高,NO_x 生成越多,在最适合于燃烧的点火时刻点火及使用经济空燃比工作时,都将产生更多的 NO_x。从减少 NO_x 排放的角度看,汽油机应该使用不利于经济性的空燃比及完全燃烧的点火时期,但其后果是容易发生不完全燃烧,增加 HC 及 CO 排放,还使发动机的功率和经济性下降。可以较好地解决这一矛盾的技术就是排气再循环(Exhaust Gas Recirculation,EGR)技术。EGR 方法在减少 NO_x 的排放的同时,可以避免点火延迟带来的发动机经济性下降,降低 HC 及 CO 排放的增加幅度,因而被认为是降低 NO_x 排放量的理想方法之一,在满足最新排放标准的汽油车上获得广泛应用。EGR 的原理如图 5-3(a) 所示,通过 EGR 阀和进、排气管之间的连接管路使发动机排出气体的一部分重新进入进气系统,由于引入排气的主要成分是非活性气体 CO_2、H_2O 和 N_2 等,几乎不与其他成分发生化学反应,仅起到增加燃烧室内气体热容量的作用,在燃烧过程中通过吸收燃烧放热使其内能提高,使混合气燃烧后的平均温度和最高温度下降,故 NO_x 生成速率降低,生成量减少。重新进入燃烧室的排气越多,混合气燃烧后的平均温度和最高温度就越低,故燃烧产物中 NO 的生成量也就越少。

排气再循环装置布置如图 5-3(b) 所示,主要包括 EGR 阀、EGR 温度传感器、EGR 真空控制模块、真空开关阀和连接管等。EGR 阀是排气再循环装置中的关键部件,它通常安装在进气管和排气管之间,控制由排气歧管进入进气歧管的排气量。EGR 阀上有一根真空管连在进气系统的真空口上,用来控制 EGR 阀的开、闭时刻及开度大小。温度传感器安装在靠近节温器的冷却液通道上,它将发动机工作温度信号传送到 EGR 真空控制模块。

另外,值得一提的是,再循环气体温度高,大量的再循环气体容易导致新鲜空气量减少,燃烧速率过低,HC 和 CO 生成量增大。因此现代汽车的 EGR 系统多有冷却装置,如图 5-3(c) 所示为马自达 1.3L 发动机采用的空冷式 EGR 系统的装配示意图,其目的是使从排气管进入 EGR 系统的排气在 EGR 管路中逐步冷却,增加缸内新鲜空气量,促使混合气完全燃烧。EGR 的冷却装置除了图 5-3(c) 所示的空冷式外,还有液冷式和空、液复合式等,此处不予赘述。

EGR 除了可以有效抑制 NO 的生成外,还对汽油机燃油经济性、HC 排放和发动机工作稳定性有一定影响。采用 EGR 时,混合气燃烧温度下降会使冷却损失减少;另外,进气压力上升会使泵气损失减少。故在合适的点火时间下,EGR 可改善汽油机的热效率,在部分工况时可以达到 5% 或更高。但是,掺入非活性燃烧产物的副作用是导致混合气燃烧速率变缓,特别是掺入燃烧产物过多(EGR 率过大)时,汽油机的燃油经济性、HC 排放和工作稳定性变差,动力性下降。因此,EGR 系统需要控制掺入燃烧产物的比例(常称为 EGR 率),相对 MPI 汽油机而言,GDI 汽油机可以在高 EGR 率下稳定燃烧。因而可以将车辆发动机排放有害的氮氧化合物控制在极低程度。EGR 率的控制原则是,在怠速和小负荷时 EGR 率为零,以保证发动机运转的稳定性、低 HC 排放及油耗;在常用中等和大负荷时使用大的 EGR 率,使 NO 减少,又可获得低的油耗;全负荷时采用小 EGR 率或零 EGR 率,以保证发动机的动力性。

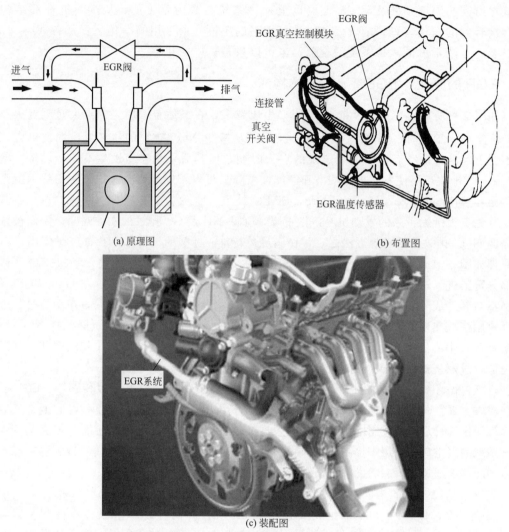

图 5-3 EGR 系统工作时的状态[4,5]

一般来说，对于每一个汽车行驶工况而言，都存在一个最佳 ERG 率，使发动机动力性、经济性和排放性能达到理想状态。因此，汽油机 EGR 系统匹配需要大量试验，制定 EGR 率 MAP 图或采用复杂的控制系统对 EGR 率进行实时控制。

四、热反应器

热反应器是一种直接连接在气缸盖排气道出口上的，促使排气中 CO 和 HC 进一步氧化的装置，其结构如图 5-4 所示，主要组成有嵌套内管、隔热板和外壳三层圆筒。嵌套内管周向开有出气小孔；隔热板圆管两端开放。排气在排气道中与逆向喷入的二次空气混合后，从排气道直接进入嵌套内管，经嵌套内管周向小孔流出；再沿隔热板圆管流向两端，最后从隔热板圆管和外壳之间的环状间隙中进入排气总管。由于排气经过了两次合流和一次分流，在保温条件下经过长时间流动，因此，热反应器可以促进热的排气和喷入排气口的二次空气（在浓混气工况时）充分混合，消除排气在成分和温度上的不均匀性，使气体保持高温，增加 CO、HC 在高温中的滞留时间。

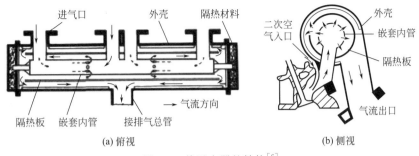

图 5-4　热反应器的结构[6]

当无催化剂存在时，氧化 HC 时需要的温度大约是 600℃，需要的反应停留时间约 50ms；而 CO 氧化所需的反应温度则要高达 700℃左右。汽油机排气温度的变化范围大致是：怠速时 300～400℃，全负荷时 900℃，中等负荷时 400～600℃。可见，在大部分工况下，汽油机排气温度难以达到 HC 和 CO 氧化时所要求的 600～700℃的高温。另外，普通汽油机常用混合气空燃比的范围为 11～18，稀燃汽油机的空燃比可达 18 以上，分层燃烧时平均空燃比可达 25 或更高。在稀混合气条件时，有足够的氧可以氧化 HC 和 CO；但在浓混合气工况，则无富余氧化 HC 和 CO 的氧，此时，需要额外引入氧，二次空气装置的功用可解决这一问题。

如图 5-5 所示为 BMW 2002 的热反应器式排气歧管（Thermal Reactor Exhaust Manifold）及二次空气引入管的实物照片。外壳为不锈钢材料，二次空气喷射管伸入到排气道中，空气逆气流方向喷出，与排气快速混合。

图 5-5　BMW 2002 的热反应器式排气歧管及二次空气引入管的实物照片[7]

为了实现 CO 和 HC 的氧化，热反器内气体温度应达到 600～700℃、有足够的氧气，并能使氧气与 CO 和 HC 相遇，还要有反应所需的停留时间[6]。因此，热反应器必须具有保温措施，以保证热反器内具有 CO 和 HC 氧化所需的温度；另外，排气的流动路径应长于正常排出路径，以保证净化 CO 和 HC 的氧化反应所需的时间。当热反应器的结构确定后，对热反应器的净化效果影响最大的因素就是引入二次空气的多少。如图 5-6 所示为二次空气量对 HC 转换率的影响，可见当引入的二次空气量使热反应器中混合气的平均过量空气系数在

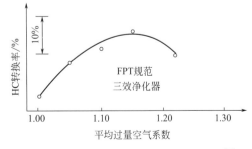

图 5-6　二次空气量对 HC 转换率的影响[8]

1.1~1.2之间时,热反应器的HC净化效率最高。因此,对于浓混合气运转条件,应根据汽油机工作的混合比决定引入二次空气的多少。

五、二次空气系统

当汽油机在启动、加速或全负荷工作时,经常使用浓混合气,导致燃烧产物中没有足够的氧气把排气中的CO和HC氧化成CO_2及H_2O。在这种条件下,需要额外向排气系统供给氧气(空气)。二次空气系统即为在浓混合气工作条件下向内燃机排气歧管、热反应器、氧化催化器和三效催化净化器等提供空气的装置。上述的热反应器就是二次空气系统应用的一个实例。

二次空气系统有图5-7所示的两类。一类是由皮带或电机驱动的空气泵式二次空气系统,该类系统主要用于发动机冷机运行时。空气泵式二次空气系统主要由连接管、二次空气阀、空气泵和电子开关等组成,系统工作由发动机电控系统控制,二次空气被喷入排气道。另一类是利用排气脉冲提供空气的二次空气系统,可称为排气脉冲式二次空气系统,这类系统应用较为广泛。当排气门打开时,在气缸内燃气压力的作用下,排气流出排气门进入排气道;当排气门关闭时,快速离开排气道的排气便在排气道中产生压力波,波谷处压力低于环境大气压力。该类二次空气系统就是利用压力波的波谷真空从空气滤清器后的进气管中吸入新鲜空气。排气脉冲式二次空气系统主要由共振室、弹簧阀、止回阀、真空开关阀和连接软管等组成,二次空气阀的三个接头分别与进气管、排气管和空气滤清器相连,当真空开关阀打开时,二次空气阀开启,排气处于压力波波谷时,弹簧阀打开,使二次空气进入反应器上游等处。

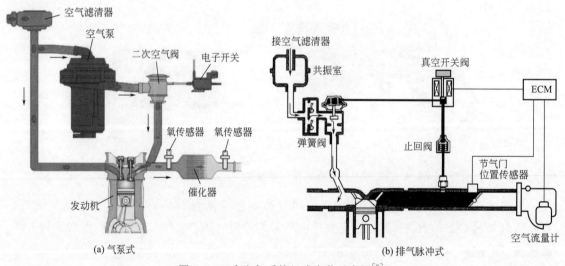

图5-7 二次空气系统组成安装示意图[9]

二次空气系统主要用于浓混合气燃烧产物中CO和HC的氧化,即为氧化催化器等提供氧气。因此,二次空气系统与排气管的连接位置位于催化反应器或热反应器等的上游。二次空气系统与进气管的连接位置位于节气门之后,以保证引入的空气清洁。

六、燃料蒸发污染物净化装置

根据控制方式不同,燃料蒸发污染物控制系统可分为温控真空阀(Thermo-Vacuum

Valve，TVV）式和ECM（Engine Control Module）控制真空开关阀（Vacuum Switching Valve，VSV）式等[10]。两种系统均由活性炭罐、净化孔、油箱盖单向阀、新鲜空气入口和连接管等组成，其最大区别是活性炭罐解吸的控制方式不同，分别依靠TVV和ECM控制的真空开关阀执行。当汽油机工作时，温控真空阀和ECM就会根据汽油机冷却液温度和发动机负荷等，在合适的时候连通活性炭罐和净化孔，经过活性炭表面的空气使吸附在活性炭上的燃料解吸，一起吸入进气系统，并进入气缸中燃烧生成无害的产物，从而避免燃油蒸气排入大气。

根据控制系统功能的不同，燃料蒸发污染物控制系统可区分为整体控制系统、非整体控制系统、非整体仅控制加油排放活性炭罐系统三类[10]。整体控制系统的特点是加油排放和昼夜换气排放控制的导向、储存和脱附装置相同，即仅使用一套油气线路、一套脱附线路、单独一个脱附阀和单一活性炭罐。非整体控制系统的特点是使用不同的系统控制汽车加油排放和昼夜换气排放，即使用不同的活性炭罐分别控制其加油和昼夜换气排放。非整体仅控制加油排放活性炭罐系统只具有吸附加油排放的活性炭罐，非加油排放的油气储存在油箱或直接排放到发动机燃烧系统而不是引入活性炭罐先吸附再解吸。

燃料蒸发污染物净化装置的具体组成和控制方式虽然各种各样，但其原理相似，燃料蒸发污染物均依靠活性炭罐吸附。故此处以整体控制系统为例说明燃料蒸发污染物控制系统的组成和原理。如图5-8所示为燃料蒸发整体控制系统的示意图。系统的主要组成有活性炭罐、截止阀、电磁阀和连接管等。在加油过程中，油箱中燃油蒸气的流动路径有四条：一是燃油切断阀到截止阀再到燃油排气阀；二是蒸气由控制阀经油气分离器分离进入活性炭罐的蒸气；三是蒸气由控制阀经油气分离器后进入排气阀的液体燃油；四是由活性炭罐经炭罐排气阀进入大气。当油箱充满时，油箱内的蒸气压力使油箱中的蒸气通过油箱中的液位"控制阀"到油气分离器，分离的蒸气最后到达活性炭罐，蒸气中的碳氢化合物被吸附，清洁空气则经活性炭罐排气阀和空滤器释放到大气中。当停止加油时，燃油切断阀关闭，以防止燃油流回加油管。停车时燃料温度和蒸气压力升高，则燃料蒸气可以通过燃料切断阀、截止阀、排气阀和油气分离器进入活性炭罐。在汽车正常行驶时，燃料箱内压力降低，此时电磁阀连通油箱与大气之间的管路，外部空气进入油箱，使油箱压力与大气压力相近。在活性炭罐需要解吸时，净化空气控制阀打开，活性炭罐与进气歧管连通，活性炭罐吸附的燃料解吸并随空气进入汽油机燃烧室燃烧，活性炭罐吸附能力恢复。

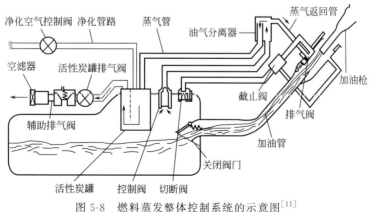

图5-8 燃料蒸发整体控制系统的示意图[11]

当活性炭罐处于正常状态时，可以认为活性炭罐的燃油蒸气捕集效率几乎为100%。但是，随着活性炭的吸附燃油蒸气量的增加，燃油蒸气捕集效率降低，燃油蒸气会部分释放到大气中。当活性炭罐吸附达到饱和时，燃油蒸气会全部排入环境大气，燃油蒸气捕集效率为零，此种现象容易出现在车辆长时间停车等情况下，此时燃油蒸气将全部排放到环境空气中，这部分蒸发污染物就是常说的燃油箱呼吸损失（Breathing Loss）。呼吸损失是由于燃油箱内温度变化而排放的燃油蒸气，影响呼吸损失排放的因素有燃油箱内的空隙体积、温差和燃油蒸气压力等。

值得注意的是除了上述的燃油蒸发产生的燃油箱呼吸损失外，燃油系统密封不严或材质选用不当也可能引起燃油经油管或密封圈等处渗漏，进而导致燃油蒸发污染物排放。当燃油系统组件充满燃油时，会通过外表面泄漏气体蒸气，使其蒸发到空气中。停车期间渗透排放的蒸发污染物主要来自燃油箱、密封垫和燃油管路等的渗透和泄漏。渗漏（Permeation）排放量依赖于燃油箱和管道的材料及其结构。目前，防治燃油系统组件渗透的方法主要为，在油箱盖、燃油软管、密封件、垫片和塑料燃油箱内部加装低渗透性聚合物层内衬，或使用多层树脂或金属油箱和燃料管。

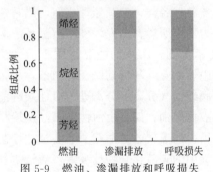

图 5-9　燃油、渗漏排放和呼吸损失的气体组分比较[12]（彩图）

如图 5-9 所示为燃油、渗漏排放和呼吸损失的气体组分比较。该结果表明：渗漏排放与燃油的组成几乎相同，主要成分烷烃、芳烃和烯烃的组成比例依次为 50%、30% 和 20%。燃油箱呼吸损失中，几乎检测不到芳烃，主要成分为烷烃和烯烃，烷烃的比例超过了 60%。

七、曲轴箱污染物净化装置

曲轴箱污染物净化装置的净化原理是利用进气系统的真空，把从燃烧室漏入曲轴箱的未燃 HC 等曲轴箱污染物吸出曲轴箱，使其进入燃烧室燃烧，生成无害的燃烧产物，并保持汽油机运转时曲轴箱内的压力不高于环境压力。曲轴箱污染物净化装置通常称为曲轴箱通风系统。

现代汽车普遍使用的曲轴箱强制通风系统如图 5-10 所示，其特点是有两条管路连接着曲轴箱和进气系统，与进气系统的连接位置分别位于节气门前和节气门后。如图 5-10(a) 所示是曲轴箱与空气滤清器出口由一条连接管连接；另一条管路通过曲轴箱、气缸体、气缸盖罩、PCV 阀与进气歧管相连。如图 5-10(b) 所示是两条连接管均通过气缸盖罩和气缸体与曲轴箱连通。当发动机运转时，由于曲轴箱与低于大气压力的空滤器和进气歧管连接，曲轴箱内的压力始终低于环境大气压力，因而可以保证在发动机运转过程中无曲轴箱污染物排入大气。

为了避免曲轴箱污染气体过多进入气缸导致混合气变稀，以及进气管回火引燃曲轴箱内可燃气体，保证冷启动后发动机的工作稳定性和安全性，两种曲轴箱强制通风系统均在节气门后的连接管路上安装了 PCV（Positive Crankcase Ventilation）阀。

PCV 阀的工作原理如图 5-11 所示，其主要由壳体、阀体和回位弹簧等组成。进入进气歧管气体流量的多少取决于阀体的位置。发动机处于不同工况时，PCV 阀的阀体所处不同位置。在发动机部分负荷工况时，曲轴箱内的所有窜缸气体通过 PCV 阀，进入进气歧管。在怠速或低速时，进气歧管中真空度较高。阀体移动使气体流量较少，真空吸力与弹簧力平衡的阀体位置如图 5-11(a) 所示，只允许有少量曲轴箱蒸气混合气通过。当发动机转速或负

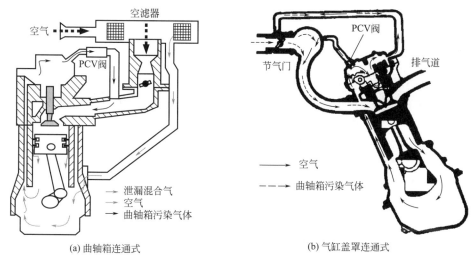

图 5-10 现代汽车普遍使用的曲轴箱强制通风系统[13]（彩图）

荷增大时，窜气增加，进气管真空度下降，吸力减小，阀体在弹簧的作用下移到图 5-11(b) 所示的新平衡位置，允许较多的气体通过。发动机全负荷工作时，PCV 阀的弹簧使阀门开启到最大流量状态。当窜缸气体量大于阀门的流通能力时，曲轴箱中过量的窜气将通过图 5-10 所示的曲轴箱或气缸盖罩与节气门前的连接管进入进气系统，最后进入气缸燃烧。由于图 5-10 所示的曲轴箱通风系统是一种防止曲轴箱中的有害排放物进入大气的全封闭系统，故也称为封闭式曲轴箱通风系统。

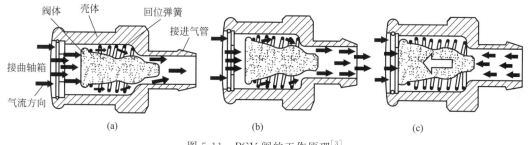

图 5-11 PCV 阀的工作原理[3]

当发动机回火时 PCV 阀还可起保护作用。回火时进气歧管中的压力骤增，迫使 PCV 阀中的阀体移动到图 5-11(c) 所示位置，顶住进气口，这样就关闭了全部通道，避免了回火火焰通过连接管点燃曲轴箱可燃混合气，进而损坏发动机的现象。PCV 阀控制流量大小由发动机曲轴箱"窜气"量多少及发动机有关参数而定。典型 PCV 阀的最小控制流量速率为 $0.028 \sim 0.085 \mathrm{m}^3/\mathrm{min}$，而最大控制流量速率为 $0.085 \sim 0.17 \mathrm{m}^3/\mathrm{min}$。

八、汽油及润滑油组分优化

汽油及润滑油组分对汽车燃烧污染物的生成和净化装置的效率均有重要影响。因此，优化汽油及润滑油的组分，是一个"一箭双雕"的、极为有效的汽油车排气污染防治与净化途径[19]。汽油及润滑油组分的优化主要通过燃油标准实现，如 GB 18352.6—2016 中的"基准汽油燃料的技术要求"对汽油的烯烃、芳烃、苯、硫、磷、氧和金属添加剂（铅、铁和锰）等含量作了明确规定[16]。其原因是烯烃、芳烃和苯会增加排气中有害组分含量；硫和磷会增加排气中有害组分含量,也会降低后处理装置的净化效率;金属添加剂(铅、铁和锰)和氧则主要影响后处理装置的转化效率。

烯烃是不饱和碳氢化合物,能提高辛烷值,但受热后生成的胶质会在进气系统和燃油供给系统零件上形成沉积物,烯烃和二烯烃是生成进气门沉积物的主要成分。在进气门和进气道上形成的沉积物会减少或堵塞进气流通截面,使排放恶化,功率下降,油耗增加[24]。另外,烯烃蒸发后会促使近地大气中形成臭氧,危害健康。芳烃指分子中含有苯环结构的碳氢化合物,芳烃主要来自重整汽油和催化汽油;它能提高汽油的辛烷值并具有高的能量密度,但同时增加发动机中的有害气体、沉积物及二氧化碳排放量,不完全燃烧时可生成具有致癌嫌疑的多环芳烃及苯。苯来源于原油和催化重整过程,苯能提高汽油的辛烷值,并且在燃烧过程中易生成多环芳烃及颗粒物。苯是一种居住区大气环境污染物,它可以损害人的中枢神经,造成神经系统障碍;危及血液及造血器官,严重时有出血症状或感染败血症;在生物体内氧化生成苯酚等,可诱发肝功能异常,使骨髓停止生长,发生再生障碍性贫血。限制汽油中苯含量是防治汽车蒸发污染物和排气污染物中苯及多环芳烃等危害的最有效方法。

硫在燃烧过程会生成有害的 SO_2,SO_2 会降低催化转化器的转换效率和对金属零件产生腐蚀性[19,20]。因此目前汽油标准中多要求硫含量小于 10mg/kg。已有的研究还表明,汽车按照 FTP 驾驶循环行驶时,当汽油中硫含量从 30mg/kg 降至 5mg/kg 时,汽车排放中的 N_2O 排放量减少 29%;当硫含量从 28mg/kg 降至 5mg/kg 时,CH_4 排放减少 26%,即降低汽油中的硫含量对减少汽车排气中的温室气体也具有重要作用[118]。

金属添加剂(铅、铁和锰)可增加汽油的辛烷值,但很快会使 TWC 中毒失效。四乙基铅是一种传统的提高汽油辛烷值的添加剂。四乙基铅已被禁止添加,但随后在部分国家和地区,有机锰 MMT 及二茂铁等提高汽油辛烷值的替代金属添加剂得到应用。研究表明:燃料中 10%~30% 的铅会沉积在催化剂和涂层上,若覆盖在 TWC 中催化剂表面会导致三效催化剂中 NO_x 和 HC 转换效率降低[21]。使用添加 MMT 汽油汽车的排放中非甲烷有机气体(NMOG)、CO 和 NO_x 明显增加[19]。长期使用含二茂铁的汽油后,火花塞可能提前出现故障、寿命减少,催化净化器净化效率降低,并将出现胀裂和熔化现象[20]。

在燃油中加入含氧组分甲基叔丁基醚(MTBE)、乙基叔丁基醚(ETBE)或甲醇、乙醇等可提高辛烷值,减少 CO 和 HC 的排放。但对于采用闭环控制和燃烧理论空燃比的现代汽油机而言,含氧化合物加入量过大的话,则会使供给发动机的混合比偏离理论比过多,混合气变得过稀,导致三效催化器的转换效率明显降低,NO_x 排放增加[22,23]。

为了改善润滑油性能,润滑油中通常会添加多种添加剂,如二烷基二硫化磷酸盐等[25,26],因此,润滑油中常含有硫、磷以及微量的 Ca、N、Zn、B、Mo 和 Mg 等。极少部分的润滑油会进入内燃机燃烧室燃烧,并生成含有润滑油中磷、硫及金属等微量组分的燃烧污染物,长期使用后,后处理装置的净化效率降低,故润滑油中磷、硫及微量金属组分含量应予以限制。

第二节 汽油车排气催化净化器的种类及其评价指标

一、排气催化净化器的种类

汽油车的排气催化净化系统是汽油车排气污染控制最为有效的方法,常见的排气催化净化器可归纳为表 5-3 所列的八种[3]。

表 5-3　常见的排气催化净化器的种类

种类	系统特性	
	催化剂种类	降低排放的对象
三效催化净化器（TWC）	三效催化剂	CO、HC、NO_x
氧化催化净化器	氧化催化剂	CO、HC
还原催化净化器	还原催化剂	NO_x
NO_x 吸附还原净化器	吸附及还原催化剂	NO_x
NO_x 选择还原净化器	选择还原催化剂	NO_x
HC 吸附净化器	HC 吸附剂	HC
GPF（汽油机颗粒过滤器）	无	PM
TWF（三效催化过滤器）	三效催化剂	CO、HC、NO_x、PM

三效催化净化器采用氧（或 A/F）传感器把内燃机混合气的空燃比控制在理论值附近，使三种有害成分 HC、NO_x 和 CO 在三效催化净化器中发生氧化及还原反应，实现 HC、NO_x 和 CO 的同时减少。氧化催化净化器主要用于减少浓混合气条件下 HC 及 CO 排放，在早期的汽油车排放控制系统中应用较多，现代汽油车上几乎没有应用。还原催化净化器以贵金属等作为催化剂，利用 CO、HC 将 NO_x 还原为 N_2、NH_3 等。

NO_x 吸附还原净化器的主要用途是净化稀薄混合气发动机排气中的 NO_x。在排气中氧过剩的条件下，使排气中的 NO_x 和催化剂中的金属氧化物反应生成硝酸盐；当排气中含有 CO 和 HC 时，使硝酸盐分解为可与 CO、HC 反应的 NO_x，达到净化稀薄混合气发动机排气中 NO_x 的目的。

NO_x 选择还原净化器的主要用途是将稀混合气条件下排气中的 NO_x 还原为氮气。采用选择还原催化剂使喷入排气系统的还原剂优先与稀薄混合气发动机排气中的 NO_x 反应生成无害的氮气等，从而避免了还原剂与排气中的氧气反应。既保证了 NO_x 的还原净化，又节约了还原剂消耗量，减少了车辆使用成本。

HC 吸附净化器的主要用途是在汽油机冷启动后，三效催化净化器未达到起燃温度之前，吸附排气中的 HC，并在三效催化净化器达到起燃温度之后释放吸附的 HC，使其发生氧化反应，变为无害的水和二氧化碳排出，或进入燃烧室再次燃烧。

GPF（汽油机颗粒过滤器）是一种用于降低缸内直喷汽油机颗粒物排放的后处理装置，TWF（三效催化过滤器）是将三效催化净化器和汽油机颗粒过滤器一体化设计得到的一种兼备 TWC 及 GPF 功能的新型后处理装置，目前处于研发或示范应用阶段。

二、催化剂及其载体的种类

催化剂（Catalyst）也叫作触媒，其定义是指本身不发生反应，但能控制化学反应速率和路径的一种物质。催化剂虽然本身不发生化学反应，但在化学反应中反复不断地进行着化学键的重组与排列。催化剂是关系催化器净化效率高低的关键物质。催化剂的主要性能指标有"活性""选择性""寿命"等。活性是最基本的功能，是加快化学反应速率的功能。对于那些不使用催化剂就不能发生化学反应的场合，便需要使用催化剂引起化学反应，并对其反应速率进行控制。活性越高，反应器体积就越小，其效率也越高。"选择性"指不同的催化剂对不同的化学反应的不同活性。"寿命"即耐久性。化学反应的催化剂经过一段时间使用后，即会失去活性，必须更换新的催化剂。

汽车排气催化净化器中的催化剂的作用是促使 HC、CO 的氧化或 NO_x 的还原。汽油车排气后处理装置常用的催化剂有三效催化剂（Three Way Catalysts，TWC）、氧化催化剂（Oxidation Catalyst，OC）、还原催化剂（Reducing Catalyst）和助催化剂（Promoter）四类[1]。

对汽车排气污染物净化效果最好的催化剂是铂、钯和铑等贵金属催化剂。由于这些催化剂价格比较昂贵，故催化剂一般都涂抹在称为载体的物体上，使催化剂成为具有保持催化作用的催化剂涂层。整体式催化器的构成示意图如图 5-12 所示，催化剂的分布越均匀越好。

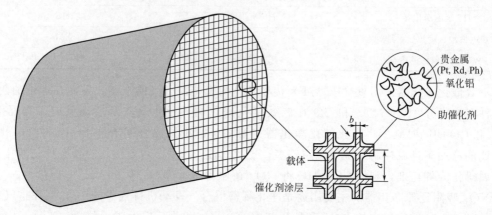

图 5-12　整体式催化器的构成示意图[8]

助催化剂本身不具活性或活性很小，但能改变催化剂的部分性质，如化学组成、离子价态、酸碱性、表面结构、晶粒大小等，从而使催化剂的活性、选择性、抗毒性或稳定性得以改善。汽车催化净化器中常见的助催化剂有 CeO_2、Ba、La（镧）等，主要用于提高催化剂耐热性、储氧和吸附 NO_2 等。

三、载体的种类及主要结构参数

载体是催化剂和助催化剂的支持、黏结和分散体。现在使用的催化剂载体大部分是陶瓷载体和金属载体。可用作汽车催化净化器的金属载体材料主要有 Fe-Cr-Al、Ni-Cr、Fe-Mo-W 3 类合金。其中 Fe-Cr-Al 的加工性能和经济价值较好，其应用前景最好。

载体的形状是整体式或蜂巢状的，载体上开有气体流动的通孔，陶瓷载体孔有图 5-13 所示的正方形和六角形等形状，但就有效涂层的面积而言，六角形的最大。金属载体的孔多为图 5-13 所示的波纹状。

载体的孔道形状不同，其几何结构参数的计算方法也不同。此处以正方形陶瓷载体为例说明载体的主要结构参数的定义及计算公式。假定陶瓷载体横截面上的孔为图 5-12 所示的正方形孔，孔间距离为 d，壁厚为 b，则载体的主要结构参数定义如下。

① 蜂窝陶瓷载体的孔密度 N：载体单位横截面上的孔数，即 $N=1/d^2$。

② 开口率（Open Frontal Area，OFA）：载体横截面上孔面积占截面积的比例，即

$$\mathrm{OFA}=\frac{(d-b)^2}{d^2} \tag{5-3}$$

图 5-13 载体的单体形状[8]

③ 水力直径 d_h：载体孔的 4 倍开口面积 $4(d-b)^2$ 与润湿周长 $4(d-b)$ 之比，即 $d_h=d-b$。

④ 几何表面积（Geometric Surface Area，GSA）：单位体积载体所能提供的负载涂层的面积，蜂窝陶瓷载体的几何表面积不包括陶瓷材料中的孔隙的内表面积。GSA 越大，可供涂层负载的面积越大。它取决于载体的长度 L、孔间距离 d 和壁厚 b。GSA 的计算式为

$$\mathrm{GSA}=\frac{4L(d-b)}{d^2L}=\frac{4(d-b)}{d^2}=4(d-b)N \tag{5-4}$$

可见，通过减薄壁厚、增加孔密度的方法可达到提高几何表面积的目的。

⑤ 载体的几何体积 V：对于圆柱体的载体，V 由载体的直径 D 和长度 L 计算，其公式如下。

$$V=\frac{\pi}{4}D^2L \tag{5-5}$$

典型金属载体（Fe-Cr-Al）与陶瓷载体（堇青石）的物理特性比较如表 5-4 所示。金属载体与陶瓷载体相比有三个优点。第一是和排出气体接触的几何表面积大，催化剂的涂抹面积大。如对单位面积孔数同为 62 个/cm²（400 个/in²）的金属载体和陶瓷载体而言，金属载体和陶瓷载体的几何表面积 GSA 分别为 3.2m²/L 和 2.8m²/L，因而金属载体有利于催化反应的进行。第二是金属载体的流通阻力小，其原因是金属载体开口率大于陶瓷载体，如 62 个/cm² 的金属载体的开口率为 92%，而相同孔数的陶瓷载体的开口率仅为 76%。第三是金属载体的热传导性能好，易于将高温条件下的热量散发出去，可延缓催化剂的热老化。金属载体的主要不足是抗高温氧化性能差（如在 800℃以上高温条件下，Fe-Cr-Al 合金材料容易与氧结合生成氧化铁、氧化铬、氧化铝等氧化物）、催化剂起燃性能差、成形工艺过于复杂、成本过高，以及在剧烈温度变化下催化剂的活性涂层的附着性差等问题。热胀系数大是金属材料的另一个主要不足。因此可以作为载体使用的是一些特殊合金材料，如在 40~800℃范围内热胀系数仅为 1.1×10^{-5} 的 Fe-Cr-Al 合金等。高温氧化锈蚀作用是金属蜂窝载体催化器丧失催化功能的原因之一，金属载体虽然在摩托车上和部分汽车上均有使用，相比之下，陶瓷载体原材料易于获得、成本低、制造工艺简单，因此在汽车催化器上得到了广泛应用。

表 5-4 典型金属载体（Fe-Cr-AL）与陶瓷载体（堇青石）的物理特性比较[3,14]

特性参数	陶瓷	金属
壁厚/mm	0.15	0.04
孔密度/(个/in²)	400	400

续表

特性参数	陶瓷	金属
开口率/%	76	92
几何表面积/(m²/L)	2.8	3.2
载体密度/(g/L)	410	620
包括壳体的载体密度/(g/L)	550	620
热导率/[J/(s·m·K)]	1.25	12.96
比热容/[kJ/(kg·K)]	0.5	1.05
材料密度/(kg/L)	2.2~2.7	7.4
热胀系数/K^{-1}	0.7×10^{-6}	0~15
最高工作温度/℃	1200~1300	1500

注：1in=2.54cm。

四、催化器的性能评价参数

催化器性能的主要评价参数有转换效率（Conversion Efficiency）、活化开始温度（Light Off Temperature）、表面速度（Area Velocity，AV）、空时 S_t（Space Time）、空间速度 S_v（Space Velocity）、流动阻力和寿命等。

转换效率 η 指催化器将进入的污染物转换为无害成分的体积分数或体积百分比，也称净化效率或转化效率等。假定催化器入口、出口处某污染物的体积分数依次为 ϕ_{in}、ϕ_{out}，则有

$$\eta = \left(1 - \frac{\phi_{out}}{\phi_{in}}\right) \times 100\% \tag{5-6}$$

η 通常是对某一种有害气体如 HC、CO、NO 而言的，一般来说，不同污染物的转换效率不同。转换效率的高低随着催化器的温度、发动机的运转条件而变化。在高温、稳定工况条件下，新氧化催化剂的转换效率对 CO 应达到 98%~99%，对 HC 也高于 95%。然而，当温度低于 250~300℃时，η 常低于 50%，净化效果很差。转换效率的测定，一般是在发动机试验台架或转鼓试验台上进行的。

活化开始温度指催化器的转换效率等于 50% 时对应的催化剂温度，也称熄灯温度或点燃温度等。由于催化剂温度达到该温度时，位于汽车仪表板上的显示灯熄灭，故称其为熄灯温度。显然，该温度越低，汽车冷启动后催化器起作用的时间越早，对降低冷启动排放越有利。

AV 是描述催化器表面活性的参数。当转换效率和催化器的排出气体流量相同时，AV 越大，表明催化器的表面活性越强，或者说表面活性强的催化器允许的表面速度高。AV 的计算公式如下。

$$AV(m/h) = \frac{催化器的排出气体流量(m^3/h)}{催化器有效活性表面的几何面积(m^2)} \tag{5-7}$$

"空时"是空间和时间的简称，也称停留时间，其定义为

$$S_t(h) = \frac{催化器的反应器体积 V_R(L)}{催化器的排出气体流量 Q_R(L/h)} \tag{5-8}$$

空时的单位是 h、min 或 s 等，它是度量连续流动催化反应器生产强度的一个参数。例

如，空时为1s，表明每秒可以处理与反应器体积相等的物料量。显然，S_t 越大，催化反应器生产强度越小。

S_v 常简称空速，"空速"是空时的倒数，其物理意义是单位时间、单位催化反应器体积所能处理进口气体的体积。其定义为

$$S_v(h^{-1}) = \frac{催化器的排出气体流量 Q_R(L/h)}{催化器的反应器体积 V_R(L)} \tag{5-9}$$

S_v 主要用于评价催化器的安装占用空间的程度。由于汽车的排气流量是变化的，故汽车的空速是随汽车的运转条件变化的。由 S_v 的定义可知，在同样的排气流量下，排气催化净化器所允许的空速 S_v 越大，催化器的反应器体积就可以越小。或者说，S_v 越小，在同样的排气流量下，反应气体在催化剂中的停留时间越长，转换效率越高。例如：催化器的 $S_v = 10^5 h^{-1}$，则表明该催化器每小时能处理进口气体的体积为反应器体积的 10^5 倍。一般而言，在 $S_v = 10^5 h^{-1}$ 时，仍具有很高的转换效率的催化器被认为是性能良好的催化器。

流动阻力指汽车排气流过催化器产生的压降大小。流动阻力的大小直接影响发动机排气背压大小。排气背压太大，则发动机性能下降。催化转化器产生的压力损失 Δp 应控制在整个排气系统压力损失的 30%～40% 以下。在发动机大负荷高速运转时，排气经过催化器的压力损失可达几千帕。

一般而言，金属载体的催化器的流动阻力比陶瓷载体的小。净化器流动阻力主要是由载体的细小孔道造成的，Δp 主要取决于气体流速 $v(m/s)$、载体长度 $L(mm)$、孔的水力直径 $d_h(mm)$ 和开口率（OFA）等。式（5-10）为压力损失 $\Delta P(mmHg)$ 的一个经验公式[15]。

$$\Delta p = 5.224 \times 10^{-2} \frac{L^{0.829}}{d_h^{1.631}} \left(\frac{v}{OFA}\right)^{1.405} \tag{5-10}$$

可见，增大孔的水力直径 $d_h(mm)$ 和开口率（OFA）均可减小流动阻力。由 d_h 和 OFA 的定义可知，增大 d_h 和 OFA 意味着增大孔径和减少壁厚，但这将使几何表面积（GSA）减少，净化效率降低。因此进行催化器结构设计时，需要兼顾考虑流动阻力与净化效率，一般要求净化器的压力损失不超过 5kPa。

寿命指催化器经过一段时间使用后，其催化剂保持活性的特性。催化器的寿命常用行驶里程表示。各国的汽车排放标准中汽车催化器的寿命都有明确规定，如 GB 18352.6—2016 要求催化器的寿命为 160000km[16]。催化器的寿命受到高温烧结、催化剂耗损及催化剂中毒等的影响。

在正常的城市驾驶过程中，排气温度通常低于 600℃。但是，当发动机点火出现失火等故障时，过多的未燃碳氢化合物在催化器中的氧化放热反应就会导致催化剂床层温度达到 900～1000℃ 以上。在高温下，催化剂颗粒迁移和聚结等，出现图 5-14 所示的贵金属颗粒的"结块"现象。由于催化作用仅由催化剂表面上的原子产生，故在催化器制造时，应尽可能地将细小的贵金属微粒分散在载体（如 γ-Al_2O_3）表面。但当纯贵金属催化剂温度达到 500～900℃ 后，均匀涂抹于载体表面的催化剂贵金属颗粒之间就会发生原子迁移和聚合，使活性表面积减少。对刚使用的催化剂，贵金属颗粒的尺寸在纳米级，但当车辆行驶之后，催化剂就会受到高温排气的作用，高温作用的结果是贵金属颗粒尺寸由纳米级增大到数十纳米，甚至上百纳米的数量级。另外，若温度升高到 1200℃，涂层 γ-Al_2O_3 将会变成 α-Al_2O_3，导致涂层收缩、微孔损失和催化剂表面积减少 90%。催化剂颗粒也有可能陷入涂

层塌陷坑内，导致催化剂无法与有害气体接触。热失活导致熄灯温度增加，如在 730℃ 老化之后，催化剂涂层比表面积为 $21.5m^2/g$，但在 1000℃ 下老化后，则降低至 $11.4m^2/g$，相应的起燃温度分别约为 250℃ 和 320℃[17]。

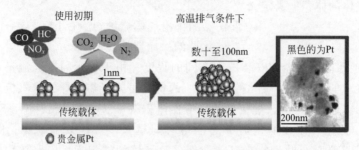

图 5-14 贵金属颗粒的"结块"现象[18]

汽车催化器长期工作于高温、剧烈振动、腐蚀性环境之中，且有高速气流不断从其表面流过。因此会出现催化剂由于摩擦、振动和温度波动等引起的催化剂从表面剥落或破碎现象，从而使催化剂有效面积减少，性能降低。

催化剂中毒起因为燃料和润滑油中的金属添加剂和硫、磷等微量成分。这些微量成分导致排气中含有有害物质铅、锰、铁、锌和硫等氧化物，这些氧化物进入催化转化器后，就会沉积在催化剂表面，也可以与助催化剂或载体等发生化学反应，削弱或消除了催化剂对排气污染物的催化转化能力。

第三节 三效催化净化器

一、三效催化净化器的组成

1. 三效催化剂

三效催化剂（Three Way Catalyst，TWC），也称三元催化剂。TWC 是一种氧化 HC 和 CO 并同时还原 NO_x 的催化剂。常见的三效催化剂有贵金属铂（Pt）、钯（Pd）和铑（Rh）等。Pt、Pd 和 Rh 对汽油机排气中 THC、CO 和 NO_x 表现出的活性不同，即转换效率不同，并且随空燃比的变化而变化。如图 5-15 所示为不同空燃比条件下 Pt、Pd 和 Rh 对 THC、CO 和 NO_x 的转换效率的测试结果。与 Pt 相比，Pd 在浓混合气条件下具有高的

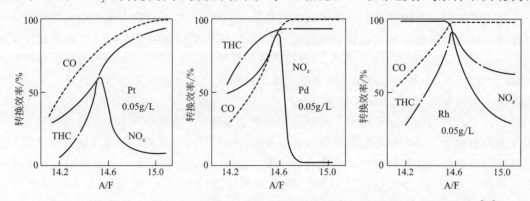

图 5-15 不同空燃比条件下 Pt、Pd 和 Rh 对 THC、CO 和 NO_x 的转换效率的测试结果[27]

THC 氧化活性和 NO_x 还原活性；与 Pd、Pt 相比，浓混合气条件下 Rh 的 NO_x 还原活性极高；Pd、Pt 在稀混合气条件下对 HC 的活性高于 Rh[27]。因此，三效催化剂不是单一的贵金属，而是由 Pt、Pd 和 Rh 按一定比例混合而成。另外，还会添加一些助催化剂，如抑制氧化铝烧结的 La、吸附 NO_x 的 Ba、储氧和改进抗烧结性能的 Ce 等。

TWC 一般和助催化剂一起涂抹在催化器基体（蜂窝陶瓷）表面的担体上（图 5-16）。担体是一种化学惰性、能提供较大惰性表面、多孔性的固体微粒，如载体 $\gamma\text{-}Al_2O_3$、$CeO_2\text{-}ZrO_2$ 固溶体（CZ）等，CZ 是一种新型担体，图 5-16(b) 比较了温度对 CZ 与传统担体的影响，CZ 在高温下不易结块，寿命延长。

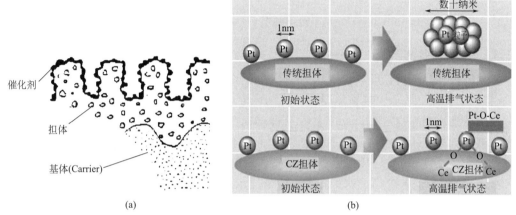

图 5-16 催化器表面的催化剂[28,29]

三效催化净化器中最常用的助催化剂是 CeO_2，助催化剂本身在催化反应中没有活性，但它可以增加反应的质量交换率，增加 O_2 的吸附量，从而使催化反应快速进行，助催化剂除提高催化活性、节约贵金属外，还具有提高贵金属的分布均匀性、活性涂层稳定和 Al_2O_3 载体耐热性能的作用。CeO_2 有很好的氧储存能力，在空燃比发生变化时，能起到极好的动态调节氧的作用。在浓混合气的情况下，CeO_2 通过转换为 Ce_2O_3 以提供氧化 CO 和 HC 所需的氧；而在稀混合气的情况下，Ce_2O_3 又转换为 CeO_2，其作用为储备氧气，其化学反应方程式如下。

$$2CeO_2 \Longleftrightarrow Ce_2O_3 + \frac{1}{2}O_2 \tag{5-11}$$

2. 三效催化净化器的数量及其安装位置

在汽车上，不同排放水平的三效催化净化器（Three Way Catalyst Converter，TWCC）的数量及其安装位置不同，1 个和 2 个较为常见，满足目前最新排放标准的汽车则至少装备 2 个 TWCC。采用 1 个 TWCC 时，通常 TWCC 距离发动机排气歧管出口较近。采用 2 个 TWCC 时，上游 TWCC（图 5-17 中 0.9L 催化器）体积较小，通常靠近发动机安装，以利用发动机刚排出的高温气体加热 TWCC，缩短 TWCC 起燃时间；远离发动机的下游 TWCC（图 5-17 中 1.6L 催化器）主要是在发动机正常工作时进一步净化有害排放物，一般布置于车体底部。TWCC 越接近排气总管出口，达到起燃温度的时间就越短，排气的净化效果也就越好，因此在车辆设计时，应尽量使 TWCC 靠近排气总管出口。

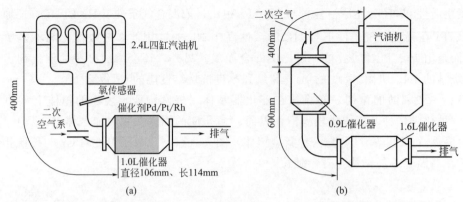

图 5-17 汽车的 TWCC 的数量及其安装位置[15]

3. 三效催化净化器

早期的催化器采用球形颗粒催化剂。颗粒催化剂从 20 世纪 70 年代开始应用,一直使用到 80 年代初。球形陶瓷颗粒被填充在催化剂床中,球形催化剂颗粒由 $\gamma\text{-Al}_2\text{O}_3$ 制成,表面涂覆贵金属催化剂和稳定剂,直径为 2.5～5mm,催化剂颗粒被固定在一个气体可通过的容器壳内部。颗粒催化剂催化器的主要缺点是压力降大、催化剂磨损损耗量大,以及质量大、热惯性大和预热慢等[3,30]。因此,后来被整体式催化器所代替。

如图 5-18 所示为三效催化净化器结构组成示意图,其特点是催化剂载体是整体式的。陶瓷基体三效催化净化器最为常见,主要由蜂窝陶瓷催化剂包装壳体、膨胀衬垫、外壳、绝缘层和绝热层外壳等组成,金属基体三效催化净化器的结构与陶瓷基体三效催化净化器相似。

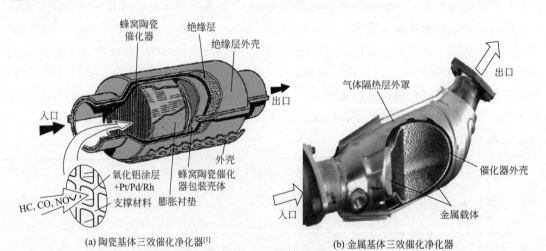

(a) 陶瓷基体三效催化净化器[1]   (b) 金属基体三效催化净化器

图 5-18 三效催化净化器结构组成示意图[1,31]

表 5-5 陶瓷基体三效催化剂载体的主要结构参数[32]

孔密度/壁厚/[(个/in²)/mil]或[(个/cm²)/mm]	400/6.5(62/0.17)	600/4(93/0.10)	900/2.5(140/0.064)
直径/mm	105.7	105.7	105.7
长度/mm	98	76	76
体积/L	0.86	0.67	0.67

续表

孔密度/壁厚/[(个/in²)/mil]或[(个/cm²)/mm]	400/6.5(62/0.17)	600/4(93/0.10)	900/2.5(140/0.064)
几何表面积(GSA)/(m²/L)	2.74	3.48	4.37
开口率(OFA)/%	75.7	81.4	85.6
流动阻力 R_f/(L/cm²)	3074	3990	5412
质量/kg	0.339	0.202	0.156

TWCC 最为核心的部件是蜂窝陶瓷（或金属）催化剂载体，陶瓷三效催化剂载体的结构尺寸和实物照片如图 5-19 所示。载体的孔道为方形，载体表面涂覆了催化剂涂层，为了增加催化剂表面积，一般先在载体表面上涂覆一层松枝状的 γ-Al_2O_3。对于常用的方形孔道三效催化剂载体而言，载体的孔密度 N（单位载体横截面上的孔数）和壁厚 b 是其最重要的几何特征参数。因此，载体产品的型号经常用 N/b 表示。如 400/6 型载体表示其载体的孔密度 N 为 400 个/in²，壁厚为 6mil。由于国内外催化剂载体产品均按照上述方法命名，且长度的单位采用英寸（in）或密耳（mil），因此本书中按照工程上的习惯，也采用了这种方法，为了便于读者了解，同时加注了国际单位。表 5-5 列出了陶瓷基体三效催化剂载体的主要结构参数。

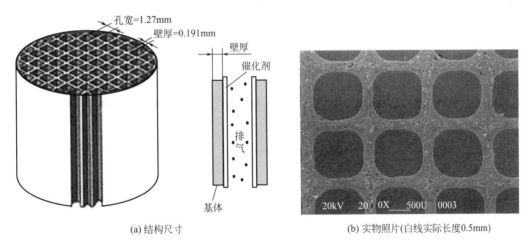

(a) 结构尺寸　　(b) 实物照片(白线实际长度0.5mm)

图 5-19　陶瓷三效催化剂载体的结构尺寸和实物照片[8,33]

20 世纪 80 年代和 90 年代常用的方孔陶瓷载体型号有 300/12、300/6、300/5、400/6.5、400/4.5 和 400/4 等。目前车辆中，600/4 和 600/3.5 等型号载体使用较为普遍，900/2.5 和 1200/2 载体也有使用。如奥迪 2.0T 部分零排放汽车（PZEV）的前催化器为 900 个/in²（140 个/cm²），2.5L，催化剂涂覆量 150g/ft³（5.3g/L），后催化器为 600 个/in²（93 个/cm²），催化剂涂覆量 100g/ft³（3.5g/L）。丰田普锐斯 SULEV 的催化系统，前催化器为 900 个/in²（140 个/cm²）、0.9L；后催化器为 600 个/in²（93 个/cm²）、1.1L[34]。

三效催化剂载体的主要结构参数有几何尺寸（如载体长度、圆形截面的直径、椭圆形截面的长短轴长度等）、孔道尺寸（如方形孔道的孔宽和壁厚、六角形的边长和壁厚等）、几何特性参数［如孔密度、几何表面积（GSA）和开口率等］，不同结构的三效催化剂载体其几何特性参数的计算方法不同。

如图 5-20 所示为六角形、三角形、圆形和正方形孔道截面示意图。其中最常见的是正方形与六角形孔道载体。六角形与正方形整体式载体相比，催化剂厚度均匀，催化有效体积增加约20%，净化效率高；微孔间壁厚度减小到仅100μm，可以减轻质量约25%[35]。

图5-20　六角形、三角形、圆形和正方形孔道截面示意图[36]

正方形孔道、圆形截面载体是应用最多的三效催化剂载体之一。GSA是载体结构参数对催化剂转化效率影响最大的参数之一。GSA表示单位体积载体上气体通道表面积越大，GSA越大，相同体积载体的催化剂表面积越大，催化器活性越高。图5-21给出了不同型号催化剂载体的相对GSA和容积密度，1200/2型载体的GSA和容积密度约为400/6.5型的1.8倍和0.6倍。可见，增大孔密度和减薄壁厚可以有效提高催化剂载体的几何表面积及减少载体的容积密度。

图5-22表示GSA对汽油车NMHC排放率的影响，试验在FTP驾驶循环下进行，催化器载体采用300/5.5、400/4.5、400/6.5、400/3.5、600/4.5和600/3.5等9种型号，该结果表明：GSA越大，NMHC排放率越小；对相同壁厚的载体而言，孔密度越大，NMHC排放率越小，这就是目前催化剂载体孔密度越来越高和壁厚越来越薄的原因。

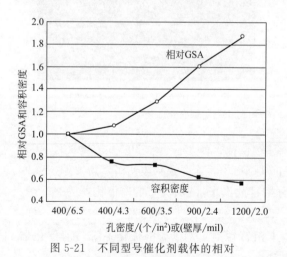

图5-21　不同型号催化剂载体的相对GSA和容积密度

1in=2.54cm，1mil=25.4×10⁻⁶m

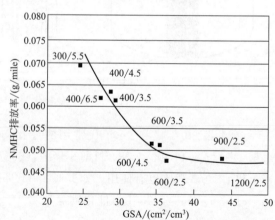

图5-22　GSA对汽油车NMHC排放率的影响[37]

1mile=1.609km

一般来说，催化器的结构和催化剂的用量不同，其转换效率也不同，贵金属涂覆量对HC净化效果的影响如图5-23所示，可见催化剂的用量并不是越多越好，当超过某一值时再增加用量，转换效率几乎不再提高。

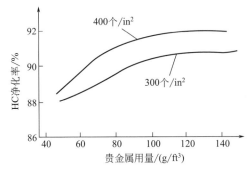

图 5-23 贵金属涂覆量对 HC 净化效果的影响[8]

$1ft^3 = 28.32L$,$1in^2 = 6.45cm^2$

二、三效催化净化系统的构成

1. 三效催化净化器的净化原理

三效催化剂可将理论比附近的 HC 氧化为 H_2O 和 CO_2、CO 氧化为 CO_2、NO_x 还原为 N_2,即由还原性成分(HC、CO、H_2)和氧化性成分(NO、O_2)之间的化学反应产生无害成分(H_2O、CO_2、N_2)。因此三效催化氧化系统还原性气体和氧化性气体量的平衡是最重要的条件,这些气体组分之间的平衡如果被打破的话,即使用高活性的三效催化剂,也将无法除去多余的有害成分,导致排气中还原性(HC、CO、H_2)或氧化性(NO_x)有害物排放量增大。因此,三效催化净化器最适合于以化学计量空燃比工作的汽油机。由于汽车行驶时的速度和功率是随时变化的,因此,汽油机不可能一直在化学计量空燃比附近工作,例如在冷启动、急加速和满负荷或超负荷工作时就需要用浓混合气工作。三效催化净化器并不能在所有行驶工况下都有效净化汽车排气污染物,为了减少浓混合气工作时的排气污染,一般需要增加二次空气系统等。三效催化净化器中发生的化学反应的方程式见表 5-6。

表 5-6 三效催化净化器中发生的化学反应的方程式

CO、HC 的氧化反应	$2CO + O_2 = 2CO_2$ $CO + H_2O = CO_2 + H_2$ $2C_xH_y + \left(2x + \frac{1}{2}y\right)O_2 = yH_2O + 2xCO_2$
NO 的还原反应	$2NO + CO = 2CO_2 + N_2$ $2NO + 2H_2 = 2H_2O + N_2$ $C_xH_y + \left(2x + \frac{1}{2}y\right)NO = \frac{1}{2}yH_2O + xCO_2 + \left(x + \frac{1}{4}y\right)N_2$
其他反应	$2H_2 + O_2 = 2H_2O$ $5H_2 + 2NO = 2NH_3 + 2H_2O$

2. 三效催化净化系统的组成

三效催化净化系统是目前使用最多的一种汽油机排气后处理系统。在三效催化净化系统中,为了最大限度地利用催化转换器的效率特性,对于三效催化净化系统进口的空燃比,通常采用以 O_2 传感器(也称为 λ 传感器)为中心的空燃比反馈控制系统。现代汽油机多采用在三效催化净化器的进口和出口都安装 O_2 传感器的双氧(空燃比)传感器系统。电子反馈控制空燃比的三效催化净化系统如图 5-24 所示。系统主要由氧传感器、控制模块和三效催化器等组

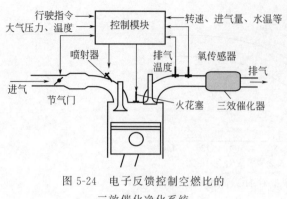

图 5-24　电子反馈控制空燃比的
三效催化净化系统

成。三效催化净化器的空燃比特性如图 5-25 所示。可见只有在理论空燃比附近的、称为"空燃比窗口"的狭窄空燃比范围，才可以使三种成分同时获得较高的转换率（转换率≥80%）。由排气系统的氧传感器检出排气系统中的氧浓度以及由其他传感器得到的进气量、水温等信息一起被送到控制单元处理。先由氧传感器得到的信号判断混合气是比理论混合比浓还是稀，再决定电子控制的燃料供给系统向气缸喷入的燃料量。

上述的仅安装一个氧传感器的闭环反馈控制系统，其空燃比控制精度较低，即"空燃比窗口"较宽，难以满足更为严格的排放法规要求。于是，便出现了图 5-26 所示的在普通氧传感器反馈控制的三效催化净化系统下游再安装一个氧传感器的双氧传感器排气净化系统。由于通过催化器后气体中的未燃成分少，故由此得到的氧含量更能反映气缸中混合气的实际空燃比，使空燃比的控制精度更高。如图 5-25 所示，带有这种系统的发动机与带有单氧传感器闭环反馈控制系统的发动机相比，其空燃比更接近理论空燃比，空燃比的分散减少，即"空燃比窗口"变小。

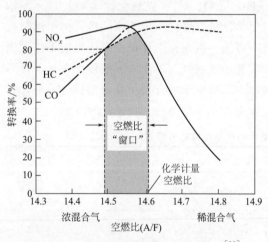

图 5-25　三效催化净化器的空燃比特性[33]

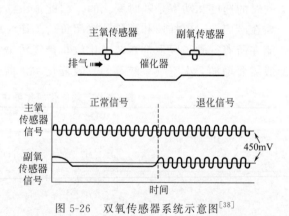

图 5-26　双氧传感器系统示意图[38]

三、三效催化净化系统中空燃比的监测方法

1. 理论空燃比传感器

氧传感器是决定三效催化净化器催化净化效果的一个关键元件，它对空燃比窗口的大小至关重要。如图 5-27 所示为常用的 ZrO_2-Y_2O_3 型氧传感器的构造示意图。氧传感器常见的有普通式氧（Exhaust Gas Oxygen，EGO）传感器和加热式氧（Heated Exhaust Gas Oxygen，HEGO）传感器两种型式。EGO 和 HEGO 传感器的结构与原理如图 5-28 所示，主要由接线、大气入口、保护陶瓷套、加热器、固体陶瓷电解质、内外侧多孔质铂金和护罩等组

成。传感器电解质的温度会影响其电导率,从而影响输出电压。氧传感器的最佳工作温度在 300～600℃之间。在发动机预热期间,传感器的电解质温度低,无法工作。因此,面向 ULEV 等较高排放标准的汽车需要采用 HEGO 传感器,才能满足标准要求。

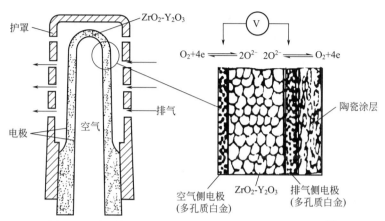

图 5-27　常用的 ZrO_2-Y_2O_3 型氧传感器的构造示意图[8]

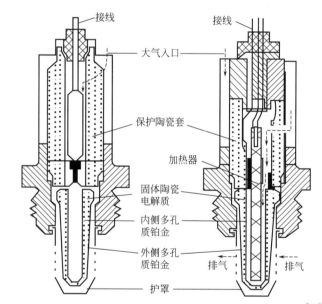

图 5-28　EGO(左)和 HEGO(右)传感器的结构与原理[39]

氧传感器常用的固体电解质是 ZrO_2-Y_2O_3,排气经过固体电解质 ZrO_2-Y_2O_3 管的外侧,ZrO_2-Y_2O_3 管的内侧为氧浓度已知的大气。由于在 ZrO_2-Y_2O_3 管两侧存在氧浓度差,因而内侧大气中的氧在固体电解质 ZrO_2-Y_2O_3 表面多孔质白金催化作用下发生电化学反应,得到 4 个电子和生成氧离子,氧离子通过固体电解质 ZrO_2-Y_2O_3 到达外侧发生电化学反应,失去 4 个电子并生成氧气。于是,在电极两端便产生了电动势 E_s,E_s 可由式(5-12)求出。

$$E_s = \frac{RT}{4F} \ln \frac{p_{O_2内}}{p_{O_2外}} \quad (5-12)$$

式中,$p_{O_2内}$、$p_{O_2外}$ 分别表示氧化锆管内侧(大气)、外侧(排气)氧的分压;R 为气体常数；T 为热力学温度；F 为法拉第常数。

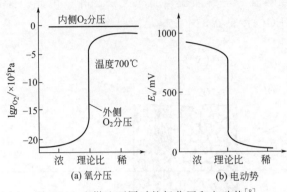

图 5-29　空燃比不同时的氧分压和电动势[8]

为了检测这个电动势，ZrO_2 管的内、外电极通常使用多孔质白金。这是因为白金在起电极作用的同时，还起到催化作用。空燃比不同时的氧分压和电动势如图 5-29 所示，在浓混合气工况时，CO、HC、H_2 等排出气体中的还原成分和排气中的残存氧化成分 O_2 反应，使残存氧浓度大幅度下降（氧分压下降），于是内、外侧大气中 O_2 的分压之比变大，电动势增大。在稀混合气条件下，正好与此相反，其结果在理论空燃比（$\lambda=1$）附近形成明显的电压差。根据电动势可判断出混合气比理论混合比稀或者浓，由电子控制装置进行反馈控制。这种型号的氧传感器主要是检出理论空燃比，因此常被称为理论空燃比传感器。

2. 宽域氧传感器

为了提高排气中实际氧含量的测量精度和发动机控制单元空燃比精度，减少空燃比控制的响应时间。宽域氧（Universal Exhaust Gas Oxygen，UEGO）传感器的应用逐步增多。UEGO 传感器与 EGO 传感器相比，其输出参数是具体的空燃比，可以检出理论空燃比以外的空燃比。因而基于 UEGO 传感器可以更好地控制空燃比，使三效催化剂在非常窄的高转换效率"空燃比窗口"内运行。UEGO 传感器的组成及原理如图 5-30 所示。

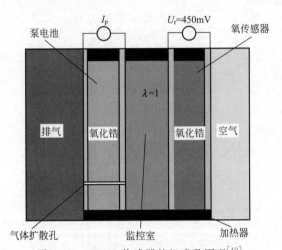

图 5-30　UEGO 传感器的组成及原理[40]

UEGO 传感器是在理论空燃比传感器的基础上加装氧泵（泵电池）而成的，主要由加热器、气体扩散孔、监控室和检出电路等组成。测量时被测气体经过气体扩散孔进入气体监控室，由于有陶瓷加热器的加热（约 800℃），故未被氧化的 HC 和 CO 等将被进一步氧化，使空燃比的测量精度得到提高。为了使理论空燃比传感器的输出电压 U_r 保持一定（约 450mV），通过氧泵不断地调节气体监控室中的氧含量，即当进入监控室的空燃比大于理论空燃比时，气体监控室中的多余氧气由 I_p 电池抽出；相反，在浓混合气时，氧气由 I_p 电池进入气体检出室，以维持气体监控室的空燃比始终在理论比附近。由于氧调节泵（I_p 电池）抽出或泵入氧气的数量和排气的空燃比相关，故可根据氧调节泵的电流值 I_p 检出空燃比。宽域氧传感器的泵电流和混合比的关系如图 5-31 所示，由于氧离子运动的方向和电流方向相反，故把电流的方向定义为"+"。在理论空燃比时电流为零，比理论空燃比更稀的一侧为"+"电流，在浓的一侧为"-"电流。可见，UEGO 传感器可以测量各种空燃比。由于 UEGO 传感器的检测精度高，因而其用于汽车发动机时，实际工作时的空燃比变化范围较小，并更接近理论空燃比（图 5-32）。

与 HEGO 传感器反馈控制系统相比，使用 UEGO 传感器时的空燃比更接近理论空燃比（14.6），在"空燃窗口"内的分布比例大幅度提高，因而可以提高三效催化净化器的净化效率。

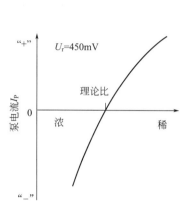

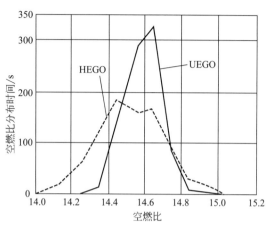

图 5-31 宽域氧传感器的泵电流和混合比的关系[8]

图 5-32 UEGO 传感器与 HEGO 传感器的控制精度比较[41]

应该注意的是，使用 UEGO 传感器提高的是整机的空燃比精度，并不能保证进入多缸机各个气缸的空燃比精度。试验表明，GDI 汽油车也存在空燃比的均匀性问题[3]。日本市场装备四缸 1.6L 涡轮增压汽油直喷（GDI）发动机汽车按照日本 JC08 Hot 测试循环运转的测试结果表明，其中气缸 1 的空燃比比其他气缸的空燃比高 20%，即混合气过稀；当气缸 1 的空燃比误差从 -30% 变化到 +40% 时，HC、CO 排放的范围几乎不受气缸 1 空燃比误差的影响，但 NO_x 排放显著恶化。因此，UEGO 传感器还应与各缸空燃比独立监测和控制系统相结合，才能进一步降低汽车的有害排放。对于上述 1 缸混合气过稀的试验车辆而言，当采用各缸空燃比独立监测和控制系统时，日本测试循环（JC08 Hot）的大多数条件下，NO_x 排放减少了 90%[42]。

四、装备三效催化净化系统汽油车的主要不足

三效催化净化系统的不足主要是汽车必须工作在油耗偏高的化学计量混合比附近、冷启动排放多、偏离理论混合比转换效率明显下降、对非常规污染物净化效果差。三效催化转换器可以同时降低排气中的 HC、CO 和 NO_x，但是它只能在发动机非常接近于理论混合比的狭窄"空燃比窗口"内工作时才具有较高的净化效率。为此必须在发动机上安装高精度的燃油喷射系统，把发动机控制在化学计量（或称理论空燃比）空燃比附近。而大量研究表明，工作在理论空燃比附近的发动机燃油消耗比工作在稀混合气的发动机油耗高出 10%~15%（图 5-33）。因此，可以说三

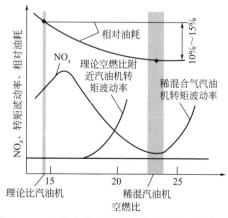

图 5-33 工作在理论空燃比附近的发动机与稀混合气的发动机的油耗、排放和稳定性比较[3]

效催化净化系统的首要不足就是，只有在油耗偏高的化学计量混合比附近工作时，才能高效净化排气中的 HC、CO 和 NO_x。特别是随着碳排放和油耗限值的日益严格，这个不足越来越突出。另外，只有当三效催化净化器的催化剂达到起燃温度后才有高的净化效率。由于汽车排放法规要求的污染物取样始点是汽油机冷启动后，此时排气未达到起燃温度，催化剂几乎不起作用，这意味着在冷启动后的一段时间内几乎不能通过催化净化器减少污染物的排放量，三效催化净化器的转换效率很低，导致汽车污染物排放量多，难以达到越来越严格的排放限值。因此，三效催化净化器的冷启动净化率低的问题变得更为突出。

表 5-7 列出了冷启动和热机时 CO、HC 和 NO_x 的排放因子比较结果。试验车辆为 1992 年产 GMC 2500 系列、2 轮驱动 5.7L 汽油车，试验在 -26℃ 环境下进行。试验结果表明，汽车冷启动阶段（起燃温度指示灯点亮前）HC、CO 和 NO_x 的排放因子为其后行驶阶段排放因子的 86 倍、72 倍和 21 倍，这说明冷启动阶段的 HC 问题最严重，其次是 CO 和 NO_x。

表 5-7 冷启动和热机时 CO、HC 和 NO_x 的排放因子比较结果[43]

污染物	冷启动排放因子/(g/km)	热机时的排放因子/(g/km)	冷启动与热机的比值	冷启动所需行驶距离/km
HC	55.7	0.65	86	0～0.48
CO	632	8.74	72	0～0.72
NO_x	3.84	0.18	21	0～1.64

如图 5-34 所示为两种不同驾驶循环下的汽车排气污染物的变化曲线。图 5-34(a) 所示为汽油车的 CO、HC 和 NO_x 三种气体污染物累计排放量的变化曲线。试验车辆为 2L 汽油车，试验时汽车按照 NEDC 驾驶循环行驶，三效催化净化器的载体体积为 2.4L，催化剂为

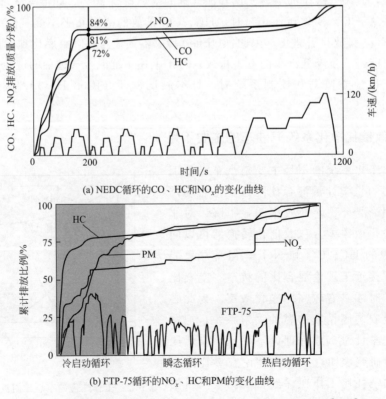

(a) NEDC 循环的 CO、HC 和 NO_x 的变化曲线

(b) FTP-75 循环的 NO_x、HC 和 PM 的变化曲线

图 5-34 两种不同驾驶循环下的汽车排气污染物的变化曲线[44,45]

Pd 和 Rh 的混合物，催化剂涂覆量为 50g/ft³（1.77g/L），从该结果可以看出，在 NEDC 循环的前 200s，CO、HC 和 NO_x 的排放量占整个试验循环总排放量的比例分别达到 81%、72% 和 84%。图 5-34(b) 所示为 GDI 汽油车在 FTP-75 循环期间排气中 NO_x、HC 和 PM 累计排放比例的变化，该结果显示，冷启动循环排放的 NO_x、HC 和 PM 分别达到整个驾驶循环的 58%、79% 和 77%。

除了上述两个主要不足外，三效催化净化器还有两个不足。当汽车使用的燃料种类（如汽油醇、天然气和液化石油气等）或主要组分相差过大时，燃油喷射系统需要一定时间把发动机空燃比控制在所用燃料的化学计量比附近或根本无法完成，导致实际空燃比偏离理论空燃比，转换效率下降。汽油车三效催化净化器催化剂的配伍是针对法规限值的 CO、HC 和 NO_x 开发的，对非常规污染物的净化效果不佳在所难免。表 5-8 列出了一个安装三效催化转换器的 2L 汽油车污染排放物的测试实例，表 5-8 中列出了在汽车启动后 30s 急速、60km/h 等速行驶和 10·15 循环工况下 CH_4、N_2O、NH_3 和 C_6H_6 的测试结果。除启动后 30s 急速工况下的 NH_3 浓度过低无法检出外，其他条件下非常规污染物 CH_4、N_2O、NH_3 和 C_6H_6 均有检测结果。该结果表明：汽油机启动后 30s 急速工况下常规污染物体积分数非常高，进一步验证了三效催化净化器的第二个主要缺陷。60km/h 等速行驶工况下 NH_3 的浓度很高，说明三效催化净化器对其基本无效。10·15 循环工况下 NH_3 体积分数高于常规污染物 CO 和 NO_x，这也说明了三效催化净化器对 NH_3 基本无效。

表 5-8 安装三效催化转换器的 2L 汽油车污染排放物的测试实例[46]

运行工况	非常规污染物体积分数/×10⁻⁶				常规污染物体积分数/×10⁻⁶	
	CH_4	N_2O	NH_3	C_6H_6	CO	$NO+NO_2$
启动后 30s 急速	25.5	54.5	—	4.65	2311	407
60km/h 等速行驶	17	1.02	307	0	82	10.2
10·15 循环工况	6.98	1.28	53.9	0	45.5	14.3

五、汽油车冷启动后的净化措施

催化剂一般都在一定的温度下才起作用，对于发动机刚启动后的情况，由于排气温度很低，催化器将不能净化排气中的有害成分。解决冷启动后高排放这一问题的方案主要有四个：一是采用电加热催化剂（Electrically Heated Catalyst，EHC）；二是在三效催化净化器的基础上加装吸附型催化净化器；三是进行发动机排气管和催化器结构优化（如采用热容量小的材料和催化器安装位置前移等技术）；四是提高发动机排气温度（如直喷汽油机的两段喷射技术、后补喷射等）。

1. 催化器加热

发动机刚启动后，催化净化器入口的排气温度低，催化剂的活性不高。对催化器强制加热是提高催化剂活性和污染物转换效率的方法之一。强制加热对 HC 排放的改善效果如图 5-35 所示。电加热式三效催化净化器指在催化器前端安装一个 1.8kW 的电加热器的催化器，试验时，汽车按照 FTP 试验循环行驶。由该结果不难看出，电加

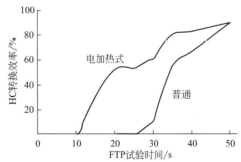

图 5-35 强制加热对 HC 排放的改善效果[47]

热式三效催化净化器在发动机刚启动后催化剂温度上升快,在 FTP 试验循环开始约 10s 后即开始净化排气中的 HC,在 FTP 试验循环开始约 20s,就达到了催化剂对 HC 净化的起燃温度。电加热式三效催化净化器可以提前达到催化剂的起燃温度,从而大幅度减少冷启动阶段的排气污染物。应该指出的是,电加热方式增加了汽车行驶时的电力需求,需要增大汽车发电机功率或蓄电池容量。

2. 吸附催化净化法

在发动机刚启动后,催化剂的活性不高时,用吸附剂将未燃 HC 化合物等污染物暂时吸附,待排气温度提高、催化剂活化后,再释放出被吸附的 HC,从而减少了冷启动过程的污染物排放,提高了催化净化器的转换效率。常见的吸附剂有在石油化学工业中广泛应用的耐热性较好的沸石 ZSM-5 等。如图 5-36 所示为两种型式的吸附型催化净化器的组成示意图。

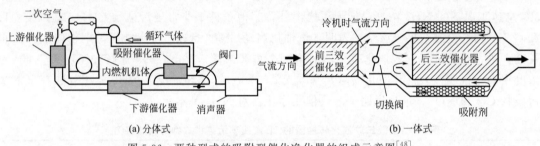

图 5-36 两种型式的吸附型催化净化器的组成示意图[48]

图 5-36(a) 所示方案的特点是让吸附剂释放的 HC 重新进入气缸燃烧,在减少污染的同时提高了燃油经济性。图 5-36(b) 所示方案的特点是冷启动过程排放的污染物不经过正常排放路径,而是经过吸附器被吸附在吸附剂上。温度正常后,通往冷启动过程排放污染物路径关闭,正常排放路径阀门打开,排气由催化器净化直接排出,吸附在吸附剂上的污染物由于温度升高而解吸,并由经过的排气带入净化器转换为无害气体后排出。针对北美洲出售的丰田"普锐斯"混合动力汽油车就采用了这种催化净化系统[34],前三效催化净化器和后三效催化净化器均采用陶瓷载体,前、后三效催化净化器的孔密度分别为 900 个/in^2 和 600 个/in^2($1in^2$ = $6.45cm^2$),载体体积依次为 0.9L 和 1.1L。用于吸附冷机时 HC 的吸附净化器的体积为 0.7L,吸附剂载体为金属基体。丰田"普锐斯"混合动力汽油车采用了由孔隙直径 0.4~0.8nm 的沸石混合制成的吸附剂,可以吸附排气中约 200 种左右的 HC。

如图 5-37 所示为吸附催化净化器的净化效果。可见,采用吸附净化器后,冷启动时(前几十秒)的 HC 大幅度降低。因此,丰田"普锐斯"将该技术用于面向加利福尼亚州 SULEV 等法规汽油车的排放控制。

应该注意的是,吸附剂耐高温性能差,如果满足了吸附剂的耐热要求,则吸附剂下游催化剂的入口温度难以保证,吸附剂释放的 HC 的催化净化效率将成为问题。因此,一般安装在旁路管上,但这又使构造复杂化,带来可靠性以及成本增加等问题。

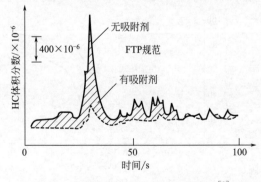

图 5-37 吸附催化净化器的净化效果[8]

3. 结构优化

催化剂的排气净化特性是低温时净化率下降。为了提高催化器的升温速率，汽车催化器通常安装在排气歧管的下部，并且采取薄壁排气歧管和焊接连接等措施，既减少了排气系统的热容量，又增加了催化器入口的气体温度。使催化器可以迅速达到起燃温度，改善汽车冷启动的排放性能。如图 5-38 所示为结构优化后的催化器结构及安装位置示意图和催化净化效果，催化剂的起燃温度降低到 300℃。

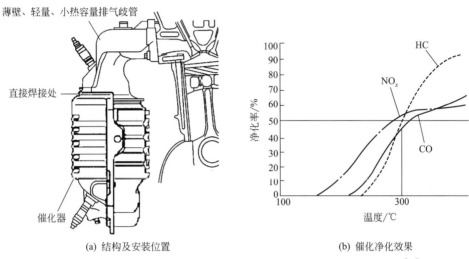

图 5-38　结构优化后的催化器结构及安装位置示意图和催化净化效果[49]

4. 提高发动机排气温度

提高发动机排气温度的方法有排气节流、推迟点火时间、增加后喷射和两段燃烧等。其中两段燃烧是提高怠速时排气温度，缩短催化剂的起燃时间，降低冷启动后污染物排放量的有效方法。两段燃烧是三菱公司 GDI 汽油机采用的减少冷启动后排放的一种燃烧方式。两段燃烧的特点是在发动机怠速运转时进行两次燃油喷射，在压缩行程后期和膨胀行程后期各喷射一次燃油。第一次喷射的燃油形成的可燃混合气被火花塞点火后燃烧，在缸内产生高温气体并加热剩余的大量空气；膨胀行程后期喷入到燃烧氧化反应还没完全结束的高温气体中，在气缸中发生再次燃烧，即第二阶段燃烧。这样一来，缸内气体温度快速上升，排气温度也相应升高，结果是汽油机的排气温度明显高于普通汽油机。图 5-39 显示了采用两段燃烧技术的汽油机和常规燃烧方式的汽油机排气温度的变化历程。常规汽油机启动后怠速时的排气温度仅为 200℃ 左右，低于催化剂的起燃温度；采用两段燃烧技术的汽油机的排气温度在 2s 之内即上升到 800℃ 左右，这样便可提前激活催化剂，大大降低冷启动的污染物排放。

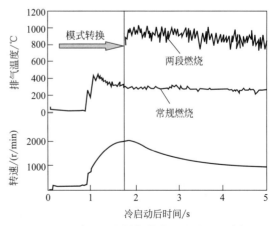

图 5-39　采用两段燃烧技术的汽油机和常规燃烧方式的汽油机排气温度的变化历程[50]

第四节　缸内直喷汽油机的发展趋势及其气体污染物净化技术

一、缸内直喷汽油车的发展趋势

与普遍工作于理论空燃比的传统进气道喷射（Port Fuel Injection，PFI）汽油机相比，缸内直喷（Gasoline Direct Injection，GDI）汽油机由于可以精确计量进入气缸的燃油，快速改变汽油机工作所需空燃比和提高冷启动时的排气温度，采用更高的压缩比和多种燃烧模式，因而，发动机动力性和燃油经济性好，瞬态响应快，气体污染物排放少。

由于上述优势以及近年来汽车碳排放控制目标的加严，GDI 汽车的市场份额快速增大，GDI 成为汽油乘用车市场的主流技术，特别是在美国和欧盟市场的份额呈现快速增大趋势。如图 5-40 所示为 2007～2016 年美国汽车市场中 GDI 汽车的市场份额。GDI 汽车 2007 年进入美国汽车市场，2008 年 GDI 汽车市场份额不到 3%，2016 年轿车和轻型载重车的市场份额分别为 50.0% 和 43.2%，两者的平均市场份额则达到了 46.6%，并且一直呈现出持续增加趋势。

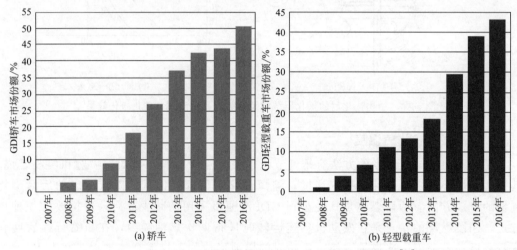

图 5-40　2007～2016 年美国汽车市场中 GDI 汽车的市场份额[60]

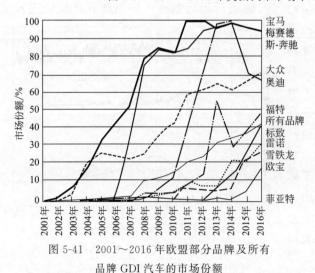

图 5-41　2001～2016 年欧盟部分品牌及所有品牌 GDI 汽车的市场份额

如图 5-41 所示为 2001～2016 年欧盟部分品牌及所有品牌 GDI 汽车的市场份额。由图 5-41 可以看出，在梅赛德斯-奔驰和宝马的汽油车市场销售份额中，GDI 汽车市场份额从 2009 年起超过 80%；宝马的 GDI 汽车市场份额已连续 3 年为 100%，但菲亚特公司的 GDI 汽车市场份额几乎一直为 0。欧盟全部品牌汽油车中 GDI 汽车的市场份额从 2008 年开始大幅增加，并且一直呈现增加趋势，到 2016 年市场占比约为 43%[61]。

GDI 汽车在美国和欧盟市场份额迅速增大的主要原因是 GDI 汽油车相对 MPI 汽油车的低碳排放及低油耗优势。因此，随着节能和碳排放法规加严，GDI 汽油车将会继续获得快速发展。但同时也面临一些需要克服的问题，如冷启动时燃油经济性需要进一步改善，颗粒物排放多；对燃油质量的要求高，容易出现喷油器堵塞和燃烧室沉积物问题；系统结构复杂、制造成本高和耐用性差等。

二、GDI 汽油机的燃烧模式及排放特点

缸内直喷汽油机的燃烧模式虽然大致可以分为均质燃烧和分层燃烧两类，但不同企业生产的缸内直喷汽油机实现均质燃烧和分层燃烧的技术手段不同，因而均质燃烧和分层燃烧使用的混合气浓度不同。表 5-9 列出了 GDI 汽油机的燃烧模式。丰田 D4、三菱 GDI 和宝马 120i 的空燃比范围依次为 12～50、12-40（包括 EGR 时，55）、14.7～32.3。三菱 GDI 采用分层燃烧模式时，可以实现超稀薄燃烧（Ultra-lean Combustion Mode），正常情况下，可实现空燃比在 30～40 之间的稳定燃烧，采用 EGR 时则是 35～55[62]。可见，GDI 汽油机的空燃比范围非常大，因此，其排气污染物的控制难度远大于多点电喷汽油车。特别是面对国 6 等更严格的排气标准。

表 5-9 GDI 汽油机的燃烧模式

汽油机	燃烧方式	A/F	喷油正时	适用工况
丰田 D4	均质燃烧	12～15	进气冲程	大负荷、冷启动、刹车制动、NO_x 排放控制
	分层燃烧	17～50	压缩冲程	小负荷
	弱分层（两段）燃烧	15～30	压缩和进气冲程	中等负荷
三菱 GDI	均质燃烧	12～14.7	压缩冲程	高功率
	分层燃烧	>24	进气冲程	低油耗
	两段混合燃烧	12～16	进气和压缩冲程	敲缸控制
	两段燃烧	14.7～20	进气和膨胀	催化器起燃
宝马 120i[①]	理论混合比均质燃烧	14.7	进气和压缩冲程	大负荷、冷启动、刹车制动、NO_x 排放控制
	稀混合气均质燃烧	19.1～25	进气和压缩冲程	中等负荷，中低转速
	分层燃烧	25～32.3	压缩冲程	小负荷，中低转速

① 宝马 120i 的空燃比由过量空气系数换算得到（假定化学计量比为 14.7）。

缸内直喷汽油车的排放特点可由图 5-42 所示的美国市场 GDI 汽车相对 PFI 汽车的 CO_2 及污染物排放量的测试结果予以说明[63]。图 5-42 中 FTP、HWFE 和 EPA 认证依次表示美国环境保护局（EPA）公布的三种测量结果；A 路线和 B 路线表示使用便携式排放测量系统（PEMS）得到车辆实际道路行驶时的测量结果，路线平均表示 A 路线和 B 路线测量结果的平均值，各个矩形条上的"I"形字表示测量数据的分布范围。测量时，使用了满足美国排放法规的 27 辆 GDI 汽车和 32 辆 PFI 汽车。59 辆车的 PEMS 测试结果表明：GDI 车辆与 PFI 车辆相比，CO 排放率降低 33%，HC 排放率降低 44%，PM 排放明显增大；GDI 汽车在 A 路线的 NO_x 平均排放率低于 PFI 汽车，但 B 路线的则相反。底盘测功机测试数据则表明，GDI 汽车与 PFI 汽车相比，CO 和 HC 排放率显著减小，NO_x 略有降低，PM 排放略有增大。另外，PEMS 测试结果还表明，GDI 汽车与 PFI 汽车相比，燃油经济性仅提高 8% 左右，EPA 的结果则显示 GDI 汽车燃油经济性略微好于 PFI 汽车。

日本国立环境研究所测试了汽车按照 JC08 冷启动工况运行时，排气中元素碳（EC）、一次有机气溶胶（Primary Organic Aerosol，POA）和二次有机气溶胶（Secondary Organic

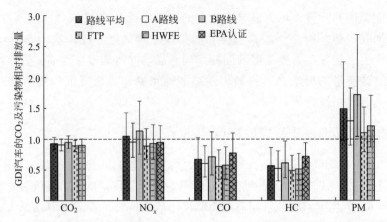

图 5-42 美国市场 GDI 汽车相对 PFI 汽车的 CO_2 及污染物排放量测试结果（彩图）

Aerosol，SOA）的排放量，EC、POA 和 SOA 的排放量由汽车向大气中排放污染物的模拟装置（烟雾箱）测量得到[64]。结果表明：GDI 汽车的 EC、POA 和 SOA 的排放系数远高于 PFI 汽车，约为 PFI 汽车的 3 倍。但 GDI 汽车的 POA 和 SOA 的排放系数低于 PFI 汽车。

清华大学的发动机台架与烟雾箱试验表明：缸内直喷（GDI）发动机颗粒物数量排放因子比进气道喷射（PFI）发动机高两个数量级，质量排放因子高一个数量级。PFI 发动机排放的颗粒物大部分由有机物（OM）构成，还有少量的元素碳（EC）和无机离子。GDI 发动机排放的颗粒物以 EC、OM 为主，还有少量无机离子，随着负荷上升，EC 含量上升[65]。

欧洲运输与环境联合会的报告表明，GDI 发动机颗粒质量排放比 PFI 发动机多 10 倍，颗粒数量超过 100 倍。GDI 汽油机排气中 $PM_{2.5}$ 质量浓度多达 $10\mu g/m^3$，粒径 20nm 颗粒物数量多达 2.4×10^6 个/cm^3。但安装汽油微粒过滤器（GPF）的汽车按照 NEDC、WLTP 和美国 US06 驾驶循环行驶时，GDI 汽车颗粒排放减少 99% 以上[119]。

三、GDI 汽油机汽车排气中气体污染物的后处理系统

GDI 汽车由于使用稀混合气行驶，因而 MPI 汽油机汽车用的排气后处理装置无法适用，必须在 TWC 的基础上装备 NO_x 净化装置，否则难以达到欧 5 及欧 6 等排气标准的要求。因此，这类车的气体污染物的后处理系统有别于 MPI 汽油机汽车，故下面对这类车气体污染物的后处理系统做一简要介绍。

缸内直喷汽油机排气中气体污染物的后处理系统主要有两类：一类是三效催化净化系统和吸附还原型催化器（NO_x Storage Catalyst，NSC）的组合式系统（TWC+NSC），应该注意的是吸附还原型催化器的英文名称还有 NTC（NO_x Trap Catalyst）、NAC（NO_x Adsorber Catalyst）和 LNT（Lean NO_x Trap）等；另一类是三效催化净化系统和选择还原型催化器（TWC+SCR）的组合系统。

三效催化净化系统和选择还原型催化器的组合系统也可分为两种。汽油车的选择还原型催化（Selective Catalyst Reduction，SCR）的催化剂一般为贵金属，如铂-铱-钌（Pt-Ir-Ru）/沸石系、$Ir/BaSO_4$ 和 Ag/Al_2O_3 等，还原剂一般为燃油蒸气或浓混合气燃烧产物中的 HC、CO 和 H_2 等。近年来，不用贵金属，还原剂使用 TWC 实时产生的 NH_3 的一种被动选择型还原催化净化系统的 SCR 受到了关注（详见本章第五节），这种 SCR 的特点是选择还原型催化器的催化剂与柴油车的 USCR 催化剂完全相同，避免了携带 5%~10% 燃油体积

的尿素水溶液的不足以及在车辆上布置的困难，但该技术还需要进一步完善。

丰田公司 D-4 汽油机（Direct Injection 4 Stroke Gasoline Engine）的排气后处理装置是典型的三效催化净化系统和吸附还原型催化器的组合式系统之一，如图 5-43 所示为丰田公司 D-4 汽油机的排放控制系统示意图。除了后处理系统外，还采用先进的高压喷油器、EGR 技术、进气涡流控制和结构优化的燃烧室等多项燃烧污染物产生的源头控制技术。

丰田公司的缸内直喷汽油机的 NO_x 净化主要采用 NSC 技术，三菱公司则在同一机型中既采用 NSC 技术，也采用 SCR 技术。图 5-44 表示三菱公司的 TWC 和 NSC 及 SCR 的三种组合方案。图 5-44（a）为热反应器、SCR 和 TWC

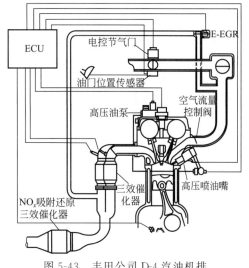

图 5-43 丰田公司 D-4 汽油机排放控制系统示意图[50,66]

组合式后处理装置示意图，其特点是普通选择还原型催化器安装于三效催化净化器之前，并进行了一体化设计。由于这种系统的气体污染物转换效率有限，因此，三菱公司生产的 GDI 汽油机还采用了提前激活催化剂的两段燃烧法（Two-Stage Combustion）和高 EGR 率的 EGR 系统等源头控制技术，以及热反应器式排气管后处理技术。图 5-44（b）所示系统由一个 0.3L 的 TWC 和一个 1.7L 的 NSC 组合而成，TWC 为紧凑型，NSC 为底盘型。图 5-44（c）所示为三菱 1.8L 缸内直喷汽油机采用的 TWC+NSC+TWC 方案。一个 0.7L 紧密耦合型 TWC 安装于接近排气歧管出口的位置，由于该 TWC 体积小，起燃快，故可以替代热反应器等装置；一个 1.3L 的 NSC 和一个 1L 的 TWC 安装于车身底部。NSC 和 TWC 的贵金属涂覆量分别为 3.3g/L 和 1.5g/L。

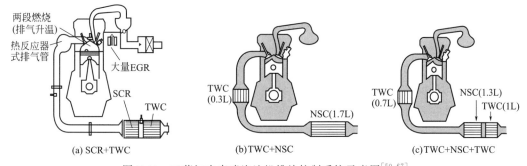

图 5-44 三菱缸内直喷汽油机排放控制系统示意图[50,67]

第五节　稀混合气 GDI 汽油机排气污染物的净化技术

由第三节可知，采用理论空燃比工作的汽油机比工作在稀混合气的汽油机油耗高出 10%～15%，难以满足日益严格的汽车碳排放和燃油经济性要求。因此，部分工况或大部分工况采用稀混合气工作的汽油机开发成了汽油机的主流发展趋势。目前，可以在部分行驶工况或大部分工况采用稀混合气工作且最为成熟的汽油机产品为 GDI 汽油机。因此，本节对稀混合气 GDI 汽油车稀混合气燃烧模式的实现方法、优缺点及排气污染物净化技术做一简要介绍。

一、GDI 汽油机稀混合气燃烧模式的实现方法

GDI 汽油机稀混合气燃烧工作模式的实现方法是在燃烧室局部形成可燃混合气并点火燃烧，使进入缸内的空气量与喷入的汽油量之比远大于理论空燃比。

实现稀混合气燃烧工作模式的三种常见方法如图 5-45 所示，EV 和 IV 分别表示排气门与进气门。主要技术手段是汽油缸内直喷、燃烧室结构优化和气流控制等的综合运用。三种方法的共同特点是在点火时刻火花塞间隙处均有易于点燃和火焰可快速传播的混合气存在，随着远离火花塞间隙距离的增加，混合气逐渐由浓到稀变化，混合气浓度呈现出层状分布，因此该种稀混合气燃烧模式常称为分层燃烧模式。分层燃烧模式的特点是，火花塞点火后可以形成由火核中心到可燃混合气边缘的快速燃烧，火焰传播速率快，混合气燃烧效率高，混合气燃烧完全，燃烧污染物的生成量少。

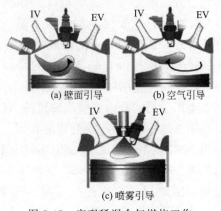

图 5-45 实现稀混合气燃烧工作模式的三种常见方法[51]

壁面引导（Wall-Guided）主要利用位于活塞顶燃烧室凹坑壁面导流作用和喷雾的配合形成可燃混合气。大多数第一代分层充气 GDI 发动机都采用了壁面引导式燃烧系统，在该系统中，喷向燃烧室内壁喷雾形成的混合气被气流输送到火花塞附近。由于喷雾直接喷向活塞，故容易导致燃烧室表面燃油沉积物和未燃烧碳氢化合物排放增加，壁面上油膜的不完全燃烧还会导致生成碳烟。由于喷射正时、理想和稳定的缸内流动模式取决于发动机转速，因此，这种燃烧模式仅能在发动机部分工况范围内实现。壁面引导需要位于活塞顶部的形状特殊的壁面凹坑，并使用特定方向和强度的气流来引导混合气，导致活塞更大、更重，故会导致换气损失和机械损失增加。

空气引导（Air-Guided）发生的混合气分层的实现方法是缸内气流的涡流（Swirl）或滚流（Tumble）与喷雾的配合。与壁面引导系统相比，空气引导系统可以减少燃料与燃烧室壁接触，进而减少碳氢化合物和碳烟排放。空气引导取决于喷雾的方向和特定气流运动的产生。为了确保可燃混合物到达火花塞间隙附近，必须确保进气及压缩过程能产生特定的气流运动，并持续到压缩上止点附近。由于涡流或滚流的产生会降低容积效率，增加换气损失，因此这种方法也会对发动机性能产生不利影响。

喷雾引导（Spray-Guided）的燃油分层不依赖活塞顶部凹坑的几何形状和缸内流动，因而其分层燃烧范围宽，与第一代壁面引导 GDI 相比，燃油经济性更好。喷雾引导燃烧系统的一个重要特征是汽油喷射器位于火花塞附近，并且必须确保在宽广的运转条件下火花塞处存在可点燃的混合气，以及由火花塞中心到燃油喷雾边缘处的混合气由浓变稀，即成层分布。这种方式的主要不足是，火花塞易结焦，承受的热冲击大；混合气形成时间短，火花塞周围的混合气易受发动机转速影响；发动机性能易受到喷雾特性（液滴尺寸）波动的影响。喷雾引导对喷油器要求最高，要求精确控制喷射器的喷射时刻和喷雾参数。

汽油机分层混合气形成方法虽然可以分为图 5-45 所示的三种常见方法，但在实际汽油机产品上一般采用几种方法组合使用。如图 5-46 所示为组合式汽油机分层混合气形成方法。

图 5-46(a) 采用了空气引导中的缸内涡流和壁面引导两种方法；图 5-46(b) 则采用了空气引导中的缸内滚流和喷雾引导两种方法。

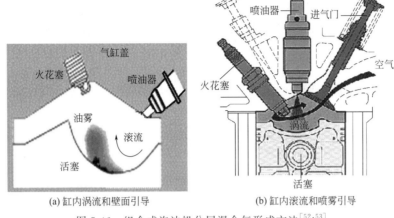

(a) 缸内涡流和壁面引导　　(b) 缸内滚流和喷雾引导

图 5-46　组合式汽油机分层混合气形成方法[52,53]

二、稀混合气 GDI 汽油机汽车的优势与不足

从上述的汽油机稀混合气燃烧工作模式的实现方法来看，稀燃汽油机必须采用汽油缸内直喷技术，燃烧仅在燃烧室内存在可燃混合气的部分区域进行。因此，具有三方面的优势。一是燃油消耗少。相比进气道喷射汽油机而言，进入气缸的空气量增大；直接喷入缸内的汽油蒸发吸热使缸内混合气温度降低，更不容易发生敲缸，故可以采用更高的压缩比提高汽油机的热效率；稀混合气燃烧温度低、燃烧更完全，散热损失小；加上整体上混合气稀，比热比大，换气损失小，故其燃油经济性明显高于进气道喷射汽油机。如丰田公司装备 GDI 汽油机的轿车，其 10·15 工况的燃料经济性由进气道喷射汽油车的 12.2km/L 增加到 16.2km/L，提高了 33% 以上。二是有害排放少。主要原因有 3 个：第一个是使用更稀的混合气，燃烧更完全，故有害排放少，特别是冷机时 HC 排放改善尤为明显；第二个是采用了分层燃烧和速燃技术，实现了高 EGR 率下汽油机稳定运转，因此中、大负荷下的 NO_x 排放大幅度降低；第三个是易于实现在膨胀或排气冲程的二次燃油喷射，可以快速提高冷启动后处理装置的温度，大幅度缩短后处理装置的起燃时间。三是工况之间的过渡响应性能改善，主要原因是发动机工况变化不受进气道喷射造成的进气道油膜影响。

为了进一步了解稀混合气燃烧在燃油经济性和排放方面的优势，下面用 BMW 120i 汽油机的一个试验结果为例予以说明。BMW 120i 发动机的主要燃烧模式（Combustion Modes）有图 5-47 所示的理论混合比均质燃烧（Stoichiometric）、稀混合气均质燃烧（Lean Homogeneous）和稀混合气分层燃烧（Lean Stratified）三种。三种燃烧模式对应的混合气过量空气系数依次为 $\lambda=1$、$\lambda=1.3\sim1.7$ 和 $\lambda=1.7\sim2.2$。

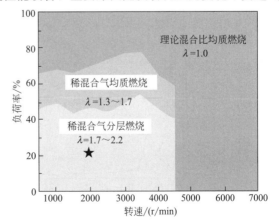

图 5-47　BMW 120i 发动机的主要燃烧模式[54]

为了比较理论混合比均质燃烧和稀混合气分层燃烧性能，下面以图 5-47 中五角星所在工况点为例予以说明。试验时，先使 BMW 120i 发动机在原机设定的过量空气系数 $\lambda=2$ 的条件下稳定运转；通过增大喷油量使其在过量空气系数 $\lambda=1$ 的条件下稳定运转，同时测量发动机的动力性、经济性和排放指标。表 5-10 列出了理论混合比均质燃烧和稀混合气分层燃烧的主要性能参数。可见，相对于理论混合比均质燃烧模式而言，稀混合气分层燃烧模式的发动机有效燃油消耗率降低了 14%，热效率提高了 17%，排气中 NO_x、HC 和 CO 的体积分数分别减少了 38%、51% 和 84%，NO_x、HC 和 CO 的比排放分别减少了 -2%、26% 和 76%。NO_x 比排放略有增加的原因是稀混合气分层燃烧模式下发动机的功率下降。可以说，气体污染物总量显著下降。

表 5-10　理论混合比均质燃烧和稀混合气分层燃烧的主要性能参数

项目	燃烧模式	
	理论混合比均质	稀混合气分层
过量空气系数 λ	1.00	2.00
排气温度/℃	654	484
燃油消耗率/[g/(kW·h)]	374.9	322.6
发动机效率/%	22.7	26.5
$NO_x/\times 10^{-6}/[g/(kW·h)]$	581/4.2	360/4.3
$HC/\times 10^{-6}/[g/(kW·h)]$	3358/11.3	1650/8.4
$CO/\%/[g/(kW·h)]$	1.09/74.0	0.17/18.0

稀燃汽油机具有上述三方面的明显竞争优势，同时也存在三方面潜在的、需要进一步完善的不足。

第一是难以满足最新 NO_x 排放法规的要求。其原因有两个：一个是稀燃汽油机虽然可以采用高 EGR 率大幅度降低 NO_x 排放，但其在分层燃烧区域内生成的 NO_x 量远高于标准限值；另一个是在稀燃条件下，三效催化净化器对 NO_x 的净化率过低。这从图 5-48 所示的空燃比对汽油机燃料消耗和 TWC 转换率的关系即可得到说明。随着混合气空燃比偏离空燃比窗口，NO_x 的转换率在迅速降低，特别是空燃比超过 18 时，转换率只有几个百分点。稀燃汽油机指主要以稀混合气燃烧模式工作的汽油机，并不是所有运行条件下均采用稀混合气燃烧工作模式，如冷启动、加速和最大负荷工况点等。因此，稀燃汽油机既需要安装三效催化净化器，以高效净化空燃比窗口内混合气条件下的排气污染物；同时需安装 NO_x 还原催化器，以保证稀薄燃烧条件下的 NO_x 排放满足法规要求。

第二是容易产生碳烟。稀燃汽油机燃烧过程中碳烟的生成机理与柴油机相同，均是混合气过浓所致，但产生碳烟的过浓

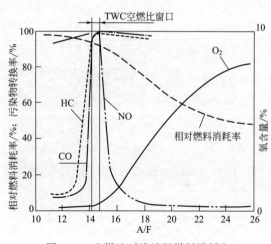

图 5-48　空燃比对汽油机燃料消耗和
TWC 转换率的关系[55]

区域差别较大。柴油机碳烟几乎全部来自柴油喷雾之中；而汽油的挥发性好，极易蒸发和扩散，除喷射过迟的燃油外，在喷雾中形成的碳烟概率很小。一般认为，缸内直喷汽油机 PM（排气烟度）主要来源有三个，即沉积在活塞顶等引导壁面上的附壁燃料、燃烧室内分层区域内局部过浓混合气和未及时完全挥发的燃油液滴。从稀燃汽油机碳烟的三个来源看，通过增大缸内涡流或滚流、燃烧室形状优化、提高点火能量、提高喷雾质量、多次燃油喷射和减少喷油孔结焦等，可以减少碳烟生成量。

第三是喷油器上易于形成沉积物，影响汽油喷雾质量。其原因是汽油喷嘴长时间暴露于高温燃烧产物中，故会导致汽油结焦。严重时会导致排放、动力及经济性能全面恶化。

三、稀混合气 GDI 汽油机汽车 NO_x 的控制方法

1. 汽车排气中 NO_x 的净化方法

GDI 汽油机采用稀混合气燃烧工作模式时，燃烧产物中存在过剩的 O_2，还原剂 HC、CO、H_2 很少或不存在，故 CO 和 HC 的排放易于解决，但 NO_x 的催化净化难度倍增，使 NO_x 净化成为稀燃汽油机汽车排气净化技术中的关键技术。

NO_x 由空气中两种无害成分 N_2 和 O_2 在高温富氧燃烧条件下生成，最理想的 NO_x 净化方法就是设法将 NO_x 直接分解为无害的 N_2 和 O_2。但由于这种方法能耗大、成本高，无法应用于装备稀燃汽油机汽车排气中 NO_x 的净化。因此，使 NO_x 与不同的还原剂（如 HC、H_2、CO 和 NH_3 等）在催化还原净化器中发生氧化还原反应生成 CO_2、N_2 和 H_2O 等就成为首先的实用方法。NO_x 与 CO、H_2、HC 和 NH_3 等还原剂之间发生的主要氧化还原反应见式(5-13)～式(5-19)[3]。

$$NO_2 + CO \rightleftharpoons NO + CO_2 \qquad (5\text{-}13)$$

$$NO + CO \rightleftharpoons \frac{1}{2}N_2 + CO_2 \qquad (5\text{-}14)$$

$$2NO + 2H_2 \rightleftharpoons N_2 + 2H_2O \qquad (5\text{-}15)$$

$$NO + HC \longrightarrow N_2 + H_2O + CO_2 \qquad (5\text{-}16)$$

$$4NH_3 + 4NO + O_2 \rightleftharpoons 4N_2 + 6H_2O \qquad (5\text{-}17)$$

$$2NH_3 + NO + NO_2 \rightleftharpoons 2N_2 + 3H_2O \qquad (5\text{-}18)$$

$$8NH_3 + 6NO_2 \rightleftharpoons 7N_2 + 12H_2O \qquad (5\text{-}19)$$

因此，稀混合气 GDI 汽车排气中 NO_x 净化需要解决的主要问题有两个：一是如何得到还原 NO_x 所需的还原剂 HC、H_2、CO 和 NH_3 等；二是还原剂 HC、H_2、CO 和 NH_3 等均可与排气中大量存在的 O_2 发生式(5-20)～式(5-24) 所示的化学反应，如果不抑制这些氧化反应的进行，将会增大还原剂的消耗量，并使反应器温度升高过多，甚至发生热裂解、热熔化等现象。

$$2CO + O_2 \rightleftharpoons 2CO_2 \qquad (5\text{-}20)$$

$$2H_2 + O_2 \rightleftharpoons 2H_2O \qquad (5\text{-}21)$$

$$HC + O_2 \longrightarrow H_2O + CO_2 \qquad (5\text{-}22)$$

$$4NH_3 + 3O_2 \rightleftharpoons 2N_2 + 6H_2O \qquad (5\text{-}23)$$

$$4NH_3 + 5O_2 \rightleftharpoons 4NO + 6H_2O \qquad (5\text{-}24)$$

目前稀燃汽油机针对上述的两个问题，已经实用化的技术方案有两个：一个是吸附还原

型催化净化技术；另一个是选择还原催化净化技术。故下面仅对汽油车用吸附还原型催化器和选择还原催化器做一简要介绍。

2. 吸附还原型催化净化技术

NSC 净化技术的原理如图 5-49 所示。NSC 的催化剂为铂（Pt）、钯（Pd）和铑（Rh），助催化剂（吸附剂）为 Ba，载体为 Al_2O_3。不同生产商生产的 NSC 的贵金属涂覆量，以及 Pt、Pd 和 Rh 的比例不同。如面向欧 5 标准的 3L 汽油车，采用的 NSC 体积为 1.1L，贵金属涂覆量 $88g/ft^3$（3.1g/L），Pt、Pd 和 Rh 的比例为 74∶10∶4。由于使用贵金属催化剂和制造工艺复杂，NSC 的成本对其推广应用有一定影响，如一个满足欧 5 排放标准的 3.0L 稀燃 GDI 汽油车，其 NSC 的成本可以达到 640 美元[56]。

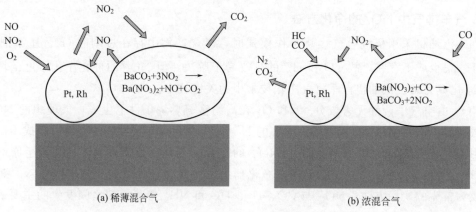

图 5-49　NSC 净化技术的原理[57]

(a) 稀薄混合气　　(b) 浓混合气

稀燃汽油机在稀薄混合气运行时，排气中的 NO_2 直接被吸附（生成硝酸盐），NO 先被催化氧化为 NO_2，再被吸附。由于吸附剂的吸附容量有限，当吸附剂接近饱和时，发动机电控系统将会额外供给燃油，使汽油机工作在理论比或浓混合气工况时或直接在 NSC 入口前喷射燃油，吸附的 NO_2 被释放回排气，由于此时排气中还原剂 HC、H_2 和 CO 等的浓度增大，HC、H_2 和 CO 在催化剂 Pt 及 Rh 的作用下活性增大，由于此时排气中的氧浓度很低，因此活化的还原剂便与其临近吸附剂中的 NO_2 发生化学反应。当吸附剂的吸附性能恢复后，汽油机立即恢复稀混合气运转条件。可见，采用吸附还原型催化净化技术的稀燃汽油机，其混合气必须在稀薄混合气和化学计量比混合气（或浓混合气）之间不断变化。由于采用化学计量比混合气（或浓混合气）运转的主要目的是为了净化 NO_x，不利于汽油机的经济性，因此，其工作的时间越短越好。

装备丰田公司 D-4 1.8L 直喷汽油机的汽车稳态行驶时发动机的空燃比及 NSC 入口、出口气体中 NO_x 的体积分数如图 5-50 所示。D-4 汽油机使用的 NSC 为 1.7L 蜂窝陶瓷载体，催化剂除 Pt 和 Rh 外，还使用了助催化剂 La，汽油机运转时，大约 2min 中需要改变一次混合气浓度。可见，吸附型还原催化器的 NO_x 降低效果是显著的。

直喷汽油机的汽车按照稳态工况行驶时及日本的 10·15 试验循环行驶时的 NO_x 排放降低效果分别如图 5-51 和图 5-52 所示。在稳态工况行驶时 NSC NO_x 的净化率较为稳定，在 50% 左右。按照日本的 10·15 试验循环行驶时，NO_x 的净化率变化较大，部分工况不够理想。

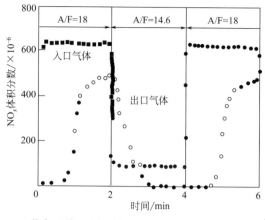

图 5-50 装备吸附还原型催化器的汽油机空燃比的变化[58]

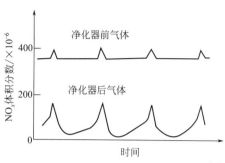

图 5-51 稳态行驶时 NO_x 排放降低效果[3]

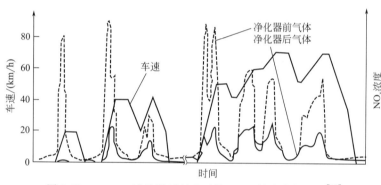

图 5-52 10·15 试验循环行驶时的 NO_x 排放降低效果[58]

3. 选择还原催化净化技术

如上所述，吸附还原型催化净化技术的还原剂 HC、H_2 和 CO 几乎不与 O_2 发生反应的原因是 NO_2 处于"近水楼台"的有利位置，故可大量节约还原剂，保证汽油机在尽可能多的工况下使用稀混合气工作，提高燃油经济性。但吸附还原型催化净化方法采用的吸附剂易受到温度的影响，还需要大幅度降低燃油中的硫含量，并采用精确控制额外供给燃油的时间和质量。因此，还存在诸多不足，需要不断改进。

由于上述原因，选择还原催化净化技术就受到高度重视，并在汽油车和柴油车上得到广泛应用。选择还原催化净化技术的原理是根据排气中 NO_x 的浓度向排气管中喷射相应的还原剂（燃油、氨水、二甲基醚、H_2 和 CO 等）数量，当 NO_x 和还原剂流动到还原催化剂表面附近时，便发生氧化还原反应生成无害的 H_2O、N_2 和 CO_2 等。排气中的 O_2 则几乎不与还原剂发生反应，其原因是催化剂对 O_2 无催化作用，仅对 NO_x 具有催化作用，即利用了催化剂对化学反应的选择性。这种 NO 还原技术在稀燃汽油机和柴油机上有着广泛应用。

显然选择还原催化净化技术的难点之一是选择还原催化剂的研发。稀燃汽油机用催化剂的相关研究表明，铂-铱-钌（Pt-Ir-Ru）/沸石系、$Ir/BaSO_4$（不受 SO_2 影响）和 Ag/Al_2O_3 催化剂在 O_2 过剩时，促使 NO 和 HC 反应，抑制 HC 和 O_2 反应。Ir/SiO_2 和 $Ir/WO_3\text{-}SiO_2$ 等催化剂，可以促使 NO 与 CO 之间的反应，抑制 CO 和 O_2 反应。

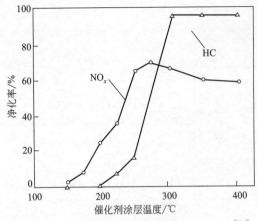

图 5-53 汽油车的选择还原型催化器的性能[50]

如图 5-53 所示为汽油车的选择还原型催化器的性能。这种催化剂的特点是可以节省用于还原 NO 的 HC 和燃料等。可见，选择还原型 NO 催化器的转换效率不够理想。另外，在耐久性等方面也需要改进。

4. 被动选择型还原催化净化技术

上述丰田公司 D-4 直喷汽油机的 NO 吸附型还原催化器要求混合气以约 2min 的时间间隔在稀混合气（空燃比 A/F=18）和理论比（A/F=14.6）之间交替变化，由于理论比混合气工作时间占比过大，因此不利于 GDI 汽油机低油耗优势的发挥。选择还原催化净化技术一般需要向排气管中喷射还原剂（燃油、氨水、二甲基醚、H_2 和 CO 等）的专用装置，因此这种技术在结构紧凑的汽油车上应用困难[59]。为了弥补上述不足，近年来，一种工作在稀混合气（过量空气系数 $\lambda>1$）和稍浓（$\lambda<1$）之间交替变化的 NO 吸附型还原催化器的研发受到重视。这种净化装置被称为被动选择型还原催化净化技术，其原理如图 5-54 所示[54]。

被动选择型还原催化净化系统由 TWC 和 SCR 组成，汽油机工作在稀混合气（$\lambda=1.5\sim2.2$）和稍浓（$\lambda<1$）之间交替变化。当混合气稍浓（$\lambda<1$）

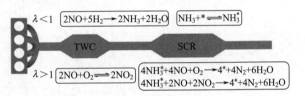

图 5-54 被动选择型还原催化净化技术的原理[54]

时，TWC 会使排气中多余的 NO 产生 NH_3，当 NH_3 到达 SCR 时便会被催化剂上吸附点位（图 5-54 中用 * 表示）吸附，存储在 SCR 上；当汽油机工作在稀混合气时（$\lambda=1.5\sim2.2$），排气中的 NO 与多余的 O_2 反应生成 NO_2 或直接进入 SCR，当到达 SCR 催化剂吸附 NH_3 的点位附近时，便发生化学反应，生成无害的 H_2O 和 N_2。由于 NH_3 与 NO 或 NO_2 的还原反应可以用普通催化剂，因此被动选择型还原催化净化系统的贵金属使用量减少，成本降低。

被动选择型还原催化净化系统在宝马 120i 4 缸 2.0L 自然吸气式稀燃汽油机进行了试验。试验时，测试参数及取样位置如图 5-55 所示，UEGO、T、P 和 NO_x 依次代表宽域氧传感器、压力传感器、温度传感器和氮氧化物传感器；样气取样口分别位于 TWC 前、后和排气管出口。为了避免排气中颗粒物对气体分析仪的影响，在取样管上加装了过滤器，对样气进行了过滤。TWC 的载体体积为 1.3L，催化剂为 Pd，涂覆量为 7.33g/L；SCR 载体体积为 2.5L，催化剂为铜-沸石。

对比试验时，发动机采用稀混合气分层燃烧模式工作，运转工况为转速 2000r/min、平均指示压力 0.2MPa。试验时，发动机过量空气系数在 $\lambda\approx2.0$ 和 $\lambda=0.97$ 之间交替变化，混合气在浓稀之间变化的时间间隔如图 5-56(a) 所示，其对应的平均有效压力 p_e 的变化如图 5-56(b) 所示，与其他 GDI 汽油机相比，浓混合气工作时间占比明显下降，因而汽油机燃油经济性明显提高。如图 5-57 所示为三效催化净化器后，即进入 SCR 气体中的 NH_3 和

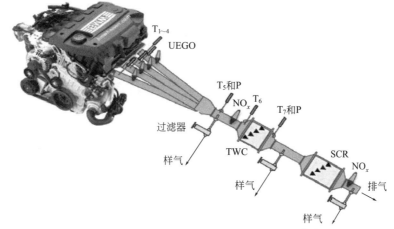

图 5-55 排气取样位置及传感器安装示意图[59]

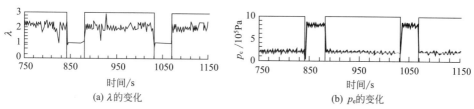

图 5-56 过量空气系数 λ 和平均有效压力 p_e 的变化[59]

NO_x 的体积分数。可见，在浓混合气时，进入 SCR 气体中 NH_3 的体积分数很高，NO_x 几乎为零，因而可在 SCR 催化剂中存储大量 NH_3；在稀混合气时，进入 SCR 的 NH_3 的体积分数几乎为零，而 NO_x 的体积分数较高（约为浓混合气时 NH_3 体积分数的 1/3），因而，吸附在 SCR 催化剂中的 NH_3 经过较长时间之后才能消耗殆尽。这就是浓混合气工作时间占比明显下降的原因。试验表明，被动选择型还原催化净化系统 NO_x 的转化率

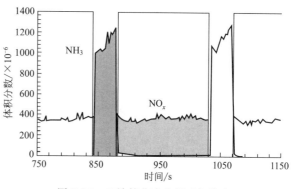

图 5-57 三效催化净化器后气体中
NH_3 和 NO_x 的体积分数[59]

可以达到 99.5%，相比化学计量比汽油机而言，汽油机的有效燃油消耗率可降低 11.5%。由于在浓混合气工作期间，排气中 HC 和 CO 浓度明显提高，导致进入 SCR 的气体中 HC 和 CO 体积分数增大，最终导致排出气体中 HC 和 CO 浓度偏高。

多点电喷汽油机绝大多数工况使用化学计量比混合气工作，因此采用三效催化净化器可以有效控制该类汽油机的排气污染物。缸内直喷汽油机既使用化学计量比混合气工作，也使用稀薄混合气工作，其燃烧方式既有均质燃烧，也有分层燃烧，以及两者兼有的燃烧方式。其排气污染物除了气体污染物之外，还有较多的颗粒物，并且污染物排放量及种类（气体和颗粒物）随工况的变化而变化。因此，其控制方法远比目前广泛使用的多点电喷汽油车复杂，其控制方法随着排放标准加严难度不断增加。

第六节　GDI 汽车排气颗粒物的特性及其影响因素

前已述及，缸内直喷汽油机由于利用活塞顶壁面引导汽油喷雾等形成混合气，经常出现燃油附壁现象，即在壁面形成油膜。另外，小负荷时经常采用分层燃烧模式，在燃烧室的分层区域内存在局部过浓混合气，加上在喷射后期易于形成未及时完全挥发的燃油液滴等，因而，缸内直喷汽油机（GDI）存在生成颗粒物的先天条件，大量的试验也证明了其存在碳烟排放问题。因此，下面就缸内直喷汽油机的排气颗粒物的特点、影响因素以及防治等做一简要介绍。

一、GDI 汽车排气颗粒物产生的原因

汽油车用汽油燃料中质量分数超过 0.01% 的碳氢化合物有 100~200 种，这些碳氢化合物主要包括 C_4~C_{12} 的链烷烃、烯烃、芳烃和作为辛烷值助剂等添加的含氧烃［如甲基叔丁基醚（MTBE）、乙基叔丁基醚（ETBE）、甲醇和乙醇等］等[68]。在汽油的燃烧过程中，其中的大分子脂肪族碳氢化合物（如异辛烷 C_8H_{18}）的氧化会导致甲基（CH_3）和乙基（C_2H_5）等自由基的产生，空气充足时这些自由基被进一步氧化生成 CO_2 和 H_2O。但在富燃料混合气条件下，则生成高浓度的乙炔（C_2H_2），乙炔是缺氧条件下生成较大分子烃类的重要组分之一，与多环芳烃（PAH）生成量密切相关。通过 CH 或 CH_2 与 C_2H_2 和 C_3H_3 之间的进一步重组及重排，就会生成 PAHs 的第一个环，再通过 C_2H_2 的进一步反应，可以产生额外的环，逐步形成烟尘的前体物 PAH[69]。故可以说汽油机颗粒物产生的基本条件是燃烧过程混合气过浓所致，燃烧过程颗粒物产生的原因就是整个燃烧过程混合气过浓或部分时间、局部混合气过浓。

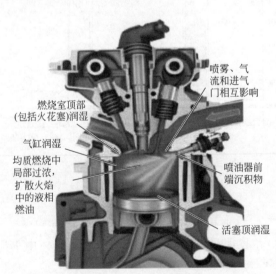

图 5-58　缸内颗粒物来源[69]

在 GDI 汽车排气颗粒物产生的原因的相关研究中，保时捷股份公司的相关研究较为典型。该公司的研究人员对 GDI 汽油机缸内颗粒物来源做了较为详细的分析。他们把缸内颗粒物来源归纳为图 5-58 所示的活塞顶润湿，气缸润湿，燃烧室顶部（包括火花塞）润湿，喷油器前端沉积物，均质燃烧中局部过浓，扩散火焰中的液相燃油，以及喷雾、气流和进气门相互影响共七个方面。根据这七个来源产生颗粒物机理的不同，其起因归纳为三种。第一种起因是零部件表面的燃油润湿，包括图 5-58 所示的活塞顶润湿，气缸润湿，燃烧室顶部（包括火花塞）润湿，以及喷雾、气流和进气门相互影响四个方面。活塞顶、燃烧室顶部、火花塞、气缸和气门等燃烧室零部件壁面润湿的产生原因有两个：一是由于喷油器的喷射时刻、射程、喷射角等匹配不当所引起；另外一个是喷雾、气流和进气门之间的匹配不良引起喷雾飞溅和方向偏移所致，在进气门周围形成液滴积聚或沉积，使排气门润湿。因此，从减少颗粒物排放的角度来看，采用活塞顶壁面引导方式的 GDI 汽油机难以适

应未来近乎苛刻的排放标准。第二种起因是喷油器前端等处的沉积物,沉积物会导致在喷射结束后储存燃料,进而形成扩散火焰和碳烟。第三种起因为燃烧不良,在均质混合气燃烧中局部过浓,导致燃烧过程氧气不足,进而生成碳烟;在扩散火焰中存在的液相燃油会导致碳烟形成。上述结论也被其他研究者所证实。

单缸 DISI 汽油机上采用激光诱导荧光方法的燃油分布与燃烧特性之间关系的可视化研究表明,GDI 颗粒物排放与燃油的分布密切相关;火花塞点火燃烧之后,在火焰传播到分层充气浓混合气区域时,观察到了强烈的 Soot 发光,说明 Soot 主要产生于分层充气的浓混合气区域[70]。使用双色法对 GDI 汽油机分层燃烧过程中碳烟的生成途径研究则表明,GDI 汽油机生成碳烟的途径有两个:一个是预混燃烧中的浓混合气区域;另一个是活塞顶面油膜蒸发形成的扩散燃烧,而后者是碳烟生成的主要途径[71]。

如图 5-59 所示为燃油湿壁对 GDI 汽油机排气烟度(PM 排放)的影响。试验发动机为三缸、四气门、涡轮增压中冷 GDI 汽油机,缸径及行程分别为 68mm 和 60.4mm,压缩比为 9.0,燃油喷射压力 7MPa;燃烧室由缸盖上的屋顶形和活塞顶上的碗形凹坑组成。该结果表明:湿壁喷射条件下,即使喷油时刻在压缩行程之前,缸内直喷汽油机的排气烟度也非常高,即 PM 排放很多,并且喷油时刻越晚(曲轴转角越大),排气烟度越高,原因是活塞越接近上止点,燃油喷射湿壁的比例越大;在无湿壁喷射条件下,除喷油时刻 320°CA BTDC 工况点外(此时,活塞接近上止点,已产生湿壁喷射现象),汽油机的排

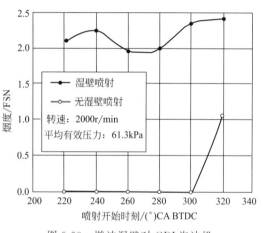

图 5-59 燃油湿壁对 GDI 汽油机
排气烟度(PM 排放)的影响

气烟度几乎为零,即燃油喷雾湿壁是影响 GDI 汽油机排气烟度(PM 排放)的一个重要因素[72]。

二、GDI 汽车排气颗粒物的评价指标及特性参数

前已述及,颗粒物数量排放的多少经常使用单位体积排放量(浓度)或单位行驶里程的排放量(排放率或排放因子)衡量,颗粒物的粒径范围和峰值分布粒径可以表示排气颗粒物的粒径分布和颗粒物排放量最多的颗粒粒径。

颗粒物的特性参数主要包括粒径大小、粒径分布范围、峰值粒径(数量最多的颗粒物粒径)等几何特性参数。由于燃烧过程生成的颗粒物在排气过程会吸附 HC 等化合物和聚集增大等,为了便于研究和分析,经常会把颗粒物分为核模态颗粒物、积聚模态颗粒物和粗大颗粒物等。但目前对于核模态颗粒物和积聚模态颗粒物的划分尚无统一标准,不同研究人员与对核模态颗粒物和积聚模态颗粒物的定义略有不同。如 Kittelson 1998 年提出了根据颗粒粒径大小区分 PM 模式的方法,并把粒径为≤50nm 的颗粒称为核模态颗粒物,其特点是很容易发生凝并和聚集;把粒径为 50~100nm 的颗粒称为积聚模态颗粒物[73]。而 Kumar 等则把粒径 30nm 以下的颗粒称为核模态颗粒物,把粒径为 30~300nm 的颗粒称为积聚模态颗粒物[74]。潘锁柱的研究则认为核模态颗粒物粒径为 3~30nm,积聚模态颗粒物的粒径为

$30\sim500nm$[75]。帅石金等的研究则认为核模态颗粒物粒径为 $5\sim30nm$，积聚模态颗粒物的粒径为 $20\sim200nm$[76]。另外，已有研究得到的颗粒物数量随粒径的分布曲线有双峰曲线，也有单峰曲线。单峰曲线仅有一个峰值粒径；双峰曲线则有大小不同的两个峰值粒径，一般把小的峰值粒径作为核膜态颗粒物峰值粒径，把大的峰值粒径作为积聚模态颗粒物峰值粒。颗粒物数量随粒径的分布曲线呈现双峰还是单峰，取决于运转工况和测试装置的精度等。

为了了解已有研究的测试结论，表 5-11 中列出了部分文献中颗粒物数量浓度、排放率、粒径范围和峰值粒径四个参数的测量结果，对于颗粒物数量随粒径的分布曲线为双峰曲线的测试结果，表 5-11 中列出了两个峰值粒径。从这些结论可以看出：GDI 汽油机的颗粒物数量排放浓度为 $10^8\sim10^9$ 个$/cm^3$，排放率为 $2.14\times10^{12}\sim6.3\times10^{12}$ 个$/km$；颗粒物的粒径范围为 $3\sim800nm$，单峰分布曲线和双峰分布曲线中较大峰值粒径的范围为 $20\sim100nm$，双峰分布曲线中较小峰值粒径的范围为 $8.9\sim30nm$。应该注意的是，国 6 标准规定的限值的颗粒物粒径范围为 $23\sim2500nm$，因此，从满足排放标准的角度来看，对颗粒物数量随粒径的分布曲线为双峰曲线的汽油机而言，应重点降低较大峰值粒径的颗粒物排放量。

表 5-11 GDI 汽车颗粒物的数量浓度、排放率、粒径范围和峰值粒径[64,77~86]

数量浓度/(个$/cm^3$)	排放率/(个$/km$)	粒径范围/nm	峰值粒径/nm	测试条件	文献编号
$<1.6\times10^8$	—	$10\sim400$	20&$60\sim70$	行驶速度为 $13\sim90km/h$	[77]
—	—	$7\sim320$	$60\sim80$	—	[78]
—	—	$40\sim214$	—	—	[79]
$10^8\sim10^9$	—	$20\sim500$	—	NEDC 循环	[80]
—	—	$40\sim60$	$40\sim60$	—	[81]
$<1.1\times10^9$	—	$3\sim110$	8.9&20	稳定工况	[73]
—	$2.14\times10^{12}\sim5.12\times10^{12}$	—	—	NEDC 工况	[82]
—	6.3×10^{12}	$40\sim800$	—	NEDC 循环	[83]
—	2.55×10^{12}	$10\sim300$	30&70	EUDC 工况下 1.8L 涡轮增压	[84]
—	—	$0\sim100$	—	稳定工况	[85]
—	—	$32\sim500$	100	—	[64]
—	—	$10\sim140$	$25\sim35$	车速在 $15\sim100km/h$	[86]

三、颗粒物的主要组成元素及其颗粒数量排放率

颗粒物的组成研究表明，GDI 汽油机排气颗粒物主要组成为元素碳（EC）、有机碳（OC）、其他元素和离子等。有机碳（OC）和元素碳（EC）一般称为总碳（TC），GDI 汽油机颗粒物（PM）中 TC 占质量的绝大部分，其他元素和离子占 PM 质量的 $2\%\sim14\%$。元素碳（EC）又占 TC 的绝大部分，JC08 热启动和冷启动驾驶循环下 GDI 车的 EC/TC 的比例分别为 $88\%\sim100\%$ 和 $91\%\sim100\%$。图 5-60 表示 GDI 汽车排气中不同粒径 PM 及其主要成分的浓度分布；PM 的质量浓度位于图 5-60 中的曲线上，纵向直线表示 PM 质量的变化范围；PM 中 EC 和 OC 的占比随颗粒物粒径变化不大。PM 的蒸气相和颗粒相组分的定量分析表明：GDI 汽车燃烧 E10 燃料时，其生成的颗粒物质含有多环芳烃（PAHs）和硝化多环芳烃。蒸气相主要为 $2\sim3$ 个环的芳烃，颗粒相中主要为较重的 $5\sim6$ 个环的芳烃[87]。

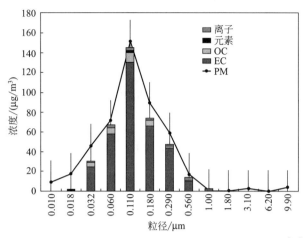

图 5-60　GDI 汽车排气中不同粒径 PM 及其主要成分的浓度分布[64]（彩图）

大量的研究已经证实，GDI 汽车颗粒物的质量排放率易于满足排放标准，但如果没有微粒过滤技术，GDI 汽车 PN 排放率很难满足欧 6 标准[88]。GDI 汽车颗粒物主要产生于稀混合气运行工况，GDI 汽车颗粒物的数量排放率与 PFI 汽油车和柴油车具有较为明显的差异。

图 5-61 表示汽油车单位里程的颗粒数量随粒径的分布曲线。为了了解 GDI 汽油车与 MPI 汽油车颗粒物数量排放量的差异，图 5-61 中也给出了用 GPI 表示的一辆排量 1.3L 的进气道多点燃油喷射汽油机的测试结果。代号 GDI-A 和 GDI-D 分别代表 1.3L 及 2.0L 非增压型汽油车。5 辆试验用汽油车均满足日本排放标准，试验时车辆按照日本 JC08 热启动驾驶循环行驶运行，测试环境温度为 25℃。该结果表明：GDI-A 的颗粒物数量排放量比 GPI 汽车约高两个数量级；GDI-B、GDI-C 和 GDI-D 汽车的颗粒物数量排放量高于 GDI-A。GDI 汽油车颗粒物的粒径为 60～80nm，粒径范围为 5～600nm。

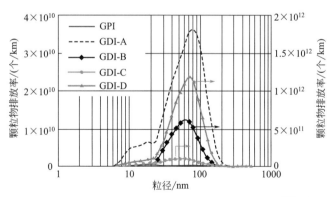

图 5-61　汽油车单位里程的颗粒数量随粒径的分布曲线[64]（彩图）

6 辆配备 DPF 柴油车、6 辆常规柴油车、3 辆 PFI 汽车和 3 辆稀燃 GDI 汽车及 1 辆化学计量比 GDI 汽车的颗粒物排放量测试结果表明：稀燃 GDI 汽车颗粒物数量（PN）排放量比 PFI 汽车大约高一个半数量级，比传统柴油车低一个半数量级。化学计量比 GDI 汽车 PN 排放量为稀燃 GDI 汽车的大约 1/4。配备 DPF 柴油车的排放量最低，PFI 汽油车为倒数第二。采用喷雾引导燃烧系统的清洁 GDI 汽油车，PM 排放率为 2～2.5mg/km，PM 很容易满足欧6排放标准4.5mg/km。但PN排放率为$2\times10^{12}\sim4\times10^{12}$个/km，是欧6排放标准的3~7倍[89]。

稀燃GDI汽车的测结果表明：稀燃GDI汽车的PN和PM排放量比化学计量比GDI汽车大约高出半个或几个数量级。使用化学计量比混合气和壁面引导喷雾的GDI汽油车产生的PM排放量低于欧6标准，但PN排放量为欧6标准的10倍[90]。

2009年款化学计量比GDI汽车燃用3种市售燃料时的颗粒物排放测量结果表明：在FTP驾驶模式下，PM和PN排放率依次为$0.7\sim3.2$mg/km和$2\times10^{12}\sim5.9\times10^{12}$个/km；在US06驾驶模式下，PM和PN排放率依次为$1.3\sim12.8$mg/km和$4.2\times10^{12}\sim15.9\times10^{12}$个[91]。

如图5-62所示为不同类型汽车PN排放率比较及无量纲排放率比较。图5-62中GV、DPF、MPI、GDI和NDPF依次代表比较用汽油车、装备DPF的柴油乘用车、进气道多点喷射汽油车、缸内直接喷射汽油车和无DPF的柴油货车。试验用GV、DPF、MPI、GDI和NDPF车辆的数量分别为1辆、5辆、1辆、3辆和6辆。

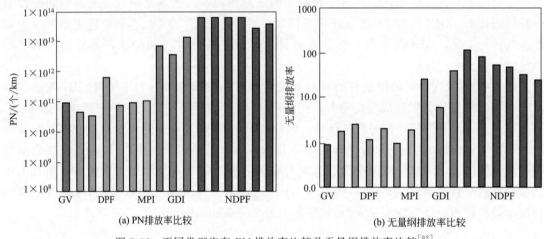

图5-62 不同类型汽车PN排放率比较及无量纲排放率比较[92]

可见比较用汽油车、装备DPF柴油乘用车、进气道多点喷射汽油车的颗粒物排放率均在2015年生效的欧6b标准6×10^{12}以下，但试验用6辆无DPF柴油车的颗粒物排放率均高于欧6b标准6×10^{12}；3辆试验用缸内直接喷射汽油车中的两辆高于欧6b标准6×10^{12}，但全部高于欧6c标准6×10^{11}的限值。为了了解GV、DPF、MPI、GDI和NDPF颗粒物排放率的相对值，图5-62(b)用无量纲颗粒物排放率表示了GV、DPF、MPI、GDI和NDPF测试结果。可见GDI车的PN排放量为比较用汽油车的几倍到几十倍之间；NDPF车的PN排放量为比较用汽油车的几十倍到100倍以上。

四、缸内直喷汽油机排气颗粒物的影响因素

缸内直喷汽油机排气颗粒物的影响因素主要有发动机热状况、发动机负荷、汽车车速、点火时间、喷油器、燃料组分、TWC、EGR、喷油器结焦和工作模式等。

1. 发动机热状况

缸内直喷汽油机冷启动时的颗粒物排放量远高于热机状态，这主要是因为冷机时，燃油和缸内气体温度低，汽油的雾化性能差，这已被大量试验所证实。表5-12列出了GDI汽车

冷启动和热启动后按照 4 个 ECE-15 和 1 个 EUDC 驾驶循环行驶时的常规污染物排放测量结果。冷启动的 PM 排放率为热启动后的 2 倍，THC 的差别最大，冷启动后 THC 排放率为热启动后的 4.5 倍。

表 5-12　ECE/EUDC 驾驶循环下的常规污染物排放测量结果[78]

污染物	THC/(mg/km)	CO/(mg/km)	NO_x/(mg/km)	CO_2/(g/km)	PM/(mg/km)
冷启动 E_1	153.0	389.0	218.0	184.6	10.3
热启动 E_2	33.7	168.0	202.7	171.2	5.1
E_1/E_2	4.5	2.3	1.1	1.1	2.0

注：热启动为原文中三次测量结果的平均值。

中国市场欧系、美系、日系及国产中小排量的 13 辆 GDI 汽车的颗粒物排放测量结果也表明：GDI 汽车热启动后按照 NEDC 工况循环 I 阶段行驶时（4 个 ECE-15 循环）的 $PM_{2.5}$ 排放较冷启动下降 78%，按照 NEDC 工况循环 II 阶段（EUDC）行驶时 $PM_{2.5}$ 较冷启动下降 22%，按照 NEDC 驾驶循环行驶时，热启动后的 $PM_{2.5}$ 排放率较冷启动下降 63%[82]。

直列、2.4L 工作在理论混合比的 GDI 汽油机的颗粒物排放测试结果表明[93]：颗粒总排放量的 80% 在启动后的最初 10s 产生，冷启动排放占总 NEDC 驾驶循环下颗粒物排放的 74%，其中冷启动后加速的贡献为 34%。

使用快速微粒光谱仪（DMS500）对增压直喷（GDI）汽油机排气中微粒排放分布的实验测量结果表明：在发动机启动后数秒内颗粒物排放较高，随着暖机进行积聚态微粒排放减少，热机怠速工况排气微粒主要以核模态为主[94]。

试验环境温度为 22℃、-7℃、-18℃，使用 Tier 2 排放标准认证用汽油（E0）和乙醇体积含量 10% 的乙醇汽油混合燃料 E10，GDI 汽车按照 FTP-75 和 US06 两个循环行驶时的排放测试结果表明：环境温度越低，颗粒、CO 和 THC 排放越高[104]。

2. 发动机负荷

发动机负荷不同，喷入气缸的燃油量不同，发动机的燃烧模式存在差异，故发动机负荷也是影响颗粒物排放的重要因素之一。GDIV 在低速、高负荷时，喷入缸内燃油量增大，缸内气流运动弱，容易形成浓混合气区域，颗粒物数量及质量浓度增大。在怠速工况下，GDIV 排气颗粒物数浓度表现为核态颗粒物的单峰分布，粒子直径分布在 20nm 以下，几何平均直径为 8.90nm。转速为 2000r/min 和 3000r/min 时，负荷对 GDI 汽油机排气颗粒物浓度及平均粒径的影响如表 5-13 所列[75]。可见，负荷对平均粒径、单位体积的颗粒物数量和质量浓度具有明显影响。

表 5-13　负荷对 GDI 汽油机排气颗粒物浓度及平均粒径的影响

转速/(r/min)	负荷/%	数量浓度/(个/cm^3)	质量浓度/($\mu g/cm^3$)	平均粒径/nm
2000	25	1.41×10^8	1.05×10^{-2}	9.64
2000	50	4.89×10^7	1.04×10^{-2}	18.21
2000	100	1.40×10^8	2.08×10^{-2}	32.90
3000	25	6.12×10^7	1.40×10^{-3}	8.15
3000	50	2.32×10^7	1.97×10^{-3}	13.25
3000	100	4.61×10^7	1.01×10^{-3}	9.21

3. 汽车车速

汽车车速除了影响颗粒物排放率和浓度之外，还对颗粒物粒径的分布曲线具有重要影响。图 5-63 表示不同车速下颗粒物数量随粒径的分布曲线。试验车辆为 1998 年在欧洲市场购买的三菱 Carisma，配备一款 4 缸 16 气门 1.8L 三菱 GDI 发动机和 4 速自动变速箱，排量为 1.834L，压缩比为 12.5，最大功率输出为 92kW/5500r/min。试验时车辆行驶速度为 13～90km/h。该结果表明：车速为 13km/h 时，大多数排气颗粒的粒径 D_p 小于 50nm，颗粒物数量随粒径呈现双峰分布趋势，峰值粒径 D_p 约为 20nm；颗粒物粒径 D_p 在 10～400nm 之间；车速在 32～90km/h 时，颗粒物数量随粒径的分布曲线近似为单峰曲线，排气颗粒的峰值粒径 D_p 在 70nm～105nm 之间[77]。

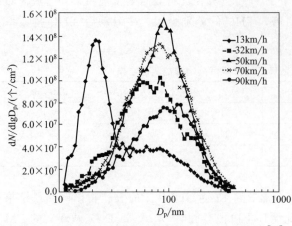

图 5-63 不同车速下颗粒物数量随粒径的分布曲线[77]

4. 点火时间

GDI 汽油机缸内燃烧状态的变化是导致颗粒物数量随点火定时延迟而逐渐降低的内在影响因素。随着点火定时的逐渐延迟，缸内工质的混合时间增加，混合得更加均匀，减少了缸内局部产生颗粒物的过浓区域，燃烧更加充分，故颗粒物生成数量随点火定时的延迟而降低。试验结果表明，通过推迟 GDI 汽油机点火定时，可将颗粒物数量由 10^8 个/cm^3 数量级降低到 10^7 个/cm^3 数量级[73]。4G15 缸内直喷汽油机怠速工况微粒粒径分布特性的研究表明：微粒数量浓度随粒径分布呈单峰状态，核模态微粒数量浓度粒径分布峰值很小且不明显，积聚模态微粒数量浓度明显高于核模态微粒数量浓度；微粒的体积浓度随点火时刻的提前而增大，核模态微粒体积浓度占总体积浓度的比例随点火时刻的提前而减小[85]。

5. 喷油器

如图 5-64 所示为喷射压力对 GDI 汽油机排气颗粒物数量的影响，试验用汽油机为四缸四冲程 0.6L 喷雾引导 GDI 汽油机，压缩比 11.5，缸径×冲程为 90mm×88.9mm，喷油压力依次为 5MPa、10MPa、15MPa 和 17.2MPa，发动机转速 1500r/min，过量空气系数 $\lambda=1$，发动机平均有效压力 0.65MPa。该结果表明：喷油压力对 GDI 汽油机排气颗粒物数量具有重要影响，对峰值粒径附近颗粒物的生成影响最大。

喷油器结构和标定优化对 GDI 汽油机 PN 排放的影响如图 5-65 所示，图中给出了安装比较用喷油器、优化标定后的喷油器和结构与标定均优化后的喷油器的汽油机按照 NEDC 驾驶循环行驶时的 PN 排放测量结果。可见，PN 排放测量结果以安装于燃烧室中心的多孔比较用喷油器为基准，即将其按照 NEDC 驾驶循环行驶时的 PN 排放量作为 100%。该结果表明：通过优化喷油器标定可以实现 PN 减少 50% 以上；喷油器结构优化与标定优化并用时，PN 排放减少可以达到 90%。出现这种现象的原因是通过优化标定，可以大幅降低冷启动、催化剂加热和预热阶段的 PN 排放，以及改善加速过程的 PN 排放。

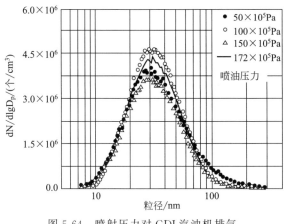 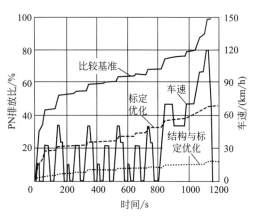

图 5-64 喷射压力对 GDI 汽油机排气颗粒物数量的影响[95]

图 5-65 喷油器结构和标定优化对 GDI 汽油机 PN 排放的影响[69]

喷雾引导的 SGDI（Spray Guided Direct Injection）与壁面引导的 WGDI（Wall Guided Direct Injection）汽油机的颗粒物排放对比表明，SGDI 汽油机的颗粒物排放量明显低于 WGDI，其原因是 SGDI 汽油机提高了喷射压力和减少了燃油壁面碰撞[96]。

6. 燃料组分

图 5-66 表示发动机转速 2000r/min 时，6 种不同燃料和发动机负荷分别为 25%、50% 和 75% 时的颗粒物数量（PN）的排放量。横坐标 F1~F6 为 6 种燃料不同组分的汽油的代号。为了便于比较燃料对 PN 排放的影响，纵坐标采用燃料的 PN 排放因子表示。6 种燃料的等效辛烷值非常接近，F2 的 RON 最小，为 93.0；最大的 F1 为 93.6。F1~F6 由 80% 的基础燃料和不同比例的芳烃、烯烃、硫、甲基环戊二烯基三羰基锰（MMT）和乙醇组成，试验用汽油机为直列四缸四冲程 1.5L 涡轮增压 GDI 汽油机，压缩比为 10，缸径×冲程为 76.5mm×81.4mm，功率为 113kW/5200r/min。结果表明，燃料成分对 GDI 发动机的微粒排放有显著影响。汽油中含量较高的芳烃导致更高的颗粒质量（PM）、颗粒数（PN）和 PAHs 排放，并且对人体健康具有更高的毒性。降低汽油中的烯烃含量在一定程度上有利于降低 PM 和 PN 排放，特别是在高负荷发动机运行条件下，但没有显示出 PAHs 排放因子的

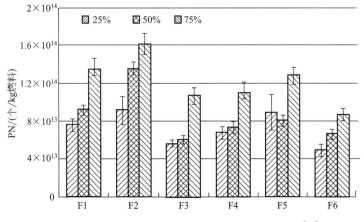

图 5-66 不同燃料和发动机负荷下的 PN 的排放量[97]

明显改善。

由于乙醇含氧，可促进燃烧过程颗粒物质氧化和排气过程颗粒物的进一步氧化，因此乙醇汽油可以减少颗粒聚集倾向。但与减少汽油中芳烃和烯烃含量的效果相比，10%的乙醇汽油对颗粒物排放的改善非常有限，随着乙醇比例增加，乙醇汽油对颗粒物排放的影响明显。研究表明：与汽油相比，E30或E85乙醇汽油可以显著减少发动机颗粒数量排放量，颗粒质量减少达60%~80%，稀燃工况时可以减少90%[98]。

7. TWC

汽油机TWC可以大幅度降低GDI汽油机核模态颗粒物排放量。TWC前后的颗粒物排放对比表明，当发动机转速为1800r/min，负荷为20%、60%和100%时TWC后的核模态颗粒物排放量仅为TWC前的51.0%、30.6%和38.3%[99]。另外，TWC前后的23nm以下的颗粒物浓度的测量结果表明：TWC能够减少粒径为5~10nm之间的颗粒数量，并且在冷启动期间TWC上有颗粒沉积现象，说明在冷启动工况TWC还具有颗粒过滤器的作用[121]。但在发动机全负荷条件下，TWC之后的积聚模态颗粒具有增加的趋势。

8. EGR

EGR率也是影响颗粒物排放的因素之一。在浓混合气状态和高EGR率条件下，缸内混合气中平均含氧量低，易于形成过浓区域，工质燃烧不完全，故随着EGR率增加和混合气变浓，GDI汽油机排气中PM生成量增加。GDI汽油机在不同空燃比和EGR率条件下的试验表明：随着空燃比的增加（混合气变稀），GDI汽油机PM排放量减少。当空燃比从13.3增加到16.0时，排气中PM、SOF和PAHs的含量分别降低43%、23%和73%；随着EGR率的增加，PM排放量呈现增加趋势，特别是在高EGR率条件下，PM明显增加[100]。

9. 喷油器结焦

安装了焦化喷油器（有沉积物的喷油器）和新喷油器的GDI汽车在US06循环工况下的PM排放量对比测试结果表明：安装了焦化喷油器的PM排放量比新喷油器的增加了44%~210%[101]。在NEDC循环工况下，安装焦化喷油器（焦化喷油器指车辆行驶13000km后的喷油器）和新喷油器的国5排放标准GDI汽车的排放性能对比试验结果表明：安装焦化喷油器汽车的燃油消耗量、PM、THC、NMHC和NO_x等排放量分别较安装新喷油器汽车增加3.02%、376%、17.1%、24.5%和23.4%；但CO排放量没有变化[102]。1.5L涡轮增压汽油直喷发动机使用添加不同比例的清净添加剂燃油时的发动机性能和排放测试结果表明：清净添加剂的添加比例对喷射器沉积物的形成，以及发动机性能和排放有重要影响；喷射器上少量的沉积物可造成粒子数排放显著增加，特别是发动机在高速度和大负荷运转条件下增加最为明显[103]。

10. 工作模式

GDI汽油机工作模式有稀燃分层燃烧和理论混合比均质燃烧等多种模式。一般来说，稀燃分层燃烧模式不利于排气污染物的降低。试验表明：NEDC在最高车速120km/h下颗粒排放率较低，这是因为此时发动机工作于理论混合比均质燃烧模式。但当发动机在稀燃条件下运转时，颗粒物排放量成倍增加。由于稀薄燃烧模式主要应用于低速行驶工况，因此GDI汽车在城市环境行驶时，会排放更多的污染物[78]。

第七节　GDI 汽车排气颗粒物的防治对策

一、GDI 汽车排气颗粒物的防治对策

前已述及，柴油车的微粒排放问题远大于汽油车，但安装 DPF 的柴油车，其微粒排放问题已不突出。GDI 汽油机的颗粒物排放很容易达到欧 6 之前排气标准的要求。因此，在执行较为宽松汽车排放标准地区销售的 GDI 汽车均不需安装颗粒物后处理装置，仅安装气体污染物的后处理系统 TWC 和 NO_x 净化装置即可。但对于更为严格的欧 6、国 6 及 Tier 3 标准而言，装备缸内直喷汽油机汽车的微粒排放问题便显现出来。虽然有部分研究表明，GDI 汽车可以通过源头控制方法达标，但多数研究则认为 GDI 汽车仅通过源头控制方法达到最新排放标准困难很大，甚至无法达到。因此，解决缸内直喷汽油机汽车面临的固体微粒物排放浓度过高的问题已成为发挥缸内直喷汽油机汽车的节能优势的前提条件。故下面就缸内直喷汽油机排气颗粒物的防治对策做一简要介绍。

源头对策：从上述的 GDI 汽车颗粒物的产生机理和影响因素来看，从燃烧过程防治颗粒物产生的主要技术手段可归纳为四个方面。一是避免燃油喷雾附着在发动机燃烧室壁面，提高喷雾与空气混合的均匀性，避免局部过浓，如采用中心多孔喷射喷嘴、将喷射压力提高至 20~35MPa 和多次喷射技术（2~4 次喷射/循环）等。另外，还应减少稀混合气燃烧模式的工作时间。二是优化喷射和点火时间，增加油气混合时间，减少燃烧过程局部过浓混合气区域。三是喷雾引导、空气引导与壁面引导方式并用，根据行驶工况及时调整混合气形成方式，提高油气混合速率和均匀性。四是采用清净添加剂等方法避免喷射器沉积物形成，并及时清除喷油器沉积物等。

后处理对策：安装 GPF 后处理装置是降低 GDI 汽油机排气颗粒物最为有效和经济的措施。GDIV 的 GFP 设计及工作原理与 DPF 差别较大。一是 GPF 多用于轻型汽车，要求结构紧凑，过滤体体积较小，易于布置。二是汽油机排气温度高，GPF 可以采用被动再生，可以不用主动再生系统。图 5-67 为 NEDC 工况下装备柴油机和汽油机的同一车辆的排气温度比较。可见，装备柴油机车辆的排气温度低于汽油车。三是汽油机颗粒物粒径小，GPF 滤芯材料的平均微孔直径等应与 DPF 有所区别。大量研究表明，GDI 汽油车安装 GPF 后，既

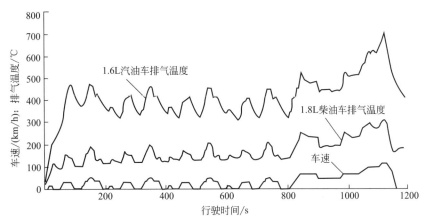

图 5-67　NEDC 工况下装备柴油机和汽油机的同一车辆的排气温度比较[105]

可有效减少颗粒物排放量,也可降低排气噪声,因此,可以利用GPF的降噪作用适当减少消声器的体积,降低排气背压,提高车辆性能[94]。

与DPF相比,不利的方面是采用化学计量比工作的GDI汽车排气中的氧气不足,特别是汽车在没有减速的长时间运行工况,如在没有任何下坡的高速公路上行驶时。另外,长期低速行驶时,则存在排气温度低,无法点燃颗粒物的现象。因此,对于特殊行驶条件,GPF也需要主动再生系统,通过额外短时间供给空气(或稀混合气工作)或延迟点火满足再生时对排气温度和氧气的要求。

二、GPF的结构参数及性能指标

GPF与DPF结构非常相似,并且以类似的方式工作。GPF也具有蜂窝结构,通常由合金、堇青石陶瓷等制成,具有交替密封的入口和出口通道。GPF的性能参数与DPF类似,主要有过滤效率、压降、颗粒物最大允许堆积量、最高再生温度和可靠性等。排气流过过滤器的多孔过滤壁面时,颗粒物被截留在多孔壁面表面或内部微孔中,气体从出口通道排出。GPF的通道密度几乎与DPF相同,一般为200~350个/in^2(31~54个/cm^2)。GPF与DPF的主要区别在于,GPF的过滤材料更轻(微孔直径大),GPF的孔隙率更高,排气通过过滤壁面的压降更小。

表5-14列出了2.3L汽油涡轮增压GTDI汽车试验用的三种型式GPF的材料特性参数。三种型号GPF的主要几何结构参数均为:直径143.8mm(5.66in)、长度101.6mm(4in)、壁厚300μm(12mil)、孔密度46.5个/cm^2(300个/in^2)。代号GPFb表示无任何催化剂涂覆的GPF,代号WCⅠ和WCⅡ分别为在GPFb的过滤表面涂覆较少(0.5g/in^3)和较多(2g/in^3)三效催化剂后的GPF(1in=2.54cm)。可见,涂覆了催化剂后,孔隙率、渗透性和平均微孔孔径均有下降。

表5-14 GPF的材料特性参数[106]

样品代号	孔隙率/%	平均微孔直径/μm	冷态渗透率/μm^2
GPFb	50±1	22±1	1.5
WCⅠ	39±2	17±1	0.6
WCⅡ	33±1	15±1	0.3

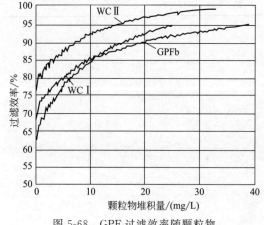

图5-68 GPF过滤效率随颗粒物堆积量的变化[106]

GPF的性能指标主要有过滤效率、流动阻力(压降)、再生时间(速率)、力学性能指标及热学等评价参数。图5-68表示GPF过滤效率随颗粒物堆积量的变化。试验在发动机测功机台架上进行,试验时发动机排气流量约为60kg/h,排气温度约为500℃。该结果表明:涂层对GPF过滤效率的影响明显,堆积量越大,GPF过滤效率越高。

图5-69表示GPF压降随颗粒物堆积量的变化,试验时发动机排气流量约为20L/min。该结果表明涂层越厚,GPF压降越大,GPF对汽油机性能的影响越大。

图 5-70 表示温度和过量空气系数对 GPF 再生速率的影响[120]。试验用 GPF 采用涂覆催化剂的堇青石滤芯,直径 118.4mm,长 127.0mm,过量空气系数的变化范围为 1～1.1。结果表明：滤芯温度和过量空气系数越大,再生速率越高,涂覆催化剂后再生温度明显降低。

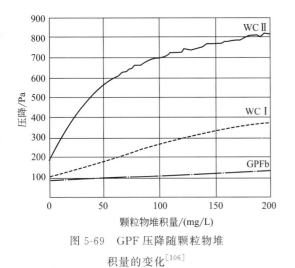

图 5-69 GPF 压降随颗粒物堆积量的变化[106]

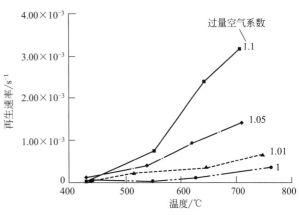

图 5-70 温度和过量空气系数对 GPF 再生速率的影响

图 5-71 给出了 GDI 汽车安装 GPF 前后的颗粒物排放率。试验车辆分别为满足欧 5 的福特 1.0L、现代 1.6L 和雷诺 1.2L 汽油车,驾驶循环分别为新欧洲驾驶循环（NEDC）、全球统一驾驶循环（WLTC）和美国联邦的补充驾驶循环（US06）。测试结果表明：福特车颗粒数量排放量最少,整体略好于现代车；雷诺车颗粒数量排放量约为福特车的 2 倍。三辆车颗粒数量排放量测量的整体结果是 NEDC 最少,WLTC 居中,US06 最多。三辆车符合 2015 年新车生效的欧 6b 标准 $6×10^{12}$,但没有一个达到欧 6c 限值 $6×10^{11}$。三辆 GDI 汽车安装了颗粒物过滤器 GPF 后按照三种驾驶循环行驶时的颗粒物排放率均远低于欧 6c 的排放限值。安装 GPF 后,福特、现代和雷诺汽油车的颗粒质量排放量较安装 GPF 前下降了 2/3；雷诺汽油车颗粒质量较安装 GPF 前下降了 3/4。颗粒数量排放减少为安装前的约 1/2000,达到未污染正常空气的水平[107]。国内面向国 6 的涡轮增压 GDI 汽油机上安装 CGPF 的试

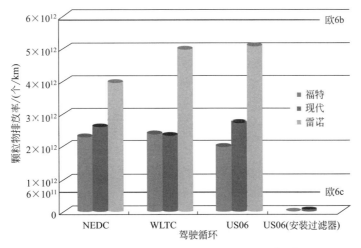

图 5-71 GDI 汽车安装 GPF 前后的颗粒物排放率[107]（彩图）

验表明：CGPF 安装前后，汽车在 WLTP 工况下的 PN 排放分别为 1.52×10^{12} 和 4.2×10^{11}。这说明安装 CGPF 可实现 PN 排放满足国 6 的工程目标[120]，安装 GPF 是解决 GDI 汽车颗粒物数量排放达标的有效方法。

三、GPF 的布置方案示例

GPF 一般安装于 GDI 汽油车车身底部位置，并置于 TWC 之后，TWC 和 GPF 之间采用柔性管连接，以减少来自车辆的应力和振动传递。如图 5-72 所示为 GPF 在排气系统中的位置。为了监测车辆行驶过程 GPF 造成的压降和提高空燃比的控制精度，在 GPF 入口位置安装了压力传感器，采用宽域氧传感器和加热式氧传感器同时监测空燃比。为了监测 GPF 的实时温度及再生引起的温度升高大小等，GPF 出口常安装温度传感器[108]。

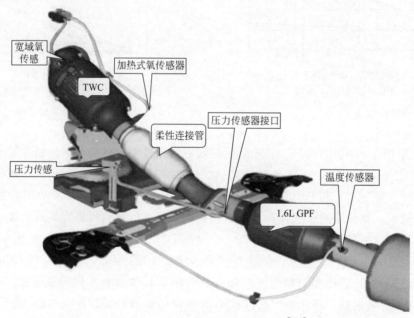

图 5-72　GPF 在排气系统中的位置[108]

如图 5-72 所示排气系统安装在 5 辆 2.0L 涡轮增压 GDI 原型车上进行了排放测试，目标是满足国 6 阶段排放标准。5 辆试验车辆装备了相同的传动系统和 TWC。TWC 为椭圆形，截面 90mm×131mm，长 128mm。GPF 为圆柱形，直径 132mm，长 120mm，滤芯体积为 1.6L，GPF 颗粒物容量约为 2g/L，可以安全运行至 5g/L。

其中 4 辆汽车在南京市区进行了实车试验，其结果如表 5-15 所列。南京是我国典型的拥堵城市，类似于上海和北京。与北美洲的驾驶循环相比，南京的驾驶循环具有低得多的发动机转速和负荷，满足 GPF 再生的温度和氧含量的概率低得多。由表 5-15 可见，试验用 4 辆汽车的发动机平均转速为 1198r/min，平均车速为 23.8km/h；测试期间 GPF 上没有显著的 PM 堆积，GPF 上 PM 最大堆积量为 1.042g/L（约为 GPF 容量的 50%）。因此，可以说在南京高峰时段典型城市道路上，虽然发动机处于低速和低负荷驾驶工况，满足 GPF 温度高于 600℃和氧气充足的再生条件的概率较低，但是，GPF 的再生还是在 PM 过量积聚之前出现，即存在 PM 充分氧化的机会。也就是说对于安装 GPF 的汽车而言，可以不安装再生装置。

表 5-15 试验车辆的 GPF 性能参数及发动机平均转速[108]

车辆编号	1	2	3	4	全部
环境温度范围/℃	0～26	1～16	1～21	3～19	0～26
发动机平均转速/(r/min)	1189	1268	1169	1143	1198
平均车速/(km/h)	25.4	21.4	25.6	21.6	23.8
PM 最大沉积量/(g/L)	1.042	0.677	0.721	0.819	1.042
催化剂最高温度/℃	888	812	884	877	888
GPF 最高温度/℃	770	740	821	758	821
再生频率/%	39.6	67.8	52	42	49

对安装空间允许、可以接受 GPF 成本的车辆而言，采用上述在 TWC 后安装 GPF 的技术途径是解决颗粒物达标问题的最佳方法。但对于结构紧凑型、GPF 布置困难的经济型 GDI 汽车而言，上述方案并不理想。对于此类车型可行的技术方案是采用图 5-73 所示的 TWC 和 GPF 一体化集成设计或集成技术。集成式的特点是 TWC 和 GPF 外径相同，GPF 载体的空隙率较小，一般为 40%～45%，直接与 TWC 连接在一起，减少了一根扩张管和一根收缩管。一体式的特点是 TWC 和 GPF 采用同一载体，载体的空隙率较大，一般为 60%～65%[109]。直接把三效催化剂涂覆于 GPF 过滤壁面上，这种排气净化器具有净化气体污染物和颗粒物的双重功能，可称为三效催化净化过滤器

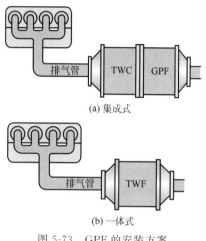

图 5-73 GPF 的安装方案

（Three Way Filter，TWF）或涂覆催化剂的 CGPF（Catalyzed GPF）。直接替换原有 TWC，在排气系统不做改进的条件下，同时解决气体污染物和颗粒物排放问题。

排放控制协会制造商（MECA）在两辆 GDI 汽车上安装了 CGPF，并进行了排放等性能测试。试验时，用紧凑耦合型 CGPF 直接代替原车的 TWC。两辆 GDI 汽车均为美国市场 2016 年款乘用车，一辆 GDI 汽车排量为 2.0L，采用壁面引导式喷雾技术和阿特金森循环；另一辆 GDI 汽车排量为 1.5L，采用小型涡轮增压和中央喷射喷油系统。两辆车均以化学计量比混合气工作，并配备有三效催化净化器（TWC）。CGPF 为圆柱形，直径为 4.66in（118.4mm），长度为 4.5in（114.3mm），孔密度为 300 个/in²（45 个/cm²），壁厚为 8mil（0.2mm），贵金属催化剂涂覆量与两辆车的认证水平的涂覆量相当，钯和铑的涂覆量约为 1.0g/L，Pd:Rh 比例为 4:1。试验时采用了 LA92 和 US06 驾驶循环。气体污染物排放、经济性和碳排放的测试结果表明：安装 CGPF 后，燃料经济性和 CO_2 排放没有恶化，THC、CO 和 NO_x 排放减少。颗粒物质量和固体颗粒物数量显著降低，较安装 CGPF 前，PM 质量减少 97% 以上，固体颗粒物的过滤效率在 86% 以上[87]。

四、GPF 推广应用情况及其面临的主要问题

1. GPF 的推广应用现状

随着欧 6c 的实施，GPF 首先在欧盟汽车制造商中推广应用。2014 年梅赛德斯-奔驰公

司开始在其 S500 车型上装备 GPF[110]。梅赛德斯-奔驰公司还宣布，2017 年将推出更多装备 GPF 的新 M 256 和 M 176 汽油发动机的 S 级车型，并逐步引入到其他新车型、改进型和新一代发动机[111]。

大众汽车集团从 2017 年 6 月开始在新款大众途观 1.4L TSI 发动机和奥迪 A5 2.0L TFSI 发动机上装备汽油颗粒过滤器（GPF），到 2022 年，大众集团每年配备该技术的车辆数量将达到 700 万辆。随着能源转换效率要求的提高和 CO_2 排放量的降低，GPF 将作为降低现代汽油发动机排放标准装备[112]。

2017 年 8 月 31 日，康宁公司（纽约）宣布，自 2017 年 10 月起，PSA 集团配备 PureTech 的汽油直喷发动机汽车全部采用康宁汽油机微粒过滤器 GPF[113]。PSA 集团还宣布，到 2017 年底，该公司已提供了汽车消费者可以选择的装备了 GPF 的 1.2L 三缸涡轮增压 PureTech 汽油发动机汽车，颗粒数量过滤效率达到了 75%。该制造商还表示，GPF 将推广到所有 PSA 集团直喷汽油发动机汽车[111]。

沃尔沃公司表示其可能会引入 GPF 以达到排放目标，但也在考虑增加动力总成电气化的使用[111]。目前市场份额较大的产品有康宁公司的商标为 Corning®、DuraTrap® 的 GPF；截至 2018 年 6 月 25 日，该公司位于德国凯泽斯劳滕的制造工厂已生产 100 万台 GPF[114]。其主要用户为欧盟国家市场销售的 GDI 汽油车。据此，可以推断，随着我国国 6 排放标准的实施，GPF 在我国 GDI 汽车上的推广应用将会逐步展开。

2. 成本及安装问题

GPF 推广应用中面临的第一个问题是需要重新开发车辆的排气系统，在排气系统中寻找 GPF 的最佳安装位置，对于一些紧凑型车辆可能还面临 GPF 布置困难的问题，因此，会增加包括开发和 GPF 制造的车辆生产成本。欧盟委员会对 GPF 的成本进行了估算，认为 GPF 成本在 57～184 美元之间。排放控制协会（MECA）制造商估计成本则认为 GPF 的成本在 50～100 美元之间。梅赛德斯-奔驰公司公布的其 2014 年开始装备在 S500 上装备的 GPF，车均成本增加 20～50 欧元[110]。

3. 耐久性问题

大量的试验证明，GDI 汽油车装备 GPF 后其性能变化很小。但长时间使用后存在耐久性等问题。随着 GPF 使用时间延长，GPF 微孔表面会产生不可燃灰分沉积层，导致车辆在高速行驶时排气系统背压迅速增大，进而影响汽车的燃油经济性和排放性能。

福特公司的研究表明：汽车行驶 3000km 后，在过滤器入口孔道表面上及微孔内部开始形成网状结构的灰分。大部分灰分沉积于过滤壁面约 $60\mu m$ 以内，沉积层中的 $CaSO_4 \cdot 2H_2O$ 灰分外形尺寸约 $2\mu m$。由于早期的灰分沉积量不大，并且使平均微孔直径变小，故对提高 GPF 过滤效率有利，但当行驶里程达到 15 万英里（24 万千米）左右时，沉积层中的 $CaSO_4 \cdot 2H_2O$ 灰分外形尺寸超过 $100\mu m$，故会导致排气背压增大[115]。安装了 GPF 的两台不同涡轮增压 GDI 车辆，按照美国 EPA 标准公路循环（SRC）行驶 13 万英里（21 万千米）和 15 万英里（24 万千米）后，GPF 表面不可燃灰分沉积量约为 60g，当车辆以 80mile/h（129km/h）行驶时，排气系统的背压增加了一倍，燃油消耗量急剧恶化。不可燃灰分约 2/3 沉积于 GPF 表面，其余部分位于微孔之内；灰分的一半质量来自润滑油添加剂，另一半主要由来自钢排气歧管腐蚀产生的氧化铁和来自上游三效催化剂（TWC）侵蚀剥落的催化涂层[116]。

4. 需要重新设计排气系统和开发 GPF 的控制系统

前已述及，在正常行驶条件下，GPF 通常可以实现自动再生。但为了防止不测事件的发生，故装备 GPF 的车辆需要开发专门的辅助加热及零部件损害保护控制系统，并制定其控制策略[117]。控制系统的硬件主要包括温度、压降和空燃比等传感器及控制器等。

GPF 的控制策略主要包括加热辅助策略和保护策略等。GPF 辅助加热策略的主要功用是对于无法达到碳烟再生所需的 550℃ 高温的驾驶条件，通过点火延迟等方法提高 GPF 中的排气温度，此时还应保证二次空气系统正常工作，为 GPF 再生提供充足的空气。GPF 部件保护策略的功用主要是保护发动机以及阀门免受高背压水平带来的损害。因此需要根据压力传感器或涡轮增压器和三效催化剂上的压降模型，或开环 GPF 碳烟负荷估算模型估算排气歧管中的压力增加，通过发动机控制系统限制气流和 GPF 背压过度增大。应该注意的是加热辅助策略和保护策略会降低燃烧效率并增加燃料消耗量。因此，应采用开环碳烟估计模型和基于压降碳烟负载量估计模型对碳烟负载量进行组合估算，提高碳烟 GPF 辅助加热策略和 GPF 部件保护策略实施的准确性。

参 考 文 献

[1] John J Mooney. The 3-Way Catalytic Converter, California Air Resources Board Chairman Invitational Seminar Series. October 9, 2007. /https：//www.arb.ca.gov/research/seminars/mooney/mooney.pdf

[2] Toyota Motor Sales. Exhaust Analysis Using 4 and 5 Gas Analyzers Emissions. /https：//www.autoshop101.com/forms/h56.pdf

[3] 李兴虎. 汽车环境污染与控制. 北京：国防工业出版社，2011

[4] Thepag. 古いのに最新「EGR 技術」によってエンジンは進化する. 2015.05.15. /https：//thepage.jp/detail/20150515-00000015-wordleaf? page＝3

[5] Toyota Motor Sales. EMISSION SUB SYSTEMS-Exhaust Gas Recirculation. /www.autoshop101.com/forms/h61.pdf

[6] R R Hibbard, C P Blankenship. NASA-EPA automotive thermal reactor technology program. Report Number, NASA-TM-X-68010. Jan 01，1972. /https：//ntrs.nasa.gov/search.jsp? R＝19720010194

[7] Bavarian Auto Recycling. BMW 2002 Exhaust Thermal Reactor. /http：//www.data.bmrparts.com/bmwparts/2 _ 710770 1565160U.html

[8] 中島，村中. 新・自動車用ガソリンエンジン. 東京：株式会社山海堂，1997 年 12 月.

[9] Wikipedia. Secondary air injection. /https：//en.wikipedia.org/wiki/Secondary _ air _ injection

[10] Toyota Motor Sales. Evaporative Emission Control System. /www.autoshop101.com/forms/h62.pdf

[11] Mitsubishi Motor Sales of America. On-Board Refueling Vapor Recovery. /https：//www.teacher.starenvirotech.com/Mitsubishi/Mitsubishi％20ORVR％20Systems/Mitsubishi％20ORVR％20Systems.pdf

[12] 山田裕之. 給油時，駐車時燃料蒸発ガスの発生メカニズムと対策. Engine Review，2018，8（2）：8-13.

[13] BP Pundir. Engine Emissions. NPTEL Online-IIT Bombay. /http：//nptel.ac.in/courses/112104033/pdf _ lecture/lecture20.pdf

[14] Martyn Twigg V. Catalytic control of emissions from cars. Catalysis Today，12 April 2011，163（1）：33-41

[15] Mikio Makino, Takahiro Kondo. Automotive Emission Control Technology. AVECC 2001 Asian Vehicle Emission Control Conference. January 30 February 1，2001，Bangkok，Thailand.

[16] 中华人民共和国国家标准.《轻型汽车污染物排放限值及测量方法（中国第六阶段）》，GB 18352.6—2016. 北京：中国环境出版社，2017.

[17] BP Pundir. Engine Emissions. NPTEL Online-IIT Bombay. /http：//nptel.ac.in/courses/112104033/pdf _ lecture/lecture25.pdf

[18] 小池和彦. 中西友彦. 大山尚久. CeO_2-ZrO_2 固溶体の性能向上検討. デンソーテクニカルレビュー，2008，13（1）：101-105.

[19] Ivan Hodac, Mitch Bainwol, Jed R Mandel, Yoshiyasu Nao. worldwide fuel charter, 5th edition, September 2013. /http://www.jama.or.jp/eco/wwfc/pdf/WWFC5_2013_Final_single_page_corr.pdf

[20] Takashi Nagashima. Evolution of Automotive Technology and Fuel Quality for Environmental Improvement. Environment and Energy Issues at City Level, JARI China Round Table 2008 Jan. 19th Saturday, Shanghai.

[21] BP Pundir. Engine Emissions. NPTEL Online-IIT Bombay. /http://nptel.ac.in/courses/112104033/pdf_lecture/lecture24.pdf

[22] 张宏伟, 韩雪梅. 车用乙醇汽油挥发性研究. 化学与黏合, 2008, 4: 78-80.

[23] 李兴虎, 向立明, 朱聪. 乙醇汽油混合燃料对汽油机性能的影响分析. 2009 中国汽车工程学会年会论文 (SAE-C2009P161). 2009: 265-269.

[24] 郝洋. 中国需要更高品质的燃油. 中国内燃机学会油品与清洁燃料分会第二届学术年会论文集, 2009, No. 090704: 1-4.

[25] 李兴虎. 发动机润滑油的环境影响. 内燃机, 2009 (1): 32-38.

[26] 株式会社イワサキコーポレーション. ILSAC GF-5: 乗用車用エンジンオイル新性能基準. 2010.04.20. /http://www.kendall.jp/news/2010/04/ilsac-gf-5.html

[27] 羽田政明.「環境エネルギー材料合成特論 (4)」～排ガス浄化触媒について～. 名古屋工業大学. /http://www.crl.nitech.ac.jp/env/KZGT-H27-4.pdf

[28] Stephen James Cornelius. Modelling and Control of Automotive Catalysts. University of Cambridge, 2001.

[29] Hideo Sobukawa. Development of Ceria-Zirconia Solid Solutions and Future Trends. R&D Review of Toyota CRDL, 2002, 37 (4): 1-5.

[30] DieselNet. Cellular Monolithic Substrates. 2011.02. /https://www.dieselnet.com/tech/cat_substrate.php

[31] Manufacturers of Emission Controls Association. LEV II Emission Control Technologies For Light-Duty Gasoline Vehicles. 2003. /www.meca.orghttp://www.honda.co.jp/LEV/tec_2.html

[32] BP Pundir. Engine Emissions. NPTEL Online-IIT Bombay. /http://nptel.ac.in/courses/112104033/pdf_lecture/lecture21.pdf

[33] 小澤正邦, 木村希夫, 曽布川英夫, 横田幸治. 高耐熱性三元触媒. 豊田中央研究所 R&D レビュー, 1992, 27 (3): 43-53.

[34] Joe Kubsh. The SULEV Future Awaits. UW ERC 2013 Symposium. June 5-6, 2013. /https://www.erc.wisc.edu/documents/symp13-Kubsh.pdf

[35] 株式会社デンソーセラミック技術部. 薄壁六角セルモノリス担体. /http://sts.kahaku.go.jp/sts/index.php.

[36] Beihai Xiaoming International Import and Export Trading Co., Ltd. ARtoのためのThermalの産業記憶装置 Ceramics Honeycomb Heater. /http://jp.made-in-china.com/co_xiaomingdxy/image_Industrial-Thermal-Store-Ceramics-Honeycomb-Heater-for-Rto_eiehengug_vSwaRTnqZMkE.html

[37] Manufacturers of Emission Controls Association. LEV III and Tier 3 Exhaust Emission Control Technologies for Light-Duty Gasoline Vehicles. /http:www.meca.org/galleries/files/LEV_III_Tier_3_white_paper_final.pdf

[38] Toyota Motor Sales. Emission system Catalytic Converter. /http:www.autoshop101.com/forms/h64.pdf

[39] BP Pundir. Engine Emissions. NPTEL Online-IIT Bombay. /http://nptel.ac.in/courses/112104033/pdf_lecture/lecture22.pdf

[40] Wikipedia. Oxygen sensor. /https://en.wikipedia.org/wiki/Oxygen_sensor

[41] Anderson M. A Feedback A/F Control System for Low Emission Vehicles. SAE Technical Paper 930388, 1993.

[42] Nakagawa S, Numata A, Hori T. Individual Cylinder Control for Air-Fuel Ratio Cylinder Imbalance. SAE Technical Paper 2015-01-1624, 2015.

[43] Hawirko J, Checkel M. Quantifying Vehicle Emission Factors for Various Ambient Conditions using an On-Road, Real-Time Emissions System. SAE Technical Paper 2003-01-0301, 2003.

[44] Myung Cha-Lee, Kim Juwon, Jang Wonwook, Jin Dongyoung, Park Simsoo, Lee Jeongmin. Nanoparticle Filtration Characteristics of Advanced Metal Foam Media for a Spark Ignition Direct Injection Engine in Steady Engine Operating Conditions and Vehicle Test Modes. Energies, 2015, 8 (3): 1865-1881.

[45] Juan Felipe Rodr'ıguez. Investigations on the Pollutant Emissions of Gasoline Direct Injection Engines During Cold-

Start. June 2016,Massachusetts Institute of Technology.

[46] 鈴木央一. 排出ガス後処理技術の効果、評価、課題. 交通安全環境研究所. /https://www.ntsel.go.jp/kouenkai/h17/17-02.pdf

[47] Pfahl U,Schatz A,Konieczny R. Advanced Exhaust Gas Thermal Management for Lowest Tailpipe Emissions-Combining Low Emission Engine and Electrically Heated Catalyst,SAE Technical Paper 2012-01-1090,2012.

[48] トヨタ自動車.ディーゼル酸化触媒（トヨタ自動車75年史-技術開発-材料）. /https://www.toyota.co.jp/jpn/company/history/75years/data/automotive_business/products_technology/technology_development/materials/details_window.html

[49] Kishi N,Kikuchi S,Suzuki N,Hayashi T. Technology for Reducing Exhaust Gas Emissions in Zero Level Emission Vehicles（ZLEV）. SAE Technical Paper 1999-01-0772,1999.

[50] Yamamoto S,Tanaka D,Takemura J,Nakayama O et al. Mixing Control and Combustion in Gasoline Direct Injection Engines for Reducing Cold-Start Emissions. SAE Technical Paper 2001-01-0550,2001.

[51] U Spicher,T Heidenreich. Stratified-charge combustion in direct injection gasoline engines. 2010. /https://www.sciencedirect.com/science/article/pii/B978184569389350002

[52] Kazunari Kuwahara and Hiromitsu Ando. Diagnostics of in-cylinder flow,mixing and combustion in gasoline engines. Meas. Sci. Technol. 2000（11）：95-111.

[53] 斎藤昭則. 直噴ガソリンエンジンの開発経過. R&D Review of Toyota CRDL,2001,36（4）：1-5.

[54] Vitaly Prikhodko Y,James Parks E,Josh Pihl A,Todd Toops J. Ammonia Generation and Utilization in a Passive SCR System（TWC+SCR）on Lean Gasoline Engine. 2016 CLEERS Workshop. Ann Arbor,MI. April 6-8,2016.

[55] Beñat Pereda-Ayo and Juan R. González-Velasco. NOx Storage and Reduction for Diesel Engine Exhaust Aftertreatment. April 30th 2013. /https://www.intechopen.com/books/diesel-engine-combustion-emissions-and-condition-monitoring/nox-storage-and-reduction-for-diesel-engine-exhaust-aftertreatment.

[56] McMahon K,Selecman C,Botzem F,Stablein B. Lean GDI Technology Cost and Adoption Forecast：The Impact of Ultra-Low Sulfur Gasoline Standards. SAE Technical Paper 2011-01-1226.

[57] ACEA. Selective Catalytic Reduction-The most promising technology to comply with the imminent Euro IV and Euro V emission standards for HD engines（Final Report）. 23 June 2003. /http://www.aecc.be/content/pdf/AECC%20summary%20on%20SCR%20Nov%2007.pdf

[58] Mastumoto S,Miyoshi N,Ikeda Y. NOx storage-reduction catalyst（NSR catalyst）for automotive engines. SAE Technical Paper 1999-25-0193,1999.

[59] Todd J Toops,James E Parks,Josh A Pihl,Shean Huff,Vitaly Prikhodko. Emissions Control for Lean Gasoline Engines. May 17,2012. /https://www.energy.gov/sites/prod/files/2014/03/f10/ace033_toops_2012_o_0.pdf.

[60] Oak Ridge National Laboratory. 2016 Vehicle Technologies Market Report：Chapter 3 Light Vehicles. /cta.ornl.gov/vtmarketreport/pdf/chapter_3_light_vehicles.pdf

[61] International Council on Clean Transportation Europe. European Vehicle Market Statistics 2017/2018. /www.theicct.org/sites/default/files/publications/ICCT_Pocketbook_2017_Web.pdf

[62] Mitsubishi. GDI Engine Gasoline Direct Injection Engine. /http://personales.upv.es/~jlpeidro/gdi/gdi.htm

[63] SINGH,SANJAM. Comparison of Fuel Economy and Gaseous Emissions of Gas-Direct Injection versus Port-Fuel Injection Light Duty Vehicles Based on Real-World Measurements. North Carolina State University,2018 repository.lib.ncsu.edu/bitstream/handle/1840.20/35195/etd.pdf/.

[64] 国立環境研究所研究所. 直噴ガソリン車および最新ディーゼル車からの粒子状物質の排出実態と大気環境影響（プロジェクト報告，FY2013～2015 所内公募型提案研究）. 第123号,2017. /https://www.nies.go.jp/whatsnew/20171030/20171030.html

[65] 郑荣. 汽油机一次颗粒物排放特性及二次颗粒物生成潜势的研究. 北京：清华大学,2015.

[66] Byung-Soon Min. Analysis of the Fuel Economy Potential of a Direct Injection Spark Ignition Engine and a CVT in an HEV and a Conventional Vehicle Based on In-Situ Measurements. The University of Texas at Austin（Dissertation）,2004.

[67] Dou,D.,Miyaura,S.,Dogahara,T.,Kikuchi,S. et al.,"NO_x-Trap Catalyst Development for Mitsubishi

[68] Dennis Schuetzle, Walter O. Siegl, Trescott E. Jensen, Mark A. Dearth, E. William Kaiser, Robert Gorse, Walter Kreucher, Edward Kulik. The Relationship between Gasoline Composition and Vehicle Hydrocarbon Emissions: A Review of Current Studies and Future Research Needs. Environmental Health Perspectives, 1994, 102, (4): 1-12.

[69] Florian Steimle, Andre Kulzer, Herwig Richter, Dietmar Schwarzenthal, Claudia Romberg. Systematic Analysis and Particle Emission Reduction of Homogeneous Direct Injection SI Engines. 2013-01-0248 Published 04/08/2013.

[70] Simone Hochgreb. Fuel Distribution and Combustion Characteristics in a Direct-Injection, Spark-Ignited (DISI) Engine Under Stratified Operation. SAE 2001-01-3645.

[71] Stojkovic B D, Fansler T D, Drake M C. High-speed imaging of OH * and soot temperature and concentration in a stratified-charge direct injection gasoline engine. Proceedings of the Combustion Institute, 2005, 30 (2): 2657-26655.

[72] 野寄高宏. 小排気量直噴ガソリンエンジンの開発. 東京: 早稲田大学博士論文, 2009.

[73] Kittelson, D. B. Engines and nanoparticles: A review. Journal of Aerosol Science, 1998, 29: 575-588.

[74] Kumar P, Morawska L, Birmili W, Paasonen P, Hu M, Kulmala M, Harrison RM, Norford L, Britter R. Ultrafine particles in cities. Environment International. May 2014; 66: 1-10.

[75] 潘锁柱. 缸内直喷汽油机排气微粒物理化学特征的研究. 天津: 天津大学, 2012.

[76] 帅石金, 郑荣, 王银辉, 付海超, 徐宏明. 缸内直喷汽油机微粒排放特性的试验研究. 汽车安全与节能学报, 2014, 5 (3): 304-310.

[77] Kittelson B, Ahmadi M R, Morris J E. Exhaust Particulate Emissions from a Direct Injection Spark Ignition Engine. SAE 1999-01-1145.

[78] Hall D E, Dickens C J. Measurement of the Number and Size Distribution of Particles Emitted from a Gasoline Direct Injection Vehicle, SAE Technical Paper 1999-01-3530, 1999.

[79] 後藤雄一, 石井素, 鈴木央一, 河合英直. 直接噴射式ガソリン自動車から排出される粒子状物質に関する研究. 自動車技術会後援前刷集, 2004. /www. ntsel. go. jp/forum/15files/15-12p. pdf

[80] 王凤滨, 包俊江, 乔维高, 高俊华. 循环测量工况下汽油车颗粒物排放试验研究. 汽车工程, 2009, 31 (8): 737-740.

[81] ImadA, KhalekThomas Bougher, Jeff J Jetter. Particle Emissions from a 2009 Gasoline Direct Injection Engine Using Different Commercially Available Fuels. SAE 2010-01-2117

[82] 钟祥麟, 刘志锋, 李伟. 机动车 $PM_{2.5}$ 排放特性. 汽车工程师, 2014, (1): 39-42.

[83] Gang Lv, Chong-lin Song, Suo-zhu Pan, Jun-hua Gao, Xiao-feng Cao. Comparison of number, surface area and volume distributions of particles emitted from a multipoint port fuel injection car and a gasoline direct injection car. Atmospheric Pollution Research 5 (2014) 753-758.

[84] Karjalainen Panu; Pirjola Liisa; Heikkilä Juha; Lähde Tero; Tzamkiozis Theodoros; Ntziachristos Leonidas; Keskinen Jorma; Rönkkö Topi. Exhaust particles of modern gasoline vehicles: A laboratory and an on road study. Atmospheric Environment, 2014 (97): 262-270.

[85] 钟兵, 洪伟, 苏岩, 解方喜, 娄子睿, 许允. 点火时刻对怠速工况缸内直喷汽油机微粒排放特性的影响. 西安交通大学学报, 2015, 49 (3): 32-37.

[86] Brian R. Graskow, David B. Kittelson, Majid R. Jack E. Morris. Ahmadi. 2000-01-2018. Influence of Fuel Additives and Dilution Conditions on the Formation and Emission of Exhaust Particulate Matter from a Direct Injection Spark Ignition Engine.

[87] Jiacheng Yang, Patrick Roth, Thomas D. Durbin, Kent C. Johnson, David R. Cocker, III, Akua Asa-Awuku, Rasto Brezny, Michael Geller, and Georgios Karavalakis. Gasoline Particulate Filters as an Effective Tool to Reduce Particulate and Polycyclic Aromatic Hydrocarbon Emissions from Gasoline Direct Injection (GDI) Vehicles: A Case Study with Two GDI Vehicles. Environmental Science & Technology, 2018, 52 (5), 3275-3284 DOI: 10. 1021/acs. est. 7b05641.

[88] David Kittelson and Markus Kraft. Particle Formation and Models in Internal Combustion Engines. 31 January 2014. /como. cheng. cam. ac. uk/preprints/c4e-Preprint-142. pdf

[89] J Andersson, M Keenan, and K Akerman. GDI particles-Legislation, current levels and control. Ricardo Presentation, RD.09/99801.1, accessed January 19, 2014, 2008/http://www.cambridgeparticlemeeting.org/sites/default/files/Presentations/2009/JAndersson（Ricardo）_2009_GDI_PM.pdf

[90] M Braisher, R Stone, P Price. Particle Number Emissions from a Range of European Vehicles. SAE Technical Paper 2010-01-0786, 2010.

[91] I Khalek, T Bougher, J Jetter. Particle Emissions from a 2009 Gasoline Direct Injection Engine Using Different Commercially Available Fuels. SAE International Journal of Fuels and Lubricants, 2010, 3（2）: 623-637.

[92] 山田裕之, 後藤雄一. 自動車排出粒子計測法の高度化－PMPによる活動のこれまでとこれから./www.ntsel.go.jp/forum/2015files/1118_1430.pdf

[93] Kwanhee Choi, Juwon Kim, Ahyun Ko, Cha-Lee Myung, Simsoo Park, Jeongmin Lee. Size-resolved engine exhaust aerosol characteristics in a metal foam particulate filter for GDI light-duty vehicle. Journal of Aerosol Science 57 (2013) 1-13.

[94] 秋濱一弘. 粒子状物質（PM）：自動車排出ガス規制とPM生成モデリングの必要性一直噴ガソリンエンジン/乗用車を中心に一. 日本燃焼学会誌, 2017, 59（187）: 49-54./https://www.jstage.jst.go.jp/article/jcombsj/59/187/59_49/_pdf

[95] Wang C, Xu H, Herreros J M, Wang J, Cracknell R. Impact of fuel and injection system on particle emissions from a GDI engine. Applied Energy, 2014, 132: 178-191.

[96] Price P, Stone R, Collier T. Particulate matter and hydrocarbon emissions measurements: comparing first and second generation DISI with PFI in single cylinder optical engines. SAE Paper 2006-01-1263, 2006.

[97] Wang Yinhui, Zheng Rong, Qin Yanhong, Peng Jianfei, Li Mengren, Lei Jianrong, Wu Yusheng, Hu Min, Shuai Shijin. The impact of fuel compositions on the particulate emissions of direct injection gasoline engine. Fuel, 2016, 15: 543-552.

[98] Marchitto L, Tornatore C, Costagliola M A, Valentino G. Impact of Ethanol-Gasoline Port Injected on Performance and Exhaust Emissions of a Turbocharged SI Engine. SAE Technical Paper 2018-01-0914, 2018.

[99] Chen Longfei, Liang Zhirong, Zhang Xin, Shuai Shijin. Characterizing particulate matter emissions from GDI and PFI vehicles under transient and cold start conditions. Fuel, Volume 189, 1 February 2017: 131-140.

[100] 李超, 宋崇林, 潘锁柱, 吕刚, 宋金瓯. 空燃比和EGR对GDI汽油机多环芳香烃排放的影响. 燃烧科学与技术, 2014, 20（2）: 164-169.

[101] Prakash A, Nelson E, Jones A, Macias J, et al. Particulate Mass Reduction and Clean-up of DISI Injector Deposits via Novel Fuels Additive Technology. SAE Technical Paper 201401-2847, 2014.

[102] Wen Y, Wang Y, Fu C, Deng W, et al. The Impact of Injector Deposits on Spray and Particulate Emission of Advanced Gasoline Direct Injection Vehicle. SAE Technical Paper 2016-01-2284, 2016.

[103] Zhang W, ding H, Shuai S, Zheng B et al. Effect of Fuel Detergent on Injector Deposit Formation and Engine Emissions in a Gasoline Direct Injection (GDI) Engine. SAE Technical Paper 2017-01-2247, 2017.

[104] Chan T, Meloche E, Kubsh J, Brezny R et al. Impact of Ambient Temperature on Gaseous and Particle Emissions from a Direct Injection Gasoline Vehicle and its Implications on Particle Filtration, SAE Int. J. Fuels Lubr, 2013, 6 (2): 350-371.

[105] Martyn V Twigg. Catalytic control of emissions from cars. Catalysis Today, 2011, 163: 33-41.

[106] Liu X, Chanko T, Lambert C, Maricq M. Gasoline Particulate Filter Efficiency and Backpressure at Very Low Mileage, SAE Technical Paper 2018-01-1259, 2018.

[107] Greg Arche. Particle emissions from petrol cars. November 2013, Briefing Report-Transport & Environment 2013./http://www.transportenvironment.org/sites/te/files/publications/GDI%20Briefing_final_T%26E.pdf

[108] Yue H, Lehmen A, Van Nieuwstadt M, Mason G et al. Impacts of Drive Cycle and Ambient Temperature on Modelled Gasoline Particulate Filter Soot Accumulation and Regeneration, SAE Technical Paper 2018-01-0949, 2018.

[109] P Kattouah, K Kato, E Ohara, C D Vogt. Ceramic Wall Flow Filter for Particulate-Emission Reduction of Petrol Engines. Cambridge Particle Meeting. 24th May 2013./https://www.nanoparticles.ch/2014_ETH-NPC-18/5-5_Kato.pdf

[110] Dieselnet. Mercedes S500 equipped with gasoline particulate filter (GPF). 23 August 2014. /https：//www.dieselnet.com/news/2014/08mercedes.php

[111] Infineum Insight. Gasoline particulate filters. 16 January 2018. /https：//www.infineuminsight.com/insight/jan-2018/gasoline-particulate-filters.

[112] Volkswagen Group Media Services. Volkswagen Group introduces particulate filter for petrol engines. Press Release，Wolfsburg，03 August 2016. /https：//www.volkswagenag.com/en/media/volkswagen-group-media-services/2016/08/volkswagen-group-introduces-particulate-filter-for-petrol-e ngines. html

[113] Corning Incorporated. Corning Celebrates its 1 Millionth Gasoline Particulate Filter，News Releases. June 25，2018. /https：//www.corning.com/worldwide/en/about-us/news-events/news-releases/2018/06/corning-celebrates-its-1-millionth-gasoline-particulate-filter.html

[114] Corning Incorporated. Corning® DuraTrap® GC Filters Selected by Groupe PSA for Exclusive Supply to Award-Winning PureTech Engine Platform. August 31，2017. /https：//www.corning.com/worldwide/en/about-us/news-events/news-releases/2017/08/corning-duratrap-gc-filters-selected-by-groupe-psa-for-exclusive-supply-to-award-winning-puretech-engine-platform.html

[115] Lambert C，Chanko T，Jagner M，Hangas J，et al. "Analysis of Ash in Low Mileage，Rapid Aged，and High Mileage Gasoline Exhaust Particle Filters," SAE Int. J. Engines，2017，10（4）：2017-01-0930.

[116] Lambert C，Bumbaroska M，Dobson D，Hangas J，et al. Analysis of High Mileage Gasoline Exhaust Particle Filters. SAE Int. J. Engines，2016，9（2）：1296-1304.

[117] Van Nieuwstadt M，Ulrey J. Control Strategies for Gasoline Particulate Filters. SAE Technical Paper，2017，2017-01-0931.

[118] United States Environmental Protection Agency. Regulations for Emissions from Vehicles and Engines. /https：//www.epa.gov/regulations-emissions-vehicles-and-engines/final-rule-control-air-pollution-motor-vehicles-tier-3

[119] European Federation for Transport and Environment. Gasoline particulate emissions：The next auto scandal? October 2016. /https：//www.transportenvironment.org/sites/te/files/publications/2016 _ 10 _ Gasoline _ particulate _ emissions _ briefing _ 0. pdf

[120] 马标，闫广义，武煌，钱多德. 直喷汽油机颗粒捕集器特性测试评价. 2018年世界内燃机大会学术交流论文集（上册）. 上海：上海大学出版社，2018：273-276.

[121] Andrew York P E，Paul Millington J. Influence of Three-Way Catalyst on Gaseous and Particulate Matter Emissions During Gasoline Direct Injection Engine Cold-start. Johnson Matthey Technology Review、2017，61（4）：329-341.

第六章　柴油车的排气污染与防治对策

第一节　柴油机排放的特点与主要防治对策

一、柴油机排气污染物的种类及特点

根据 GB 18352.6—2016《轻型汽车污染物排放限值及测量方法（中国第六阶段）》的有关规定[1]，柴油车排气污染物指排气管排放的气体污染物和颗粒污染物。GB 18352.6—2016 中规定的轻型柴油车限值的排气污染物有一氧化碳（CO）、氮氧化物（NO_x 和 N_2O）、碳氢化合物（THC 和 NMHC）五个（类）。GB 17691—2018 中规定的重型柴油车限值的气体污染物有 CO、THC、NO_x 和 NH_3 四个（类）[2]，与轻型柴油车相比，重型柴油车少了 N_2O 和 NMHC，但多了 NH_3。轻型柴油车和重型柴油车的颗粒污染物限值参数均为颗粒物质量（PM）和颗粒粒子数量（PN）排放量。柴油车的排气污染物除了国标限值的 6 个（类）气体污染物外，柴油车排气的有害成分还有微量的硫化物和醛类等。

与汽油车相比，柴油车排气污染物的主要特点是 NO_x 和颗粒物排放因子高，HC 成分复杂和毒性大，NO_x 和颗粒物的控制技术难度大、成本高、对燃油和使用条件要求高[3]。

二、柴油机 PM 和 NO_x 的排放特点

生态环境部发布的《中国机动车环境管理年报（2018）》显示，2017 年全国汽车保有量达到 2.17 亿辆，其中汽油车占 89.0%，柴油车占 9.4%，燃气车占 1.6%。但柴油车排放的 NO_x 接近汽车排放总量的 70%，PM 超过 90%；占汽车保有量 7.8% 的柴油货车，NO_x 和 PM 排放量分别占汽车排放总量的 57.3% 和 77.8%[4]。可见，柴油车颗粒物 PM 和 NO_x 排放量远高于汽油车，特别是 PM 的质量排放量，因此，柴油车被认为是机动车污染防治的重中之重。另外，北京市机动车 2016 年保有量达 561 万辆。其中，重型柴油车（总质量大于 3.5t 的公交车、物流等大中型客车和中重型货车）约 23 万辆，只占机动车保有量的 4% 左右，但排放的 NO_x 和 PM 分别占机动车排放总量的 50% 以上和 90% 以上[5]。北京市 2017 年全年 $PM_{2.5}$ 来源解析结果表明：在北京市 2017 年全年的 $PM_{2.5}$ 来源的移动源中，柴油车占 32%、汽油车占 29%、进京及过境柴油车占 18%、非道路机械等占 14%、航空和火车占 7%。根据柴油车保有量约为 4% 的占比，可推算出柴油车的车均排放量为汽油车的上百倍[6]。

上述宏观统计结果表明柴油车的 PM 和 NO_x 排放量远高于汽油车，其主要原因之一是我国在用柴油车污染物控制技术落后。大量研究表明：采用现代排放控制技术的柴油车可以满足更严格的空气质量标准，并且油耗低、碳排放少。因此，现代柴油车也被认为是清洁车

辆，可以作为向零排放过渡的车辆使用，并能在减少公路运输的二氧化碳排放方面发挥重要作用[3,7]。

除了上述柴油车的 PM 和 NO_x 排放量远高于汽油车这一特点外，柴油车的 PM 及 PN 排放多也是其排放的重要特征之一。如图 6-1 所示为柴油车每千克燃料消耗量的元素碳（EC）、一次有机气溶胶（Primary Organic Aerosol，POA）和二次有机气溶胶（Secondary Organic Aerosol，SOA）排放量的测量结果及其与汽油车的比较。

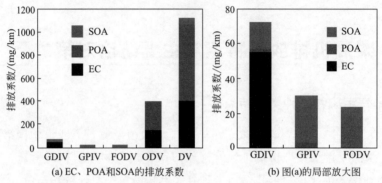

图 6-1 汽油车和柴油车 EC、POA 和 SOA 的排放系数[8]（彩图）

试验采用汽车向大气中排放污染物的模拟装置（烟雾箱）进行，汽车按照 JC08 冷启动工况行驶。DV、ODV、FODV、GDIV 和 GPIV 依次表示无后处理装置的重型柴油货车、装备氧化催化器的柴油货车、装备 DOC 和 DPF 的柴油乘用车、缸内直接喷射汽油车及进气道喷射汽油车[8]。结果表明：DV 的 EC、POA 和 SOA 排放率远高于其他汽车，其 EC、POA、SOA 的排放率分别为 GDIV 和 ODV 的约 15 倍和 2.5 倍以上，而 FODV 的 EC、POA、SOA 的排放系数低于 GDIV 和 GPIV。这说明柴油车装备后处理系统后其颗粒物排放低于汽油车。

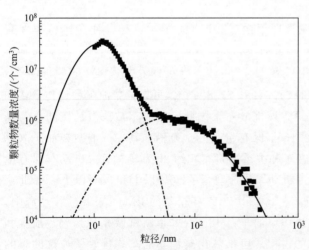

图 6-2 柴油车颗粒物数量浓度随粒径的分布

柴油车排气颗粒物的一个重要特点是，粒径分布范围宽，小粒径的颗粒物多，大粒径的颗粒物少。柴油车颗粒数量排放平均浓度远高于大气环境中的颗粒物数量浓度。柴油车颗粒物数量浓度随粒径的分布如图 6-2 所示[9]，呈现为双峰分布，两个峰值颗粒物数量浓度对应的粒径分别为 10nm 和 80nm；其颗粒物数量浓度分别约为 10^6 个/cm^3 和 10^7 个/cm^3。

为了了解柴油车排气颗粒物排放浓度与环境空气颗粒物数量浓度的差别。下面对大气中颗粒物特性也做一简要介绍。如图 6-3 所示为 2001 年 11 月 6 日苏黎世市中心和苏黎世农村地区（奥伯兰）白天和夜晚大气中颗粒物数量浓度随粒径的分布。市中心白天的颗粒物峰值浓度粒径约为 10nm，其数量约在 10^5 个/cm^3；夜晚

颗粒物数量浓度在 10^4 个/cm^3 以下，峰值浓度粒径约为 100nm。农村地区白天的颗粒物数量峰值浓度粒径与市中心相近，但低了一个数量级，约为 10^4 个/cm^3；夜晚颗粒物数量浓度也在 10^4 个/cm^3 以下，但峰值粒径较大。

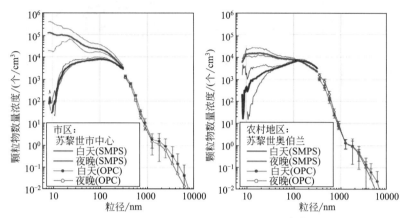

图 6-3 大气中颗粒物数量浓度随粒径的分布[11]（彩图）

东京都环境科学研究所的研究表明[10]：柴油车和汽油车的颗粒排放平均浓度分别为 $2.13×10^8$ 个/cm^3 和 $5.48×10^5$ 个/cm^3。大气中的微粒物平均浓度仅为 $2.92×10^{10}$ 个/cm^3，柴油车和汽油车单位体积排气中的颗粒排放浓度分别为大气中微粒物平均浓度的 7294.52 倍和 18.8 倍，柴油车单位体积排气中的颗粒数量为汽油车的 388.7 倍。

北京地区 2011 年 11 月～2012 年 8 月间，粒径 10nm～10μm 范围内大气颗粒物数量浓度的连续监测测试结果表明[12]：颗粒物数量浓度均值约为 $2.5×10^4$ 个/cm^3，多呈单峰或双峰模式分布，其中冬季均值为 $3.1×10^4$ 个/cm^3，春季均值为 $2.3×10^4$ 个/cm^3，夏季均值为 $2.1×10^4$ 个/cm^3。各气象因素中，风速对颗粒物数量浓度的影响最为显著，粒径大于 20nm 的颗粒物数量浓度与风速呈反比。

与汽油机的 NO_x 排放相比，柴油车除单车排放的 NO_x 质量大外，柴油机还具有排气中 NO_2/NO_x 的值远大于汽油机这一特点。采用全气缸抽样方法和简单动力学模型对柴油机气缸中 NO_2 形成的研究表明[13]：柴油机燃烧室内 NO_2/NO_x 的值为 25%～50%，远高于排气中测定的 1%～3%；NO_2 的排放量随着混合气空燃比和启动后的时间变化，在柴油机启动 45～60min 后，排气中 NO_2/NO_x 的值才可达到稳定。柴油机在低负荷及低转速工况下，燃烧过程生成的 NO_2 被大量的冷流体淬冷，加上现代低排放轿车安装了具有将柴油车排气中的 NO 转换为 NO_2 功能的 DOC 后处理系统，故柴油机排放中的 NO_2 与 NO_x 之比远大于汽油车。国 4 柴油车按照 ECE-15 冷热启动市区和 EUDC 冷热启动市郊试驾驶循环运行时，其 DOC 之前排气中 N_2O、NO 和 NO_2 体积分数的测试结果表明：排气中 N_2O 排放量非常少，冷启动 ECE-15 工况时排气中 NO_2/NO_x 的平均值为 46%，冷启动 EUDC 工况时排气中 NO_2/NO_x 的平均值为 26%，热启动 ECE-15 工况时排气中 NO_2/NO_x 的平均值为 45%，热启动 EUDC 工况时排气中 NO_2/NO_x 的平均值为 24%[14]。这个结果表明：国 4 柴油车的排气中 NO_2/NO_x 的值非常高。

如图 6-4 所示为 CADC 循环工况下汽车排气中 NO_2/NO_x 平均值[15]，测试时汽车按照 CADC（Common Artemis Driving Cycle）驾驶循环运行。该结果表明：与汽油车相比，柴

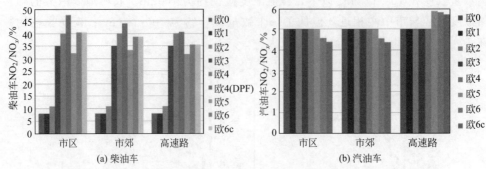

图 6-4　CADC 循环工况下汽车排气中 NO_2/NO_x 的平均值（彩图）

油车排气中 NO_2/NO_x 的值远大于汽油车，特别是欧 3 排放标准以上的柴油车，其排气中 NO_2/NO_x 的值均在汽油车 NO_2/NO_x 的 5 倍以上，由于 NO_2 的毒性大于 NO，因此可以说柴油车排气的 NO_x 排放量和毒性均远大于汽油车。

从上述大量的宏观统计和研究结果可以看出，未采取现代排气后处理技术柴油车排气中，颗粒数量、质量排放率和 NO_x 排放量均远高于汽油车，且排气中 NO_2/NO_x 的值远高于汽油车。因此，柴油车的排气污染物的防治更为迫切。

三、柴油机 HC 的排放特点

与汽油车相比，柴油车使用的混合气稀，故其总碳氢（Total Hydro Carbon，THC）一般低于汽油车。但 HC 的组分远比汽油车复杂，其主要原因有两个：一是柴油机采用扩散燃烧，汽油机采用预混燃烧，柴油机燃烧过程中存在局部缺氧现象严重；二是柴油的组分和汽油不同。柴油车产生的 HC 中参与光化学反应和易于形成二次气溶胶的组分多，柴油车排气中非甲烷挥发性有机气体（NMVOC）等的分析结果已经表明了这一点。

日本国立环境研究所采用汽车向大气中排放污染物的模拟装置（烟雾箱）和质子转移反应质谱法（Proton-transfer-reaction Mass Spectrometry，PTR-MS）测量了汽车排气中的芳烃类（Aromatics）、苯乙烯类（Styrenes）、烯烃类（Alkenes）、二烯烃类（Dienes）、烷烃类（Alkanes）、酮类（Ketones）、醛类（Aldehydes）、酸类（Acids）和硝基/硝酸盐（Nitro/Nitrates）类物质的体积含量。测试时汽车按照 JC08 冷启动工况运行，试验车辆共 5 辆，分别为无后处理装置的重型柴油货车、装备氧化催化器的柴油货车、装备 DOC 和 DPF 的柴油乘用车、缸内直接喷射汽油车、进气道喷射汽油车[8]。结果表明：柴油车排气中含有多种汽油车排气中没有检测出的苯乙烯（Styrenes）类；柴油车排气中酮类（Ketones）、醛类（Aldehydes）、酸类（Acids）和硝基/硝酸盐（Nitro/Nitrates）类的种类及含量明显高于汽油车；柴油车排气中 VOC 种类多于汽油车；柴油车排气中芳烃类（Aromatics）、烯烃类（Alkenes）和烷烃类（Alkanes）的种类多于汽油车。

四、现代柴油车排污染物的主要防治对策

从 20 世纪 60 年代对汽车排放控制以来，围绕着降低柴油车排气中的气体和颗粒两类污染物，采取了各种各样的措施。这些措施可归纳为针对改善燃烧过程的机内净化技术和后处理技术两类[3,16]。机内净化技术从污染物的产生源头进行控制，常见的有排气再循环技术（如内部 EGR、外部 EGR 和冷却的 EGR 技术）、发动机燃油系统（如喷油时刻优化、高压

喷射、多次喷射、喷油器改进等）改进和进气系统（如涡轮增压中冷、可变涡流和可变几何截面涡轮增压技术等）改进等措施。由于源头控制技术的净化效果无法满足更为严格的排放标准，因此后处理（After Treatment）技术也就成了控制柴油车污染物排放的另外一条重要途径，氧化催化器、NO_x 选择催化还原净化器、NO_x 吸附催化还原净化器、DPF 和曲轴箱排放控制系统等后处理装置相继出现。由于燃料中的硫等微量元素和芳烃、烯烃等的含量既影响燃烧过程的污染物生成，又影响或损坏后处理系统，因此改善燃油组分也成了防治汽车污染的重要途径。表 6-1 列出了现代柴油车污染物排放的主要防治措施，包括燃料组分优化、燃烧改进和后处理三个方面。这三个方面的防治措施也可以归纳为源头和后处理两类。源头防治方法包括燃料组分优化和燃烧改进，后处理防治方法包括安装在排气系统和曲轴箱排气出口的各种降低污染物的装置。

表 6-1 现代柴油车污染物排放的主要防治措施[3]

项目	主要措施	作用
燃料组分优化	减少硫含量	降低排气中 SO_x 含量，提高 NO_x 净化器的转换效率，减少零件腐蚀
	提高十六烷值	减少 NO 排放量和噪声
	减少多环芳烃	减少颗粒物和多环芳烃排放量
燃烧改进	高精度的空气/燃料管理系统	精确测量进入发动机的空气量，确定每个气缸的燃料喷射量，从而实现良好的性能，提高燃烧效率和减少燃烧污染物生成
	电子控制、中间冷却 EGR 系统	降低燃烧温度，减少燃烧过程中 NO_x 生成
	高压共轨燃油喷射系统	灵活控制燃油喷射时间/速率（多次喷射），提高燃油雾化质量，优化燃油分布，改善燃烧放热特性，提高燃烧效率，减少污染物生成
	滚流和涡流控制	加速油气混合，提高燃烧速率，提高燃烧效率，减少燃烧污染物生成
	可变几何涡轮增压（VGT）	调节进气量，优化燃烧放热特性，减少燃烧污染物生成
	可变气门正时	减少泵气损失、燃烧污染物生成，提高燃油经济性
	后期（后补）喷射	降低 NO_x 生成，提高排气温度，实现 DPF 主动再生
后处理	柴油车氧化催化器（DOC）	减少 CO、HC 和 PM 的可溶性组分；降低 SCR 的 NH_3 泄漏；通过提高排气中 NO_2 的比例，进而提高 PM 的净化率
	柴油颗粒过滤器（DPF）	降低 PN 和 PM 排放量
	选择性催化还原（SCR）	降低 NO_x 排放量
	吸附型 NO_x 净化器（NSC）	降低 NO_x 排放量
	曲轴箱排放控制系统	减少或消除曲轴箱污染物排放

DOC（Diesel Oxidation Catalyst）的原理是使污染物氧化为 H_2O 和 CO_2，故其对 PM 中的 SOF 成分和 HC、CO 有减少作用。DPF 是采用多孔壁面或金属网状的过滤装置，主要用于过滤排气中的颗粒物，一般来说对 PM 最为有效，但当过滤表面涂覆氧化催化剂时，对 HC、CO 和 PM 中的 SOF 也会有效。选择催化还原技术 SCR（Selective Catalyst Reduction）通常是把尿素水溶液喷入排气中，在催化剂的作用下使来自尿素水溶液的氨与 NO_x 反应，可以有效减少 NO_x 排放。由于采用 SCR 后，NO_x 排放大幅度降低，故可以通过改善缸内燃烧的方式有效降低 PM、HC 和 CO 生成量，因而，采用 SCR 技术的柴油机，其 PM、NO_x、HC 和 CO 排放的降低效果较为理想。由于 NSC 净化解吸 NO_x 时需要还原气体氛围，即需要发动机在短暂的浓混合气工况下运行，故对发动机的经济性不利。闭式曲轴

箱通风系统的功用是把曲轴箱中的窜气引入气缸中烧掉,防止曲轴箱气体污染环境空气。

柴油机排气后处理技术的发展历程是随着柴油车排放标准的加严而逐步由简单到复杂的发展过程。柴油机排气后处理技术的研究及开发历史可追溯到 20 世纪 70 年代,后处理产品用于柴油车的历史可追溯到 20 世纪 80 年代。1984 年,梅赛德斯-奔驰公司就在涡轮增压柴油汽车 300D、300TD、300CD 和 300SD 等上安装了颗粒过滤器,并在美国加利福尼亚州和其他十个西部城市进行了销售。但由于当时没有现在这样严格的排放法规,并且安装颗粒过滤器还增加了车辆制造成本,以及使用和维护费用,因而致使颗粒过滤器未能大规模推广和持续应用。2000 年 DPF 开始商业化应用于欧洲的轻型柴油车,2006 年开始应用于美国轻型柴油车,2007 年开始应用于美国的卡车/公交车,目前已广泛应用于发达国家及地区的柴油车上[3]。

20 世纪 90 年代前后,各国柴油机排放法规不断加严,排放后处理技术的应用逐步扩大。DOC 的大范围应用大约始于 20 世纪 90 年代中期,DPF 和 SCR 的大范围应用大约始于 2000 年之后[3]。我国关于柴油车排气后处理装置的第一个标准是环境保护部 2008 年 12 月 10 日发布、2009 年 3 月 1 日实施的中华人民共和国国家环境保护标准 HJ 451—2008《环境保护产品技术要求 柴油车排气后处理装置》,也就是说柴油车排气后处理装置在我国市场上销售的柴油车产品上的规范化应用是在 2009 年 3 月 1 日之后[17]。

在排放标准较为宽松(如低于欧 4 的排放标准等)的时候,柴油机排气后处理装置一般仅针对 NO_x 或 PM 中的一个污染物即可,而最新的柴油机排气后处理装置则须具备同时减少 NO_x 和 PM 的功能,致使现代柴油车的后处理装置必须采用 DOC、SCR 或 NSC、DPF 的组合系统,否则难以满足国 6、欧 6 和美国 Tier 3 等排放法规[3]。

第二节 柴油及润滑油特性对柴油车排气污染物的影响

一、柴油特性参数的影响

柴油组成对柴油车排放有重要影响,因此各国对燃油的品质都做出明确规定。下面以表 6-2 所列的 GB 18352.6—2016《轻型汽车污染物排放限值及测量方法(中国第六阶段)》中规定的试验用燃油技术指标为例给予说明。

表 6-2 基准柴油的技术要求[1]

项目	技术指标	试验方法
十六烷值	52~54	GB/T 386
密度①(20℃)/(kg/m³)	824~834	GB/T 1884,GB/T 1885
50%馏出温度/℃	245~300	GB/T 6536
90%馏出温度/℃	315~335	GB/T 6536
95%馏出温度/℃	325~350	GB/T 6536
氧化安定性(总不溶物)/(mg/100mL)	≤2.5	SH/T 0175
硫含量/(mg/kg)	≤10	SH/T 0689
酸度/(mg KOH/100mL)	≤7	GB/T 258
10%蒸余物残炭②(质量分数)/%	≤0.3	GB/T 258

续表

项目	技术指标	试验方法
灰分(质量分数)/%	≤0.01	GB/T 508
铜片腐蚀(50℃,3h)/级	≤1	GB/T 5096
水分③(质量分数)/%	≤0.02	SH/T 0246
机械杂质④	无	GB/T 511
20℃时的黏度/(mm²/s)	2.0～7.5	GB/T 265
冷滤点/℃	≤-10	GB/T 0248
闪点(闭口)/℃	≥55	GB/T 511
多环芳烃(质量分数)/%	≤4	SH/T 0606
润滑性(60℃校正磨斑直径)/μm	≤420	SH/T 0765
脂肪酸甲酯⑤(体积分数)/%	≤0.5	GB/T 23801
总污染物含量/(mg/kg)	≤24	GB/T 33400

① 允许采用 SH/T 0604，在有异议时，以 GB/T 1884 和 GB/T 1885 的测定结果为准。
② 若柴油中含有硝酸酯型十六烷值改进剂，10%蒸余物残炭的测定，应用不加硝酸酯的基础燃料进行。柴油中是否加有硝酸酯型十六烷值改进剂的检验方法见 GB 19147 附录 B。
③ 可用目测法，即将试样注入 100mL 玻璃量筒中，在室温 [(20±5)℃] 下观察，应透明，没有悬浮和沉降的水分。在有异议时，以 SH/T 0246 测定结果为准。
④ 可用目测法，即将试样注入 100mL 玻璃量筒中，在室温 [(20±5)℃] 下观察，应透明，没有悬浮和沉降的机械杂质。在有异议时，以 GB/T 511 测定结果为准。
⑤ 不得人为加入。同时不得人为加入生物柴油，酸性和金属润滑性改进剂，以及任何可导致车辆无法正常运行的添加剂和污染物。

1. 十六烷值的影响

十六烷值对滞燃期有较大的影响。十六烷值越低，则滞燃期越长，这使缸内在燃烧初期积聚的可燃混合气增多，致使初期放热率峰值及燃烧温度增高，NO_x 生成多，压力升高率大，因而 NO_x 排放和噪声增大。增加十六烷值可以改善冷启动性能、降低油耗并减少排放。EPEFE（European Programme on Emissions, Fuels and Engine Technology）在重型车用柴油车上的试验表明，十六烷值对 NO_x 排放影响明显，如图 6-5 所示为十六烷值对 NO 排放的影响。试验时，发动机为中等转速，负荷在小负荷和满负荷范围变化。以十六烷值 50 时的排放为基准，纵坐标用十六烷值为 58 时的 NO 排放的变化率表示，可见，当十六烷值从

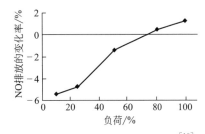

图 6-5 十六烷值对 NO 排放的影响[18]

50 增至 58，在小负荷时，NO 排放可降低 6%，但在满负荷附近，NO 排放略微增加。轻型车的研究表明，十六烷值从 52 增至 58，可使 HC 和 CO 排放降低 26%。柴油的十六烷值增大，噪声降低的效果也非常明显。试验表明（图 6-6），当十六烷值从 52 增至 57 时，在转速 1000～4500r/min 的范围内，噪声都有明显降低。

此外，由于低十六烷值的柴油难以压燃，因此使用低十六烷值柴油低温启动时易出现白烟污染。虽然十六烷值的高低对颗粒物质排放量影响不大，但会增加颗粒物的 SOF 排放量，因此，柴油的十六烷值不宜过低[19]。

2. 密度的影响

柴油密度变化会影响喷油量和喷油正时，导致功率、油耗和排放的变化，还会影响

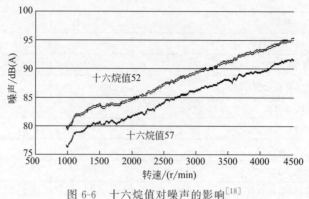

图 6-6　十六烷值对噪声的影响[18]

EGR 的控制效果。试验表明，降低柴油密度意味着柴油中低分子烃的比例增大，柴油易于蒸发形成可燃混合气，燃烧得到改善，故密度降低的结果是柴油车的 PM、HC、CO 和 CO_2 排放量降低，但使油耗增加，功率减少。

如图 6-7 所示为柴油密度对 NO 和 PM 的排放影响。当柴油密度由 $855 kg/m^3$ 降低到 $828 kg/m^3$ 时，轻型车的 NO 排放略微增加，但 PM 明显降低，重型车的 NO 和 PM 均有降低，但幅度不大。

3. 硫含量的影响

硫可使 SCR 和 NSR 催化剂中毒，降低 NO_x 净化器的转换效率。如图 6-8 所示为燃料中硫含量对吸附型 NO_x 净化器转化效率的影响[18]。与含硫 3mg/kg 燃料相比，16mg/kg 和 30mg/kg 含硫燃料的 NO_x 相对转化效率显著下降。

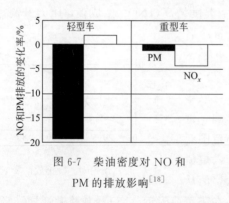

图 6-7　柴油密度对 NO 和 PM 的排放影响[18]

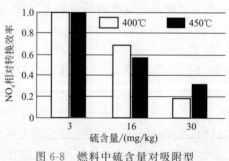

图 6-8　燃料中硫含量对吸附型 NO_x 净化器转化效率的影响

硫能明显地增加颗粒物（PM）排放，如图 6-9 所示为燃料中硫含量对 PM 的影响。试验采用的是 OICA（国际汽车制造商协会）的试验循环。可见，无后处理系统的车辆、安装了连续再生式颗粒过滤装置（Continuously Regenerating DPF，CR-DPF）的车辆和安装涂覆催化剂颗粒过滤器（Catalyzed DPF，CDPF）的车辆的 PM 排放受燃料中硫含量的影响不同。安装 CR-DPF 和 CDPF 车辆 PM 排放随着硫含量增加的原因是 PM 中的硫酸盐增加。当燃料中硫质量分数降到大约 $30×10^{-6}$ 以下时，车辆运行 400h 后，其 PM 排放与新车无明显差别，故可以认为采用低硫柴油时，氧化催化剂对车辆的 PM 排放无明显影响。因此，各国的燃油标准对柴油硫含量的要求越来越严格。如美国从 2006 年起，开始实行的标准的硫含量为 15mg/kg 的限值；欧盟 2005 年开始执行 50mg/kg 的限值；日本从 2004 年起要求小于 50mg/kg；我国国 6 采用的硫含量限值仅为 10mg/kg。

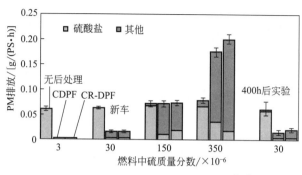

图 6-9　燃料中硫含量对 PM 的影响[19]
1PS=0.735kW

4. 多环芳烃含量的影响

芳烃能提高火焰温度，因而增加 NO_x 排放。多环芳烃含量增加，则颗粒物和多环芳烃排放增加。可见，芳烃含量的增加对 NO_x 和 PM 的排放都不利。研究表明，燃料中总芳烃含量与颗粒物质排放量具有相关性，三个或更多个环的 PAHs 含量对颗粒物排放量的影响更大。如图 6-10 所示为芳烃含量对 NO_x 和 PM 排放的影响。当芳烃的体积比由 30% 降低为 10% 后，则可使重、轻型车的 NO_x 排放量分别降低 3.5% 和 5% 以上。当柴油中芳烃（聚乙烯）的体积比由 9% 降低为 1% 后，重、轻型车的 PM 排放量分别降低 4% 和 6% 以上。

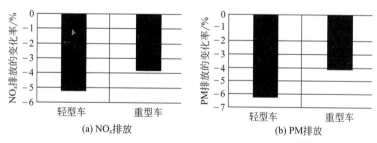

图 6-10　芳烃含量对 NO_x 和 PM 排放的影响[18]

5. 馏程的影响

终馏点温度高低影响终馏点附近馏出组分多少。终馏点温度低，混合气形成容易，发动机运转稳定，碳烟和颗粒排放量降低。试验表明，当 95% 馏出温度由 375℃ 降低到 320℃ 后，轻型车 PM 排放量可降低 7%，但 NO_x 量却升高 4.6%；重型车的 NO_x 排放量降低，但 HC 增大。

二、润滑油特性的影响

润滑油由基础油和添加剂组成。基础油在润滑油配方中一般超过总质量的 95%，但不同润滑油配方中添加剂的质量分数不同。润滑油添加剂主要为有机化合物，化学组成非常复杂，常含有羟基、烃基和苯环等，还含有微量的 S、Ca、N、Zn、P、B、Mo、Mg、Ba、Mn 和 Na 等元素[20]。润滑油的添加剂和基础油对柴油机排放水平具有影响。添加剂的影响随着润滑油的基础油的不同而异。随着润滑油的不同，NO_x、CO、HC 和 PM 的排放量相差 10%～20%，而 SO_2 排放量则相差一个数量级。润滑剂的 S、Ca、Zn、P 和 Mg 含量与柴油机排气中这些元素的含量高度相关[21]。

7.3L OHV V-8 直喷涡轮增压柴油机上的试验表明，润滑油对 CO 和 NO_x 排放的影响为 ±10%，对 HC 的影响为 ±20%，对 PM 的影响为 ±30%[22]。这是因为润滑油黏度大，挥发性低，难以雾化，故进入燃烧室的润滑油难以充分燃烧，很容易直接形成 PM，增加 PM 排放量。进入燃烧室的润滑油数量主要受发动机缸套变形程度、活塞环厚度、活塞环开口大小及位置、活塞和活塞环运动情况、运行工况以及机油压力和机油品质等参数的影响。因此，通过材料、工艺和结构改进可减少润滑油消耗，进而减少污染物排放。金属元素钙、镁、锌等和磷、硫等化合物会在 DPF 上发生积聚形成堵塞，导致其效率大幅度降低。试验表明，覆盖在 DPF 上灰分的 60% 是硫酸钙（$CaSO_4$），20% 是焦磷酸锌（$Zn_2P_2O_7$），其余 20% 的灰分是来自发动机的磨损金属材料，硫、磷、锌和钙主要来自二硫代磷酸盐（ZnDTP）添加剂等[23]。

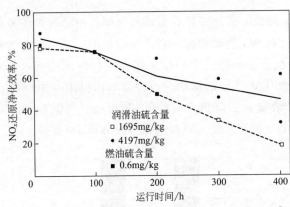

图 6-11　润滑油中硫含量对 NO_x 还原净化效率的影响[24]

如图 6-11 所示为润滑油中硫含量对 NO_x 还原净化效率的影响。试验时使用了低硫（1695mg/kg）和高硫（4197mg/kg）两种润滑油，发动机燃料为硫含量 0.6mg/kg 的低硫燃油。图 6-11 中高硫润滑油的测试结果为两次测量结果，低硫润滑油的测试结果为两次测量结果的平均值。该结果表明，随着润滑油中硫含量增加，NO_x 还原净化效率降低，特别是长时间运行后，NO_x 还原净化效率明显降低。

如图 6-12 所示为美国 1988～2010 年间推荐使用的柴油机润滑油的种类和硫含量。从 2007 年开始，美国等环境保护局执行新的柴油车排放标准，开始使用硫含量为 15mg/kg 的低硫润滑油。为了提高发动机排放控制系统

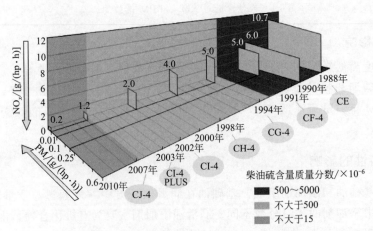

图 6-12　美国 1988～2010 年间推荐使用的柴油机润滑油的种类和硫含量[25]（彩图）

1hp=745.700W

耐久性等，美国开始使用限制润滑油硫酸盐灰分（≤1.0%）、硫（≤0.4%）、磷（≤0.12%）和挥发性组分（≤13%）含量的 API CJ-4 润滑油[25]。可见，应给予润滑油品质对柴油机排放影响的足够重视。

第三节 柴油机的排气再循环及闭式曲轴箱通风系统

一、EGR 的 NO_x 降低效果及其对柴油机其他性能的影响

排气再循环（EGR）是控制柴油机 NO_x 排放的有效方法。EGR 系统已经用于大规模生产的柴油机。如图 6-13 所示为 EGR 率对柴油机 NO 和碳烟排放率的影响。试验用发动机缸径为 81mm，冲程为 93.15mm，压缩比为 16.5；喷油器的喷孔数为 7，喷射夹角为 145°；发动机试验工况为转速 2000r/min，平均有效压力 0.6MPa。该结果分别测试发动机碳烟和 NO 排放率随 EGR 率的变化。其中，NO 排放率采用相对排放率表示，计算相对排放率时，采用的基准工况是 EGR 率为 0。该结果表明，随着 EGR 率的增加，NO 生成量减少，但 PM 增加。EGR 率对 NO 的降低效果明显，但当 EGR 率大于 33% 后，碳烟排放率增加非常显著。

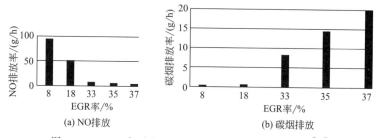

图 6-13 EGR 率对柴油机 NO 和碳烟排放率的影响[26]

EGR 的主要缺点是会增加 PM 排放和燃料消耗量。EGR 率过大时会导致燃烧恶化，HC、颗粒物和 CO 的排放量增加，以及气缸磨损增加。气缸磨损增加的主要原因是低温条件下，缸套表面冷凝水与燃烧产物中的 SO_x 反应生成硫酸或亚硫酸，产生腐蚀磨损；另外 EGR 气体中的微粒也会增加缸套表面等处的磨损。解决此问题的措施是采用高质量滑润油和低硫柴油。使用低硫柴油，可以减少 SO_x 生成，使 EGR 造成磨损减轻，特别是在发动机冷态运行工况。增加润滑油中金属清洁剂量和清洁剂的硫酸中和速率，可以减少腐蚀磨损。

二、柴油机 EGR 的种类及工作原理

柴油机 EGR 的种类有外部 EGR 和内部 EGR 之分，一般不加说明的 EGR 均指外部 EGR。EGR 技术成熟，是用于降低 NO_x 排放最为有效的技术措施。

1. 外部 EGR 系统

如图 6-14 所示为增压柴油机外部 EGR 系统示意图。为了兼顾 NO_x 排放和发动机性能，外部 EGR 采用了涡轮增压器前后两处引出排气的低压和高压 EGR 系统。图 6-14 所示为 2.0L 大众 TDI 发动机针对 2009 年美国 EPA Tier 2 Bin 5 排放标准开发的 EGR 系统。高压 EGR 系统主要用于较低发动机转速和负荷工况；低压 EGR 系统主要用于较高的发动机负荷和速度工况。车用柴油机的 EGR 装置有机械阀式和电控阀式等，现代柴油机常用带有电控

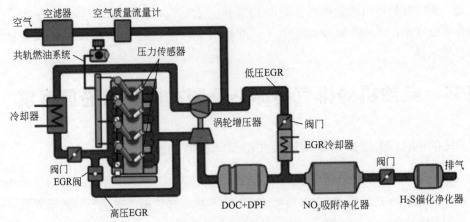

图 6-14 增压柴油机外部 EGR 系统示意图[27]

EGR 阀的先进 EGR 系统。这种系统一般用于电控发动机，可以实现任意的阀门开度，而且精度高，响应快。为了使再循环的气体温度降低，增加进气量或密度，使燃烧更为完全，降低最高燃烧温度和 NO_x 的生成，低压和高压 EGR 系统均采用冷却装置冷却再循环气体。控制单元根据输入的油门踏板和发动机转速等信号，EGR 控制器发出开、闭或开度指令，使冷却后的再循环气体进入气缸，达到降低 NO_x 排放的目的。

2. 内部（脉冲式）EGR 系统

在传统的外部 EGR 系统中，排气经排气管、EGR 阀、进气管进入发动机气缸，并且由设置在中间的 EGR 阀控制排气再循环量。但对于涡轮增压中冷发动机而言，在部分工况下进气压力高于排气压力，排气不能进行再循环。虽然可以通过在排气管设置节流阀提高排气压力，但会导致泵气损失增大，燃油经济性恶化。内部 EGR 可以弥补外部 EGR 系统的这个不足。内部 EGR 系统的原理与外部 EGR 系统不同，排气不需要经过进气总管或歧管进入气缸，即通过排气道内部直接进入气缸，如图 6-15 所示为这种系统的示意图。在某一气缸进气的同时，其排气门也打开一段时间，由于此时其他气缸正在排气，故排气道内存在压力波动（脉冲），排气会经过打开的排气门进入气缸，这就是这种

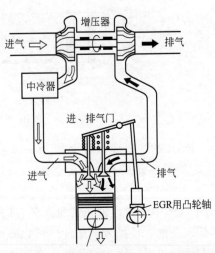

图 6-15 脉冲式 EGR 系统示意图[28]

EGR 系统称为内部式、脉冲式的原因。与传统的 EGR 系统相比，内部 EGR 系统结构简单，仅通过改变排气凸轮形状即可实现。内部 EGR 系统中的排气凸轮既有传统的凸轮形状，又有开启 EGR 的凸轮形状。如图 6-16 所示为气门及 EGR 凸轮升程随曲轴转角的变化曲线。可见排气门在进气和排气过程都打开，但在进气过程打开的幅度和时间均小于进气门。

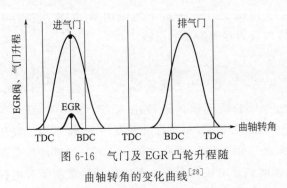

图 6-16 气门及 EGR 凸轮升程随曲轴转角的变化曲线[28]

3. 柴油机的内、外部组合式 EGR 系统

组合式 EGR 系统的应用实例为图 6-17 所示的 Hino 2003 年大型商用车用超低排放柴油机的 EGR 系统，包括 ECU、冷却 EGR、电磁阀、进气凸轮、排气凸轮、制动凸轮、EGR 阀、涡轮增压器、机油等[28]。

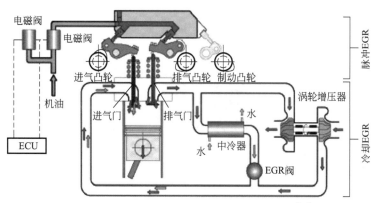

图 6-17　柴油机的内、外部组合式 EGR 系统[28]

图 6-17 所示的脉冲 EGR 可称为"电控脉冲 EGR"。排气再循环的操作机构不同于机械式操作机构，该机构通过联锁机构控制，实现"电控脉冲 EGR"的打开和关闭。EGR 排气门的开度利用电磁阀控制液压压力的高低来改变。外部 EGR 系统采用管状冷却器，EGR 气体管道布置在壳体中，EGR 气体在管内流动，冷却水在外部流动，通过管壁进行热交换。可以实现对高温排气的冷却，降低燃烧温度，减少 NO_x 生成。

在"组合 EGR 系统"中，外部 EGR 系统主要在图 6-18 所示的中、小负荷区域使用；脉冲 EGR 系统主要用于图 6-18 所示的高负荷区域。这样既满足了降低 NO_x 所需的排气再循环气体量，又抑制了由冷 EGR 系统冷却水热量增加导致的散热器体积及冷却水量增大。组合 EGR 系统已被用于六缸小排气量发动

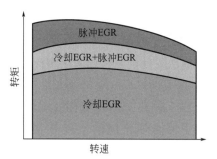

图 6-18　外部冷却 EGR 及脉冲（内部）EGR 随工况的变化

机上，由于可以不使用涡轮增压中冷器，车辆质量减轻约 200kg，燃料消耗降低约 10%[28]。

三、闭式曲轴箱通风系统

由于柴油和柴油机燃烧方式与汽油及汽油机差别巨大，因此，一般来说柴油车的曲轴箱气体污染问题不大。但随着排放标准的加严，特别是涡轮增压柴油发动机曲轴箱气体污染问题逐步突出。传统的仅在柴油机曲轴箱通风口上安装一个过滤器的方式已无法满足目前排放标准的要求。柴油机曲轴箱污染物主要是曲轴箱中快速移动的部件产生的液体气溶胶，如果不加以控制的话，大量的颗粒物质会通过发动机舱进入车辆乘客舱或释放到大气中。发动机怠速状况下的检测结果表明，通过曲轴箱通风口的 PM 排放可能超过 0.7g/(hp·h)，1hp=0.746kW。因此，从 2007 年美国市场的发动机开始安装曲轴箱

排放控制装置。我国在 GB 18352.6—2016 和 GB 17691—2018 中明确要求柴油车的型式认证需要进行曲轴箱污染物试验，但在此之前的标准中均无此要求。如图 6-19 所示为封闭式曲轴箱排放控制系统（Closed Crankcase Emission Control System），主要由曲轴箱气体引入管、压力调节器、润滑油返回管和清洁空气输出管等组成。由于曲轴箱气体的出口与涡轮增压器前的进气管连接，因此，可以保证曲轴箱压力低于环境大气压力，从而减少或消除曲轴箱的 PM 排放。

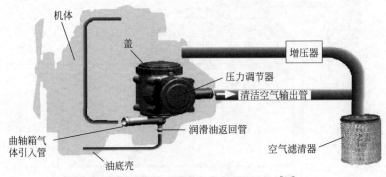

图 6-19　封闭式曲轴箱排放控制系统[29]

第四节　柴油车的氧化催化净化器

一、氧化催化净化器的种类及其应用情况

柴油车（机）氧化催化净化器常用英文 Diesel Oxidation Catalysts 的首字母 DOC 表示，DOC 是柴油车最早应用和最常见的后处理装置。DOC 的结构与汽油车的 TWC 基本相同，催化剂涂覆于 DOC 多孔陶瓷载体上，气体流过涂覆了催化剂的涂层的孔道。DOC 的涂层主要用于提高催化剂的活性和高温稳定性，常见的材料有 Al_2O_3、SiO_2、CeO_2、TiO_2、ZrO_2、V_2O_5、La_2O_3 和沸石类等[3]。粗糙多孔的涂层表面可大大增加载体壁面的实际催化反应表面积，一般要求催化剂的比表面积 $>100m^2/g$[30]。DOC 的贵金属或金属氧化物催化剂，以及作为助催化剂的金属材料被均匀地分散在涂层表面，涂层材料和涂层的制备工艺与催化器性能密切相关。

DOC 的贵金属催化剂主要有 Pt、Pd 等，氧化催化剂多为 Pt 和 Pd 按质量比 5∶2 配制的混合物，负载量为 $1.77 \sim 2.47g/L$（$50 \sim 70g/ft^3$）[31]。Pd 的催化活性虽然不如 Pt，但产生的硫酸盐要少得多，价格便宜，因此 Pd 作为 DOC 的催化剂得到广泛应用。当使用 Pt 系催化剂时，燃烧产物中的 SO_2 将被催化氧化为 SO_3 并产生大量的硫酸盐，附着在 PM 上或在排气过程形成新的 PM，使 PM 排放总量比未使用催化剂时增大，特别是使用高硫含量燃料时，PM 排放量明显增大。使用 Pd 系催化剂，SOF 排放明显降低，硫酸盐的生成量也不大，微粒排放总量相比 Pt 可降低约 1/3。

DOC 催化剂的涂覆量对其性能具有重要影响，如图 6-20 所示为 PGM（贵金属）的负载量对 NO_2/NO_x 和 THC 转化率的影响。试验用 DOC 直径为 266.7mm、长度为 76.2mm、孔密度为 62 个$/cm^2$、壁厚为 0.1mm。该结果表明：PGM 负载量由 0.53g/L

（15g/ft^3）增加到 1.41g/L（40g/ft^3），NO_2/NO_x 从 0.35 增加到 0.44，THC 的转化率从 71% 增加到 84%。

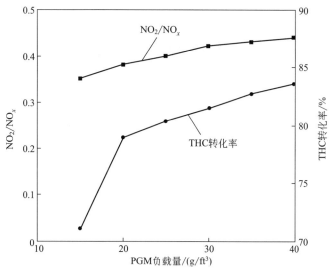

图 6-20　PGM 的负载量对 NO_2/NO_x 和 THC 转化率的影响[32]

1ft＝0.3m

早期应用的 DOC，一般单独安装于柴油机排气系统，促使排气中 PM、HC 和 CO 发生催化氧化反应，变成 H_2O 和 CO_2 等无害物质排出。由于柴油机排气温度低，DOC 仅能转化 PM 中可溶性有机组分（SOF），难以氧化 PM 中的碳烟组分。因而可以降低 PM 质量排放量，却难以减少 PN 排放。

DOC 作为 DPF 和 USCR 前置催化器在柴油车上广泛使用，其主要功用是将排气中的 NO 氧化为 NO_2，增加排气中 NO_2 的含量，促进 USCR 中 NO_x 还原反应的快速进行和降低颗粒物的着火温度、提高 PM 的氧化燃烧速率、降低 DPF 的再生能耗。当然也兼备单独安装于柴油车（机）时具备的减少 PM、HC 和 CO 三种污染物的基本功用。

DOC 在部分柴油车上也作为柴油机（车）后处理系统（USCR）的后置催化器使用，这种 DOC 的主要功用就是催化氧化 SCR 系统泄漏的氨气，故也称氨捕集器等，经常用英文缩写 ASC（Ammonia Slip Catalyst）表示[33]。

DOC 的历史可以追溯到 20 世纪 70 年代，最早应用于地下开采机械的柴油机上[34]。80 年代后期 DOC 被用于轻型汽车柴油机的 HC 和 CO 排放控制，大众公司最早把 DOC 用于轻型柴油车，在 1989 年大众的柴油动力高尔夫环境（Umwelt）轿车安装了 DOC，但仅作为选配装置推荐使用。DOC 更大范围内的应用始于 1996 年欧 2 标准的实施，成为标准配备则始于 2000 年欧 3 实施以后的车辆。随着 PM 和 NO_x 排放限值的加严，进入 21 世纪以后 DOC 作为 USCR 的前、后置催化器以及 DPF 前置催化器的应用越来越广泛。目前我国、欧洲、美国、日本等国家和地区市场新柴油乘用车，以及轻型和重型柴油车一般均装备了 DOC。

DOC 作为柴油车后处理装置单独使用时的主要不足是不能除去 PM 中的碳粒部分；燃用高硫柴油时，催化剂易中毒失效，并且会把含硫燃料燃烧产生的 SO_2 氧化为 SO_3，增加排气中硫酸或硫酸盐的含量，导致颗粒物排放总质量增加和排气毒性增大；不能净化排气中

的 NO_x，反而增加了 NO_x 中毒性更大的 NO_2 的比例。

二、DOC 的污染物净化机理

DOC 的净化机理是在催化剂的作用下利用柴油机排气中的 O_2 与排气中的有害成分 CO、HC 和 PM 中的 SOF 发生化学反应生成无害的 CO_2 及 H_2O，其净化机理可用式(6-1)~式(6-3)表示。

$$CO + O_2 \longrightarrow CO_2 \tag{6-1}$$

$$HC + O_2 \longrightarrow CO_2 + H_2O \tag{6-2}$$

$$SOF + O_2 \longrightarrow CO_2 + H_2O \tag{6-3}$$

柴油机排气中的氧体积分数随着发动机的负荷增大而减少，在 3%~17% 之间变化，故满足上述反应所需的 O_2。而 DOC 特别适合柴油机排气中的有害成分 CO、HC 和 PM 中的 SOF 的净化。

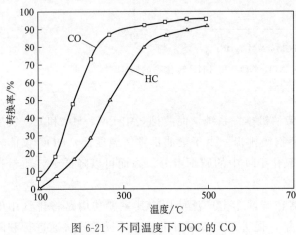

图 6-21 不同温度下 DOC 的 CO 和 HC 的转换率曲线[35]

DOC 对柴油机排气中的有害成分 CO、HC 和 PM 中的 SOF 的净化效果，通常用加装 DOC 后柴油机排气中的有害成分 CO、HC 和 PM 中 SOF 的排放量的减少百分率表示，即用转换率表示，转换率也称净化率、净化效率、转化效率等。如图 6-21 所示为不同温度下 DOC 的 CO 和 HC 的转换率曲线，温度越高，转换率越高。转换率主要受催化剂的粒径大小、分散均匀度、温度及载体尺寸和结构形式等的影响。对于给定的 DOC，其 CO 和 HC 转换效率的主要影响因素是排气温度，随着排气温度增加，催化剂的活性增大，CO 和 HC 转换效率增大，在高温下达到 90% 以上。通常转换效率为 50% 的气体温度称为活化开始温度（Light off Temperature）或熄灯温度、起燃温度和点燃温度等，显然，起燃温度越低越好。对于排气温度较高的汽油机而言，起燃温度在 250~300℃ 即可获得较为理想的净化效果。由于柴油机排气温度较低，故一般希望 DOC 的起燃温度不高于 200℃。

起燃温度的高低与催化剂的种类及气体组成有关，如图 6-22 所示为催化剂的种类及气体组成对 CO、HC 起燃温度的影响。图 6-22 中编号 A、B、C 代表涂覆了三种不同配方催化剂的 DOC。试验前，A、B 和 C 三个 DOC 均在氧气体积分数为 2%、温度为 700℃ 的气体中进行了 20h 老化试验。图 6-22(a) 和图 6-22(b) 分别为 CO 及 HC 的体积分数为 0.0005 与 0.005 时的 DOC 起燃温度测量结果。可见，随着进入 DOC 气体中 CO 和 HC 的体积分数的增加，CO 和 HC 的起燃温度升高，催化剂配方对 DOC 的 CO、HC 起燃温度的影响非常显著，其起燃温度相差可达 80℃ 以上。

DOC 对柴油机排气中 PM 排放量的净化效果与柴油的硫含量、排气温度和催化剂的活性等密切相关。图 6-23 表示排气温度对装备 DOC 柴油机排气中的 PM 净化效果。发动机排

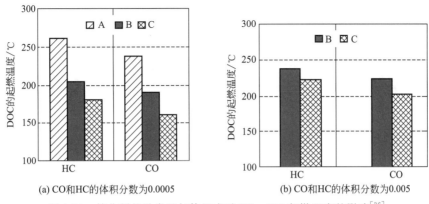

图 6-22 催化剂的种类及气体组成对 CO、HC 起燃温度的影响[36]

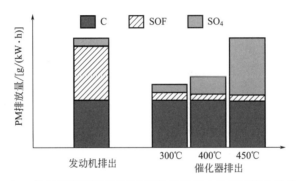

图 6-23 排气温度对装备 DOC 柴油机排气中的 PM 净化效果[37]

气 PM 中的碳烟颗粒（Soot）、吸附或黏附在碳烟颗粒表面的可溶性组分和硫酸盐分别用 C、SOF 和 SO_4 表示。可见，排气中的 PM 经过 DOC 后，其中 C 几乎没有变化，而 SOF 和 SO_4 排放量变化明显。随着温度降低，SO_4 的生成量减少。由于发动机排出气体的温度通常低于 200℃，故发动机排气中的 PM 经过 DOC 后，PM 和其中的 SOF 质量排放量显著减少。

这一结论也被颗粒物排放量测试结果所证实[38]。发动机安装 DOC 后，排气中核模态颗粒物的数量显著减少，其原因是部分仅由高挥发性的轻质碳氢化合物形成的核模态颗粒物进入 DOC 后被氧化而消失；与此相反，排气中积聚模颗粒物的数量几乎不变，其原因是积聚模颗粒物主要由固体碳、金属元素和灰分等组成，只有在高温下才可氧化燃烧。

图 6-24 表示 DOC 催化剂活性对柴油机排气污染物的影响。试验车辆安装了 DOC，按照 JE05 循环工况或 D13 工况运转。车辆 1、2、3 分别使用了硫含量为 4mg/kg、25mg/kg 和 30mg/kg 的燃料。试验结果表明：DOC 催化剂活性高的车辆 1 排气中 CO 和 HC 的排放量明显低于车辆 2 和车辆 3，而 NO_x 排放率与车辆 2 和车辆 3 差别较小；车辆 1 的 PM 中硫酸盐排放率与车辆 2 和车辆 3 差别明显，D13 工况下的硫酸盐排放率非常高，其原因是 D13 工况中高负荷工况比例大，排气温度高，更易生成硫酸盐，这与图 6-23 的结论一致。

DOC 对柴油机排气微粒中 SOF 的氧化具有很高的活性，转换率可以达到 80% 以上，在 300℃ 排气温度下，PM 排放质量减少率就可以达到 30%～50%[35]。但当柴油机使用高硫柴油且排气温度在 400℃ 以上时，DOC 中将发生式（6-4）和式（6-5）所示的化学反应。在

DOC 催化剂的作用下，排气中大量的 SO_2 被氧化为 SO_3，SO_3 又会迅速与排气中的 H_2O 结合生成 H_2SO_4 等，并附着在 PM 上，致使 PM 质量增大。

$$SO_2 + O_2 \longrightarrow SO_3 \tag{6-4}$$

$$SO_3 + H_2O \longrightarrow H_2SO_4 \tag{6-5}$$

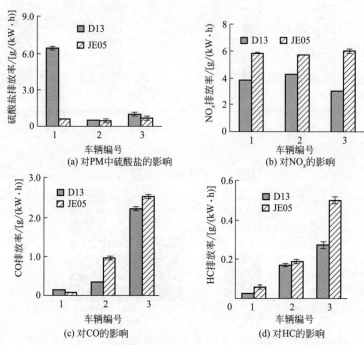

图 6-24　DOC 催化剂活性对柴油机排气污染物的影响[37]

第五节　柴油车排气颗粒物的过滤净化技术

一、颗粒过滤器的结构及工作原理

1. 柴油机排气颗粒物净化装置

柴油机颗粒物净化装置主要有上述的 DOC，以及静电吸附净化装置、涡旋分离净化装置、袋滤式净化装置（类似吸尘器）、过滤器（Diesel Particulate Filter，DPF）、DOC 与 DPF 组合净化器等。其中 DPF 也叫颗粒捕集器（Particulate Trap System），是柴油机排气颗粒物净化装置最为有效和常见的净化装置。目前应用最多的是以多孔陶瓷为过滤介质的壁流式 DPF[3]。壁流式 DPF 的历史可以追溯到 20 世纪 70 年代，1978 年康宁公司率先制成整体蜂窝式堇青石颗粒物过滤器[39]；1984 年梅赛德斯-奔驰公司开始系列生产安装颗粒过滤器的涡轮增压柴油汽车 300D、300TD、300CD 和 300SD[40]。迄今为止，DPF 已成为欧洲、美国和日本市场所有柴油车的标准配置，随着国 6 标准的实施，DPF 也将成为我国柴油车标配[3]。

DPF 结构示意图如图 6-25 所示[41]，颗粒过滤器主要由滤芯（也称过滤体等）、衬垫、外壳、密封圈、出入口连接管和接头等组成。DPF 一般直接串联在排气管路中，滤芯截面形状有椭圆形和圆形等。滤芯与外壳之间填充有衬垫，用以固定易碎的陶瓷过滤体，补偿金属外壳和滤芯不同的轴向、径向伸缩，缓冲车辆行驶时滤芯的冲击及振动，密封滤芯的周向间隙，防止排气从外围流过；密封垫还有隔热保温，防止壳体过热，减少金属管及滤芯径向温度下降梯度与热应力等作用。衬垫材料有钢丝网和陶瓷两种。钢丝网衬垫通常由防锈的铬镍钢丝织成，它在隔热性、抗冲击性、密封性和高低温下对陶瓷过滤体的固定力等方面都较陶瓷衬垫差，故目前主要应用陶瓷衬垫。

图 6-25 DPF 结构示意图

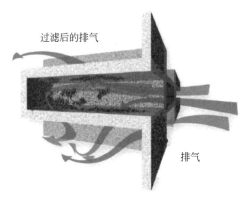

图 6-26 DPF 的工作原理

2. DPF 的工作原理

DPF 的工作原理如 6-26 所示[42]，排气经过连接导管进入 DPF 滤芯，由于气流入口截面的出气通道被封堵封死，因此气流只能进入滤芯的进气通道；并且只能经过隔开进气通道和出气通道的多孔性陶瓷过滤介质才能流出。这样一来，排气中的全部或部分颗粒物被拦截在过滤介质上，净化后排气便经过出气通道流出。随着过滤时间增加，过滤介质上堆积的颗粒物增多，过滤器的流动阻力增大，排气背压上升，发动机性能恶化。因此，经过一段时间的过滤后，需要清除 DPF 过滤表面上沉积的颗粒物，使 DPF 恢复初始状态。通常把这个恢复初始状态的过程称为 DPF 的再生。

二、DPF 滤芯的几何结构及其特性参数

DPF 滤芯的几何结构参数主要有外形尺寸、孔道尺寸（长、宽、高或长度与直径等）、封堵尺寸、壁厚、孔道数量及过滤壁面数等，这些参数均可以直接测量得到。最常见的滤芯截面形状有圆形和椭圆形两种，对圆形截面的滤芯而言，其外形尺寸指滤芯长度和直径，对椭圆形截面滤芯而言，其外形尺寸指滤芯长度、截面椭圆的长径和短径，壁厚指相邻孔之间的过滤壁面厚度。

DPF 滤芯结构与 DOC 或 SCR 载体结构的最大不同是 DPF 的排气入口及出口孔道有一半封堵，因此每个过滤孔道的有效长度都应为滤芯长度与封堵长度之差。如图 6-27 所示为常见的方形孔道、圆形截面滤芯结构示意图[43]。从图 6-27 可以看出，壁流式 DPF 滤芯过滤壁面的有效长度为滤芯长度 L 与两倍的封堵长度 l_p 之差，壁流式 DPF 滤芯有效过滤截面直径为滤芯外径 D_e 与两倍的封装环厚度 l_r 之差。

DPF 滤芯几何特性参数中除了上述的可直接测量的参数外，还有一些对 DPF 性能有重要影响但无法直接测量得到的参数，如孔密度、开孔率和体积过滤表面积（体积表面积）等。下面仅对这些特性参数做一介绍。

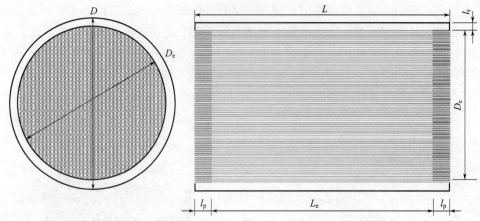

图 6-27　常见的方形孔道、圆形截面滤芯结构示意图

　　DPF 滤芯的孔密度也用单位面积上的孔数表示，但与 DOC 或 SCR 载体的略有不同。由于出、入口截面上均有 1/2 左右的孔道用封堵封死，进气通道个数与出气通道个数不一定相等，故孔密度应明确是哪个截面上的。工程上常用每平方英寸上的孔数表示，滤芯无封堵截面上的孔密度一般为 $100\sim400$ 个$/\text{in}^2$（$15.5\sim62$ 个$/\text{cm}^2$）。开孔率指滤芯横截面上气体可以流通的面积与总面积之比。由于 DPF 滤芯有时会采用不对称出、入口结构，故出、入口截面上的开孔率与滤芯中心部位截面上的数值不同，因此提到开孔率时，应明确是哪个截面上的开孔率。

　　体积过滤表面积指单位体积滤芯中过滤壁面的几何表面积，单位为 m^2/m^3，由于 DPF 滤芯的进、出气孔道的形状或尺寸有时不一致，并且随着孔道位置的不同，一个孔道的过滤壁面数量也不相同。如图 6-28 所示为圆形截面方形孔道滤芯中过滤壁面分布示意图，图 6-28(a) 为滤芯样品实物照片，图 6-28(b) 表示滤芯中过滤壁面数量分布，最靠近外径的孔道过滤壁面为 2 个，部分孔道为 3 个过滤壁面。因此，滤芯的体积表面积与 DOC 或 SCR 载体的差别较大，设计时应给予关注。应该说明的是，SiC 材料滤芯经常采用 4 块、9 块、16 块、25 块，甚至多达数十块的拼接结构，各块采用专用水泥黏结以吸收 SiC 的过度膨胀。如图 6-29 所示为方形孔道 SiC 滤芯截面示意图，图中的白色分割线条即为水泥黏结缝隙，其厚度约 2mm。因此，拼接结构 SiC 过滤体的过滤壁几何表面积的计算更为复杂。

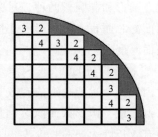

(a) 滤芯样品　　　　　　　　　　(b) 滤芯中过滤壁面数量分布

图 6-28　圆形截面方形孔道滤芯中过滤壁面分布示意图[44~46]

　　为了对 DPF 滤芯的几何结构及特性参数有一个大致了解，表 6-3 列出了康宁公司的两种过滤器滤芯的几何特性参数[47]，RC 和 RC ACT 两种滤芯的断面孔道均为正方形，材料

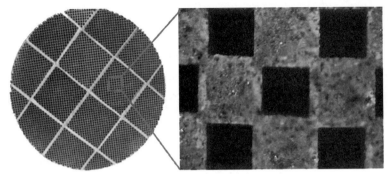

图 6-29 方形孔道 SiC 滤芯截面示意图[42]

均为堇青石。型号为 RC 的滤芯其进、出口尺寸相同,型号为 RC ACT 的滤芯其进、出口尺寸不同,为非对称型的,故用 ACT (Asymmetric Cell Technology) 加以区分。

表 6-3　康宁公司的两种过滤器滤芯的几何特性参数(标称值)

项目	DPF 滤芯型号	
	DuraTrap® RC	DuraTrap® RC ACT
尺寸(直径×长度)/mm	267×305	267×305
孔密度/(个/in²)或(个/cm²)	200/31	270/41.85
壁厚/mil 或 mm	19/0.483	16/0.406
入口通道宽度/in 或 mm	0.053/1.35	0.051/1.29
出口通道宽度/in 或 mm	0.053/1.35	0.038/0.97
$d_{h,inlet}/d_{h,outlet}$	1.0	1.3
入口开孔率/%	27	34
过滤器的体积/L	17.0	17.0

注:1mil=25.4×10⁻⁶ m,1in=2.54cm。

滤芯是决定 DPF 性能好坏的关键部件。常见的滤芯材料有陶瓷和金属两大类。陶瓷材料有堇青石、莫来石、碳化硅、氧化硅纤维、钛酸铝、莫来石/氧化锆、莫来石/钛酸铝等,金属过滤材料有烧结金属、Fe-Gr-Al 金属纤维和不锈钢(Stainless Used Steel,SUS)网等[3]。仅根据单纯的 DPF 滤芯几何结构参数,很难选择 DPF 的滤芯。因此,滤芯几何结构参数与其他物理性能指标通常不加区分地列在同一表中,表 6-4 列出了直径 190mm、长 200mm 堇青石过滤器滤芯几何特性及性能参数[48]。显而易见,根据表 6-4 更容易判断 DPF 滤芯性能。

表 6-4　直径 190mm、长 200mm 堇青石过滤器滤芯几何特性及性能参数[48]

材料组成	$SiO_2(50.9\%\pm1.0\%)$;Al_2O_3 $(35.2\%\pm1.0\%)$;$MgO(13.9\%\pm0.5\%)$	峰值工作温度	1200℃
孔密度	200 个/in²(31 个/cm²)	抗压强度	≥15MPa(轴向)
体积质量	0.443kg/L	热胀系数(800℃)	1.0×10^{-6}℃⁻¹
孔隙率	50%	壁面平均微孔直径	8μm
体积表面积 G_{SA}	1720mm²/mm³	碳烟过滤率	≥90%
熔点	1460℃	吸水率	30%

三、DPF 的主要性能指标

DPF 产品的指标主要有性能指标、可靠性指标和成本指标等。性能指标主要包括对质量、数量和特定粒径颗粒物的过滤效率及其他排放的影响，额定转速/满载下新品 DPF 的压降（也称流动阻力），DPF 的再生和安全压降、耐热性、耐热冲击性能、通用性、机械强度、再生特性（再生效率、再生间隔及再生时间等）及降噪性能等；可靠性指标包括寿命、耐老化性能、检查和维护性能以及监测、控制和安全预警等；成本指标包括资本成本（包括系统集成和优化等）、运营成本（包括油耗损失）和维护成本等[3]。DPF 滤芯的材料种类及其特性对其性能指标影响最大。由不同过滤材料制成的滤芯，其机械强度、耐热性、耐热冲击性、过滤性能不同，材料的微孔结构及气孔率等影响过滤壁面的压力损失、PM 过滤效率等。滤芯几何参数对其性能指标也有重要影响，滤芯的进出通道（孔）的水力直径、壁厚、几何形状，微孔的形状及尺寸，直接影响滤芯的压力损失、颗粒物的最大过滤量和最高再生温度等性能。

颗粒过滤器再生的性能常采用颗粒过滤器的再生效率、再生时间和再生间隔等评价。再生效率指 DPF 在指定的 PM 加载水平（或指定工况）下再生前后 DPF 中 PM 的质量（指 DPF 床温 125℃ 时称量的质量）变化率，即再生前后 DPF 中 PM 的质量之差占再生前 DPF 中 PM 质量的百分比，再生时间指一次再生所需要的时间；再生间隔指两次再生之间所需的行驶时间或里程[3]。

DPF 的再生时间和再生间隔主要取决于 DPF 的体积大小、再生装置性能和柴油机排气中的颗粒浓度等。再生间隔越长越好，但受到 DPF 质量、体积、形状和安装空间等的制约；再生时间越短越好，但受到燃料喷射量、喷射速率和再生可燃混合气数量、电加热功率等的制约。再生时间和再生间隔的选取应综合考虑各种因素。

颗粒过滤器过滤效率的定义为车辆行驶单位里程或单位时间在过滤器中捕集到的颗粒物质量（或数量和特定粒径颗粒个数）占进入过滤器的颗粒的质量（或数量和特定粒径颗粒个数）的百分比。由于不同工况或柴油机排出的颗粒粒径分布不同，DPF 过滤孔的平均直径随颗粒物负载量变化等，故颗粒过滤器的过滤效率可用质量过滤效率和数量过滤效率表示。

质量粒子数的过滤效率 η_{fM} 和 η_{fN} 的计算公式为

$$\eta_{fM} = 1 - \frac{PM_{out}}{PM_{in}} \tag{6-6}$$

$$\eta_{fN} = 1 - \frac{PN_{out}}{PN_{in}} \tag{6-7}$$

式中，PM_{in} 和 PM_{out} 分别表示过滤器的入口、出口的颗粒物质量；PN_{in} 和 PN_{out} 分别表示过滤器的入口、出口的颗粒物数量。应该说明的是 η_{fM} 和 η_{fN} 随着材料的种类、颗粒物的粒径分布特性和颗粒物沉积量的不同而变化。

图 6-30 表示颗粒物沉积量对 PM 质量及数量过滤效率的影响。试验用过滤器的直径和长度分别为 266.7mm（10.5in）和 304.8mm（12in），孔密度为 31 个/cm^2（200 个/in^2），壁厚为 0.3mm（12mil），孔隙率为 50%，平均微孔直径为 14μm。由此可见，在刚开始过滤时，η_{fM} 和 η_{fN} 差别明显；随着颗粒物沉积量的增加，η_{fM} 和 η_{fN} 逐步增大，两者的差别逐步缩小。在颗粒过滤器使用初期，颗粒物沉积量对 η_{fM} 和 η_{fN} 影响明显，随着颗粒物沉积量的增加，η_{fM} 和 η_{fN} 受沉积量的影响逐步变小。颗粒物沉积量超过某一数值后，η_{fM} 和 η_{fN}

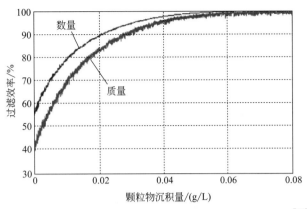

图 6-30　颗粒物沉积量对 PM 质量及数量过滤效率的影响[49]

几乎与沉积量无关，η_{fM} 和 η_{fN} 均接近最大值 100%。

装备 DPF 的柴油车可以有效减少颗粒物排放，使 PM 和 PN 排放大幅度降低。表 6-5 为轻型汽车的颗粒物质量、数量排放率及粒径范围[70]。表 6-5 中 CMD（Count Median Diameter）指颗粒物中位数直径；DV、DPFV 分别代表没有装备和装备颗粒过滤器 DPF 的轻型柴油车。由表 6-5 所列统计结果可以看出：DPFV 可以将柴油车的颗粒物降低 2 个数量级或者更多，可将柴油车颗粒物质量排放量降低 90% 以上，使 PM 和 PN 排放均满足国 6 和欧 6 的排放限值。因此，安装 DPF 是柴油车满足目前 PM 和 PN 排放法规的主要方法。

表 6-5　轻型汽车的颗粒物质量、数量排放率及粒径范围[70]

车型	PM/(mg/km)	PN/(个/km)	CMD/nm	统计车辆数/辆
DV	10～40	2×10^{13}～2×10^{14}	40～80	45
DPFV	0～2	5×10^{10}～6×10^{11}	45～75	35

DPF 的压降指排气经过 DPF 后的压力降低值，压降通常采用安装在距离 DPF 入口上游和出口下游约 100mm 处的两个压力传感器的压差计算或由压差计直接测量得到，其单位与压力单位相同，该值越小越好。DPF 材料种类不同，其过滤壁面的渗透率及微孔直径等不同，故材料种类对 DPF 压降具有重要影响。如图 6-31 所示为针状莫来石、堇青石和碳化硅

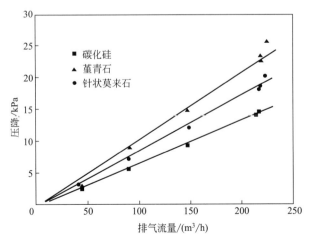

图 6-31　针状莫来石、堇青石和碳化硅 DPF 的压降特性比较

DPF 的压降特性比较[50]。三种 DPF 分别被安装在大众 1.9L 直喷四缸四气门共轨燃油喷射柴油机上，并在相同的条件下运转。三种过滤器 PM 的过滤（负载）量均为 8g/L。针状莫来石、堇青石和碳化硅三种 DPF 均为市场销售的产品，堇青石 DPF 为康宁公司 EX80 型，碳化硅 DPF 为揖斐电电子有限责任公司生产的 Ibiden 9142 型，两种 DPF 的直径×长度均为 143.8mm×152.4mm（5.66in×6.00in），孔密度为 200 个/in^2（31 个/cm^2），滤芯体积为 2.47L。试验在数据自动采集发动机试验台架上进行，通过安装在 DPF 上游和下游的两个压力传感器测量 DPF 的压降。结果显示，碳化硅材料的 DPF 压降最小，针状莫来石 DPF 的压降高于碳化硅 DPF，但低于堇青石 DPF 的压降。

第六节　柴油车 NO_x 的净化技术

一、NO_x 的净化原理与净化器的种类

柴油车 NO_x 排放主要指排气中的 NO 和 NO_2 两种污染物。NO 在标准状况下为无色气体，液态和固态的 NO 呈蓝色。NO 带有自由基，化学性质非常活泼，与氧反应后，可形成具有腐蚀性的气体 NO_2。NO_2 常称为过氧化氮，在常温常压下为红棕色，气味具有刺激性，易溶于水、有毒、易液化；吸入 NO_2 后对肺组织具有强烈的刺激性和腐蚀性。

由于组成 NO_x 的元素是空气中两种主要无害成分 N_2 和 O_2 的组成元素，因此，净化 NO_x 的最理想的方法就是设法将 NO_x 分解为无害的 N_2 和 O_2。但由于这种方法能耗大和成本高，故采用最多的 NO_x 净化方法是在一定的温度下利用催化剂的催化作用，使 NO_x 与不同的还原剂（如 NH_3、HC、H_2 和 CO 等）反应，将 NO_x 还原为无害的 N_2、H_2O 和 CO_2 等的 NO_x 催化还原法。

NO 和 NO_2 与还原剂（如 NH_3、HC、H_2 和 CO 等）的主要化学反应方程见第五章中式(5-13)～式(5-19) 等，此处不予赘述。

柴油机采用的是扩散燃烧，在缸内存在大量的稀混合气区域，在高温条件下燃烧区域中 N_2 和 O_2 反应生成 NO_x 的数量多，HC、CO 和 H_2 等的数量少，故柴油机排气中没有足够的还原剂还原排气中的 NO_x。加上柴油机排气温度低，还原 NO_x 的化学反应速率慢，因而，柴油机排气中 NO_x 的催化净化除了需要高活性催化剂加速净化反应外，还面临还原剂不足的难题。还原剂不足的解决方案有两个：一是以柴油作为还原剂，如在排气或膨胀冲程中排气管额外喷射柴油，在排气中产生 HC、H_2 和 CO 等；二是在车辆上增加 NH_3 等专用还原剂供给装置。

目前广泛使用的 NO_x 净化器主要有两类：一是基于 NO_x 的吸附催化还原法的 NSR 净化器；二是采用 NH_3 等还原剂的 SCR 净化器。两者的主要差别是还原剂的供给方法不同。

二、NO_x 吸附催化还原净化技术

NO_x 的 NSR（NO_x Storage Reduction，氮氧化物储存减少）净化技术主要应用于电控柴油机上，一般采用燃烧过程后期向缸内二次喷油或向排气（道）管喷油的方法产生还原 NO_x 所需的还原剂（通常为柴油）。NSR 净化技术是控制车用柴油机 NO_x 排放的重要后处理方法之一。NSR 净化技术的优点是可以直接使用燃料作为还原剂，不需要提供还原剂的专门车载容器和其供应基础设施，特别适用于结构紧凑型柴油车排气污染的控制。这种方法

的主要不足有三个:一是燃料消耗率会增加几个百分点;二是当柴油机使用硫含量大于 10mg/kg 的柴油时,催化剂易发生硫化物中毒,净化性能下降,要恢复中毒后的催化剂的性能,则需要供给催化剂一定时间的 650~700℃ 高温排气,才能使毒物挥发分解,催化剂性能才能恢复如初;三是控制难度大、成本高,NSR 需要足够精确的 NO_x 传感器才能获得较高的净化效果,还需要制定催化剂性能恢复控制策略,增加了控制难度和成本。

柴油机吸附催化净化系统的催化剂一般由铂(Pt)和铑(Rh)等组成,吸附剂采用碳酸钡($BaCO_3$)等,担体使用 Al_2O_3 等。NSR 系统在满负荷时可以显著减少 NO_x 排放,NO_x 转换率达到 75%~80%,但需要增加 1.2%~2% 的燃料消耗[51]。

如图 6-32 所示为吸附催化剂的组成及工作原理示意图。柴油机在正常运行时,平均混合气为稀混合气,排气中 NO_2 难以与还原剂相遇,于是便在贵金属催化剂作用下与 Ba 反应生成 $Ba(NO_3)_2$,并置换 $BaCO_3$ 中的 CO_3^{2-},释放出 CO_2 气体。NO 则在 Pt 催化作用下,先氧化为 NO_2,再与 $BaCO_3$ 发生置换反应生成 $Ba(NO_3)_2$,并释放出 CO_2 气体。于是,NO_x 被全部储存在碱性金属上,NO_x 吸附过程的化学反应方程为

$$2NO+O_2 =\!=\!= 2NO_2 \tag{6-8}$$

$$4NO_2+2BaCO_3+O_2 =\!=\!= 2Ba(NO_3)_2+2CO_2 \tag{6-9}$$

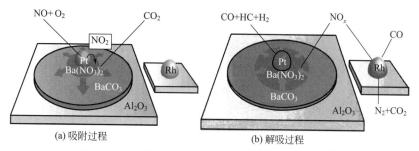

图 6-32 吸附催化剂的组成及工作原理示意图[52]

当 NO_x 传感器超过阈值,即吸附剂达到 NO_x 吸附上限时,吸附催化净化系统将无法吸附排气中的 NO_x,排气中的 NO_x 将会直接排出,导致排放超标。因此,当吸附剂达到 NO_x 吸附极限后,通常采用向排气管喷射燃油的方法形成浓混合气,在将排气中 NO_x 直接还原的同时,排气中多余的 HC、CO 和 CO_2 到达吸附剂及催化剂的周围,从吸附剂的 $Ba(NO_3)_2$ 中置换出 NO_2,浓混合气氛围延续到置换出全部 NO_2 为止,CO_2 置换 NO_2 的方程式如下。

$$Ba(NO_3)_2+2CO =\!=\!= BaCO_3+NO+NO_2+CO_2 \tag{6-10}$$

释放出的 NO 和 NO_2 在 Rh 等催化剂作用下,与浓混合气排气中的 CO、HC 和 H_2 等反应生成无害的 CO_2、N_2 和 H_2O 等。

值得注意的是硫对 NSR 性能有重要影响。传统柴油的硫含量比汽油多,柴油中的硫在燃烧过程中生成二氧化硫(SO_2),SO_2 类似于 NO_2,按照式(6-11)和式(6-12)所示的反应形成硫酸盐并吸附在吸附剂上。

$$2SO_2+O_2 =\!=\!= 2SO_3 \tag{6-11}$$

$$SO_3+BaO =\!=\!= BaSO_4 \tag{6-12}$$

与硝酸盐相比,硫酸盐热力学稳定性好。与 NO_2 相比,SO_3 被优先吸附并形成硫酸盐。硫酸盐与硝酸盐的再生条件不同,硫酸盐需要较高的温度才能分解,随着被吸附的硫酸

盐增多，NSR 的 NO_x 储存能力会逐渐下降。因此，必须定期去除 NSR 吸附剂中的硫，除去催化剂中硫酸盐反应的条件较 NO_x 解吸再生条件更为苛刻，去除硫酸盐需要在浓混合气条件下，温度甚至应超过 700℃，且需要持续相当长的一段时间，因此，要求催化剂及其载体的热耐久性高。

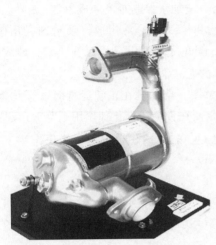

图 6-33　丰田汽车公司开发的新 NSR 催化净化系统的实物照片[53]

如图 6-33 所示为丰田汽车公司开发的新 NSR（NO_x 捕集净化或吸附还原）催化净化系统的实物照片[53]。2017 年新 NSR 催化净化系统开始装备于柴油机汽车，主要目标是应对欧洲 2016 年实施的最新柴油车排放法规。新 NSR 催化净化系统燃油喷射装置直接安装在排气管上，直接喷射柴油把 NO_x 还原为氮气、水和二氧化碳。由于该系统喷射的是柴油，故省去了尿素 SCR 系统的尿素溶液罐及其加热装置等，实现了车辆轻量化，减少了排气管柴油喷射带来的比油耗恶化，装备新 NSR 催化净化系统的车辆比油耗仅增加约 2% 左右。

新 NSR 催化净化系统与其之前的型号相比，其特点是燃油喷射装置直接安装在排气管上，采用间歇喷射，燃油喷射频率为 1~2.5Hz。如图 6-34 所示为 NSR 喷射燃油后排气温度、空燃比、THC 和 NSR 出、入口 NO_x 和总碳氢（THC）的变化曲线，试验用 NSR 为经过老化试验后的、体积为 0.8L 的 NSR，试验时的空速为 56000h^{-1}。可见，新 NSR 催化净化系统可以在 NSR 出口 THC 几乎不变的情况下，在排气温度升高到 650℃ 时，实现 NO_x 排放 98% 以上的净化目标。

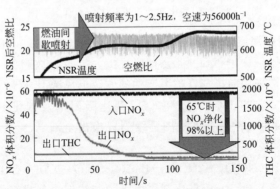

图 6-34　NSR 喷射燃油后排气温度、空燃比、THC 和 NSR 出、入口 NO_x 和总碳氢（THC）的变化曲线[53]

燃油中的硫燃烧后生成的 SO_2 在 Pt 催化作用下可以氧化为 SO_3，并与 Ba 反应直接生成 $BaSO_4$ 等，由于 CO_2 很难置换出 $BaSO_3$ 或 $BaSO_4$ 中的 SO_3 或 SO_4，因此随着使用时间增长，吸附催化还原净化系统的吸附性能将大大降低。为了恢复吸附催化还原净化系统的吸附性能，通常需要额外喷油，保证排气温度达到 700℃ 以上，使 CO_2 置换出 $BaSO_3$ 或 $BaSO_4$ 中的 SO_3 或 SO_4，把这一过程称为 NSR 性能的恢复控制。显然硫含量越高，恢复控制次数越多。

如图 6-35 所示为燃料中硫含量对 NSR 性能恢复控制次数的影响[54]，可见含硫质量分数为 0.00005 的燃油需要恢复控制喷油的次数为含硫量质量分数为 0.00001 燃油的 5 倍。因此燃料中硫含量越多，燃油消耗量增加也就越多。

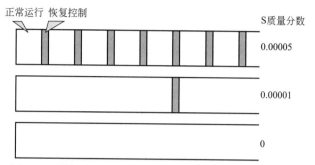

图 6-35　燃料中硫含量对 NSR 性能恢复控制次数的影响

三、NO_x 的尿素选择催化还原净化技术

NO_x 的尿素选择催化还原（Urea Selective Catalytic Reduction，USCR）净化技术是现代柴油车上应用最广泛的 NO_x 选择催化还原净化技术。故此处以尿素作为还原剂的选择催化还原系统为例说明 SCR 净化器的组成、原理及效果等。

USCR 的主要组成零部件及其功用可用图 6-36 予以说明。USCR 系统主要由尿素水溶液罐、供给泵、喷射器及控制模块 ECU、SCR 催化器、混合器、尿素水解器、前置及后置氧化催化器（DOC）、氨传感器、温度传感器、NO_x 传感器等组成。由于此处 DOC 作为 SCR 的辅助装置使用，故与作为单独后处理装置使用时的要求略有不同。USCR 的前置和后置 DOC 也称上游和下游 DOC，前置 DOC 的主要功能是把 NO 催化氧化为 NO_2，后置 DOC 的主要功能是催化氧化泄漏的氨气，故也称氨捕集器（Ammonia Slip Catalyst，ASC）等。

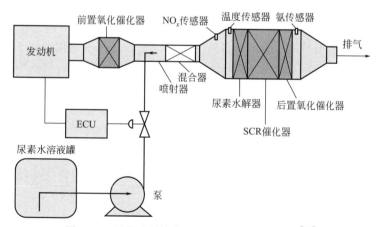

图 6-36　尿素选择催化还原系统的组成示意图[55]

尿素水溶液供给及控制系统的作用是根据事先存储在 ECU 中 NO_x 的 MAP 图（开环控制）或 NO_x 传感器和氨传感器的实时检测信号（闭环反馈控制），以及实时检测的排气流量和排气温度等，通过喷射器向排气管中喷入适量尿素水溶液。常见的尿素水溶液喷射器有两种：一种是空气辅助式喷射器，利用还原剂供给量与柱塞运动的频率成正比这一原理进行

尿素水溶液喷射量的计量与控制；另一种是无空气辅助的电磁阀喷嘴，利用还原剂喷射速率和电磁阀开启时间与开度成正比这一原理进行尿素水溶液喷射量的计量与控制。

混合器的作用是促使喷入排气管的尿素水溶液及其蒸汽尽快地与排气均匀混合。混合器的主要评价指标有尿素水溶液分布均匀性、系统 NO_x 转化率的提高幅度、压力损失、耐久性、热应力、结构紧凑性、安装及加工方便性和材料耐腐蚀性等[3]。

SCR 催化器、尿素水解器（HY）、前置氧化催化器（DOC）及后置氧化催化器（ASC）中发生的主要化学反应如图 6-37 所示。前置氧化催化器的作用除担负着将 NO 氧化为 NO_2 的任务之外，还兼具净化 CO、HC 的功能。固体尿素在 133℃ 熔化，加热后可热分解成 NH_3 与 CO_2，但在低温条件下，发生热分解的速率非常缓慢，大约 400℃ 时才具有高的反应速率[3]。而典型的内燃机排气温度为 150～450℃，故使用尿素作为还原剂的 SCR 必须使用高活性的尿素分解催化器，使尿素在 180℃ 或更低温度开始快速分解以及形成中间体异氰酸（HNCO），并最终水解成 NH_3 与 CO_2。HY 的作用就是将尿素水溶液水解释放出还原 NO_2 及 NO 所需的 NH_3。后置氧化催化器的作用是把没有参与还原反应的 NH_3 氧化，使其变为无害的 H_2O 和 N_2。

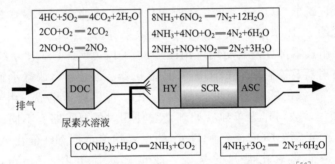

图 6-37 尿素选择性催化还原系统中的主要化学反应[56]

图 6-37 所示的由前置氧化催化器、尿素水解器、SCR 催化器及后置氧化催化器串联而成的 SCR 净化系统，其长度过长，占用空间过大，不适用于空间结构有限、排气系统布置紧凑的车辆，特别是小型轿车。因此，现代车辆多采用紧凑的模块化结构 SCR 净化系统。

常见的 USCR 的催化剂有 Cu-沸石（Cu-ZEO）、Fe-沸石（Fe-ZEO）与钒基催化剂（V-SCR）等。

如图 6-38 所示为以 Cu-ZEO、Fe-ZEO 与 V-SCR 为催化剂时的 NO_x 转化效率随温度的变化曲线。该结果表明：Cu-ZEO 催化剂的低温转化特性好，Fe-ZEO 催化剂的低温转化特性最差，V-SCR 催化剂的低温转化特性居中。Fe-ZEO 催化剂在 500℃ 条件下达到峰值效率，高温特性好。钒基催化剂在温度超过 400℃ 后，NO_x 转化效率开始下降。可见，Cu-ZEO、Fe-ZEO 催化剂比传统的 V-SCR 催化剂具有更好的高温转化特性。Cu-ZEO、Fe-ZEO 与 V-SCR

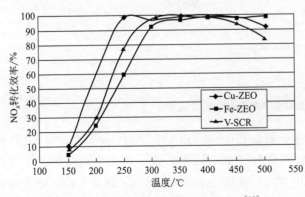

图 6-38 温度对 NO_x 转化效率的影响[57]

三种催化剂的效果均不理想,需要研制复合催化剂。

采用 Fe-ZEO 与 Cu-ZEO 组成的复合催化剂(FFA-1),可以获得良好的高、低温老化性能、起燃性能和宽广的工作温度窗口。如图 6-39 所示为复合催化剂(FFA-1)与铜催化剂的 NO_x 转化效率和 NH_3 泄漏体积分数随温度的变化,可见,FFA-1 催化剂可以提高 SCR 催化器在高、低温条件下的 NO_x 转化效率,但 NH_3 泄漏体积分数在 340~590℃ 的范围较高。

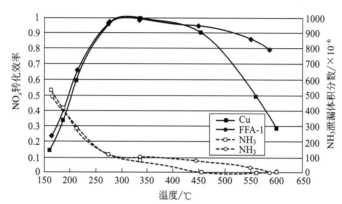

图 6-39　复合催化剂(FFA-1)与铜催化剂的 NO_x 转化效率和 NH_3 泄漏体积分数随温度的变化[58]

USCR 具有 NO_x 净化效果好、起燃温度低、抗硫性好、耐热性好、催化剂价格低(可以不使用贵金属铂等)、燃油经济性好(行车中燃油和尿素费用之和与传统车型的燃油费用相当)等优势,因而在 NO_x 净化方面得到广泛应用。但 USCR 在实际行驶中的 NO_x 净化效果不理想,并且随着使用时间增长,NO_x 净化效率下降明显;有时也会出现 SCR 催化剂载体、喷嘴等堵塞,导致车辆故障等。车辆装备 USCR 后还会增加排气中的 NH_3 和 N_2O 排放等,以及车辆质量增大、成本增加和结构复杂,出现用于乘用车时布置困难等问题。

四、NO_x 的 HC 选择催化还原净化技术

USCR 需要车载尿素水溶液罐及其供给装置,占用空间大,成本高,还需要类似加油站的地面尿素水溶液供给系统等。因此,以 HC(Hydro Carbon)燃料为还原剂的选择性催化还原技术(HC-SCR)的相关产品的开发受到高度重视。

如图 6-40 所示为日野汽车公司开发的 HC-SCR 系统及其在发动机排气系统中的安装位置。HC-SCR 系统位于排气后处理系统的末端,HC 直接使用高压油管中的柴油,用喷嘴喷射到位于增压器后催化器(ATC)后、DOC 前的排气管中。该系统主要装备于中型和紧凑型柴油车,2010 年开始在日本市场销售,至 2018 年产量达到 72000 辆。与传统 4t 汽车装备的 USCR 系统的相比,成本降低了 30%,质量减少了 80kg,空间减少了 50L,DPF 再生所需燃料消耗可减少 28%。

HC-SCR 的净化原理如图 6-41 所示。催化剂为贵金属 Pt,助催化剂为具有储存氧气功能的 CeO_2。汽车行驶时,根据温度传感器和 NO_x 传感器信号,发动机 ECU 确定燃料喷射时刻及喷射量。喷入的燃料在 HC-SCR 催化剂表面与助催化剂释放的活性氧反应生成中间产物 R—COOH* 等,R—COOH* 再进一步与 NO_x 发生反应生成无害的 N_2、CO_2 和 H_2O 等,CeO_2 释放的活性氧还可以与 PM 的 SOF 发生氧化反应,减少 PM 的质量排放量。HC-SCR 中发生的总化学反应为

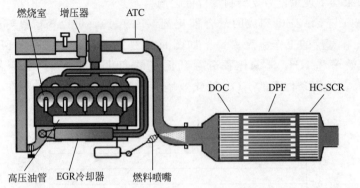

图 6-40　日野公司开发的 HC-SCR 系统及其在发动机排气系统中的安装位置[71]

$$HC + NO_x \longrightarrow N_2 + CO_2 + H_2O \quad (6-13)$$

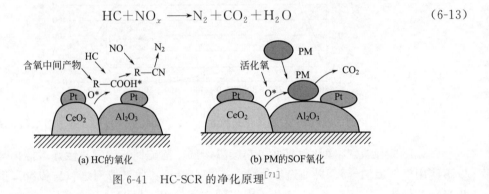

图 6-41　HC-SCR 的净化原理[71]

第七节　现代柴油车的排气后处理系统

一、现代柴油车的排气后处理技术

随着国 6、欧 6 和美国 Tier 3 等排放法规的先后实施，现代柴油车的后处理装置已逐步形成了由 DOC、SCR 或 NSC（也称 NSR）和 DPF 等集成在一起的组合式后处理系统，这种后处理系统的特点是可以控制柴油车的主要排气污染物。

表 6-6 总结了大多数美国市场重型柴油发动机制造商 2010 年之后的 2b 级皮卡车到 8 级卡车采用的排放控制技术。柴油机后处理技术可归纳为 DOC+DPF+NSR、DOC+DPF+SCR、DOC+SCR+DPF 和 DOC+DPF 4 种方案。为了满足严格的 NO_x 排放法规，所有车型均采用高压 EGR 技术（HP-EGR）。对于严格控制空气中 NH_3 浓度的地区或国家，还应在 SCR 后安装一个防止 SCR 系统氨气泄漏的后处理装置 ASC。由于汽车底盘空间有限，故多个后处理装置串联组合式系统布置困难，因此现代柴油车的排气后处理系统呈现出一体化趋势。

表 6-6　美国重型柴油发动机市场制造商 2010 年之后及其最终排放控制策略[59]

康明斯	HP-EGR+DOC+DPF+SCR
	HP-EGR+DOC+DPF+NSR
戴姆勒	HP-EGR+DOC+DPF+SCR

续表

DDC	HP-EGR+DOC+DPF+SCR
GM	HP-EGR+DOC+DPF+SCR
福特	HP-EGR+DOC+DPF+SCR
	HP-EGR+DOC+SCR+DPF
日野	HP-EGR+DOC+DPF+SCR
五十铃	HP-EGR+DOC+DPF+SCR
	HP-EGR+DOC+DPF+SCR
依维柯	HP-EGR+DOC+DPF+SCR
纳威司达	HP-EGR+DOC+DPF
帕卡	HP-EGR+DOC+DPF+SCR
沃尔沃/麦克	HP-EGR+DOC+DPF+SCR

如图 6-42 所示为现代柴油轿车后处理系统的结构优化方法。传统设计方案是各装置之间采用串联方式连接，具有结构简单、易于维护等优点，适宜于在底盘布置。但是，这种由 3～4 个或更多装置组成的后处理系统在结构紧凑型轿车上布置困难，即使重型车辆，其布置也有难度，因为后处理系统多是传统车辆排气系统的新增装置。因此，后处理系统向紧密耦合一体式方向发展。

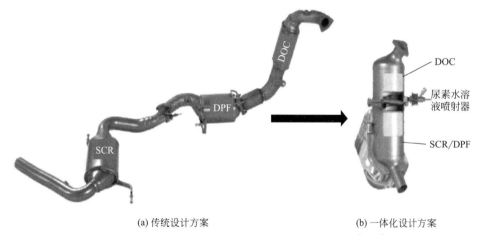

(a) 传统设计方案　　　　　　(b) 一体化设计方案

图 6-42　现代柴油轿车后处理系统的结构优化方法[60,61]

如图 6-42(b) 所示为紧密耦合一体式后处理系统的方案之一，该系统以图 6-42(a) 所示的 DOC+DPF+SCR 组合式后处理系统为基础，经过结构优化设计得到，其特点是占用空间小、成本低且便于车辆排气系统布置。该系统的应用对象是排气系统空间小、布置困难的紧凑型车辆。

重型柴油机的紧密耦合一体式后处理系统的实例如图 6-43 所示。该系统由康明斯公司开发，用于应对 2014 年实施的美国非公路用机动设备排放标准。该后处理系统为"Z"字形结构，与发动机紧密耦合在一起。该系统的 SCR 采用了基于先进传感器的闭环控制系统，NO_x 转化率达到 95%；为了提高催化剂在较低温下运行的转换效率，采用了铜-沸石催化剂；还采用了增强混合型尿素水解管，提高了运行过程 NO_x 的转化率，减少了尿素水溶液

(a) 安装前　　　　　　　　　(b) 安装后

图 6-43　重型柴油机的紧密耦合一体式后处理系统的实例[62]

的供给量。DOC 位于 SCR 上游，表面涂覆有可有效减少 PM 排放的催化剂涂层，无需 DPF 的主动再生装置，使用过程无需维护。装配该系统的康明斯发动机的排放达到了非公路用机动设备 Tier 4 排放法规 PM≤0.02g/(kW·h) 和 NO_x≤0.40g/(kW·h) 的要求，燃油效率提高 3%。

Johnson Matthey 开发的 SCRT® 后处理系统也是典型的现代柴油车后处理系统之一，其装配及组成示意图如图 6-44 所示。SCRT® 后处理系统由涂覆有铂族金属（PGM）的 DOC 和 CSF（Catalyst Soot Filter）以及涂覆 Cu 基催化剂的 SCR 和 ASC 组成。DOC 主要作用促进 HC 和 CO 氧化，以及将 NO 转化为 NO_2，为颗粒过滤器的被动再生提供混合气条件，CSF 用于去除 PM。SCR 由前后两段组成，使用的催化剂为 Cu，其作用是去除 NO_x 排放。ASC 用于氧化 SCR 逃逸的 NH_3。DOC、CSF、SCR1、SCR2 和 ASC（Ammonia Slip Catalysts）的贵金属涂覆量、结构参数等随着匹配柴油机排放水平及排量大小等的不同而异。表 6-7 列出了 4.9L 柴油机欧 6 标准用后处理系统的主要参数。可见，相对 DOC 而

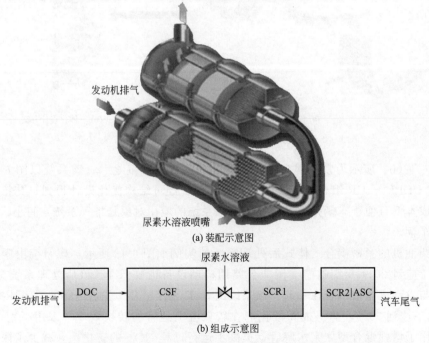

图 6-44　Johnson Matthey 开发的 SCRT® 后处理系统的装配及组成示意图[64]

言，CSF 的贵金属涂覆量可以忽略不计，这主要是因为 CSF 的贵金属涂覆量增大之后，CSF 的压降增大，发动机性能恶化[63]。

表 6-7　4.9L 柴油机欧 6 标准用后处理系统的主要参数[63]

后处理装置名称	载体体积/L	孔密度/(个/in^2)或(个/cm^2)	壁厚/mils 或 mm	PGM 负载量/(g/ft^3)或(g/L)
DOC	5.7	400(62)	4(0.1)	30(1.06)
CSF	14.2	200(31)	12(0.3)	2(0.07)
Cu-SCR1	8.5	400(62)	4(0.1)	0
Cu-SCR2	2.84	400(62)	4(0.1)	0
Cu-ASC	3.55	400(62)	4(0.1)	0

二、现代柴油车后处理系统示例

1. MZR-CD2.2 低排放柴油机的后处理系统

马自达 SKYACTIV-D 2.2L 柴油机低排放的技术方案示意图如图 6-45 所示[65,66]，其由 DOC 和 DPF 组成。为了便于了解该发动机的主要污染物控制技术，图 6-45 中同时给出了其增压系统和 EGR 系统等的组成。由于马自达 SKYACTIV-D 2.2L 柴油机采用了 EGR 中冷技术及二级增压技术，故减轻了柴油机的排气后处理系统的压力。

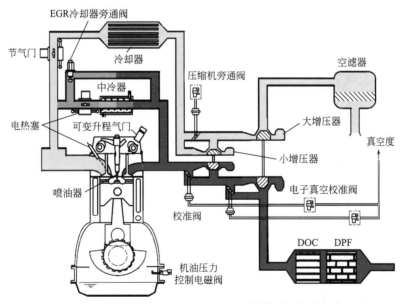

图 6-45　马自达 SKYACTIV-D 2.2L 柴油机低排放的技术方案示意图

SKYACTIV-D 2.2L 柴油机低排放的技术方案的最大特点是无 NO_x 后处理装置却实现了 NO_x 排放满足欧 6 排放标准的要求。装备这种低排放后处理装置的柴油轿车 Mazda 3、Mazda 6、Mazda CX-5 等车型已在欧盟上市，占到了 2014 年欧 6 排放标准柴油轿车市场份额的 7%，无 NO_x 后处理装置的欧 6 技术方案的突出特点是成本优势明显，据 2015 年国际清洁交通委员会（ICCT）白皮书的估算，对排量 2L 以下的柴油轿车而言，该技术路线成本仅为 LNT 和 USCR 成本的 44% 及 34%；对排量 2L 以上的柴油轿车而言，该技术路线成本则仅为 LNT 和 USCR 的成本 31% 及 32%[67]。

无 NO_x 后处理装置达到欧 6 排放标准的主要原因有四方面：一是采用了仅为 14 的低压缩比、多孔高压喷射系统和可变排气门升程（VVL）等技术，使燃烧时间最优化，并带来轻量化以及机械阻力的降低，有效降低了最高燃烧温度并提高了燃烧效率，在减少燃烧过程 NO_x 的生成量的同时提高了燃油经济性约 20%；二是采用冷却 EGR 系统，提高了 EGR 率；三是采用多次燃油喷射技术，优化了喷射时刻；四是采用了二级增压技术，实现了从低速到高速的线性功率响应，提升了低速条件下的转矩输出，保证了油气混合均匀。如图 6-46 所示为 SKYACTIV-D 2.2L 柴油机的有效燃油消耗率（BSFC）及 NO_x 随平均有效压力的变化[68]，试验时发

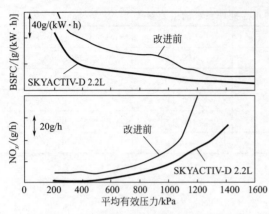

图 6-46　SKYACTIV-D 2.2L 柴油机的有效燃油消耗率及 NO_x 随平均有效压力的变化

动机转速为 2000r/min，与改进前相比，汽车的有效燃油消耗率和 NO 减少效果非常明显，特别是大负荷下 NO_x 的排放量显著降低。

根据工况变化采用不同的燃油喷射策略是 SKYACTIV-D 2.2L 柴油机低排放的技术方案的另一个技术特点。根据转矩和转速不同将发动机的全部工况分为 8 个不同工况区域，各工况区域对应的多次燃油喷射策略如图 6-47 所示[68]。各个工况对应的喷射速率随时间变化曲线和改善目标如表 6-8 所示，NVH 为英文 Noise、Vibration 和 Harshness 三个单词第一个字母的缩写，表示汽车的噪声、振动与舒适性。从表 6-8 可以看出，该柴油机采用的喷射型式主要有超前喷射（Pilot Injection）、预喷射（Pre-Injection）、后喷射（After Injection）和两次主

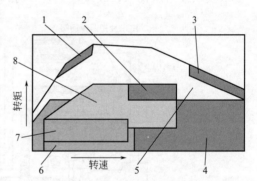

图 6-47　SKYACTIV-D 2.2L 柴油机的喷射次数随工况的变化
1~8—对应表 6-8 中的工况编号

喷射（Main Split Injection）等，不同工况采用了不同的单一喷射型式或几种型式的组合。通过燃油预喷射时刻和喷射量的优化，改善了 NO_x 和 CO 排放；通过后喷射方法，加速了颗粒物在排气过程的氧化，提高了进入 DPF 的排气温度，从而提高了 DPF 中沉积颗粒物的氧化速率，实现了 DPF 的再生。

表 6-8　不同工况下的燃油喷射策略[68]

工况编号	喷射速率 dq/dt 随时间 t 变化曲线	喷射特征	改善目标
1		1 次预喷射＋2 次主喷射	NVH

续表

工况编号	喷射速率 dq/dt 随时间 t 变化曲线	喷射特征	改善目标
2		1次预喷射+主喷射+后主喷射	NVH 和油耗
3		单次主喷射	功率
4		2次预喷射+主喷射	NVH 和油耗
5		1次预喷射+主喷射	NVH 和油耗
6		1次超前喷射+2次预喷射+主喷射	CO 和排气温度
7		2次主喷射+1次后喷射	NO_x 和油耗
8		1次预喷射+主喷射+1次后喷射	NVH 和碳烟

由于喷雾贯穿距离取决于每次喷射的燃油量和喷射压力，因此，采用多次后喷射方法可以减少每次喷射的燃油量；加速喷射燃料和颗粒物的氧化速率，提高排气温度。马自达 SKYACTIV-D 2.2L 柴油机以此为基础，在 DPF 再生时，采用了如图 6-48 所示的由 1 次超前喷射（Pilot）、5 次后喷射（Post1～Post5）的后喷和主喷射（Main）组成的 7 次后喷射的控制策略，加速了燃油与排气的混合，提高了混合均匀性及 DPF 再生效率。

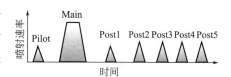

图 6-48 多次后喷射的燃料喷射速率

2. BMW 柴油车的后处理系统

BMW 柴油车应对欧 6 等最严格排放法规的后处理系统有蓝性能（Blue Performance）动力系统配置的后处理装置等。如图 6-49 所示为 BMW E70（X53.0sd）先进柴油车蓝性能动力系统的排气系统及后处理装置的安装与连接示意图[69]。排气后处理系统主要由主、副尿素水溶液箱、输液泵及其连接管路、DOC 及 DPF 总成和 SCR 总成等组成。主、副尿素水溶液箱分别安装于右前侧保险杠后面及驾驶员座位附近的车辆底部，主、副尿素水溶液箱的补液口均位于发动机舱内。

DOC 及 DPF 总成和 SCR 总成在发动机进、排气系统中的连接关系如图 6-50 所示[69]。图中进气用蓝色表示，排气用红色表示。DOC 及 DPF 总成采用一体化集成技术，安装于第二级（低压）增压器涡轮的出口，SCR 用尿素水溶液喷射、计量模块及其混合器位于 SCR 催化转换器与 DOC 及 DPF 总成之间。该柴油机的主要特点是采用了高、低两级增压器及冷却 EGR 系统，并且采样多个压力及温度传感器用于排气后处理系统的控制策略的制定。

图 6-49 BMW E70（X53.0sd）柴油车后处理系统示意图

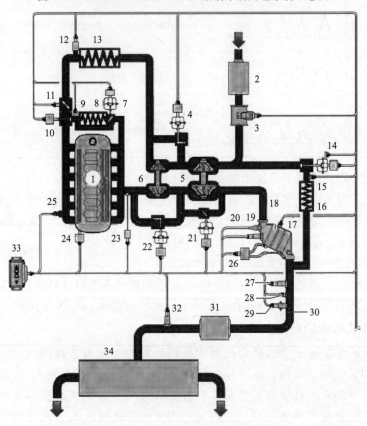

图 6-50 M57D30T2（US）柴油机进、排气系统示意图（彩图）

1—柴油机；2—进气消声器；3—热膜空气质量流量计；4—压缩机旁通阀；5—低压段涡轮增压器；6—高压段涡轮增压器；7—高压 EGR 冷却器旁路阀；8—EGR 冷却器；9—高压 EGR 温度传感器；10—高压 EGR 阀；11—节气阀；12—进气温度传感器；13—中冷器；14—低压 EGR 阀；15—低压 EGR 阀温度传感器；16—低压 EGR 阀冷却器；17—DOC 后温度传感器；18—DOC 及 DPF 总成；19—DOC 前温度传感器；20—氧传感器；21—旁路阀；22—涡轮控制阀；23—排气压力传感器；24—涡流调节器；25—增压压力传感器；26—压差传感器；27—NO_x 传感器；28—DPF 后温度传感器；29—SCR 计量模块；30—混合器；31—SCR 催化转换器；32—SCR 后 NO_x 传感器；33—柴油机数字电子装置（DDE）；34—后消声器

3. 商用车的欧 6 排气后处理系统

DAF（达富）欧 6 发动机后处理系统是典型的商用车排气后处理系统，其剖面图及其与发动机的连接方式如图 6-51 所示。为了最大限度地提高底盘布局的灵活性，DAF 欧 6 后处理系统由 DPF 和 SCR 两个不同模块组成，DPF 和 SCR 可以集成在一起，也可以单独安装在发动机的不同侧面。过滤模块包含 DOC 和 DPF 两个后处理装置；SCR 模块包含尿素选择催化还原净化器（USCR）和氨氧化催器（Ammonia Slip Catalyst，ASC）两个后处理装置。

发动机的排气通过一个绝热气管到达 DPF 模块，排气先进入 DOC 再进入 DPF，在 DOC 中 CO、HC 和 PM 的 SOF 组分被净化，PM 被收集在 DPF 的过滤壁面；然后依次进入 SCR 模块的 USCR 和 ASC，还原 NO_x 所需的 AdBlue（尿素溶液）由控制模块供给并在 DPF 模块和 SCR 模块连接管之间与排气混合，排气中的 NO_x 在 USCR 中被净化，多余的氨气由 ASC 净化，净化后的排气经排气消声器排入大气中。

图 6-51 商用车排气后处理系统[72]

DPF 的再生取决于车辆的行驶工况，即使在有利于再生的排气温度和 NO_x 水平下，DPF 捕集的大部分 PM 也由被动再生方式燃烧。如果 DPF 中的 PM 负载水平太高（由 DPF 上的压降显示），系统将开始主动再生。主动再生时，发动机切换到再生模式以提高 DOC 排出气体的温度，排气一旦温度达到 250℃，就会在 DPF 上游喷入燃料/空气混合物，将进入 DPF 的气体温度提高至 500℃ 以上，点燃 PM 使其燃烧。当过滤器清洁时（DPF 上的压降恢复正常时），燃料/空气喷射停止，发动机切换回正常运行模式。汽车行驶时，驾驶员不会察觉到驾驶时的主动再生模式。

当汽车长期处于低负荷运行条件下，PM 负载水平太高、DPF 温度过低无法启动自动再生时，仪表盘上出现 PM 负载水平高（需要再生）、PM 负载水平太高（需立即再生）或 PM 负载达到 100%（发动机功率受限，正在再生）等警告级别的指示。此时，驾驶员必须将车辆停放在安全的保存地点并按下按钮以启动再生。发动机将切换到再生模式进行再生，由后处理控制模块（ACM）和发动机控制单元监控和控制再生的整个过程以及排气系统。ACM 根据输入其中的温度传感器、DPF 压差传感器和 NO_x 传感器的信号发出调整再生工作参数和停止再生的指令。

参 考 文 献

[1] 中华人民共和国国家标准.《轻型汽车污染物排放限值及测量方法（中国第六阶段）》，GB 18352.6—2016.北京，中国环境出版社，2017.

[2] 中华人民共和国生态环境部.重型柴油车污染物排放限值及测量方法（中国第六阶段），GB 17691—2018.2018-06-22./http：//kjs.mee.gov.cn/hjbhbz/bzwb/dqhjbh/dqydywrwpfbz/201807/t20180703_445995.shtml

[3]　李兴虎. 柴油车排气后处理技术. 北京：国防工业出版社，2016.

[4]　生态环境部. 中国机动车环境管理年报（2018）. 2018 年 06 月 01 日. /http：//www. zhb. gov. cn/gkml/sthjbgw/qt/201806/t20180601_442293. htm

[5]　张杰. 重型柴油车数量不大排放大. 2016 年 01 月 26 日. /http：//www. cenews. com. cn/qy/qygc/201601/t20160126_801762. html

[6]　北京环保局. 最新科研成果—新一轮北京市 $PM_{2.5}$ 来源解析正式发布. 2018-05-14. /http：//zhengwu. beijing. gov. cn/gzdt/t1523665. htm

[7]　Department for Transport. Reducing emissions from road transport：Road to Zero Strategy. /http：//www. gov. uk/government/publications/reducing-emissions-from-road-transport-road-to-zero-strategy

[8]　国立環境研究所研究所. 直噴ガソリン車および最新ディーゼル車からの粒子状物質の排出実態と大気環境影響（所内公募型提案研究，FY2013～2015）国立環境研究所研究プロジェクト報告，第 123 号. SR-123-2017，2017 年 10 月 10 日. /http：//www. nies. go. jp/kanko/tokubetu/pdf/sr-123. pdf

[9]　Andreas C. R. Mayer. PM versus PN which Parameter describes the Toxic Air Contaminant emitted by CI and SI Engines better and should thus be used for Emissions Limits and AQ-Limits. ETH-Conference on Combustion Generated Nanoparticles-Zürich June 2014. /http：//www. nanoparticles. ch/2014_ETH-NPC-18/6a-06_Mayer. pdf

[10]　木下輝昭，横田久司，岡村整，中川智史，折原岳朗. ガソリン車からのナノ粒子の排出について. 東京都環境科学研究所年報，2005，82-90.

[11]　Bukowiecki N，Dommen J，Prevot ASH，Richter R，Weingartmen E，Valtensperger U，A mobile pollutant measurement laboratory-measuring as phase and aerosol ambient concentrations with high spatial and temporal resolution，Atmospheric Environment，2002；36：5569-5579.

[12]　郎凤玲，闫伟奇，张泉，曹军. 北京大气颗粒物数浓度粒径分布特征及与气象条件的相关性. 中国环境科学，2013，33（7）：1153-1159.

[13]　Michael Pipho J，David Kittelson B，Darriek Zarling D. NO_2 Formation in a Diesel Engine. SAE Paper 910231，1991.

[14]　杨正军，王建海，钟祥麟. 国Ⅳ柴油车 NO_2 排放特性研究. 汽车技术，2011：（6）：27-29.

[15]　Institute For Internal Combustion Engines and Thermodynamics. Update of Emission Factors for EURO 5 and EURO 6 Passenger Cars for the HBEFA Version 3. 2. /http：//ermes-group. eu/web/system/files/filedepot/10/HBEFA3-2_PC_LCV_final_report_aktuell. pdf

[16]　Francisco Posada Sanchez，Anup Bandivadekar，John German. Estimated Cost of Emission Reduction Technologies for Light-Duty Vehicles. The International Council on Clean Transportation. 2012 The International Council on Clean Transportation 1225 I Street NW，Suite 900. Washington DC 20005 USA（2013-09-28）. /http：//www. theicct. org

[17]　中华人民共和国国家环境保护标准 HJ 451—2008《环境保护产品技术要求 柴油车排气后处理装置》. 北京：中国环境科学出版社，2009.

[18]　van Hodac，Mitch Bainwol，Jed R Mandel，Yoshiyasu Nao. Worldwide fuel charter，5th edition，September 2013. /http：//www. jama. or. jp/eco/wwfc/pdf/WWFC5_2013_Final_single_page_corr. pdf

[19]　ディーゼル排気微粒子リスク評価検討会. 平成 13 年度報告. 2002 年 3 月 5 日. /http：//www. env. go. jp/air/car/diesel-rep/h13

[20]　李兴虎. 发动机润滑油的环境影响. 内燃机，2009，(1)：32-38.

[21]　Ralph McGil. Advanced Petroleum-Based Fuels—Diesel Emissions Control Project（APBF-DEC）Lubricants Project，Phase 1 Summary. July 2004. /https：//www. nrel. gov/docs/fy04osti/36357. pdf

[22]　Shawn D Whitacre. NREL-Lubracats Project APBF-DEC Lubricants Project. 4th Japan Clean Air Program Conference. June 1，2005. Tokyo. /www. pecj. or. jp/japanese/jcap/pdf/JCAP200506/1_3. pdf

[23]　Charlton S J. Developing Diesel Engines to Meet Ultra-Low Emission Standards. SAE Paper 2005-01-3628，2005.

[24]　National Renewable Energy Laboratory. Advanced Petroleum-Based Fuels—Diesel Emissions Control Project（APBF-DEC）Lubricants Project，Phase 2 Final Rrport. May 2006. /https：//www. afdc. energy. gov/pdfs/apbf-decquarterly08_02. pdf

[25]　James A McGeehan. A technical publication devoted to the selection and use of lubricants. Lubrication Magazine，

2008（5）：1-19.

[26] 崔舜，闫小俊，陈芳菲. 基于 TABKINFGM 燃烧模型研究 EGR 率对柴油机燃烧排放的影响（2018WICE003）. 2018 年世界内燃机大会学术交流论文集（上册）. 上海：上海大学出版社，2018：14-20.

[27] Hannu Jääskeläinen, Magdi K. Khair. EGR Systems & Components. 2012.6. /https：//www.dieselnet.com/tech/engine_egr_sys.php

[28] 日野自動車. 世界初の新 NO_x 低減技術-「コンバインドEGRシステム」を開発. 2003 年 9 月 18 日. /http：//www.hino.co.jp/j/corporate/newsrelease/pressrelease/backnumber/2003/hnt_release20030918.html

[29] Manufacturers of Emission Controls Association. Emission Control Technologies for Diesel-Powered Vehicles. December 2007. /www.meca.org/galleries/files/MECA_Diesel_White_Paper_12-07-07_final.pdf

[30] 英樹阿部. 自動車排出ガス触媒の現状と将来. 科学技術動向，2010 年 12 月号：8-16. /data.nistep.go.jp/dspace/bitstream/11035/2204/1/NISTEP-STT117-8.pdf

[31] Prasad R，Venkateswara Rao Bella. A Review on Diesel Soot Emission, its Effect and Control. Bulletin of Chemical Reaction Engineering & Catalysis, 2010, 5 (2): 69-86.

[32] Liu Yang, Balaji Sukumar, Mojghan Naseri, Penelope Markatou, Sougato Chatterjee. "After-Treatment Systems to Meet China NS VI, India BS VI Regulation Limits," SAE Technical Paper 2017-01-0941, 2017, doi: 10.4271/2017-01-0941.

[33] 排出ガス後処理装置検討会. 最終報告. 2014 年 3 月 28 日. 2014.（2014-08-21）. /http：//www.mlit.go.jp/common/001046134.pdf

[34] Tae Joong Wang，Seung Wook Baek，Je-Hyung Lee. Kinetic parameter estimation of a diesel oxidation catalyst under actual vehicle operating conditions. Ind Eng Chem Res，2008，47（8）：2528-2537.

[35] Nett Technologies Inc. Diesel Exhaust Catalytic Converters. (2010-09-28). /http://www.nettinc.com/docs/nett_factsheet_diesel_oxidation_catalyst.pdf

[36] Tim Johnson. Review of Emerging Diesel Emissions and Control. DEER Conference Dearborn，MI August 4，2009.（2014-12-28）. /http：//energy.gov/sites/prod/files/2014/03/f8/deer09_johnson.pdf

[37] 柏倉桐子，佐々木左宇介，中島徹. ディーゼル重量車からの規制未規制大気汚染物質排出量と排出傾向. 大気環境学会誌，2008，43（1）：67-68.

[38] 河合英直，後藤雄一，小高松男. エンジン排気管内におけるナノ粒子の挙動に関する研究. 交通安全環境研究所報告，2005，1：1～15. /http：//iss.ndl.go.jp/books/R100000002-I000000408486-00

[39] Corning Incorporated. Corning Secures New Long-Term Diesel Supply Agreements, January 03, 2012. (2014-01-01). http://www.corning.com/environmentaltechnologies/news_and_events/news_releases/2012/2012010301.aspx

[40] Daimler AG. 125 years of innovation. Dec 14, 2010. (2012-01-01). /http://media.daimler.com/dcmedia/0-921-1349599-1-1355506-1-0-0-1355625-0-1-12759-614216-0-0-0-0-0-0-0.html?TS=1369876589937

[41] EERE Information Center. Diesel Power：Clean Vehicles for Tomorrow. July 2010. the U.S. Department of Energy，Vehicle Technologies Program.（2013-09-28）. PROGRAM.（2013-09-28）. /https：//www1.eere.energy.gov/vehiclesandfuels/pdfs/diesel_technical_primer.pdf

[42] Koji Tsuneyoshi, Kazuhiro Yamamoto. Experimental study of hexagonal and square diesel particulate filters under controlled and uncontrolled catalyzed regeneration. Energy, 2013, 60: 325-332.

[43] Athanasios G Konstandopoulos. Flow Resistance Descriptors for Diesel Particulate Filters: Definitions, Measurements and Testing. SAE 2003-01-0846, 2003.

[44] Kenneth G. Rappé, Darrell R. Herling, John Lee, John Frye, Gary Maupin. Combination and Integration of DPF-SCR Aftertreatment Technologies. June 9, 2010, ACE025.（2014-12-28）. /http://energy.gov/sites/prod/files/2014/03/f11/ace025_rappe_2010_o.pdf

[45] 李兴虎，刘吉林. DPF 滤芯开口率和过滤面积的影响因素研究. 2012 年中国内燃机学会燃烧、节能、净化分会学术年会论文集，2012.7.21-23，合肥.

[46] 李兴虎，刘吉林. DPF 滤芯结构参数对其压力损失的影响研究. 2012 年内燃机技术联合学术年会论文集，2012.8.19-21，南宁.

[47] Nickerson S T，Sawyer C B，Gulati S T，Fernandes S D，Olson J R. Advanced Mounting System for Light Duty

Diesel Filter. SAE 2007-01-0471, 2007.

［48］ Roy Harrison M, Rob Tilling, Callén Romero M S, Stuart Harrad, Kym Jarvis. A study of trace metals and polycyclic aromatic hydrocarbons in the roadside environment. Atmospheric Environment, 2003, 37 (17): 2391-2402.

［49］ Pushkar Tandon, Achim Heibel, Jeanni Whitmore, Naveen Kekre, Kranthi Chithapragada. Measurement and prediction of filtration efficiency evolution ofsoot loaded diesel particulate filters. Chemical Engineering Science, 2010, 65: 4751-4760.

［50］ Aleksander Pyzik J, Cheng Li G. New Design of a Ceramic Filter for Diesel Emission Control Applications. International Journal of Applied Ceramic Technology, 2005, 2 (6): 440-451.

［51］ Tim Johnson. Diesel Engine Emissions and Their Control-An Overview. Platinum metals review, 2008, 52 (1): 23-37.

［52］ Dirk Bosteels and Robert A Searle. Exhaust Emission Catalyst Technology. Platinum metals review, 2002, 46 (1): 27-36.

［53］ 日刊自動車新聞. トヨタ、ディーゼル用触媒で新技術～2017年に実用化へ. 2012年9月27日. (2014-08-28)./http://www.njd.jp/topNews/dt/4326

［54］ JCAP第5回成果発表会. ディーゼル車WG報告. (2014-08-28)./http://www.env.go.jp/council/former2013/07air/y071-03/03.pdf

［55］ DGMK. AdBlue as a Reducing Agent for the Decrease of NO_x Emissions from Diesel Engines of Commercial Vehicles. DGMK Research Report 616-1. (2014-07-28)./http://www.dgmk.de/downstream/publikationen/im_netz/report_616-1_e.pdf

［56］ ACEA. The most promising technology to comply with the imminent Euro Ⅳ and Euro Ⅴ emission standards for HD engines-Selective Catalytic Reduction (Final Report). 23 June 2003. (2010-07-28)./http://www.scf.co.uk/SCRpaperfinal (ACEA).pdf

［57］ Manufacturers of Emission Controls Association. Emission Control Technologies for Diesel-Powered Vehicles. December 2007. (2014-06-28)./http://www.meca.org

［58］ Tim Johnson. Vehicle Emissions Review. DOE DEER Conference, Detroit, October 4, 2011. (2014-06-28)./http://energy.gov/sites/prod/files/2014/03/f8/deer11_johnson.pdf

［59］ Hannu Jääskeläinen, W. Addy Majewski. Heavy-Duty Diesel Engines with Aftertreatment. 2018.5./https://www.dieselnet.com/tech/engine_heavy-duty_aftertreatment.php

［60］ Eduardo Alano, Emmanuel Jean, Yohann Perrot, Jean-Paul Brunel, Nicolas Ferrand, Mehdi Ferhan, Julien Chapel, Karine Pajot. Compact SCR for Passenger Cars. SAE 2011-01-1318, 2011.

［61］ Mats Laurell, Johan Sjörs, Staffan Ovesson, Mats Lundgren, Rolf Brück, Manuel Presti. The innovative exhaust gas aftertreatment system for the new Volvo 4 Cylinder Engines: a unit catalyst system for gasoline and diesel cars. 22nd Aachen Colloquium Automobile and Engine Technology 2013./(2014-08-20) http://www.emitec.com/fileadmin/user_upload/Bibliothek/Vortraege/2013/131010_Compact_cat_Aachen.pdf

［62］ Cummins Inc. Cummins Tier 4 Technology Overview. 1/29/2013. (2014-08-20)./http://www.cdc.gov/niosh/mining/userfiles/workshops/dieselaerosols2012/nioshmvs2012tier4technologyreview.pdf

［63］ Suramya Naik, David Johnson, Laurence Fromm, John Koszewnik, Fabien Redon, Gerhard Regner, Neerav Abani. Achieving Bharat Stage Ⅵ Emissions Regulations While Improving Fuel Economy with the Opposed-Piston Engine. SAE 2017-26-0056, 2017.

［64］ Johnson Matthey. Integrated systems for CO, HC, PM and NO_x control from diesel engines. 2016./http://www.jmdpf.com/diesel-particulate-filter-system-SCRT-johnson-matthey

［65］ 森永真一, 詫間修治, 西村博幸. SKYACTIV-Dエンジンの紹介. マツダ技報, 2012, 30: 9-13.

［66］ Takashi Nagashima. Evolution of Automotive Technology and Fuel Quality for Environmental Improvement. Environment and Energy Issues at City Level, JARI China Round Table 2008, Jan. 19th Saturday, Shanghai.

［67］ Liuhanzi Yang, Vicente Franco, Alex Campestrini, John German, and Peter Mock. NO_x control technologies for Euro 6 Diesel passenger cars. (2015-10-21). ICCT white paper, September 2015./http://www.theicct.org/nox-control-technologies-euro-6-diesel-passenger-cars

［68］ 山内道広, 上月正志, 森恒寛, 谷村兼次, 森永真一. 新型MZR-CD 2.2エンジンの紹介. マツダ技報, 2009, 27:

15-20.

[69] BMW Service. Technical Training -Product Information（Advanced Diesel with Blue Performance），2008.（2014-07-28）./http：//www. kneb. net/bmw/AdvancedDiesel％20with％20BluePerformance. pdf

[70] B. Giechaskiel，G. Martini. Review on engine exhaust sub-23 nm Particles.（2014-11-30）./https：//www2. unece. org/wiki/download/attachments/16450001/GPRE-PMP-30-09％20DRAFT％20Sub23nm％20report＿JRC＿20140212. pdf

[71] 日野自動車株式会社.尿素を必要としない中小型ディーゼル車用 NO_x、PM 後処理システム.第 11 回新機械振興賞受賞者業績概要./https：//www. cataler. co. jp/aee2018/diesel/hc-scr. php

[72] DAF Trucks NV. DAF EURO 6 Engine Aftertreatment System./www. daf. ie/img/file/DAFEuro6EAS64739ENCopy＿1. pdf

第七章 电动汽车的环境污染与防治对策

第一节 电动汽车环境污染的评价方法

一、电动汽车环境污染的特点与评价方法

汽车设计开发、制造、行驶、维修和报废阶段涉及的各种原材料和能源（燃料和电能），其生产和使用均会对环境产生污染及影响，因此，汽车的环境污染贯穿于其设计、制造、使用和报废整个生命周期，最为科学和严谨的汽车环境影响评价应该是从汽车全生命周期进行评价的方法，该类方法常称为生命周期评价（Life Cycle Assessment，LCA）法。LCA 法需要汽车生命周期内各个阶段的各种材料和能源消耗量的详细清单等及相关环境污染物的排放数据。LCA 法的评估误差强烈地依赖于单位质量的原材料和能源的污染物排放量（常称为污染物排放因子）的准确性，原材料和能源来源及生产工艺复杂，其污染物排放因子（单位原材料或能源的污染物排放量）确定难度大，且随来源地域及企业的变化大。因此，可以说 LCA 法费时费力、成本高和误差大。这就是 LCA 法没有被环保部门等作为传统汽车环境污染评价指标使用的原因之一。

纯电动汽车（Pure Electric Vehicle，PEV）及燃料电池汽车（Fuel Cell Electric Vehicle，FCEV）在行驶过程中不排放废气，但行驶过程中使用的能源（电力或氢气等）的生产过程则有大量污染物排放，即 PEV 和 FCEV 行驶过程之前已产生了环境污染，并且行驶距离越长，这种环境污染就越严重。这种环境污染的特点有三个：一是产生时间超前于行驶，是非实时的，在汽车充电或加气之前就已产生；二是产生地点非常广泛，包括发电和氢气用原材料的开发、运输，以及发电厂和氢气生产企业、加氢站或充电站等处，如 EV 行驶使用的电力，其产生的环境污染地点在煤矿、运输沿途、电厂煤场、燃煤锅炉厂房及电力输送设备生产车间等处，以及电力或燃料的输送沿途、燃料加注或充电站等处；三是具有非直观性，汽车使用人员或交通参与人员无法直接感受。因此，可以将其称为能源制造污染、异地排污或异地环境污染等。与此相对，传统汽车行驶过程产生的环境污染是直观的，可以直接感受到，故可称为随车污染、当地污染等。

对于传统汽车行驶过程中环境污染物的排放量多少，一般按照排放标准规定的方法得到的单位里程的当地污染排放量（g/km）或比排放 [g/(kW·h)] 等评价，该方法适用于传统燃油车。由于这一部分污染物是由加注到油箱的燃油驱动汽车行驶所产生的，故在 LCA 中常将其称为油箱到车轮（Tank-to-Wheel，TTW）阶段的环境污染物。对 PEV 和 FCEV 而言，TTW 阶段的环境污染物为零，故该方法不适用于 PEV 和 FCEV 等车辆。

尽管 PEV 和 FCEV 在 TTW 阶段的环境污染物为零，但不同车辆及车型行驶过程使用电力或燃料的多少不同，因而不同的 PEV 和 FCEV 产生的异地环境污染大小不同。另外，对于行驶过程中使用电力或燃料相同的车辆而言，若使用的电力或燃料来源不同，则其产生的环境污染的大小也会不同。因此，评价 PEV 和 FCEV 的行驶过程的环境污染水平时，应采用单位行驶里程消耗的能源生产过程中产生的污染物排放量进行评价，在 LCA 中常将此部分称为油井到油箱（Well-to-Tank，WTT）阶段的环境污染物。对纯电动汽车而言，由于其无油箱，使用的电力被充入动力电池，故此部分污染物可称为油井（或矿井）到电池（Well-to-Batery，WTB）的环境污染物。

单位行驶里程消耗的能源多少，反映了单位行驶里程产生的污染物多少。一般来说，PEV 和 FCEV 的能耗水平代表了其行驶过程异地环境污染的大小，能耗越小，代表了其行驶过程异地环境污染越少。但由于 PEV 和 FCEV 使用的电力和氢气的排放因子不同，PEV 和 FCEV 的能耗水平不能用于不同种类汽车环境污染的评价。为了分析和比较传统汽车、PEV 和 FCEV 的环境污染多少，就必须计算从汽车设计开发、制造、行驶、维修和报废各个阶段的环境污染物排放总量或环境影响指标等。

目前，国内外开发了很多汽车全生命周期环境污染评价的软件[1]，其中较有代表性的软件有美国阿岗实验室开发的 GREET 软件和 GaBi 软件[2]，故此处仅以 GREET 软件和 GaBi 软件为例予以简要说明。GREET 软件可用于评估汽车整车及燃料生命周期内的能耗和排放，它可以计算 100 多种替代燃料和 80 多种汽车全生命周期环境污染物的排放量。GREET 软件的输出参数有汽车生命周期的温室气体及空气污染物排放量，空气污染物包括排气排放物以及非排气排放物两部分，污染物的种类有 CO_2、CH_4、N_2O、VOC、CO、NO_x、PM_{10}、$PM_{2.5}$ 和 SO_x[3]。非排气排放物包括汽油和柴油挥发的有机化合物以及轮胎与刹车磨损等产生的 PM_{10} 和 $PM_{2.5}$ 等。若将汽车全生命周期内的污染物 CO_2、CH_4、N_2O、VOC、CO、NO_x、PM_{10}、$PM_{2.5}$ 和 SO_x 等的排放总量分别除以其行驶里程、行驶里程与载客人数的乘积、行驶里程与载货量的乘积，则可得到单位里程的排放量 R_1，单位里程和载客量之积的排放量 R_2，以及单位里程和载货量之积的排放量 R_3。R_1、R_2 和 R_3 可称为汽车全生命周期环境污染物排放因子或 LCA 排放因子，其单位依次为 kg/km、kg/(km·人) 和 kg/(km·t)。R_1、R_2 和 R_3 分别适用于小型乘用车、大中型乘用车和商用载重车的评价，R_1、R_2 和 R_3 越大，表明该车辆的环保性能越差。

GaBi 软件也是广泛应用的汽车 LCA 方法之一，GaBi 数据库迄今已创建 25 年，配置了 12000 多个即用型生命周期清单文件，GaBi 软件在大众汽车等多家汽车公司的产品设计和环境评估中得到了应用[2]。GaBi 软件在国内车辆轻量化研究等方面也得到广泛应用[4,5]。GaBi 软件的输出参数为 7 个环境影响评价指标，即资源消耗潜值、酸化潜值、富营养化潜值、全球变暖潜值、臭氧层损耗潜值、光化学臭氧合成潜值和放射性辐射潜值。资源消耗潜值反映了汽车产品资源消耗占整个自然资源的份额，同时也反映了汽车生命周期内使用资源的稀缺性。酸化潜值反映了人为污染形成酸性降水落到地表后所造成的土壤和水体酸化及环境功能衰退的程度。富营养化潜值用于评价氮、磷等植物营养物质含量过多引起水质污染的大小。全球变暖潜值反映了全生命周期内排放温室气体的多少。臭氧层损耗潜值反映了全生命周期内排放的氟里昂等破坏臭氧层气体的多少。光化学臭氧合成潜值反映了全生命周期内排放的非甲烷碳氢化合物的多少，通常采用乙烯当量表示，它反映了汽车排放形成光化学烟雾的潜力大小。放射性辐射潜值反映了汽车全生命周期内使用放射性材料的多少。放射性辐射主要来自花岗岩、砖砂、水泥及石膏等，典型的放射性辐射物质为氡的同位素，是肺癌的主要诱因。

二、汽车全生命周期的环境污染源及污染物排放量的计算流程

汽车全生命周期环境污染物排放量的计算一般分为设计开发、制造、使用(行驶)和报废四个阶段进行。各个阶段的环境污染物均来源于该阶段的原材料和能源消耗。

设计开发是一个复杂的系统工程,一款全新汽车的设计开发需要数年时间,其费用按发达国家劳动力估算,约需要数亿美元,若按我国的劳动力生产估算,其开发费用在数亿到几十亿元人民币之间[6]。汽车的研发过程可分为市场调研、概念设计、工程设计、样车试制与定型试验五个步骤。市场调研的主要任务是根据消费者需求、喜好和习惯等确定车型及市场目标。概念设计的工作包括总体布置、造型设计、制作油泥模型等。工程设计的主要任务则是对概念设计的整车进行细化设计,包括各个总成的设计或选型等。样车试制的主要任务是根据工程设计图纸加工汽车零部件、车身和各总成并进行汽车组装。定型试验的主要工作是对样车进行性能、可靠性和型式认证等试验,验证试制样车是否满足相关标准,发现设计中存在的问题,并对工程设计进行改进和小批量试制,最终确定进行批量生产的车型。

汽车产品的设计开发过程会消耗大量的原材料和能源,因此其污染物排放量相当可观。但定型之后,畅销车型将会生产数十万辆甚至上百万辆,一般车型也会生产数万辆,均摊到每辆汽车上的环境污染物排放量则会很少。因此,汽车产品研发过程排放的污染物相对每辆汽车全生命周期污染物排放量而言,是非常小的,可以忽略不计。设计开发阶段产生的环境污染物排放量到底有多大,目前尚未看到分析案例。

当车辆定型后,即可启动投产,制定生产流程链、购置生产设备、建设冲压、焊装、涂装以及总装生产线等。生产线经过反复调试和完善之后,即可开始小批量生产,并验证生产流程和产品的性能、可靠性等。在小批量生产无重大问题的情况下,即可正式启动量产。

汽车制造阶段的环境污染主要来源于冲压、焊装、涂装和总装四大工艺过程以及装配使用的零部件总成制造和运输过程。

冲压工艺的任务是对钢板等材料进行切割、冲孔、切边以及冲压成形等,利用各种模具在冲压机床上冲出各种各样的工件,该部分生产过程需要消耗大量金属板等各种原材料,并需要对切割和冲压的残余原材料进行回收处理;生产过程消耗的能源主要为电能。焊装工艺主要对冲压成形后的车身板件等进行装配和焊接,需要对百余种甚至数百种薄板冲压件进行焊接、铆接、机械连接及粘接等,最终生产出车身总成。车身冲压件材料除常用的低碳钢和不锈钢外,还有铝及铝合金、铜及铜合金等;常见的焊接方式有点焊(车身主体总成、车身侧围总成)、凸焊(螺母、螺柱和垫圈等)和 CO_2 保护焊、氩弧焊(车身总成)等。该部分生产过程需要消耗大量的焊条和能量,并排放大量的焊接烟尘(含有 MnO_2、Fe_2O_3 等)以及有害气体 CO、NO_x 和 O_3 等。

涂装工艺过程比较复杂,技术要求比较高。涂装的主要目的是防止零件腐蚀和增加美感,包括涂前预处理、底漆涂覆、喷漆和烘干工艺等。涂前预处理指去除物体表面附着异物(如油污、锈蚀、灰尘、旧漆膜等)的过程;喷涂采用空气喷枪、高压无气喷枪、空气辅助式喷枪及手提式静电喷枪等将油漆涂覆于零件表面;涂层的干燥一般采用均匀热风对流等烘干方式,热源由蒸汽、电、轻柴油、天然气和液化石油气等产生。汽车涂装过程需要消耗大量的油漆、清洗剂和燃料等各种原材料及电力,并需要对消耗的能源和材料进行回收处理的废液装置及空气净化设施等。汽车涂装过程的污染物还包括喷漆室、晾干室和烘干室的挥发性有机溶剂(VOCs)等直接排放的环境污染物,及消耗的原材料和能源等产生的间接排放的环境污染物。

总装工艺指把车身、发动机、变速器、仪表盘、车灯、座椅等各零件安装组合到一起的生产过程。总装工艺可分为前围装配、仪表板装配、车灯装配和底盘装配等过程。经过总成装配、零部件安装、车轮定位、车灯视野检测等检验调整后，车辆生产过程即告完成。总装车间的直接环境污染有补漆室及整车下线检测工位等有害气体排放，间接环境污染为与原材料和能源产生的相关环境污染。

总装工艺中安装于车身和车架上的发动机、变速器、仪表盘、车灯、座椅和各种零件等的生产过程也会产生大量的直接和间接环境污染，这些污染也属于汽车制造过程产生的环境污染。

传统汽车使用阶段的污染物排放主要有燃料的油井到车轮（Well-to-Wheel，WTW）、维修保养和能源加注过程排放的污染物，燃料 WTW 阶段的污染物包括汽车使用过程（加油、汽车燃油系统和内燃机燃烧）TTW（Tank-to-Wheel）排放的污染物和燃料生产阶段 WTT（Well-to-Tank）的污染物。对纯电动汽车而言，使用阶段排放的污染物主要有电力 WTB（Well-to-Bater）阶段、维修保养和充电三个过程排放的污染物。充电阶段的环境污染主要有电网扩容、充电桩或充电站的制造及施工等过程产生的污染，另外，充电过程对电网的影响也会产生一些间接的环境污染。如充电机交流侧电流谐波分量经系统阻抗传递后，会引起电网电压波动和电能损耗，进而影响变压器使用寿命，危害其他计量和监测设备，这些额外增加的能耗和设备损失等引起的环境污染即为间接的环境污染。因此，充电桩或充电站产生的谐波危害也不容忽视。随着电动汽车的推广应用，接入电网的大功率充电机，尤其是三相不控整流充电机规模的逐渐增加，致使谐波危害会逐步增大。充电阶段产生的环境污染在目前的 EV 的全生命周期评价中一般都予以忽略，主要原因是其在 EV 全生命周期内的环境污染物排放量中所占比例很小。另外，充电阶段产生的环境污染与电网的其他环境污染混在一起，难以区分。

对氢燃料电池汽车而言，使用阶段排放的污染物包括氢气生产、维修保养和氢气加注三个过程的污染物。与 PEV 相似，FCEV 行驶过程无排气环境污染物，但使用的氢气在进入氢气瓶之前会产生环境污染，即氢气 WTT 阶段的环境污染，主要包括氢气生产（Well-to-Hydrogen，WTH）、输送以及加注三个分阶段产生的环境污染，WTT 阶段环境污染排放量的计算方法说明见本章第四节。

汽车保养、维修过程的污染物排放量可根据保养、维修次数和每次的污染物排放量计算。报废过程的环境污染物种类及报废流程等在本书的第一章已做了简要介绍，此处不予赘述。报废阶段的污染物排放量取决于汽车的结构复杂程度、零件数量及材料种类等，车辆构造越复杂、整备质量越大、材料种类越多，则其报废阶段的污染物排放量就越多。车辆分销常采用集装箱运输或货轮运输，相对汽车全生命周期污染物而言，可以忽略不计。

汽车全生命周期环境污染物排放量的计算流程如图 7-1 所示。汽车全生命周期可简化为原材料生产、汽车制造、汽车使用和回收处理四个阶段。环境污染的主要来源为上述四个阶段所用矿产、原材料和能源的生产过程，以及上述四个阶段内部和相互之间物资的运输过程等。由于汽车生产和报废过程的部分原材料或零件得到了回收利用，因此汽车全生命周期之内的实际环境污染物排放量应为上述四个阶段产生的环境污染物总量减去由于采用回收利用原材料或零件而减少的原材料或能源生产排放的环境污染物量。由于汽车研发以及汽车制造企业回收利用的原材料占汽车生命周期的环境污染排放量的比例很小，因而在图 7-1 所示的

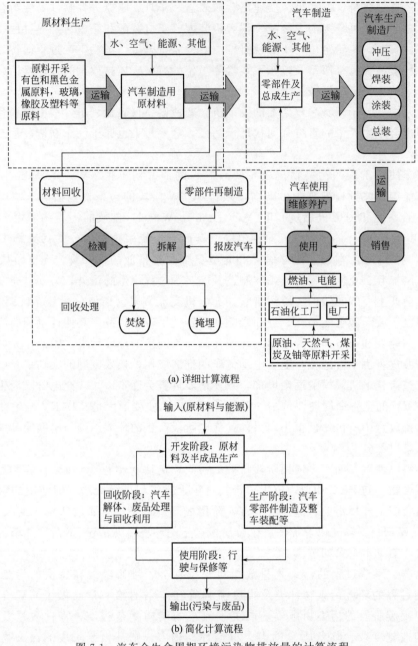

(a) 详细计算流程

(b) 简化计算流程

图 7-1 汽车全生命周期环境污染物排放量的计算流程

计算流程并未列出该部分。在汽车全生命周期环境污染物实际计算中,除了忽略上述的污染源之外,对于分销和运输等一些占比很小的污染源也常常忽略不计,图 7-1(b) 所示的汽车全生命周期的环境污染物计算流程就是一种忽略了很多微小污染源的简化流程。

三、汽车制造用原材料的排放因子

无论是汽车全生命周期内环境污染物排放总量还是环境影响指标的计算,都需要制造用原材料及能源的排放因子(Emission Factor),排放因子也称排放系数,其定义为在正常技术经济和管理等条件下,经控制措施削减后或未经削减直接排放到环境中的单位活动水平所产生的大气污染物的量。活动水平指在一定时间范围及界定地区内，与某项大气污染物（如 CO_2、$PM_{2.5}$ 和 VOCs 等）排放相关的生产或消费活动的量，如燃料消费量、产品生产数量、机动车行驶里程等[7]。因此，排放系数有多种单位，如 g/kg、g/MJ、g/m³ 和 g/(kW·h) 等。

汽车制造用原材料指生产汽车产品的基本原料，如钢、铁、铝、铜、玻璃、塑料、橡胶和涂料等。汽车原材料排放因子的定义为由原料开采到原材料产品出厂或运输到达汽车生产厂的整个过程的排放量与其质量（或体积）之比，即单位质量（或体积）原材料的污染物排放量，其单位常用 g/kg 或 g/m³ 等表示，原材料的排放因子反映了原料开采、运输、生产和原材料产品运输等过程污染物排放量的多少，排放因子越大，说明原材料制造过程中产生的环境污染物越多。汽车设计时，在相同的条件下，应尽量使用排放因子小的原材料。

表 7-1 列出了部分汽车原材料的排放因子[3]。可见，原材料不同，其排放因子差别很大；对同一种原材料，若其生产工艺不同，则其排放因子可能会存在较大差别，如锻造铝和铸造铝的 CO_2 排放因子分别为 7250g/kg 和 2850g/kg，相差数倍，因此仅从减少 CO_2 排放的角度看，则应尽量采用铸造铝材料。

表 7-1 部分汽车原材料的排放因子　　　　　　　　　　单位：g/kg

名称	CO_2	VOC	CO	NO_x	PM_{10}	$PM_{2.5}$	SO_x
钢	4290	3.570	25.000	3.620	2.190	1.020	15.300
铁	1000	2.220	0.970	1.670	1.130	0.510	3.670
锻造铝	7250	1.300	2.600	5.850	4.750	2.350	5.860
铸造铝	2850	0.480	1.320	2.530	1.530	0.770	8.190
铜线	3770	0.400	2.410	6.990	0.870	0.420	150.000
镁	11700	1.320	4.240	8.780	1.550	0.730	18.200
玻璃	1760	0.240	0.990	2.330	0.170	0.110	1.770
塑料制品	3670	1.150	6.920	5.350	1.350	0.370	19.600
苯乙烯-丁二烯橡胶	3940	6.280	2.220	5.230	0.900	0.470	15.000

汽车实际使用的原材料远不止表 7-1 所列的 9 种，其数量众多，其中不少原材料的环境污染物的排放因子尚没有可靠的统计结果。表 7-2 列出了日本国内汽车生产常用原材料的 CO_2 排放因子，与表 7-1 比较可知，相同原材料的 CO_2 排放因子并不相同，这主要是由于原料的开采、运输、加工工艺及电力构成等的差异所致。

表 7-2 日本国内汽车生产常用原材料的 CO_2 排放因子[8]　　单位：kg CO_2/kg

原材料名称	排放因子	原材料名称	排放因子
钢铁	1.432	绝缘材料	2.486
普通钢材	1.432	环氧树脂	2.486
合金钢	0.912	热固性树脂	2.452
异形圆钢	1.432	热塑性树脂	1.029
硅钢板	0.912	塑料制品	2.911
铁	1.432	润滑油	0.183
锻钢	1.553	绝缘油	0.183
铸钢	1.788	聚乙烯	1.191

续表

原材料名称	排放因子	原材料名称	排放因子
铸造锻钢	1.643	氯化乙烯树脂	1.288
碳素钢	1.432	FRP(纤维增强材料)	4.514
铜	2.434	PVC(聚氯乙烯)	1.288
铝	6.284	绝缘子	2.911
镍	3.104	氧	0.123
混凝土	0.117	多晶硅	76.836
沥青	0.096	平板玻璃	1.541
铅	2.128	膨胀剂	1.249
锌	2.925	丁基橡胶	7.836
镍	3.104	甲硅烷	6.618
镍合金	3.104	聚对苯二甲酸乙二醇酯树脂(PET)	1.347
钛	8.819	硅橡胶	5.721
锆合金	3.807	热塑性树脂(PPE)	6.537
水泥	0.818	氩气	0.519
石棉	3.130	硅胶坩埚	0.316
砂浆	0.213	碳化硅	7.458
胶	3.813	高强度钢丝	1.432
炸药	1.071	纯净水	0.029
木材	0.125	$POCl_3$(三氯氧磷)	2.368
沙(砾)石	0.005	铝浆	6.284
石头	0.005	银浆	0.646
膨润土	0.052	MDEA(甲基二乙醇胺)	0.186
氨	1.086	清洁煤油	0.183
石灰石	0.442	真空油	0.164
玻璃	1.541	冷却水	$0.114×10^{-3}$
玻璃纤维	2.814	水溶性切削油	0.136
石墨纤维	2.814	切削油	0.159

排放因子的影响因素众多，其确定需要大量的、细致的、大范围和跨行业的统计数据。因而不同作者及统计口径得到的排放因子存在差别，甚至是很大差别。因此，计算汽车全生命周期内的环境污染物排放量时，应尽量采用当地和权威部门公布的汽车生产、使用或报废阶段的最新排放因子，否则，可能会带来较大误差。另外，值得注意的是冷却水的排放因子仅为 $0.114×10^{-3}\,\mathrm{kg\ CO_2/kg}$，远小于其他原材料，因此其碳排放可以忽略。

四、汽车制造用燃料排放因子

燃料排放因子与原材料排放因子定义类似。燃料排放因子指单位质量、体积或热值的燃料 WTT 阶段的环境污染物排放量，燃料排放因子反映了原油开采和运输、炼油、燃料运输及加注等过程污染物排放量的多少。燃料排放因子的确定也是一个极其复杂的工作，需要大量统计数据[9]。一般来说，燃料排放因子越小，该种燃料就越环保。

表 7-3 中列出了常见的国产燃料单位低热值、单位质量（固体及液体燃料）或单位体积（气体燃料）的排放因子，为了了解燃料的热值及碳含量，表 7-3 还列出了单位质量（固体及液体燃料）或单位体积（气体燃料）燃料低热值及单位热值的碳含量。对于同一种燃料，低热值高于或低于表 7-3 中所列燃料的同类燃料，其对应的排放因子应低于或高于表 7-3 所列燃料，其排放因子可以表 7-3 中所列燃料为基准进行换算。

表 7-3 国产燃料的排放因子[10]

燃料种类①	单位质量或体积低热值 /(MJ/kg)或(MJ/m³)	碳含量/(t C/TJ)	单位低热值 CO_2 排放因子/(kg/MJ)	单位质量或体积 CO_2 排放因子/(kg/kg)或(kg/m³)
标准煤	29.271	—	0.0840	2.4588
原油	41.816	20.0	0.0711	2.9731
燃料油	41.816	21.1	0.0755	3.1571
汽油	43.070	18.9	0.0675	2.9072
煤油	43.070	20.0	0.0694	2.9891
柴油	42.652	20.2	0.0726	3.0965
液化石油气	50.179	17.2	0.0616	3.0910
炼厂干气	46.055	15.7	0.0482	2.2199
石油焦	28.032	29.2	0.0957	2.6827
油田天然气	38.931	15.3	0.0543	2.1140
煤矿瓦斯气	14.636~16.726	12.1	0.0373	0.5459~0.6239
焦炉煤气	18.003	12.1	0.0373	0.6715

① 固体及液体燃料计量单位为 kg，气体燃料计量单位为 m³。

国产燃料除 CO_2 以外的排放因子，部分在环境保护部的公告中列出了推荐值，表 7-4 列出了我国火力发电用燃料的 VOCs 和 $PM_{2.5}$ 排放系数。环境保护部的公告中还列出了生物质燃烧源、工艺过程源、溶剂使用源、移动源等排放源的 VOCs 和 $PM_{2.5}$ 排放系数推荐值，有需要的读者可以查阅。从表 7-4 可见，燃料不同，其排放因子差别很大，差别甚至高达数十倍，火力发电用燃料的选择对减少 VOCs 和 $PM_{2.5}$ 排放具有重要作用。

表 7-4 我国火力发电用燃料的 VOCs 和 $PM_{2.5}$ 排放系数[11,12]

燃料种类	煤	燃料油	柴油	天然气	液化石油气	煤气
单位	g/kg	g/kg	g/kg	g/m³	g/m³	g/m³
VOCs 排放系数	0.15	0.13	—	0.045	0.034	0.00044
$PM_{2.5}$ 排放系数	—	0.62	0.5	0.03	0.03	—

五、电力生产过程的污染物排放因子

汽车生产、行驶及报废处理等过程均使用大量的电力，因此电力生产的环境污染与汽车的环境污染，特别是纯电动汽车（PEV）的环境污染密切相关。PEV 行驶过程使用的电力的生产过程产生多种环境污染，故常说的零排放 PEV 是存在异地环境污染的。因此，电力生产的污染物排放因子是定量分析纯电动汽车（PEV）全生命周期内产生的异地环境污染的基础。

电力生产的环境污染大小,常用电力生产污染物的排放因子评价。电力生产污染物排放因子定义为每千瓦时电能从原料(煤、油、气、地热和铀等)开采到电网终端的电力生产过程产生的环境污染物,电力排放因子反映了发电用原料开采及运输、电厂建设、发电装置制造、电力生产、电力输送和分销等过程污染物排放量的多少。

常见的电力有火电(燃煤、燃油和燃气)、核电、风电、太阳能、水电和地热等。不同发电方式产生的污染物种类及数量各异。其中风力、太阳能、水力和地热发电属于可再生能源发电,可再生能源来自非化石燃料,电力生产过程几乎没有环境污染,环境污染主要来自电厂建设、发电装置制造、电力输送和分销等过程。核电与其类似,环境污染物主要来自核燃料循环前段(包括铀矿采冶、铀转化、铀浓缩、元件制造、核电站)和核燃料循环后段(乏燃料后处理和废物处置)。核电被认为是高效、洁净和安全的能源。核电站内固体废物采用专门的技术进行处理,放射性活度较大的液体或废物转化成的固体废物专门处理;连工作人员淋浴水之类的低放射性废水也要经过处理、检验合格后排放;气体废物经处理和检测合格后向高空排放。因此,正常情况下,核电的放射性污染物也可以忽略不计。核电的最大安全隐患就是泄漏,其放射性会杀死正常细胞,导致生物细胞突变和患病,甚至死亡。

总之,不同发电方式全生命周期的污染物排放因子相差甚远。核电、风电、太阳能、水电和地热的排放因子很小,燃煤火电、燃油火电和燃气火电的污染物排放因子较大,甚至很大。在电力全生命周期内的污染物排放因子中,CO_2 排放因子的相关研究最多,也最为成熟。表 7-5 为不同发电技术全生命周期的 CO_2 排放因子比较[13]。从该结果可以看出,煤电全生命周期的 CO_2 排放因子远高于其他方式,水电和地热发电方式的 CO_2 排放因子最小,约为煤电的 1.3%。因此发电方式对电力全生命周期的 CO_2 排放因子影响非常显著。

表 7-5 不同发电技术全生命周期的 CO_2 排放因子比较

单位:g CO_2/(kW·h)

发电种类	燃煤火电	燃油火电	LNG 火电	核反应堆发电	风力发电	太阳能发电	水力发电	地热发电
绝对值	943	738	516	19	26	38	11.9	13
相对煤电值	1	0.7826	0.5472	0.0201	0.0276	0.0403	0.0126	0.0138

表 7-5 为日本电力的 CO_2 排放因子,并不适合我国的国情。中国工程院 2011 年对我国不同发电能源链温室气体排放开展了研究,结果列于表 7-6。表 7-6 中核电的 CO_2 排放因子考虑了核燃料循环前段(包括铀矿采冶、铀转化、铀浓缩、元件制造、核电站)和核燃料循环后段(乏燃料后处理和废物处置)。煤电链的 CO_2 排放因子中计入了煤炭生产环节、煤炭运输环节、燃煤电站建造、运行和退役环节,以及电力输配环节 4 个阶段中直接排放和间接排放的温室气体。由于水电链、风电链和太阳能发电排放因子的影响因素众多[14,15],如对风电链而言,就需要考虑整个风电场从植被破坏开始到装置安装调试、发电和报废等过程,以及风电装置的寿命等[16,17],故表 7-6 中仅列出了其变化范围。

表 7-6 2011 年我国不同发电技术全生命周期的 CO_2 排放系数

单位:g CO_2/(kW·h)

燃煤火电	太阳能发电	风力发电	核电(核反应堆)	水力发电
1072.4	56.3~89.9	15.9~18.6	11.9	0.81~12.8

由于各国能源结构存在差异,致使其电力构成中火电、核电、风电、太阳能和水电等的

比例各异，其电力构成差异巨大，并且随着时间变化，特别是像我国这样的发展中国家，几乎每年的电力构成都不相同。表 7-7 为 2014 年部分国家电力的 CO_2 排放因子，为了便于比较所列国家的差别，表 7-7 中同时列出了其他国家的 CO_2 排放因子相对于印度的百分比，电力生产污染物的排放因子一般是对电网终端的电力而言的，故其与电网中电力构成密切相关。可见，所列国家中 CO_2 排放因子最低的法国仅为印度的 3.7%，法国 CO_2 排放因子低的主要原因是其电力构成中核电的比例很高。

表 7-7　2014 年部分国家电力 CO_2 排放因子[18]　　单位：$g\ CO_2/(kW\cdot h)$

国家	法国	加拿大	意大利	英国	德国	日本	中国	印度
排放因子	30	150	340	390	450	510	660	810
相对值/%	3.7	18.5	42.0	48.1	55.6	63.0	81.5	100.0

如图 7-2 所示为 2014 年部分国家的电力构成及碳排放因子[18]，不同国家的电力构成中化石燃料比例和非化石燃料比例差别很大，法国电力构成中非化石燃料的比例高达 90% 以上；印度的电力构成中化石燃料比例超过了 80%。从图 7-2 中可以看出，CO_2 排放因子随着电力构成比例中非化石燃料的比例增加而减少，因此，采用非化石燃料发电技术是降低环境污染的一条重要途径。

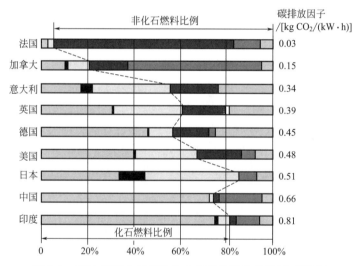

图 7-2　2014 年部分国家的电力构成及碳排放因子（彩图）
■煤炭　■石油　□天然气　■核能　■水力　■新能源/废弃物

六、火力发电的环境污染及污染物排放因子

在常见的燃煤火电、燃油火电、燃气火电、核电、风电、太阳能、水电和地热八种发电方式中，火力发电的 CO_2 排放因子最大，其环境污染最为严重，污染物排放种类最多，故此处以火力发电的环境污染及其排放因子为例予以说明。

表 7-8 为 2015~2017 年全国电力种类、发电量及其占比统计[19,20]，可见我国电力构成每年都在变化，发电方式以火电（燃煤火电和燃气火电）和水电为主，核电、风电和太阳能三种的发电量占比很小。其中 2015 年、2016 年和 2017 年我国火电发电量分别为 41868 亿千瓦时、43273 亿千瓦时和 45513 亿千瓦时，占总发电量的比例分别为 73.53%、71.82%

和 70.92%。

表 7-8 2015～2017 年全国电力种类、发电量及其占比统计

电力种类	2015 年		2016 年		2017 年	
	年度电量/亿千瓦时	占比/%	年度电量/亿千瓦时	占比/%	年度电量/亿千瓦时	占比/%
水电	11117	19.5251	11748	19.4997	11945	18.6117
火电	41868	73.5339	43273	71.8260	45513	70.9146
核电	1714	3.0103	2132	3.5388	2483	3.8688
风电	1853	3.2545	2420	4.0168	3057	4.7632
太阳能发电	385	0.6762	674	1.1187	1182	1.8417
总发电量	56937	100.0000	60247	100.0000	64180	100.0000

在燃煤火电、燃油火电和燃气火电中，燃油火电和燃气火电的污染与汽车内燃机类似，燃煤火电污染最为严重，远高于燃油火电和燃气火电。

燃煤电厂电力生产中向大气、水体和土壤中排放多种污染物质，对生态环境的影响最大的是其排放的大气污染物形成的大气环境问题[21]。

燃煤电厂的大气污染物主要来自其燃煤锅炉的烟囱及生产车间等。燃煤锅炉烟囱向高空排放的大气污染物主要有 PM、NO_x、SO_x、CO 和 CO_2 等，次要污染物有重金属、未燃烧的碳氢化合物、挥发性有机化合物等。另外，还有烟气脱硝系统运行中散逸的还原剂液氨/氨气等。SO_x 由煤中硫的燃烧而产生，煤炭中硫以无机硫或有机硫的形式存在，煤中硫在燃烧过程中绝大多数以 SO_2 形式排放，极少部分被氧化为 SO_3，SO_x 被吸附到颗粒物上，既增加了颗粒物（PM_{10}/$PM_{2.5}$）的排放质量，又增大了颗粒物毒性。NO_x 指煤炭燃烧过程中排放的 NO_2 和 NO 的混合物，NO_x 主要有热力型和燃料型两类，燃料型 NO_x 排放量与煤炭含氮量成正比，燃煤中含氮量越高，燃料型 NO_x 排放量越大，煤中收到基含氮量小于 2.0%。

煤是一种复杂的化合物，几乎所有出现于元素周期表中的元素都可以在煤中找到[22]。煤的主要元素有工业分析中测定的 C、H、O、N 和 S 五种，质量分数在 10^{-4}～10^{-3} 之间的元素有 Si、Al、Ca、Mg、K、Na、Fe、Mn、Ti、F、Cl、Br 和 I 等，煤燃烧后，这些元素分别以不同的形态进入炉渣、除尘器底灰及飞灰中。致使煤燃烧产生的 PM 的元素组成和结构非常复杂。PM 的排放量及其组成取决于燃煤组成、锅炉炉型、煤炭灰分及烟尘控制技术等。

煤燃烧产生的 PM 中含有复杂的有机组分和无机组分。有机组分包括有机碳（OC）、多环芳烃（PAHs）、正构烷烃、正构烷酸和藿烷等有机化合物[23]。无机组分含量随 PM 粒径的不同略有差异[24]。研究表明，PM_1 上相对富集的有 As、Pb、Cd、Cu、V、Sb、Sc 和 Ti 等，$PM_{2.5}$ 上相对富集的有 Fe、Ba、Mn、Mg、Ca、Cd、Cu、Pb 和 Zn 等，PM_{10} 上相对富集的有 Si、Mg、Mn、Fe、Ca 和 Al 等[25]。煤中的重金属含量通常比石油和天然气燃料中高几个数量级，煤中的汞、砷、镉、铬、铜、镍、铅、硒、锌、钒等重金属都以化合物（如氧化物）形式的颗粒物排放。故 PM 中重金属排放量远高于燃油或燃气汽车排放的 PM。其中 Hg 及其氧化物最受关注，被列为燃煤火力发电的主要环境污染物。

燃煤电厂也会排放一些水污染物。燃煤电厂排放的冷却水和废水会对地下水、河流、湖泊及海洋产生环境污染。冷却水来源于凝汽器，主要危害是产生热污染；输煤系统排水、锅炉酸洗废水、酸碱废水、含油污水、脱硫废水和生活污水等含有有机物、金属及其盐类、颗

粒物和重金属等，如果不净化的话，会产生非常严重的水污染。

燃煤电厂会产生多种固体废物，并且常含有重金属，被列入危险废物。常见的固体废物有燃煤装置的底灰和炉渣，随烟气排出和除尘设备收集的飞灰，烟气脱硫设备产生的脱硫残渣，石灰石-石膏湿法脱硫装置产生的石膏，干法脱硫系统未反应的石灰等吸收剂、硫酸盐和飞灰的混合物残渣，以及废水处理产生的污泥和 SCR 脱硝装置更换的催化剂等。

燃煤电厂也会产生噪声排放，主要噪声源为磨煤机、锅炉、汽轮机、发电机组和直接空冷的风机，其对环境的影响表现为对电厂工作人员以及附近居民的噪声干扰，夜间干扰尤为突出。

表 7-9 列出了我国 2011 年发布的《火电厂大气污染物排放标准》(GB 13223—2011) 规定的燃煤锅炉发电、燃油火电和燃气火电的环境污染物的限值，GB 13223—2011 自 2012 年 1 月 1 日起逐步实施，迄今已全部实施。从表 7-9 可以看出，燃煤锅炉发电的主要环境污染物有烟尘（PM）、SO_2、NO_x 和汞及其氧化物四种，而燃油火电和燃气火电的主要环境污染物则为 PM、SO_2 和 NO_x 三种。

表 7-9　火力发电锅炉及燃气轮机组大气污染物排放浓度限值[26]

燃料和热能转化设施类型	污染物项目	适用条件	限值①/(mg/m³)
燃煤锅炉	烟尘	全部	30
	二氧化硫	新建锅炉	100，200②
		现有锅炉	200，400②
	氮氧化物（以 NO_2 计）	全部	100，200③
	汞及其化合物	全部	0.03
以油为燃料的锅炉或燃气轮机组	烟尘	全部	30
	二氧化硫	新建锅炉或燃气轮机组	100
		现有锅炉或燃气轮机组	200
	氮氧化物（以 NO_2 计）	新建锅炉	100
		现有锅炉	200
		燃气轮机组	120
以气体为燃料的锅炉或燃气轮机组	烟尘	天然气锅炉或燃气轮机组	5
		其他气体燃料锅炉或燃气轮机组	10
	二氧化硫	天然气锅炉或燃气轮机组	35
		其他锅炉或燃气轮机组	100
	氮氧化物（以 NO_2 计）	天然气锅炉	100
		其他气体燃料锅炉	200
		天然气燃气轮机组	50
		其他气体燃气轮机组	120

① 监控位置为烟囱或烟道。
② 位于广西壮族自治区、重庆市、四川省和贵州省的火力发电锅炉执行该限值。
③ 采用 W 形火焰炉膛的火力发电锅炉，现有循环流化床火力发电锅炉，以及 2003 年 12 月 31 日前建成投产或通过建设项目环境影响报告书审批的火力发电锅炉执行该限值。

由于表 7-9 所列限值无法满足大气环境改善的要求，2015 年我国环境保护部、发改委和能源局发布了远低于表 7-9 限值的燃煤电厂超低排放限值[27]，烟尘（PM）、SO_2 和 NO_x

排放限值分别为 $10\mu g/m^3$、$35\mu g/m^3$ 和 $50\mu g/m^3$，测试条件为基准氧含量不高于 6%。要求全国所有具备改造条件的燃煤电厂力争在 2020 年前达标，并且现役燃煤发电机组改造后平均供电煤耗低于 $310g/(kW\cdot h)$；对全国新建燃煤发电项目要求采用 60 万千瓦及以上的超临界机组，平均供电煤耗低于 $300g/(kW\cdot h)$。

我国 16 家燃煤电厂 32 台机组汞排放浓度的自动监测表明[28]，汞排放质量浓度范围为 $1.50\sim12.30\mu g/m^3$，平均值为 $5.08\mu g/m^3$。我国 6 个燃煤电厂的研究则表明[29]，汞排放浓度为 $4.72\sim14.54\mu g/m^3$，这说明我国火力发电锅炉及燃气轮机组大气污染物汞的实际排放浓度明显低于 GB 13223—2011 的限值 $30\mu g/m^3$。

煤电生产的污染物排放因子定义为，每千瓦时电能从煤炭开采到电网终端的环境污染物排放量，燃煤电力的排放因子反映了发电用燃煤开采、运输、燃烧、发电装置、电力输送和分销等过程污染物排放量的多少。表 7-10 列出了中电联行业发展与环境资源部发布的 2016 年我国单位火电发电量的烟尘、SO_2 和 NO_x 排放量、供电煤耗和发电水耗等的统计结果。

表 7-10 2016 年我国火电污染物、排放量及供电煤耗、水耗[30]

烟尘/[mg/(kW·h)]	SO_2/[mg/(kW·h)]	NO_x/[mg/(kW·h)]	CO_2/[kg/(kW·h)]	煤耗/[kg/(kW·h)]	水耗/[kg/(kW·h)]
80	390	360	0.822	0.312	1.3

但应注意的是不同发电企业的排放因子差别很大。我国 6 个燃煤电厂的研究表明，单位发电量的烟尘和汞排放因子范围分别为 $45.9\sim134.8mg/(kW\cdot h)$ 和 $14.09\sim56.08\mu g/(kW\cdot h)$；$PM_{10}$ 和 $PM_{2.5}$ 的排放因子范围为 $41.9\sim124.1mg/(kW\cdot h)$ 和 $23.1\sim65.0mg/(kW\cdot h)$[29,31]。表 7-11 所列的我国 267 种动力煤的 SO_2、NO_x、Hg 及其氧化物、粉尘的排放因子也表明了这一点。

表 7-11 我国 267 种动力煤的 SO_2、NO_x、Hg 及其氧化物、粉尘的排放因子[32]

锅炉种类	烟尘/[mg/(kW·h)]	SO_2/[mg/(kW·h)]	NO_x/[mg/(kW·h)]	Hg 及其氧化物/[μg/(kW·h)]
W 形火焰煤粉锅炉	90~120	320~390	600~800	90~120
循环流化床锅炉	100~140	320~480	650~950	100~140

七、汽车全生命周期各阶段环境污染物排放量的计算方法

1. 汽车生产制造阶段

汽车组成零件众多，结构复杂。如现代燃油汽车零件总数约 30000 个，燃油发动机的零件总数约 6900 个，占燃油汽车的 23%。相对燃油汽车而言，纯电动汽车无结构复杂的燃油发动机，采用电驱动，传动和操纵系统简单。尽管如此，纯电动汽车的零件总数也约为 21000 个，为燃油汽车的 70%[33]。可见汽车零件生产过程中 CO_2 排放量的精确计算是一项极其烦琐的工作。汽车生产制造阶段环境污染物排放量的计算步骤一般为，先计算汽车零件的，然后计算总成的，最后计算整车的。

下面以汽车零件生产过程中的 CO_2 排放量为例说明其计算方法。

汽车零件生产阶段的环境污染由原材料生产过程产生的环境污染物、零件生产过程产生的环境污染物和残余原材料回收处理过程产生的环境污染物三部分组成，残余原材料回收处理过程的环境污染物排放量相对其他两部分而言，其数量较少，经常忽略不计。

因此，各个零件污染物排放量一般根据原材料的排放因子和生产过程消耗的各种能源的排放因子计算。

假设汽车某一个零件由 N 种原材料组成，第 i 种材料的用量为 m_i，单位为 kg，其 CO_2 排放因子为 r_i，单位为 kg/kg；该零件生产过程中总共消耗了 L 种能源，第 j 种能源的消耗量为 e_j，单位为 MJ；其 CO_2 排放因子为 x_j，单位为 kg/MJ，则该汽车零件生产所产生的 CO_2 排放量 E_{CO_2} 的计算公式如下：

$$E_{CO_2} = \sum_{i=1}^{N} m_i r_i + \sum_{i=1}^{L} e_i x_i \tag{7-1}$$

污染物 VOC、CO、NO_x、PM_{10} 和 $PM_{2.5}$ 等的排放量可用类似方法计算。

汽车总成生产排放的污染物由各组成零件的污染物排放量、组装过程所消耗能源的排放量及原材料的排放量三部分组成。总成污染物排放量的计算方法仍以 CO_2 排放量为例予以说明，其他污染物排放量的计算方法类似。

假设汽车一个总成由 K 个零件组成，第 l 个零件的 CO_2 排放量为 $E_{CO_{2l}}$；该总成生产过程共消耗了 N 种原材料，第 i 种原材料的用量为 m_i，单位为 kg，其 CO_2 排放因子为 r_i，单位为 kg/kg；共消耗了 M 种能源，第 j 种能源的消耗量为 e_j，单位为 MJ；其 CO_2 排放因子为 x_j，单位为 kg/MJ，则汽车总成生产过程的 CO_2 排放量 E_{zCO_2} 的计算公式如下：

$$E_{zCO_2} = \sum_{l=1}^{K} E_{CO_{2l}} + \sum_{i=1}^{N} m_i r_i + \sum_{j=1}^{M} e_j x_j \tag{7-2}$$

汽车产品生产排放的污染物，可由汽车各总成生产的污染物排放量、总装配过程的所需零件生产过程产生的污染物排放量、组装过程消耗能源的排放量、原材料产生的排放量四部分组成。计算方法与上述方法类似，故此处不予赘述。

2. 汽车使用阶段

汽车使用阶段的污染物排放由行驶和维修阶段产生的环境污染物两部分组成。

对燃油汽车和燃料电池汽车而言，行驶阶段的环境污染物排放量 E_u（单位为 kg）可根据式(7-3)计算。

$$E_u = 100 E_{100} E_f L \rho \tag{7-3}$$

式中，ρ 为燃料密度，kg/L；E_{100} 为汽车行驶的平均百公里能耗，L/100km；E_f 为燃油的污染物排放因子，kg/kg；L 为汽车生命周期内的续驶里程，km。

应该注意的是，E_{100} 指汽车按照规定试验循环行驶时的百公里能耗；燃油的排放因子指每千克燃油的 WTW 污染物排放量，而不是仅由燃油 TTW 阶段排放量得到的排放因子。L 如何确定值得推敲，一般根据汽车设计寿命计算，但这可能与实际情况相去甚远，因此笔者建议 L 采用报废汽车企业得到的实际行驶里程均值。

对纯电动汽车而言，行驶的环境污染物排放量 E_u（单位为 kg）的计算公式为

$$E_u = 100 E_{100} E_f L \tag{7-4}$$

式中，E_{100} 为汽车的百公里能耗，kW·h/100km；E_f 为电力排放因子，kg/(kW·h)；L 为汽车生命周期内的续驶里程，km。

维修阶段产生的环境污染物量根据维修次数和每次的排放量计算得到。维修阶段的环境污染物主要来自修理企业的汽车配件、原材料和能源的生产过程等。

3. 报废阶段和其他阶段

报废阶段的环境污染物排放量根据车辆的具体报废工艺计算。车辆构造越复杂、材料种

类越多，回收或处理工艺越复杂，污染物排放量越大。

其他阶段的环境污染物排放主要有研发和销售等。研发阶段污染物排放量远高于单个车辆使用阶段的污染物排放量，但均摊到数万、甚至数十万辆汽车后，其数值可以忽略不计。车辆分销时常采用集装箱或专用车辆运输，相对汽车整个生命周期污染物而言，可以忽略不计。

4. 汽车全生命周期环境污染物排放因子

汽车全生命周期环境污染物排放因子指汽车全生命周期内的污染物排放量与行驶里程之比，单位可采用 g/km 或 kg/km，以下简称全生命周期因子。全生命周期因子取决于汽车全生命周期各阶段的环境污染物排放总量与汽车行驶总里程。全生命周期因子是评价各种车辆环境污染影响大小的最佳指标，但由于全生命周期因子的计算受到诸多限制，误差较大，仅可在特定条件下使用，还难以满足实际使用条件下的定量评价要求，因此，全生命周期因子计算的相关方法及基础数据等还需要不断完善。

另外，应该注意的是全生命周期排放因子与常说的汽车行驶阶段的排放因子不同。汽车行驶阶段的排放因子指行驶里程单位排放的污染物量，即燃油 TTW 阶段的排放量，单位为 g/km，也就是由汽车排放标准规定的方法得到的污染物的比排放（详见本书第四章）。

第二节 汽车全生命周期环境污染的影响因素分析

一、汽车材料、制造、使用（行驶）和报废阶段的 CO_2 排放

由第一节的分析可知，汽车产品全生命周期内的环境污染物来源主要有开发设计、汽车用原材料生产、零部件、总成及整车制造、使用（行驶和维修）和报废阶段等，各个阶段的环境污染物排放量占汽车产品全生命周期内排放总量的比例有多大？哪个阶段的影响最大？燃油汽车、混合动力汽车、纯电动汽车和燃料电池汽车等车型全生命周期内的排放总量有多大差别？本节将围绕此类问题展开分析。

为了了解不同类型汽车用原材料、制造工艺、使用（行驶）和报废阶段 CO_2 排放的构成比例，表 7-12 列出了燃油汽车（GV）、混合动力（HEV）汽车和燃料电池汽车（FCEV）排放的 CO_2 构成比例，表 7-12 中所列 CO_2 排放数据为笔者根据文献 [34] 中的插图估算得到。计算用 GV、HEV 和 FCEV 的主要参数如表 7-13 所列，这三个车型均来自丰田汽车公司，并被认为是该公司产品中具有可比性的三种车型[34]。汽车的能耗采用了 NEDC 工况的测试结果，假定汽车全生命周期内的行驶里程为 15 万千米，行驶中的汽油及电力的排放因子为欧盟国家的数值；汽生产及原材料的排放因子为日本的数值。FCEV 用氢气来自管道天然气重整，CO_2 排放因子为 12.01kg CO_2/kg H_2。

表 7-12 GV、HEV 和 FCEV 排放的 CO_2 构成比例   单位：%

车辆	GV	HEV	FCEV
材料	9.18	15.84	26.03
车辆制造	8.16	13.86	17.12
燃料生产	12.24	9.9	53.42
行驶	68.57	57.43	0

续表

车辆	GV	HEV	FCEV
维修	0.61	0.66	1.37
报废	1.22	2.31	2.05

可见，GV、HEV 和 FCEV 使用（行驶和维修）阶段的 CO_2 排放分别超过 80%、66% 和 54%，其差别明显，这是因为 HEV 和 FCEV 使用的原材料多，制造过程能耗高的缘故。FCEV 原材料和制造排放的 CO_2 超过 43%，远高于 GV 的 17.34% 和 HEV 的 29.7%。从表 7-13 列出的 GV、HEV 和 FCEV 的主要性能参数来看，GV、HEV 和 FCEV 虽然被认为是具有可比性的、同级别汽车，但其整备质量相差明显，FCEV 的整备质量分别为 GV 和 HEV 的 1.20 及 1.13 倍，使用的原材料多，因而原材料和制造的 CO_2 排放比例超过 43%。这个结果说明，FCEV 需要行驶更多的里程才能达到减排的目的。

表 7-13　GV、HEV 和 FCEV 的主要性能参数[34]

车辆	GV	HEV	FCEV
燃料	汽油	汽油	氢气
发动机排量/L	2.499	2.493	—
发动机最大功率/kW	149	131	—
电机最大功率/kW	—	105	113
电机最大转矩/N·m	—	300	335
燃料电池堆功率/kW	—	—	114
变速器	6AT	eCVT	—
整备质量/kg	1540	1630	1850
相对燃油汽车的整备质量	1	1.06	1.20
JC08 工况燃料消耗率	8.8L/100km	4.3L/100km	0.66kg/100km
NEDC 工况燃料消耗率	8.5L/100km	4.3L/100km	0.76kg/100km

二、电力排放因子对汽车全生命周期各阶段 CO_2 排放比例的影响

表 7-14 列出了网端电力 CO_2 排放因子对 EV 全生命周期内各阶段 CO_2 排放构成比例的影响[35]。计算时，使用的电动汽车为紧凑型轿车，全生命周期内的行驶里程为 200000km，电动汽车百公里能耗为 15kW·h/100km。中国、欧盟和挪威网端电力 CO_2 排放因子均为 2007 年的数值；中国、欧盟 25 国平均、挪威的 CO_2 排放因子分别为 1140g CO_2/(kW·h)、560g CO_2/(kW·h)、46g CO_2/(kW·h)。由此可见，网端电力 CO_2 排放因子对 EV 各阶段 CO_2 排放影响非常明显，电力 CO_2 排放系数越小，车辆制造阶段 CO_2 排放的比例越大。可见，在电力 CO_2 排放因子不同区域使用的 EV，其生命周期内 EV CO_2 排放减少的途径不同。对中国来说，减少 CO_2 排放的主要途径应该为使用（电力 WTW）阶段的 CO_2 排放；对挪威来说，减少 CO_2 排放的主要途径应该为车辆制造阶段的 CO_2 排放；对欧盟 25 国来说，减少使用（电力 WTW）阶段和车辆制造阶段的 CO_2 排放对减少其生命周期内的 CO_2 排放均很重要。

表 7-14　网端电力 CO_2 排放因子对 EV 全生命周期内各阶段 CO_2 排放构成比例的影响

单位：%

项目	中国	欧盟 25 国平均	挪威
原材料及车辆制造	25	44	90
使用（电力 WTW）	74	54	5
报废	1	2	5

三、材料组成对汽车全生命周期环境污染及 CO_2 排放的影响

如图 7-3 所示为不同材料的 CO_2 排放系数比较[35]。由此可见，不同材料的 CO_2 排放系数差别巨大。与钢相比，铝、镁和 CFRP 的轻量化潜力（取决于材料和制造过程）分别约为 40%、55% 和 55%。因此，铝、镁和 CFRP 等作为汽车轻量化材料被广泛使用，但其 CO_2 排放系数高于钢材，特别是镁和 CFRP 的 CO_2 排放因子远高于钢材，故轻量化材料使用会导致汽车材料及制造阶段的环境污染加大，CO_2 排放增加。表 7-15 列出了装备自动变速器的 Audi A6 3.0 TDI 汽车轻量化前后组成材料质量分数的变化。通过车身、发动机、传动系统和底盘采用轻量化材料，使整备质量减少了 80kg，行驶时的百公里油耗由 7.1L/100km 降为 6.0L/100km，即轻量化后行驶阶段燃油的 TTW 环境污染物排放量减少。

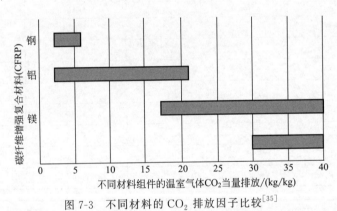

图 7-3　不同材料的 CO_2 排放因子比较[35]

表 7-15　装备自动变速器的 Audi A6 3.0 TDI 汽车轻量化前后组成材料质量分数的变化

单位：%

材料种类	钢/铁	轻金属	有色金属+特殊用途金属	聚合物+加工聚合物	其他材料+电气/电子	燃料和辅助
轻量化前	55	16	3	16	4	6
轻量化后	50	19	4	17	5	5

这个结果表明，轻量化会导致汽车材料及制造阶段的 CO_2 排放增加，其增大幅度与轻量化材料的种类及使用量有关。随着使用里程增加，轻量化的减排效果逐步显现，达到一定行驶里程后，汽车轻量化后的 CO_2 排放增加量将会逐步被抵消。图 7-4 表示轻量化前后的单位整备质量生命周期内 CO_2 当量排放量随行驶里程的变化，行驶里程为 L_e 时，汽车轻量化前后的 CO_2 排放量相等，L_e 可称为盈亏平衡里程，显然 L_e 越短，汽车的环保性能越好。只有当汽车全生命周期内的行驶里程 L_z 大于 L_e 时，轻量化才能发挥出 CO_2 排放量的减少

作用，L_Z 与 L_e 的差值越大，轻量化的 CO_2 排放量减少效果越显著。

可见，汽车轻量化材料的应用，既导致了汽车原材料生产及制造阶段的环境污染增加，同时也导致了行驶阶段燃油的 TTW 环境污染物排放量减少。因此，汽车轻量化后其生命周期内环境污染物排放量的增减与其生命周期内的行驶里程密切相关。

如图 7-5 所示为 Audi A6 3.0 TDI 轻量化前后生命周期内单位整备质量的 CO_2 当量排放量随行驶里程的变化。汽车轻量化后，生产阶段 CO_2 当量排放量增加，在行驶约 5000km 后，汽车轻量化前后生命周期内单位整备质量的 CO_2 当量排放相等，即 CO_2 当量排放量达到了盈亏平衡点。这说明采用轻量化材料是降低汽车产生环境污染的重要途径之一。行驶里程为 20 万千米的全生命周期环境影响分析结果表明，Audi A6 3.0 TDI 轻量化后全生命周期内的全球变暖潜能、光化学臭氧生成潜力、酸化潜力、臭氧消耗潜力和富营养化潜力分别减少了 13％、4％、3％、0.5％和 3％。

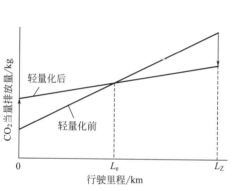

图 7-4 轻量化前后的 CO_2 当量排放量[35]

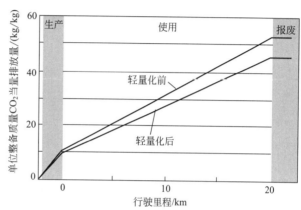

图 7-5 Audi A6 3.0 TDI 轻量化前后单位整备质量 CO_2 当量排放量[35]

四、行驶里程对汽车全生命周期 CO_2 排放量的影响

由上述分析可知，采用轻量化材料的汽车、纯电动汽车、混合动力（HEV）汽车和燃料电池汽车（FCEV）等类车型生产阶段的环境污染物排放量一般大于传统燃油车。当汽车的续驶里程超过盈亏平衡里程 L_e 时，环保车型的环保效益才能表现出来，行驶里程越长，环保效益越明显。

行驶里程对汽车生命周期 CO_2 排放量的影响如图 7-6 所示。计算时，使用的 GV、HEV 和 FCEV 在 NEDC 工况下的百公里燃料消耗率依次为 8.5L/100km、4.3L/100km 和 0.76kg/100km。

图 7-6 中 GV、HEV 和 FCEV 代表的车型的参数列于表 7-12，图 7-6 中行驶里程为零的点对应的 CO_2 排放量为汽车原材料生产及制造阶段的 CO_2 排放量。该结果表明：GV、HEV 和 FCEV 的 CO_2 排放量均随行驶里程的增加而增加，GV 的增加率最大，HEV 次之，FCEV 最小。开始使用时，FCEV 的 CO_2 排放量明显高于传统汽车；在行驶约 5000km 和 25000km 后，HEV 和 FCEV 生命周期内的 CO_2 排放总量与 GV 相等；在行驶 10.7 万千米后，FCEV 生命周期内的 CO_2 排放总量与 HEV 相等。行驶里程越长，HEV 和 FCEV 生命周期内的 CO_2 排放总量与 GV 的差别越大。只有在行驶里程超过 10.7 万千米后，FCEV 生

命周期内的 CO_2 排放总量才小于 HEV 的。汽车行驶里程对 FCEV 全生命周期内的环境污染物排放量的影响非常明显。

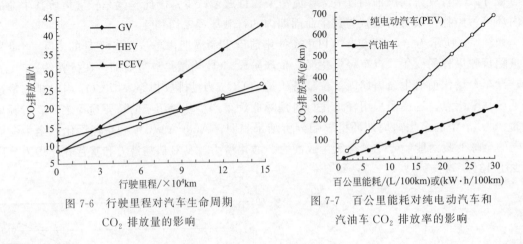

图 7-6　行驶里程对汽车生命周期 CO_2 排放量的影响

图 7-7　百公里能耗对纯电动汽车和汽油车 CO_2 排放率的影响

五、百公里能耗对汽车使用过程 CO_2 排放率的影响

如图 7-7 所示为百公里能耗对 PEV 和汽油车 CO_2 排放率的影响。计算时，汽油中碳氢原子数之比为 1：2.33，并假定汽油中的碳全部变为 CO_2，PEV 使用电能的排放因子为 0.822kg CO_2/(kW·h)。该结果表明：汽油车和 PEV 的 CO_2 排放率均随百公里能耗的增加而增加，但 GV 的增加率明显高于 PEV。因此，减少汽油车的百公里能耗对其生命周期内 CO_2 排放量的减少作用更大。

第三节　纯电动汽车的环境污染

纯电动汽车（PEV）在产品开发设计以及汽车原材料生产、制造、使用中的维修和报废等阶段的环境污染物排放种类及数量与传统燃油汽车区别不大。PEV 与传统燃油汽车的主要差别是少了内燃机，多了动力电池与驱动电机。特别是动力电池使用的原材料种类和加工工艺与传统内燃机不同，致使其生产制造中的环境污染种类和排放率与传统汽车差异明显。另外动力电池和传统内燃机两者结构及材料的差异，也导致了其报废阶段环境污染排放量的差异。

PEV 行驶过程的主要环境污染为电力生产和充电过程等产生的异地环境污染，其特点是汽车使用人员或交通参与人员无法直接感受到的、异地的、出现于动力电池充电之前的特殊环境污染。PEV 的最大特点是行驶过程的环境空气污染仅有非排气颗粒产生，即制动器、轮胎、离合器和路面磨损等产生的颗粒，以及汽车行驶时产生的湍流和风的作用使道路粉尘悬浮形成的颗粒物，非排气颗粒不是 PEV 专有的环境污染问题，故此处不予介绍。行驶过程无任何排气及排放污染物，因此 PEV 被称为零排放汽车（Zero Emission Vehicle, ZEV）。

一、PEV 行驶中的主要异地环境污染物

PEV 行驶中的主要异地环境污染物的种类及数量取决于电力生产过程。如果以在我国行驶的 EV 为例，则其电力生产排放的主要环境污染物有 PM、NO_x、SO_2、汞及其氧化物

和 CO_2 等。污染物的排放量可依据网端电力的污染物排放因子和 PEV 百公里能耗计算得到。

表 7-16 为根据我国公布的 2016 年中国火电污染物、CO_2 排放因子（参见表 7-10）和 PEV 百公里能耗计算得到的 PEV 行驶中的主要异地环境污染物的排放率。由于我国免税新能源汽车目录中纯电动乘用车平均百公里能耗为 15.83kW·h/100km，故表 7-16 中列出了百公里能耗为 15.83kW·h/100km 的 EV 行驶中的主要异地环境污染物的排放率[36]。若将此值作为代表性车型，则可以推测 PEV 用中国电网网端电力行驶时，其异地（WTT）PM、NO_x、SO_2 和 CO_2 排放率依次约为 12.66mg/km、56.99mg/km、61.74mg/km 和 130.12g/km。与国 6 相比，无 CO 和 HC 排放，NO_x 略低于一阶段 NO_x 排放限值 60mg/km，但高于二阶段 NO_x 排放限值 35mg/km；PM 排放为一阶段排放限值 4.5mg/km 的数倍；SO_2 为额外增加的污染物，会加剧环境酸化。可见，EV 用中国电网网端电力行驶时的环保效益并不明显，当然，可以肯定的是，随着我国燃煤电厂超低排放限值的实施和 EV 能耗的进一步降低，EV 在我国推广应用的环保效益会变得越来越明显。

表 7-16　PEV 的行驶中的主要异地环境污染物与能耗的关系

电耗/(kW·h/100km)	4	8	12	15.83	16	20	24	28	32
PM/(mg/km)	3.2	6.4	9.6	12.7	12.8	16.0	19.2	22.4	25.6
NO_x/(mg/km)	14.4	28.8	43.2	57.0	57.6	72.0	86.4	100.8	115.2
CO_2/(g/km)	32.9	65.8	98.6	130.1	131.5	164.4	197.3	230.2	263.0
SO_2/(mg/km)	15.6	31.2	46.8	61.7	62.4	78.0	93.6	109.2	124.8

PEV 行驶中的主要异地环境污染物与电力的排放因子密切相关。图 7-8 显示了欧盟 28 个成员国使用电动汽车（PEV）时单位里程的 CO_2 气体排放量。计算 PEV 的 CO_2 排放率时，假定 PEV 的电能消耗率分别为 14.5kW·h/100km 和 20.0kW·h/100km，电力碳排放因子采用表 7-17 中的数据。使用电动汽车时 CO_2 排放率最低的瑞典仅为 7~9g/km，最高的拉脱维亚则为 169~234g/km，欧盟 28 个成员国的平均值为 65~89g/km。可见，推广电动汽车是否可以有效减少温室气体排放量，其效果取决于电网终端电力的碳排放因子大小。

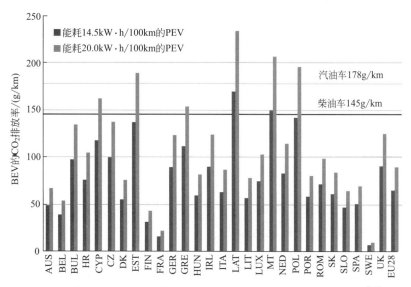

图 7-8　欧盟 28 个成员国使用 PEV 时单位里程的 CO_2 气体排放量[37]

为了便于比较电动汽车 CO_2 排放率与燃油汽车的差别,图 7-8 中还给出了典型汽油车和柴油车的 CO_2 排放率。可见,就现有的技术水平,对绝大多数欧盟成员国而言,推广电动汽车可以有效减少温室气体排放量,但并不是所有成员国[37]。

表 7-17 欧盟 28 个成员国电网终端电力的 CO_2 排放因子 CF[37]

国家	CF/[kg/(kW·h)]	国家	CF/[kg/(kW·h)]	国家	CF/[kg/(kW·h)]	国家	CF/[kg/(kW·h)]
奥地利	0.334	丹麦	0.377	意大利	0.431	葡萄牙	0.400
比利时	0.267	芬兰	0.211	拉脱维亚	1.168	斯洛伐克	0.420
保加利亚	0.669	法国	0.105	立陶宛	0.390	斯洛文尼亚	0.321
克罗地亚	0.524	德国	0.615	卢森堡	0.513	西班牙	0.341
塞浦路斯	0.810	希腊	0.767	马耳他	1.032	瑞典	0.047
罗马尼亚	0.492	匈牙利	0.407	荷兰	0.569	英国	0.623
爱沙尼亚	0.944	爱尔兰	0.617	波兰	0.980	捷克	0.685

从表 7-17 可以看出,在欧盟 28 个成员国中,拉脱维亚电网终端电力的 CO_2 排放因子最大,其值为 1.168kg/(kW·h);瑞典的最小,其值仅为 0.047kg/(kW·h),两者相差 25 倍,这主要是由于电力构成中不同发电方式的占比不同所致。发电方式不同,污染物的排放因子差异巨大。因此,发电方式对 PEV 的 WTT 阶段 CO_2 排放率的影响非常显著。图 7-9 表示发电方式对 PEV 的 WTW 阶段 CO_2 排放率的影响。煤电的 CO_2 排放率为风电的数十甚至上百倍。可见,采用清洁发电方式是减少 PEV 行驶中的主要异地环境污染物的有效途径。

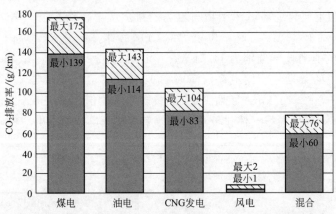

图 7-9 发电方式对 PEV 的 WTW 阶段 CO_2 排放率的影响[38]

二、PEV 汽车生产制造中的环境污染

纯电动汽车整车与传统汽车的主要差别是其动力电池与驱动电机使用的原材料种类和加工工艺等不同,导致生产制造中的环境污染种类与排放率不同。故下面仅对 EV 用动力电池与驱动电机的环境污染特点进行说明。

1. 动力电池的组成特点与环境污染来源

电动汽车的动力电池系统也称为电池包(Battery Pack),电池包属于 EV 动力系统的核心部件。电池包包括若干个由多个单体电池构成的电池模块、电池管理系统(BMS)、外壳和冷却系统等。表 7-18 列出了 EV 典型电池包组成中的零件或材料的质量比例。阳极和阴极活性物质、阳极极板、电解液及外壳等在电池包中的质量占比较高,其中外壳的质量占比最大。

表 7-18　EV 典型电池包的质量组成比例[39]

组成	阴极中的活性物质	阳极中的活性物质	铜基板(阳极)	铝基材(阴极)	电池管理系统	电解液	隔膜	冷却	外壳
质量分数/%	20	10	8～13	2～3	3	9～12	1～3	4	30

单体电池的材料组成决定了电池模块的材料组成,进而决定了 EV 全生命周期原材料和制造阶段的环境污染大小。不同类型动力电池和电池制造商生产的材料种类及用量不同。表 7-19 列出了较为典型的雪佛兰沃兰达(Volt)电动汽车用单体电池的材料组成比例及其成本。沃兰达(Volt)使用的单体电池是镍-锰-钴(NMC)电池,电池组成中包括锂、镍、锰、钴、钢、铝、铜和聚合物等材料。钴和锂价格最高,石墨和镍紧随其后。可见,有不少材料具有回收利用的价值,但是,如果回收方法不当,则可能会增加环境污染物排放。

表 7-19　雪佛兰沃兰达(Volt)电动汽车单体电池的材料组成及其成本[40]

材料	铝	石墨	钢	铁	铜	钴	镍	锰	聚酯纤维	锂	其他
质量分数/%	16	14	13	9	8	6	6	5	—	2	18
成本/(美元/t)	1600	10000	600	74	6348	27000	10000	1700	—	15000	—

锂离子单体电池一般由阳极、阴极、电解液及其溶剂、隔膜和外壳等组成。阳极材料有石墨和锂钛氧化物($Li_4Ti_5O_{12}$)等;阴极材料有锂镍锰钴氧化物($LiNi_{0.33}Mn_{0.33}Co_{0.33}O_2$、$LiNi_{0.8}Mn_{0.1}Co_{0.1}O_2$ 和 $LiNi_{0.6}Mn_{0.2}Co_{0.2}O_2$ 等)、磷酸铁锂($LiFePO_4$)、锰酸锂($LiMn_2O_4$)、锂镍钴铝氧化物($LiNi_{0.8}Co_{0.15}Al_{0.05}O_2$)等。表 7-20 列出了部分 PEV 动力电池容量特性及正极化学成分,以便了解不同阴极材料电池的特性差异,不同阴极材料单体电池的比容量差别明显,选用时应予以注意。电解液一般由高纯度有机溶剂、电解质锂盐和功能添加剂组成,电解质锂盐有高氯酸锂($LiClO_4$)、六氟砷酸锂($LiAsF_6$)、四氟硼酸锂($LiBF_4$)、三氟甲基磺酸锂($LiCF_3SO_3$)和六氟磷酸锂($LiPF_6$)等[41]。电解液溶剂主要有碳酸酯类有机溶剂,包括碳酸丙烯酯(PC)、碳酸乙烯酯(EC)、碳酸二乙酯(DEC)、碳酸二甲酯(DMC)和碳酸甲基乙基酯(EMC)等。隔膜常采用高强度、薄膜化的聚烯烃系多孔膜,常用的隔膜有聚丙烯(PP)和聚乙烯(PE)微孔隔膜,以及丙烯与乙烯的共聚物、聚乙烯均聚物等。电池外壳(包装)有聚丙烯(PP)和铝等。这些材料是传统汽车中很少用到的材料,故由此产生的环境污染与传统汽车不同。

表 7-20　部分 PEV 动力电池的容量特性及阴极化学成分[42]

车辆	容量/kW·h	比容量(单体电池)/(W·h/kg)	阴极	名称代号	供应商
2013 年款 BMWi3	22	130	$LiNi_{1/3}Mn_{1/3}Co_{1/3}O_2$	NMC	三星
2017 年款 BMWi3	33	200	$LiMn_2O_4$	LMO/NMC	三星
2011 年款 Leaf	24	160	$LiNi_{1/3}Mn_{1/3}Co_{1/3}O_2$	NMC	汽车能源供应公司
2016 年款 Leaf	30	—	$LiNi_{1/3}Mn_{1/3}Co_{1/3}O_2$	NMC	汽车能源供应公司
2015 年款 Model S	70～90	240	$LiNi_{0.8}Co_{0.15}Al_{0.05}O_2$	NCA	松下

由于电池设计、制造工艺、计算方法、原材料种类及采用的排放因子等不同,不同研究人员得到的锂离子电池生产中温室气体排放量和能源使用量不同。目前技术水平下电动汽车动力电池制造的能耗为 $350\sim650MJ/(kW\cdot h)$,CO_2 排放率为 $56\sim494kg\ CO_2/(kW\cdot h)$[40]。

表 7-21 列出了宁德时代新能源科技股份有限公司生产的磷酸铁锂(Lithium iron Ferrous Phosphate,LFP)和镍钴锰酸锂(Nickel Cobalt Manganese,NCM)动力电池单体的原材料用量及组成比例清单。LFP 单体电池中质量占比超过 10% 的原材料有磷酸铁锂、铝基体、EMC 和铜基体四种,其质量分数依次为 31.2%、17.2%、11.7% 和 10.1%。NCM 单体电池中质量占比超过 10% 的原材料有磷酸铁锂、铝基体和炭黑三种,其质量分数依次为 33.4%、18.6% 和 11.8%。

表 7-21 LFP(磷酸铁锂)和 NCM(镍钴锰酸锂)动力电池单体的原材料用量及组成比例清单[43]

零部件	原材料	LFP 原材料质量/kg	LFP 原材料占比/%	NCM 原材料质量/kg	原材料占比/%
阴极	磷酸铁锂	0.615	31.2	0.279	33.4
	镍钴锰酸锂	0.026	1.3	0.003	0.3
	PVDF(聚偏二氟乙烯)	0.013	0.7	—	—
	炭黑	0.088	4.5	0.098	11.8
	铝基体	0.340	17.2	0.155	18.6
阳极	石墨	0.011	0.6	0.005	0.6
	胶黏剂(SBR)	0.001	0.1	—	—
	铜基体	0.200	10.1	0.064	7.7
电解液	六氟磷酸锂($LiPF_6$)	0.068	3.4	0.017	2.0
	碳酸乙烯酯(EC)	0.142	7.2	0.034	4.1
	碳酸甲基乙基酯(EMC)	0.230	11.7	0.055	6.6
隔膜	聚乙烯(PE)	0.035	1.8	0.027	3.2
壳体	聚丙烯(PP)	0.034	1.7	0.016	1.9
	铝	0.106	5.4	0.042	5.0
电路	晶体管	0.020	1.0	0.010	1.2
	电路板	0.020	1.0	0.010	1.2
封装	聚丙烯	0.010	0.5	0.010	1.2
	铝箔	0.014	0.7	0.010	1.2
合计		1.973	100.0	0.835	100.0

与传统燃油汽车相比,阳极、阴极、电解液及其溶剂、隔膜等使用的原材料属于传统汽车上没有的材料,而且这些材料的制作工艺复杂,其生产过程会额外增加环境污染物排放数量及种类,致使 EV 生产过程的污染物排放数量及种类多于传统汽车。另外,从表 7-19 可知,动力电池中部分材料价格高,属于易于枯竭的材料,因此报废后需要回收利用。这些材料的回收利用方法主要有机械分离、破碎、热解、蒸馏、湿法冶金、火法冶金、过滤和精炼等,虽然可以回收其中的镍、钴、铜、镁、铝和铁、碳酸锂等,但会产生环境污染。

2. 驱动电机的组成特点与环境污染来源

驱动电机是 PEV 的重要总成之一,其使用原材料的种类及比例是影响 PEV 生产制造阶段环境污染排放的主要因素之一。表 7-22 列出了荣威 E50 纯电动汽车驱动电机的材料种类及其质量占比。该驱动电机是一款永磁同步、自然风冷电机，质量 38kg；除钕、铁、硼外，其他原材料均是传统汽车常用材料。驱动电机壳体质量最大，质量占比约为 1/4；其次是铁芯，质量占比超过 1/5。1kg 钕、铁、硼所需原材料依次为 0.29kg、0.70kg 和 0.01kg，生产过程消耗电能 9.6kW·h、3.37kg 煤和 1.02kg 工艺用水[44]。由表 7-3 和表 7-10 可知，我国标准煤 CO_2 排放因子为 2.4588kg CO_2/kg，2016 年我国火电 CO_2 排放因子为 0.822kg CO_2/(kW·h)，据此可以得出 1kg 钕、铁、硼原材料的 CO_2 排放量高达 16.18kg，远高于常用金属材料，故会导致温室气体排放量增加。因此，减少驱动电机中特殊材料的用量是降低 PEV 环境污染的重要途径之一。

表 7-22 荣威 E50 纯电动汽车驱动电机材料组成[44]

部件名称	材料	质量/kg	质量占比/%
定子绕组	铜丝	6.25	16.45
铁芯	钢	8.23	21.66
驱动电机轴	钢	4.98	13.11
永磁转子	钕、铁、硼	3.71	9.76
驱动电机壳体	铝合金	9.23	24.29
驱动电机基座	铝合金	5.6	14.73
合计		38	100

三、PEV 生命周期中的环境污染

如图 7-10 和图 7-11 所示分别为美国加利福尼亚州空气资源局对 EV 和汽油车全生命周期内不同阶段的温室气体及空气污染物排放比例的分析结果[1]。可见，EV 行驶过程的污染物仅有 PM_{10} 和 $PM_{2.5}$，且分别超过了 EV 生命周期内排放 PM_{10} 和 $PM_{2.5}$ 的 1/2 及 1/3。电力生产产生的异地污染物 CO_2、N_2O、NO_x 和 CO 超过了 EV 生命周期内排放的 1/2；EV 生命周期内排放的 SO_x 全部来自车辆的原材料及制造过程。而汽油车行驶过程排放的 CO_2、N_2O、VOC 和 CO 均超过了其生命周期内该污染物排放的 1/2。汽油车行驶过程排放的 PM_{10} 和 $PM_{2.5}$ 与汽油生产过程排放的 PM_{10} 和 $PM_{2.5}$ 相当；生命周期内的 SO_x 几乎全部来自汽油生产。

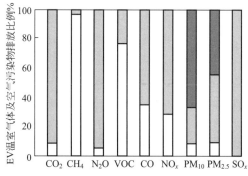

图 7-10 EV 温室气体及空气污染物排放比例
□车辆；▨电力；■行驶

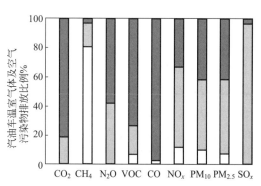

图 7-11 汽油车温室气体及空气污染物排放比例
□车辆；▨汽油；■行驶

图 7-12 和图 7-13 依次表示 PEV、HEV、汽油车和柴油车全生命周期内的磷酸及 SO_2 的当量排放量[38]。磷酸和 SO_2 的当量排放量分别为环境的富营养化和酸化评价指标，该值越大，表明对环境的影响越大。该结果表明，PEV 生命周期内的磷酸和 SO_2 当量排放量明显低于汽油 HEV、汽油车和柴油车，因此推广 PEV 有利于减少环境的富营养化和酸化现象。

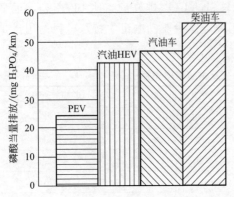 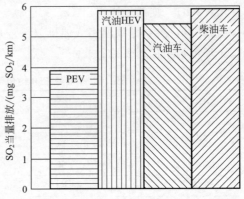

图 7-12　PEV、HEV 和燃油车的磷酸当量排放量　　图 7-13　PEV、HEV 和燃油车的 SO_2 当量排放量

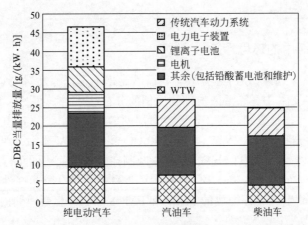

图 7-14　纯电动汽车、汽油车和柴油车全生命周期内 p-DBC 当量排放量比较[38]

上述结果表明，与 HEV、汽油车和柴油车相比，PEV 全生命周期内的常规环境污染物和碳排放少，也有利于减少环境的富营养化和酸化现象。但并不是所有的污染物排放量均低于传统汽车，如 1,4-二氯苯（p-DCB）当量排放量就是一个例外。p-DCB 是一种应用广泛、对环境毒性高且难以降解的有机化合物，p-DCB 用于皮革防腐、农药、有机合成（如染料合成）等。p-DCB 主要来源于传统汽车动力系统、锂离子电池、电机、电力电子装置和铅酸蓄电池等，汽车材料及维护过程中也会产生 p-DCB 排放。如图 7-14 所示为纯电动汽车、汽油车和柴油车全生命周期内的 p-DCB 当量排放量比较。该结果表明：传统汽车的 p-DCB 排放量远低于纯电动汽车。传统汽车的 p-DCB 排放主要来自动力系统的启动电机、铅酸蓄电池和维护。但对 PEV 而言，其特有装置（锂离子电池、电动机和电力电子装置）的 p-DCB 排放量达到其总排放量的 44%，因而其排放量远高于传统汽车。

四、PEV 环境污染的防治措施

从 PEV 生命周期内的环境影响分析结果来看，电动汽车污染物排放总量与电网终端电力的污染物排放因子关系最为密切。因此，最为有效的防治或减少纯电动汽车环境污染的方法就是采用清洁发电方式减少电力生产的污染物排放。其次是提高 PEV 的能源转化效率，如采用轻质材料和高能量密度电池等轻量化技术、高效动力系统和低空气阻力系数车身和低滚动阻力轮胎技术等。再次是减少原材料消耗量，特别是高排放因子的原材料，应尽量采用循环利用技术回收利用汽车零部件，减少高排放因子原材料生产的环境污染，如动力电池的梯级利用，即将不能满足车辆使用要求的动力电池作为储能设备使用等。第四是应科学确定电动汽车推广方案，尽量避免在电网终端电力构成中煤电比例大的地区推广，因为这样虽然减少了当地环境污染，但有可能导致异地污染增加过大，特别值得关注的是异地环境污染中的烟尘和 SO_2 排放量。第五是采用环境友好材料，既可减少车辆生产阶段的污染物排放，也可减少报废阶段的污染物排放。

不同的防治措施其效果不同。国际清洁交通理事会 ICCT 以 2017 年 PEV 温室气体排放作为参考，对使用大电池（增加至 45kW·h）、再生电池、循环再利用电池、高能量密度电池技术和电力减碳方法等降低 PEV 生命周期 CO_2 排放量的潜力进行了分析，结果表明：增大电池容量导致 CO_2 排放量增加 18g CO_2/km；采用再生电池、循环再利用电池、高能量密度电池技术和电力减碳方法分别可减少 CO_2 排放量 22g CO_2/km、4g CO_2/km、6g CO_2/km 和 27g CO_2/km[40]。这个结果表明，减少电网终端电力的污染物排放因子对 PEV 生命周期内的环境影响最为有效。

与不同车辆的制造、维护和报废（指解体或处理）有关的二氧化碳排放量如图 7-15 所示。图 7-15 中 PEV 35kW·h 和 PEV 80kW·h 分别表示 PEV 的动力电池可充入的电能数量。该结果表明：PEV 和 FCEV 的 CO_2 当量排放量高于 ICV 的，FCEV 的 CO_2 当量排放量一般高于 PEV；但对于过于追求续驶里程的 PEV（如将电池容量提高一倍）来说，

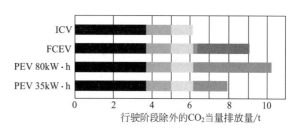

图 7-15　行驶阶段除外的 CO_2 当量排放量[42]（彩图）
■ 底盘；■ 传动系统；■ 维护和报废
■ 锂离子电池；■ 燃料电池

其 CO_2 当量排放量也会高于 FCEV。可见通过过度增加动力蓄电池容量而提高续驶里程的方法并不可取[42]。

第四节　燃料电池电动汽车的环境污染与防治

一、氢燃料电池电动汽车的结构特点

燃料电池电动汽车是指以燃料电池系统作为动力源或主动力源的汽车，以下简称燃料电池汽车。目前，市场销售的燃料电池汽车主要为高压氢气质子交换膜燃料电池汽车，其英文缩写为 FCEV（Fuel Cell Electric Vehicle）或 FCV（Fuel Cell Vehicle）[45]。FCEV 与 PEV 及传统汽车的最大差异是动力系统，FCEV 的生命周期各阶段的环境污染与传统汽车的差别

主要来自动力系统。

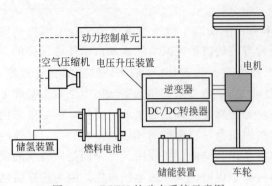

图 7-16 FCEV 的动力系统示意图

如图 7-16 所示为 FCEV 的动力系统示意图,燃料电池动力系统主要由动力控制单元、燃料电池、电机、电压升压装置、储能装置、氢气储存装置和空气压缩机等组成。与传统汽车相比,FCEV 的燃料电池、电机、电压升压装置、储能装置和氢气储存装置属于全新装置,与 PEV 的主要区别是增加了车载发电装置,即燃料电池系统和氢气储存装置。燃料电池汽车的动力控制单元、电机、电压变换器和动力电池的原理、结构及种类等与纯电动汽车相似,其开发可以借助已有的电动汽车技术。但燃料电池堆和高压储氢系统等属于 FCEV 独有装置。燃料电池汽车是一种自带电源,一般不需通过外源充电的电动汽车。

丰田汽车公司生产的 Mirai 是目前市场上最为典型的燃料电池汽车,该车于 2014 年小批量生产,并进入市场销售。如图 7-17 所示为丰田 Mirai 燃料电池汽车驱动系统的组成[46]。丰田 Mirai 燃料电池汽车驱动系统的特点是控制单元、燃料电池堆、电机、电压变换器、驱动电池和高压氢气瓶等主要总成采用模块化设计。对控制单元与驱动电机、燃料电池堆与电压变换器分别进行了集成设计,有效减少了动力系统的体积。与纯电动汽车相比,燃料电池汽车增加了燃料电池堆、空气及氢气供给系统等,故动力系统布置困难,特别是高压气瓶。丰田 Mirai、本田 Clarity 和现代 Nexo 燃料电池轿车均采用 70MPa 的高压气瓶,为了便于布置和充分利用车辆空间,丰田 Mirai 采用了前 60L、后 62.4L 两个高压氢气瓶[46];本田 Clarity 采用了前 24L、后 117L 两个高压氢气瓶[47];现代 Nexo(2019 年款)则装备了三个 52L 的高压氢气瓶[48]。

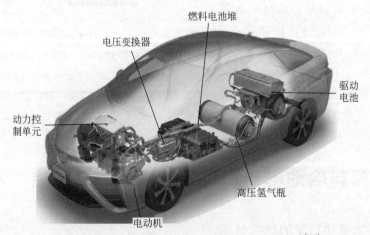

图 7-17 丰田 Mirai 燃料电池汽车驱动系统的组成[49]

燃料电池电动汽车的工作原理如图 7-18 所示,其启动过程可以分为燃料电池吸入空气(氧气)和氢气、氧气和氢气进入燃料电池、发生电化学反应并产生电能及水、电力驱动电机、电机转动驱动车辆行驶和排水 6 步。燃料电池电动汽车正常行驶时,空气和氢气连续不

第七章 电动汽车的环境污染与防治对策

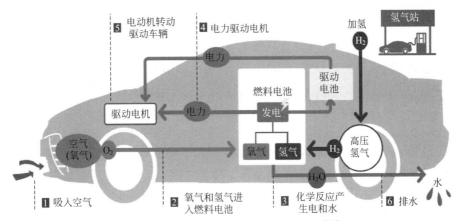

图 7-18 燃料电池电动汽车的工作原理[49]

断地进入燃料电池,燃料电池连续发电并排出水,仅靠燃料电池驱动汽车行驶;当燃料电池发电量超过汽车行驶所需时,多余的电能被存储于动力电池;当燃料电池发电量不能满足汽车行驶需要时,驱动电池放电,补充驱动电力的不足。

由于燃料电池电动汽车在行驶过程中燃料电池连续发电时仅有纯净水排出,故燃料电池电动汽车的环境污染特点与 PEV 非常相似,但燃料电池电动汽车与 PEV 行驶过程的异地环境污染不同,燃料电池电动汽车是制氢及加氢过程产生的环境污染,而 PEV 则是电力生产过程及充电站产生的环境污染。与 PEV 相比,燃料电池电动汽车多了燃料电池、氢气及空气供给系统等,因此燃料电池电动汽车制造阶段的环境污染物排放量会多于同级别 PEV。故下面重点介绍 FCEV 的制氢及加氢过程,以及 FCEV 燃料电池堆制造阶段的环境污染等,与传统汽车及 PEV 相同或相近的部分不予赘述。

二、燃料电池系统的组成与主要原材料种类

通常把封装的燃料电池堆及其水、热管理系统等称为燃料电池系统。燃料电池系统的关键总成是图 7-19 所示的燃料电池堆;燃料电池堆由若干个单体燃料电池、密封件以及前后端板组成,在双极板和膜电极组件的周边设有空气和氢气气道及冷却液流道,各组件经压紧后用螺杆固定。电池堆工作时,氢气和氧气经电池堆气体主通道分配至单电池双极板,再经双极板至

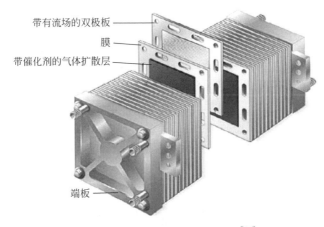

图 7-19 燃料电池堆总成示意图[50]

膜电极,与膜电极组件的催化剂接触后发生电化学反应产生电能、热和水。水迁移、传输和凝结等对电池堆的稳定运行有很大影响,因此电池堆中还设有水管理系统以及冷却系统等,以排出电化学反应生成的水、对反应气体进行增湿和调节燃料电池堆的工作温度等。

典型的燃料电池系统有巴拉德(Ballard)公司的车用氢燃料电池系统等。巴拉德(Ballard)公司的车用氢燃料电池系统主要有表 7-23 所列的四种型号,功率为 30~100kW;额定净电流有 288A 和 300A 两种;氢燃料电池系统具有独立的空气分系统和冷却系统,空气分系统和冷却系统质量占到系统质量的 24%~30%;燃料电池堆(模块)比功率为 240~351W/kg;包括子系统比功率仅为 182~256W/kg,平均值为 211W/kg。上海重塑将采用巴拉德公司的质子交换膜燃料电池技术[51],在上海部署 500 辆有执照的燃料电池商用卡车。

表 7-23 巴拉德公司的车用氢燃料电池系统主要性能参数[52]

名称	MD	HD60	HD85	HD100
净功率/kW	30	60	85	100
工作电压范围/V	85~180	220~350	280~420	400~580
额定净电流/A	0~300	288	288	288
急速功率/kW	—	3.3	4	6
外形尺寸(长/宽/高)/mm	900/480/375	1130/869/506	1130/869/506	1200/869/506
电池模块质量 m_s/kg	125	244	256	285
冷却子系统质量 m_c/kg	无	44	44	44
空气子系统质量 m_a/kg	40	61	61	61
$m_s+m_c+m_a$/kg	165	349	361	390
冷却子系统尺寸(长/宽/高)/mm	无	737/529/379	737/529/379	737/529/379
空气子系统尺寸(长/宽/高)/mm	—	676/418/352	676/418/352	676/418/352
不计子系统比功率/(W/kg)	240	246	332	351
包括子系统比功率/(W/kg)	182	172	235	256
不计子系统功率密度/(W/L)	185	121	171	190
$(m_c+m_a)/(m_s+m_c+m_a)$	0.24	0.30	0.29	0.27

燃料电池系统的一个重要缺陷是比功率小,如巴拉德公司车用氢燃料电池系统包括子系统的最大比功率仅为 256W/kg。因此燃料电池汽车的动力系统一般采用集成设计。如图 7-20 所示为燃料电池驱动系统集成设计示例,图 7-20(a) 为本田 Clarity 的燃料电池堆、电机总成及氢气和空气供给装置的集成示意图[47];图 7-20(b) 为丰田 Mirai 的燃料电池堆及其电压变换器的集成示意图[46]。由于燃料电池堆与电压变换器采用了集成设计,丰田 Mirai 燃料电池模块的功率密度达到了 3.1kW/L,燃料电池堆(模块)的比功率达到了 2.036kW/kg[46]。

如图 7-21 所示为 FCEV 用氢气瓶的剖面示意图,高压氢气瓶壁面由防止氢气渗漏的塑料内层、确保耐压强度的碳纤维增强塑料中间层和保护表面用的玻璃纤维增强塑料表层三层组成。由于气瓶压力远高于传统储氢瓶,因而其材料制备产生的环境污染排放量会远高于普通气瓶。

燃料电池堆由多个单体电池组合而成,如丰田 Mirai 的燃料电池堆由 370 个单电池组成[46]。单体燃料电池结构示意图如图 7-22 所示,单体燃料电池的组件主要由燃料极(阳

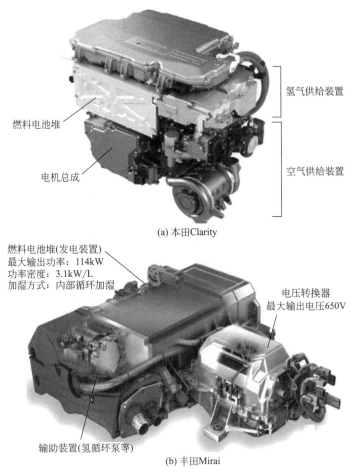

图 7-20　燃料电池驱动系统集成设计示例

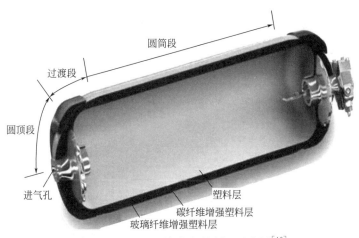

图 7-21　FCEV 用氢气瓶的剖面示意图[46]

极)、空气极（阴极）和质子交换膜三部分组成。燃料电极和空气电极分别由刻有气道的石墨（或金属）板、气体扩散层和催化剂层组成。质子交换膜多为全氟磺酸树脂膜等有机高分子材料，厚度为 20~50μm；全氟磺酸树脂膜具有机械强度高、化学稳定性好、在湿度大的条件下电导率高、低温时电流密度大和质子传导电阻小等优势,因而被广泛应用。美中不足的是含氟聚合物在高温下会释放具有毒性和腐蚀性的气体 HF,因此在燃料电池系统的回收利用时应给予注意。

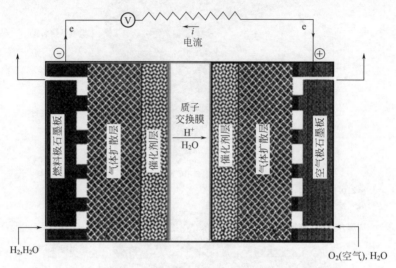

图 7-22　单体燃料电池结构示意图

电极催化剂层由铂/碳(Pt/C)或 Pt-Ru/C 等材料构成,厚度为 $10\sim20\mu m$,阴极和阳极催化剂中铂等贵金属催化剂用量大是其成本居高不下的重要原因之一;早期燃料电池轿车车均贵金属铂用量超过 100g,现在已有大幅度下降,如丰田 Mirai 和现代 Nexo 燃料电池轿车贵金属铂负载量分为 30g 和 56g[53]。气体扩散层由碳纸等组成,厚度为 $200\sim300\mu m$[54]。

燃料电池堆中的实际单体电池与图 7-22 不同,一般将燃料电极和空气电极的气体扩散层和催化剂层与质子交换膜进行集成设计,这种集成组件常称为膜电极组件(Membrane Electrode Assembly, MEA),具有气体扩散和集电等功能。将刻有氢气及空气气道石墨(或金属)板的燃料电极和空气电极进行一体化设计,就可以得到一个双面刻有氢气及空气气道的组件,该组件常称为隔板(分隔板)或双极板。双极板充当一个单电池的阳极和相邻单电池的阴极,具有导电、导流和传热等功能,双极板(电极)有石墨、金属(铝、钛、镍以及不锈钢)和复合材料三类,与石墨双极板相比,金属双极板具有薄、体积小、不易破碎、容易组装、寿命长、环境腐蚀小和密封性好等优点。因此,不锈钢、铝合金和钛合金等金属双极板开始部分替代石墨双极板。采用这种一体化设计的组件及密封件,很容易把单体电池组合为燃料电池堆。如图 7-23 所示为由单体燃料电池组合而成的燃料电池堆的局部结构示意图。为了保证电池工作温度正常,燃料电池堆一般还需要图 7-23 所示的冷却液流道。

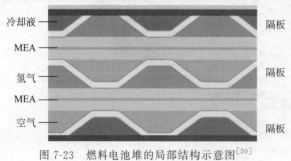

图 7-23　燃料电池堆的局部结构示意图[50]

燃料电池主要组件使用的材料种类及其比例,对燃料电池汽车生命周期内的环境污染具有重要影响。表 7-24 列出了 10kW 质子交换膜燃料电池的质量组成比例。该燃料电池使用多壁碳纳米管替代碳纳米管,单位面积多壁碳纳米管膜电极组件的铂负载量为 2.2 为 mg/cm²;而单位面积碳纳米管膜电极组件的铂负载量为 3.0mg/cm²,使铂负载量下降了 27%。单位面积膜电极组件的电池功率达到 0.13W/cm²。表 7-24 所列燃料电池的碳纳米管、炭黑、电催化剂、质子交换膜和气体扩散层等属于传统汽车和 PEV 所没有的材料,故会产生更多的原材料环境污染。

表 7-24 10kW 质子交换膜燃料电池的质量组成比例[55]

名称	质量/kg	质量占比/%
电催化剂用多壁碳纳米管(MWCNT)	0.564	0.71
电催化剂用炭黑(CB)	0.769	0.97
气体扩散层 GDL	1.090	1.37
气体扩散电极 GDE	1.870	2.35
膜	0.815	1.03
双极板	40.200	50.57
端板(铁)	9.900	12.45
密封(PTFE)	1.450	1.82
螺丝及配件(钢)	1.560	1.96
套管(塑料)	6.280	7.90
印制电路板 PWB	0.065	0.08
连接件	0.060	0.08
电缆	0.868	1.09
空压机	14.000	17.61
总计	79.491	100.00

由于上述燃料电池汽车的动力总成及其组成材料与传统汽车的差异较大,故燃料电池汽车主要组成原材料的种类和比例不同。图 7-24 比较了传统汽油车与丰田 Mirai 燃料电池汽车的原材料组成比例。图中比较用 GV 和 FCEV 的质量分别为 1540kg 及 1850kg,其他主要性能参数见表 7-12。比较时,假定 GV 各种组成材料的总质量为 1。该结果表明:丰田 Mirai 的主要组成材料有黑色金属、轻合金、有色金属、塑料、碳纤维和其他原材料(不包括贵金属)六类,而其中的碳纤维在传统汽油车上应用得很少,相对其他材料而言可以忽略;汽油车主要组成材料有黑色金属、轻合金、有色金属、塑料和其他原材料(不包括贵金属),均少于 FCEV;丰田 Mirai 的高压气瓶使用了大量碳纤维增强复合材料(CFRP)等,因此其原材料种类比 GV 多。由于 FCEV 的动力系统远比 GV 复杂,故轻合金、有色金属和贵金属(铂金等)用量也远多于汽油车。

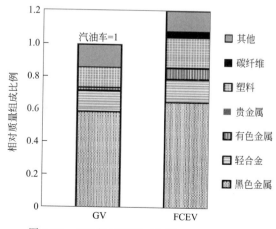

图 7-24 GV 与 FCEV(丰田 Mirai)原材料组成比例比较[24](彩图)

三、FCEV 生命周期内环境污染物排放及环境影响评价实例

图 7-25 比较了传统汽油车与丰田 Mirai 燃料电池汽车制造阶段的 CO_2 当量排放量比例[34]。比较时，以 GV 为基准，即假定 GV 的 CO_2 排放量为 1。该结果表明：丰田 Mirai 燃料电池汽车的 CO_2 当量排放量为同级别传统汽油车的 1.7 倍以上，远高于其质量相差 20% 的差异。其原因是丰田 Mirai 原材料中的黑色金属、轻合金、有色金属、塑料和其他材料的 CO_2 当量排放量高于汽油车，还有丰田 Mirai 原材料中的碳纤维增强复合材料（CFRP）和贵金属的 CO_2 当量排放量很高。另外，丰田 Mirai 的组成材料中 CO_2 当量排放量居于前三的依次为黑色金属、碳纤维和轻合金；有色金属和塑料的排放量接近；贵金属的 CO_2 当量排放量接近其他原材料。值得一提的是虽然贵金属（铂金等）用量仅几十克，相对整备质量而言几乎可以忽略，因而在图 7-24 显示不出，但在图 7-25 却占有一定比例；高压气瓶中碳纤维增强复合材料（CFRP）在图 7-24 中的比例很小，但在图 7-25 占有比例居于第二。可见，减少燃料电池汽车的各种材料用量是减少其 CO_2 当量排放量的重要途径。

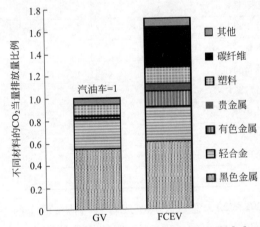

图 7-25　FCEV 制造阶段的 CO_2 当量排放量组成[34]（彩图）

为了了解生命周期内的行驶里程对燃料电池汽车的 CO_2 当量排放量的影响，表 7-25 列出了丰田 Mirai 燃料电池汽车 FCEV 生命周期内的 CO_2 排放量随行驶里程变化的计算结果，表中的原始数据取自文献 [34] 中的插图。m_{FCEV} 和 m_{GV} 分别表示燃料电池车和燃油车包括制造、使用和报废各阶段的 CO_2 排放量。为了便于比较 FCEV 生命周期内的减碳效果，表 7-25 中还列出了 m_{FCEV} 和 m_{GV} 的比值。计算 m_{FCEV} 和 m_{GV} 时，假定车辆按 NEDC 工况行驶，使用的氢气来自管道天然气重整，其 CO_2 排放因子为 12.01kg CO_2/kg H_2。该结果表明：若汽车生命周期内的行驶里程可达到 15 万千米，则 FCEV 的 CO_2 排放总量仅为同级别燃油汽车的 60%，生命周期内的行驶里程越长，减碳效果越明显。燃料电池汽车包括制造和报废阶段的 CO_2 排放量为汽车的 1.45 倍，由于其他污染物的排放量与 CO_2 的排放量成正比，说明燃料电池车包括制造和报废阶段汽车环境污染物排放量远高于燃油车。

表 7-25　行驶里程对 FCEV 生命周期 CO_2 排放量的影响

行驶里程/$\times 10^4$ km	0	3	6	9	12	15
m_{FCEV}/kg	11585	14394	17202	20011	22819	25627

续表

m_{GV}/kg	7987	14990	21994	28998	36001	43005
m_{FCEV}/m_{GV}	1.45	0.96	0.78	0.69	0.63	0.60

如图 7-26 所示为丰田 Mirai 燃料电池汽车生命周期内 NO_x、SO_x、PM 和 NMHC 的相对排放量。FCEV 和 HV 的 NO_x、SO_x、PM 和 NMHC 的排放量均是相对 GV 的 NMHC 而言的，即 GV 的 NMHC 以外的所有污染物均是除以 GV 的 NMHC 排放量的数值。在 GV、HV 和 FCEV 的污染物排放量计算时，原材料和能源排放因子数据为日本国内的数据，车辆使用寿命假定为 100000km，GV、HV 和 Mirai 行驶时的汽油和氢气的消耗率为 JC08 试验循环的测试值，氢气由天然气重整得到。为了了解 FCEV、GV 和 HV 生命周期各阶段 NO_x、SO_x、PM 和 NMHC 的相对排放量，图 7-26 中给出了原材料、车辆制造、车辆使用（包括燃料生产和行驶）、维护和报废阶段的 NO_x、SO_x、PM 和 NMHC 的相对排放量。该结果表明，在 NO_x、SO_x、PM 和 NMHC 四种污染物中，GV 的 NMHC 排放量最大，GV 的 NO_x 和 SO_x 排放明显高于 HV 和 FCE；FCEV 的 NO_x 和 SO_x 相对排放量与 HV 的非常接近，但 FCEV 的 PM 相对排放量高于 GV 和 HV[34]。出现这种现象的主要原因是 FCEV 使用的原材料数量多、质量大。

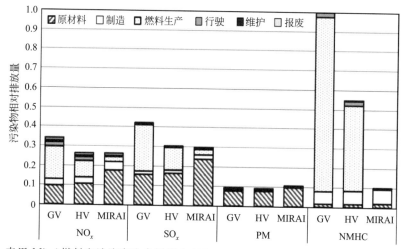

图 7-26 丰田 Mirai 燃料电池汽车生命周期内 NO_x、SO_x、PM 和 NMHC 的相对排放量（彩图）

图 7-27 表示利用 CML 方法计算的丰田 Mirai 燃料电池汽车（FCEV）的化石燃料枯竭潜值、元素枯竭潜值、臭氧层损耗潜值、全球变暖潜值、酸化潜值和富营养化潜值。为了对比 FCEV、汽油车（GV）和混合动力汽车（HV）对环境的影响，图 7-27 中还给出了基于 CML 方法计算的 GV 和 HV 的环境影响潜值指标。为了了解 FCEV、GV 和 HV 生命周期各阶段的环境的影响，图 7-26 中给出了原材料、车辆制造、车辆使用（包括燃料生产和行驶）、维护和报废阶段的环境影响潜值指标。确定环境影响潜值时，使用的原材料和能源排放因子等数据为日本国内的数据，车辆使用寿命假定为 100000km，GV 和 HV 使用汽油，Mirai 使用的氢气由天然气重整得到。环境影响潜值为无量纲参数，该值越大，表明环境影响（污染）越大。该结果表明：除元素枯竭潜值外，FCEV 的其他环境影响潜值均小于 GV 和 HV。HV 的元素枯竭潜值略高于 GV，其他环境影响均小于 GV。元素枯竭潜值代表了对地壳资源储量的影响，用锑当量单位表示。Mirai 元素枯竭潜值大的主要原因是由于其独

有部件中额外使用稀有金属铂，以及铜等金属，另外，Mirai 维护过程需要每 2 年更换一次辅助电池的引线[34]。

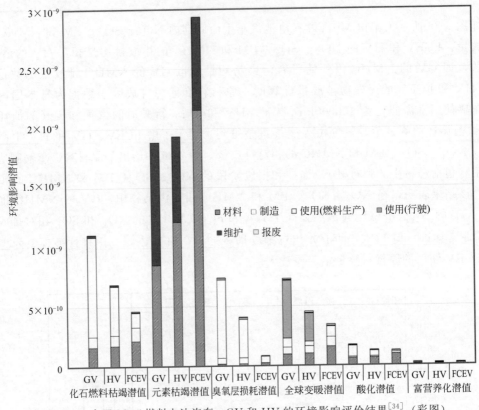

图 7-27 丰田 Mirai 燃料电池汽车、GV 和 HV 的环境影响评价结果[34]（彩图）

四、FCEV 行驶过程异地环境污染的计算流程及计算实例

1. 氢气的供给方式及 WTT 阶段的环境污染

氢气的供给途径可分为图 7-28 所示现场制氢和异地制氢两条路径，现场制氢路径采用放置于加氢站的小型制氢装置，氢气储存于较低压力的气瓶，加注时加压。异地制氢路径采用大型制氢装置，氢气生产企业生产氢气需要加压后（如加压至 20MPa）再用运输车等交通工具运送到氢气站，经进一步加压至约 80MPa 或 40MPa 后，再加注到车载的 70MPa 或 35MPa 高压气瓶中。由此可见，虽然 FCEV 在行驶过程无任何排气环境污染，但在上述的

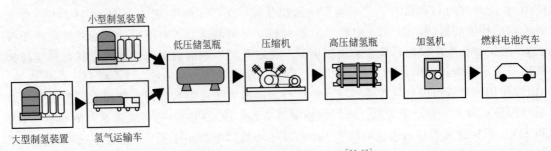

图 7-28 FCEV 的氢气供给方式[56,57]

氢气生产、运输以及加注等过程会产生异地的、超前于行驶过程的异地环境污染。FCEV 行驶过程的异地环境污染排放量多少取决于氢燃料生产过程和氢气站排放的环境污染物多少，以及 FCEV 百公里氢耗的高低。

氢燃料 WTT 阶段排放量的多少，主要取决于氢气生产方式和携带方式等。目前市售的 FCEV 储氢方式均采用高压气瓶，故下面以压缩氢气 FCEV 为例说明车载氢气 WTT 阶段的环境污染排放量计算方法。如图 7-29 所示为以天然气、原油和水等为原料的氢气 WTT 阶段污染物排放量计算流程，目前常见最高加氢压力有 35MPa 和 70MPa 两种，70MPa 加氢装置通常需要冷却，35MPa 加氢装置不需要冷却。

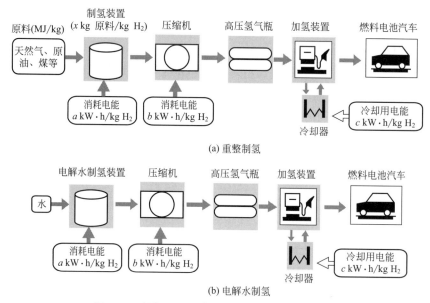

图 7-29 氢气 WTT 阶段污染物排放量计算流程

氢气的 WTT 可分为 WTM（Well-to-Material）、MTH（Material-to-Hydrogen）和 HTT（Hydrogen-to-Tank）三个分阶段。WTT 阶段的环境污染也可分为直接的和间接的两部分；直接的环境污染主要来自氢燃料的生产过程。WTM 分阶段的排放主要指氢燃料生产用原料（水、各种化石燃料和生物燃料）生产过程产生的排放，可由相关部门统计的排放因子清单和原料使用量计算得到。MTH 分阶段的排放可以根据氢燃料生产用原料的质量及氢生产各个工艺过程产生的环境污染排放量和各种能源消耗量等计算得到。HTT 分阶段的排放随着采用的技术路径的不同而不同，异地制氢路径的排放由氢气运输、压缩和冷却等的能耗产生；现场制氢路径的排放由氢气压缩和冷却等产生。氢燃料生产的原料有水、化石燃料和生物燃料等，其中水电解制氢的环境污染最小，环境污染主要来自消耗电力和原材料的生产，以及制氢用的碱性溶液电解质、催化剂和电极等。化石燃料和生物燃料等的水蒸气重整过程的环境污染排放量大于水电解制氢，但其 MTH 分阶段的环境污染排放量远低于水电解制氢，因为目前技术水平下水电解制氢的电力消耗过大。

下面以现场制氢路径的氢气供给为例说明氢气 WTT 阶段 CO_2 排放因子的计算方法。假定氢 WTM、MTH 和 HTT 三个分阶段 CO_2 排放因子为 r_{WTM}、r_{MTH} 和 r_{HTT}；电网终端电力的 CO_2 排放因子为 r_{CO_2}；MTH 分阶段原料消耗为 χ（kg 原料/kg H_2），MTH 分阶段的能耗为 $a(kW \cdot h/kg\ H_2)$。HTT 分阶段的能耗由三部分组成，即压缩氢气能耗 b(kW·

h/kg H_2)、加注时冷却氢气能耗 c(kW·h/kg H_2)和加气站照明、空调等辅助系统辅助能耗 d(kW·h/kg H_2)。氢气 WTT 阶段及各分阶段的 CO_2 排放因子 r_{MTH}、r_{HTT} 和 r_{WTT} 可按下列公式计算。

$$r_{MTH} = \chi r_{WTM} \text{ kg } CO_2/\text{kg } H_2$$
$$r_{HTT} = (a+b+c+d)r_{CO_2} \text{ kg } CO_2/\text{kg } H_2$$
$$r_{WTT} = \chi r_{WTM} + (a+b+c+d)r_{CO_2} \text{ kg } CO_2/\text{kg } H_2$$

需要说明的是，自来水厂制水单位产品平均电耗很低，如 2010 年中国自来水厂制水单位产品平均电耗仅为 0.308×10^{-3} kW·h/kg H_2O[58]，故 r_{WTM} 可以忽略，即 $r_{WTM} = 0$。

表 7-26 列出了日本两个采用现场制氢技术的氢气站的能耗及 CO_2 排放量测试结果，两个氢气站的制氢原料分别为城市管道燃气和自来水。根据当地城市管道燃气和自来水的 r_{WTM} 和电力的 CO_2 排放因子 r_{CO_2}、氢气站的实测能耗，由上列公式即可得到 WTT 阶段的 CO_2 排放因子。该结果表明，在目前技术条件下，水电解制氢 WTT 阶段的 CO_2 排放多于以城市管道燃气为原料氢气的，前者为后者的约 1.6 倍[56,57]。

应该注意的是，表 7-26 所列 CO_2 的排放因子并不适用于其他国家，因为各国的城市管道燃气和自来水的 r_{WTM} 及电力排放因子 r_{CO_2} 等不同。

表 7-26 现场制氢路径的氢气供给系统的 WTT 阶段每千克氢气的能耗及 CO_2 排放因子

氢气站名称	原料	χ/kg	a/kW·h	b/kW·h	c/kW·h	d/kW·h	r_{WTT}/(kg CO_2/kg H_2)
千住(70MPa)	燃气	3.75	2.33	4.82	1.37	1.07	14.3
相模原(35MPa)	水	31.5	55.77	2.64	0	1.07	22.5

2. 氢气 MTH 分阶段的能耗及 CO_2 排放

氢气 MTH 分阶段的 CO_2 排放因子随氢气制备方法的不同而不同。从已有的文献来看，目前常采用的方法为天然气水蒸气重整和水电解法两种。以天然气等为原料的水蒸气重整制氢，消耗的都是逐步枯竭的化石资源，故资源枯竭潜值大。水电解制氢的特点是取之于水，用后还是水，从水到水，可以周而复始的无限循环，故理论上资源枯竭潜值应该为零。因此，水电解制氢受到高度重视，甚至被认为是用之不竭的绿色二次能源。为了了解现有技术条件下天然气水蒸气重整和水电解制氢两种方法能耗及碳排放的多少，下面对这两种方法制氢的能耗及碳排放分别予以说明。

表 7-27 列出了国家标准 GB 32311—2015《水电解制氢系统能效限定值及能效等级》中对水电解制氢系统能效等级、能效及能耗限值的要求。GB 32311—2015 由国家质量监督检验检疫总局和国家标准化管理委员会 2015 年 12 月 10 日联合发布，2017 年 1 月 1 日实施。标准规定把不同类型的水电解制氢系统能效等级分为 3 级，并规定了各级能效等级的水电解制氢系统的能效及单位体积的制氢能耗。1 级是国际先进水平，2 级是节电产品能效值，3 级则是能效限定值，是水电解制氢设备准入市场的门槛值。表 7-27 中的氢气体积指 0℃和一个标准大气压（101325Pa）下的体积（密度 0.0899kg/m^3）；制氢能耗指水电解槽直流电耗及制氢系统内碱液循环泵、补水泵及控制用交流电耗。从表 7-26 可知，我国目前市场的水电解小型和大型制氢装置的能耗为 50~57kW·h/kg H_2 和 47~55kWh/kg H_2。若按表 7-10 中我国电力生产 CO_2 排放因子 0.822kg/(kW·h) 计算，则可知 1 级、2 级和 3 级能效大型制氢系统的 CO_2 排放因子分别为 42.333kg CO_2/kg H_2、43.895kg CO_2/kg H_2 和

47.840kg CO_2/kg H_2。

表 7-27 水电解制氢系统的能效等级、能效及能耗限值[59]

制氢系统类型	能效等级	能效值/%	单位体积能耗/(kW·h/m³)	单位质量能耗①/(kW·h/kg)
小型(≤60m³/h)	1	79	4.5	50.1
	2	74	4.8	53.4
	3	69	5.1	56.7
大型(>60m³/h)	1	82	4.3	47.8
	2	77	4.6	51.2
	3	72	4.9	54.5

① 单位质量水电解制氢能耗为笔者根据单位体积能耗计算得到。

天然气水蒸气重整制氢是目前最有竞争力的制氢方式之一。我国 $14\times10^5 m^3/h$（标准状态）产能的以天然气为原料的制氢装置的能耗为 3473.50kg EO/t H_2，即生产 1t 氢气需要消耗 3473.50kg 标准油[60]，标准油的低位热值为 41.816MJ/kg[61]，与表 7-3 中的燃料油相同，故标准油的 CO_2 排放因子可取为 3.1571kg CO_2/kg EO。据此计算，则可知天然气制氢装置的 CO_2 排放因子为 10.966kg CO_2/kg H_2。与上列 1 级能效大型制氢系统的 CO_2 排放因子为 42.333kg CO_2/kg H_2 相比，天然气制氢装置的 CO_2 排放因子仅为水电解的 26%。这说明在目前技术条件下，天然气制氢装置在减少 CO_2 排放方面具有明显优势。

3. 氢气 HTT 分阶段的能耗

氢气 HTT 分阶段的能耗包括氢气压缩、冷却和辅助三部分。由于目前 FCEV 产品氢气瓶的额定压力高达 35MPa 或 70MPa，因此氢气压缩能耗是 HTT 分阶段的主要能耗。据美国能源部报告[62]：采用 70MPa 压缩氢气时压缩用电量为 2.67kW·h/kg H_2，从 30℃ 预冷到 -20℃ 需要耗能 0.18kW·h/kg H_2，因此，HTT 分阶段的能耗约为 2.85kW·h/kg H_2。表 7-27 所列日本示范工程部分氢气站的实测能耗结果则表明[56]：3 个 70MPa 的加氢站的氢气压缩（最高加氢压力 80MPa）能耗分别为 6.44kW·h/kg H_2、4.82kW·h/kg H_2 和 4.54kW·h/kg H_2，平均值约为 5.27kW·h/kg H_2。2 个数据完整的 70MPa 加氢站的总能耗分别为 7.26kW·h/kg H_2 和 8.24kW·h/kg H_2，均值为 7.75kW·h/kg H_2，远高于美国能源部报告的结果，这可能与压缩机的效率有关。35MPa 加氢站一般不需要冷却，表 7-28 中 7 个加氢站的氢气压缩至 40MPa 能耗范围为 2.47~4.25kW·h/kg H_2，均值为 3.37kW·h/kg H_2。35MPa 加氢站的公用及控制等耗电量为 1.11~3.78kW·h/kg H_2；平均值达 2.18kW·h/kg H_2。

表 7-28 日本的示范工程部分氢气站的能耗

氢气站名称	制氢方法	加注压力/MPa	压缩至40MPa耗电/kW·h	40~80MPa压缩耗电/kW·h	公用及控制等耗电量/kW·h	冷却耗电量/kW·h	冷却温度/℃
横浜·旭	石脑油重整法	70/35	4.15	2.29	1.12	0.68	-10
横浜·大黑	脱硫汽油重整法	70/35	2.75	1.79	—	—	
千住	城市煤气重整法	70/35	3.75	1.07	1.07	1.37	-20

续表

氢气站名称	制氢方法	加注压力/MPa	压缩至40MPa耗电/kW·h	40～80MPa压缩耗电/kW·h	公用及控制等耗电量/kW·h	冷却耗电量/kW·h	冷却温度/℃
中部国际机场	城市煤气重整法	35	4.25	—	1.11	—	—
大阪	城市煤气重整法	35	3	—	3.78	—	—
川崎	甲醇重整法	35	2.47	—	1.09	—	—
相模原	碱水水电解	35	2.64	—	—	—	—
北九州	副产品氢气	35	3.91	—	2.73	—	—

上述结果表明，在加氢站的能耗中，氢气压缩能耗占比最大，因此如何减少这部分能耗是加氢站节能的重要途径之一。表 7-29 列出了采用一级压缩方式把氢气从 0.5MPa 压缩至 80MPa 时，所需压缩功、压缩终点温度及压缩功占氢气低热值（121MJ/kg）的百分比。压缩功及压缩终点温度分别由式(7-5) 和式(7-6) 计算得到，假定压缩过程为多变过程，多变指数在 1.25～1.35 之间，多变指数 1.4 为绝热压缩。初始压缩温度仍为 288K，压缩过程无冷却措施。

$$W_i = \frac{n}{n-1} R T_{i-1} \left[\left(\frac{p_i}{p_{i-1}} \right)^{\frac{n-1}{n}} - 1 \right] \tag{7-5}$$

$$T_i = T_{i-1} \left(\frac{p_i}{p_{i-1}} \right)^{\frac{n-1}{n}} \tag{7-6}$$

表 7-29　采用一级压缩方式把氢气从 0.5MPa 压缩至 80MPa 时所需的压缩功、压缩终点温度及压缩功占氢气低热值的百分比

多变指数	初始温度/K	初始压力/MPa	终点压力/MPa	终点温度/K	压缩功/(MJ/kg)或(kW·h/kg)	占氢能比例/%
1.25	288	0.5	80.0	795	21.06/5.85	17.41
1.30	288	0.5	80.0	929	23.10/6.42	19.09
1.35	288	0.5	80.0	1074	25.19/7.00	20.82
1.40	288	0.5	80.0	1228	27.35/7.60	22.60

从表 7-29 所列数据可以看出，采用一级压缩方式时，压缩功在 5.85～7.60kW·h/kg H_2 之间，压缩功占氢气低热值的百分比在 17.41%～22.6% 之间，最终压缩温度在 795～1228K 之间。可见，一级压缩方式的压缩功及压缩终点温度均是无法接受的；特别是无冷却措施的绝热压缩过程无法满足实际使用要求。因此，对于 FCEV 这种需要将氢气从 0.5MPa 左右压缩至 80MPa 的特殊场合，需要采用冷却措施的多级压缩系统。表 7-30 列出了 5 级冷却压缩系统的压缩功、压缩终点温度及压缩功占氢气低热值的百分比，假定压缩过程为多变过程，初始压缩温度、压力和多变指数与一级压缩相同，仍为 288K、0.5MPa 和 1.3，且各级压缩终点温度均与压缩初始温度相同。由此可见，采用五级压缩方式时，压缩功仅为 4.44kW·h/kg H_2，压缩功占氢气低热值的百分比为 13.2%，最终压缩温度高达 364K。因此，可以说采用 5 级冷却压缩方式比无冷却措施压缩方式，压缩功明显降低，最终压缩温度也容易满足实际需求。

表 7-30　五级冷却压缩系统的压缩功、压缩终点温度及压缩功占氢气低热值的百分比

多变指数	初始温度/K	初始压力/MPa	终点压力/MPa	终点温度/K	压缩功/(MJ/kg)或(kW·h/kg)	占氢能比例/%
1.3	288	0.5	2.8	427	5.01/1.39	4.14
1.3	288	2.8	7.6	364	2.74/0.76	2.26
1.3	288	7.6	21.0	364	2.74/0.76	2.26
1.3	288	21.0	58.0	364	2.74/0.76	2.26
1.3	288	58.0	160.0	364	2.74/0.76	2.26

4. 氢气 WTT 分阶段 CO_2 排放因子计算示例

从表 7-26 可知，1kg H_2 加压并充入压力 35MPa 的气瓶中时需要对氢气进行压缩和开动加氢机等辅助设备，耗电量总计 3.71kW·h/kg H_2，按电能 CO_2 排放因子 0.822kg/(kW·h) 计算，每千克氢气额外增加的 CO_2 排放量约为 3.050kg CO_2。于是可以得出以天然气为原料的氢气站氢气的 WTT 阶段的 CO_2 排放因子不低于 14.5kg CO_2/kg H_2，该值略高于日本千住 70MPa 加氢站的 CO_2 排放因子 14.3kg CO_2/kg H_2。对于 1 级、2 级和 3 级能效人型电解水制氢系统（参见表 7-27）而言，1kg H_2 总计耗电分别为 51.5kW·h、57.1kW·h 和 58.2kW·h，其 CO_2 排放因子依次为 42.3kg CO_2/kg H_2、46.9kg CO_2/kg H_2 和 47.8kg CO_2/kg H_2。

表 7-31 列出了采用天然气重整和水电解制氢时的 FCEV 异地 CO_2 排放率与百公里氢耗的关系。计算时，天然气重整和水电解制氢（1 级能效）时的 CO_2 排放因子分别为 14.5kg CO_2/kg H_2 和 42.3kg CO_2/kg H_2。表 7-31 中 0.76kg 为 Mirai 燃料电池汽车 NEDC 驾驶循环下的百公里氢耗，电力生产 CO_2 排放因子按表 7-10 中的 0.822kg/(kW·h) 计算。

表 7-31　FCEV 异地 CO_2 排放率与百公里氢耗的关系

百公里能耗/kg		0.3	0.5	0.76	0.9	1.1
CO_2/(g/km)	天然气重整	43	72	109	130	158
	水电解	127	212	321	381	465

与欧盟 2015 年和 2020 年的车均 CO_2 排放目标值 130g/km 和 95g/km 相比[63]，采用天然气重整制氢时，Mirai 燃料电池汽车的异地 CO_2 排放因子虽然低于 2015 年的车均 CO_2 排放目标值，但高于 2020 年的车均 CO_2 排放目标值。因此，FCEV 行驶过程的氢耗和制氢能耗还需要进一步降低，否则，难以达到未来 CO_2 排放的目标值。若采用水电解制氢，则 Mirai 燃料电池汽车的异地 CO_2 排放因子远高于目标值。

5. FCEV 异地污染物排放率计算示例

FCEV 异地污染物排放量就是氢气 WTT 分阶段的环境污染排放量。由于还没有天然气重整制氢 WTH 分阶段排放因子的可靠数据，故此处以水电解制氢为例，说明水电解制氢时，FCEV 的异地环境污染物的排放情况。

由表 7-27 可知，1 级、2 级和 3 级能效大型制氢系统（产量 $>60m^3/h$）的能耗分别不高于 47.8kW·h/kg H_2、51.2kW·h/kg H_2 和 54.5kW·h/kg H_2。由于采用 35MPa 和 70MPa 加氢技术时，氢气站耗电量约为 3.4kW·h/kg H_2 和 5.3kW·h/kg H_2，因此，采用 35MPa 加氢技术时，1 级、2 级和 3 级能效大型制氢系统生产的氢气加注到氢气瓶的能耗分别为 51.2kW·

h/kg H_2、54.6kW·h/kg H_2 和 57.9kW·h/kg H_2;采用 70MPa 加氢技术时,1 级、2 级和 3 级能效大型制氢系统生产的氢气加注到氢气瓶的能耗分别为 53.1kW·h/kg H_2、56.5kW·h/kg H_2 和 59.8kW·h/kg H_2。于是,由表 7-10 所列 2016 年我国火电污染物和 CO_2 排放因子可知,在我国现有技术条件下,采用 35MPa 和 70MPa 加氢技术时,FCEV 的 WTT 排放因子如表 7-32 所列。

表 7-32 FCEV 用氢气的 WTT 排放因子 单位:mg/kg H_2

加氢压力/MPa	能效等级	能耗/(kW·h/kg H_2)	PM	NO_x	SO_2	CO_2
35	1 级	51.2	4096	18432	19968	42086.4
35	2 级	54.6	4368	19656	21294	44881.2
35	3 级	57.9	4632	20844	22581	47593.8
70	1 级	53.1	4248	19116	20709	43648.2
70	2 级	56.5	4520	20340	22035	46443
70	3 级	59.8	4784	21528	23322	49155.6

根据表 7-32 所列 FCEV 用氢气的 WTT 排放因子,即可得出表 7-33 所列在我国使用 35MPa 压力氢气瓶时的 FCEV 异地污染物 PM、NO_x、SO_2 的排放率随百公里氢耗的变化。

表 7-33 35MPa FCEV 异地污染物 PM、NO_x、SO_2 排放率与其百公里氢耗的关系

单位:mg/km

能效等级	1				2				3			
百公里氢耗/kg	PM	NO_x	SO_2	$CO_2/\times 10^3$	PM	NO_x	SO_2	$CO_2/\times 10^3$	PM	NO_x	SO_2	$CO_2/\times 10^3$
0.3	12	55	60	126	13	59	64	135	14	63	68	143
0.4	16	74	80	168	17	79	85	180	19	83	90	190
0.5	20	92	100	210	22	98	106	224	23	104	113	238
0.6	25	111	120	253	26	118	128	269	28	125	135	286
0.76	31	140	152	320	33	149	162	341	35	158	172	362
0.8	33	147	160	337	35	157	170	359	37	167	181	381
0.9	37	166	180	379	39	177	192	404	42	188	203	428
1	41	184	200	421	44	197	213	449	46	208	226	476
1.1	45	203	220	463	48	216	234	494	51	229	248	524

0.76kg/100km 为丰田公司公布的 Mirai 燃料电池汽车在 NEDC 驾驶循环下的百公里氢耗,根据表 7-33 中所列,Mirai 的 PM、NO_x 和 CO_2 排放范围分别为 31~35mg/km、140~158mg/km 和 320~362g/km。与国 6 一阶段第一类轻型汽油车 PM 和 NO_x 排放限值 4.5mg/km 和 60mg/km 相比高出数倍,CO_2 排放范围也远高于普通燃油车。另外,Mirai 的 SO_2 污染物高达 152~172mg/km。这说明 FCEV 使用中国电网网端电力电解水生产的氢行驶时,虽然减少了局部环境污染,但却会加剧全局性的环境污染。故只有在采用清洁电力时,才能有效降低 FCEV 的异地 CO_2 排放,减缓全局性的环境污染。

五、FCEV 环境污染的防治措施

综上所述,在目前的技术水平下,燃料电池车制造和报废阶段的 CO_2 排放量及其他环

境污染物排放量远高于燃油车,其主要原因是燃料电池汽车质量远大于同级别传统汽油车,以及排放因子较高的原材料轻合金、碳纤维增强复合材料(CFRP)和贵金属等的用量高于传统燃油车。另外,氢的生产路径和发电方式是 FCEV 异地污染物排放的主要影响因素。为了适应更加严格的环境污染物排放标准,充分发挥燃料电池汽车行驶过程无排气排放物的优势,氢燃料电池电动汽车还需要从原材料选取、结构优化、制氢和电力来源等多方面进行优化。

第一是进一步减少氢燃料电池电动汽车自重。为了比较燃料电池动力系统比功率与传统燃油汽车的差别,表 7-34 列出了传统汽车主要组成的质量分数,可见包括发动机、变速箱、排气系统和油箱等动力总成总质量仅为汽车整备质量的 24%~26%。根据上述包括子系统燃料电池系统比功率 211W/kg 推算,一辆功率 100kW 的燃料电池电动汽车仅其燃料电池系统质量就达 474kg,若加上氢气瓶、驱动电机和动力蓄电池等其质量可想而知,而 100kW 是普通燃油车的功率,可见燃料电池汽车轻量化任重而道远。因此应该采用更多轻质材料,研制更高功率密度和比功率的燃料电池系统,优化动力系统结构,以及一体式集成设计等技术进一步降低氢燃料电池电动汽车的自重。

表 7-34 传统汽车主要组成的质量分数[64]

总成名称	主要零部件	质量分数/%
白车身	框架,十字架和侧面,梁,屋顶结构,前端结构,底板结构,面板	23~28
动力总成	发动机,变速箱,排气系统,油箱	24~26
底盘	车架,悬架,轮胎,车轮,转向,刹车	22~27
内饰	座椅,仪表板,绝缘,装饰,安全气囊	10~15
闭合件	前后门,机罩,升降门	8
其他	电气,照明,热,窗,玻璃	7~8

第二是减少 FCEV 行驶过程的氢耗。从表 7-30 可以看出,降低 FCEV 的百公里氢耗,对减少行驶过程的排放因子效果非常显著。其主要途径有:提高动力系统燃料电池电化学效率、电动机和传动系统机械效率,降低车身空气阻力系数和轮胎滚动阻力系数等。

第三是开发低污染和廉价的制氢技术。采用煤电水电解制氢途径存在较大的异地环境污染问题,采用清洁电力制氢有利于氢燃料电池电动汽车生命周期内环境污染物减少。已有研究结果表明:碳氢原料生产占制氢综合能耗的 90% 以上,原料消耗越小,氢气生产能耗越低。原料组成中烃类物质氢碳比越大,产氢率越高,氢气能耗越小。在我国当前技术条件下[65],天然气重整、副产氢气提纯和水电解制氢的成本分别为 $0.8\sim1.5$ 元$/m^3$、0.9 元$/m^3$ 和 3.5 元$/m^3$(标准状态)。可见,天然气重整制氢和副产氢气提纯制氢是较为理想的选择。

第四是 FCEV 生产和水电解制氢尽量采用可再生能源电力,这从不同发电方式下 FCEV 生命周期内的 CO_2 当量排放率、相对环境负荷和 CED 能效计算结果即可看出。

如图 7-30 所示为 ICV、EV 和 FCEV 生命周期内的相对 CO_2 当量排放率比较,比较时用的 ICV、EV 和 FCEV 的技术参数如表 7-35 所列。图 7-30 中代号 P、M 和 D 依次代表生产、维护和处置(报废)。混合电力指欧盟不同发电方式的平均值,采用混合电力时,FCEV 的相对 CO_2 当量排放率高于 PEV 和汽油车,但如果电力来自太阳能、风能和水能等时,则 FCEV 的相对 CO_2 当量排放量远低于汽油车,但高于 PEV。这说明从降低 CO_2 排放来看，采用可再生能源发电技术时，FCEV 具有优势，但不如 EV 优势明显。

表 7-35　三种不同类型车辆的技术参数比较[55]

车辆类型	ICV	PEV	FCEV
能源种类	汽油	电力	氢气
能源消耗率①	6.1L/100km	17kW·h/100km	0.85kg H_2/100km
携带燃料或电能	50L	34kW·h(300kg 锂离子电池)	5kg(压力 70MPa)+2.3kW·h(20kg 锂离子电池)
续驶里程/km	820	200	600
电机或发动机功率/kW	55	55	55
燃料电池峰值功率/kW	—	—	90
排放标准	欧 5	—	—

① NEDC 驾驶循环测试结果（包括空调及电子设备等）。

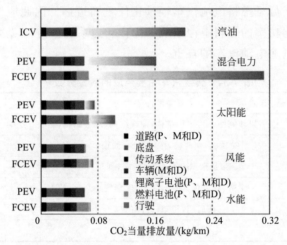

图 7-30　ICV、EV 和 FCEV 生命周期内的相对 CO_2 当量排放率比较[55]（彩图）

如图 7-31 和图 7-32 所示为 ICV、EV 和 FCEV 的相对环境负荷和 CED 能效的比较[55]。为了比较环境负荷和 CED 能效，图中以 ICV 的环境负荷和 CED 能效作为比较基准。CED (Cumulative Energy Demand) 能效为累积能源需求的效率，环境负荷由 ReCiPe 评价方法得到。ICV、EV 和 FCEV 的技术参数及图中代号 P、M 和 D 的含义与图 7-30 相同。该结果

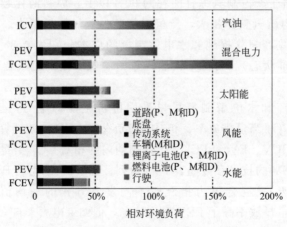

图 7-31　ICV、EV 和 FCEV 的相对环境负荷比较（ICV=100%）（彩图）

表明：除采用混合电力外，FCEV 的相对环境负荷均远低于汽油车，但相对 PEV 而言，优势并不明显。当采用混合电力和太阳能电力时，FCEV 的相对 CED 能效高于汽油车，只有当电力来自风能和水能等时，FCEV 的相对 CED 能效才明显低于汽油车；另外，FCEV 的相对 CED 能效不如 EV 的。

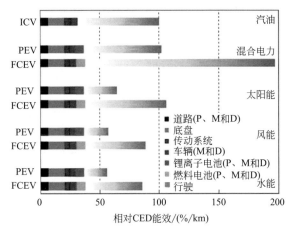

图 7-32　ICV、PEV 和 FCEV 的相对 CED 能效比较（ICV＝100％）（彩图）

参 考 文 献

[1] Air Resources Board. CA-GREET Model. March 6, 2018. /https：//www. arb. ca. gov/fuels/lcfs/ca-greet/ca-greet. htm

[2] Thinkstep Global Headquaters. GaBi Envision 3.0. /http：//www. gabi-software. com/databases/

[3] Burnham A, Wang M, Wu Y. Development and applications of GREET 2.7-The Transportation Vehicle-Cycle Model. November 2006. /https：//greet. es. anl. gov/files/lkldbrwj

[4] 彭飞，杨沿平，殷仁述，李娟，杨阳. 商用车铝合金与钢制轮辋生命周期环境影响评价对比分析. 环境科学学报，2015，35（12）：4136-4142.

[5] 张雷，刘志峰，王进京. 电动与内燃机汽车的动力系统生命周期环境影响对比分析. 环境科学学报，2013，33（3）：931-940.

[6] Terry Shea. Why Does It Cost So Much For Automakers To Develop New Models? Jul 27th 2010. /https：//www. autoblog. com/2010/07/27/why-does-it-cost-so-much-for-automakers-to-develop-new-models/

[7] 环境保护部公告. 大气挥发性有机物源排放清单编制技术指南（试行），2014 年 8 月 19 日. /http：//www. mep. gov. cn/gkml/hbb/bgg/201408/t20140828_288364. htm

[8] 電力中央研究所. 日本における発電技術のライフサイクルCO_2 排出量総合評価（2016 年 7 月）. /http：//criepi. denken. or. jp/jp/kenkikaku/report/detail/Y06. html

[9] 高有山，李兴虎. 大型客车柴油燃料生命周期分析. 北京航空航天大学学报，2009，35（11）：1349-1352

[10] 中华人民共和国工业和信息化部. 石油化工生产企业 CO_2 排放量计算方法（SH/T 5000—2011），2011-12-21. /http：//www. safehoo. com/Standard/Trade/Chemical/201501/380230. shtml

[11] 环境保护部公告. 大气细颗粒物一次源排放清单编制技术指南（试行），2014 年 8 月 19 日. /http：//www. mep. gov. cn/gkml/hbb/bgg/201408/t20140828_288364. htm

[12] 环境保护部公告. 大气挥发性有机物源排放清单编制技术指南（试行），2014 年 8 月 19 日. /http：//www. mep. gov. cn/gkml/hbb/bgg/201408/t20140828_288364. htm

[13] 電力中央研究所. 日本における発電技術のライフサイクルCO_2 排出量総合評価（2016 年 7 月）. /http：//criepi. denken. or. jp/jp/kenkikaku/report/detail/Y06. html

[14] 庞博慧. 基于碳足迹理论的水电枢纽工程能耗分析研究［博士论文］. 天津：天津大学，2014.

[15] 龚道仁，陈迪，袁志钟. 光伏发电系统碳排放计算模型及应用. 可再生能源，2013，31（9）：1-4.

[16] 戚时雨, 高超, 陈彬, 李胜男. 基于生命周期的风电场碳排放核算. 生态学报, 2016, 36 (4): 915-923.

[17] 潘自强, 姜子英. 核电—现阶段最好的低碳能源. 中国环境报, 2014/02/20./http://nnsa.mep.gov.cn/zhxx_8953/kpyd/hjbzl/201507/P020150728358684264293.pdf

[18] 電気事業連合会. 電気事業からのCO_2排出量等について. 2017年6月16日./http://www.fepc.or.jp/about_us/pr/pdf/kaiken_s_20170616.pdf

[19] 中电联行业发展与环境资源部. 2017年全国电力工业统计快报数据一览表. 2018-02-05./http://www.cec.org.cn/guihuayutongji/tongjxinxi/niandushuju/2018-02-05/177726.html

[20] 中电联行业发展与环境资源部. 2016年全国电力工业统计快报数据一览表. 2017-01-20./http://www.cec.org.cn/guihuayutongji/tongjxinxi/niandushuju/2017-01-20/164007.h

[21] 环境保护部. 燃煤电厂污染防治最佳可行技术导则（试行）, HJ-BAT-001. 2010-02-20./http://www.mep.gov.cn/gkml/hbb/bwj/201003/t20100302_186302.htm

[22] Raask E. The mode of occurrence and concentration of trace elements in coal. Fuel Processing Technology, 1985, 64 (1): 97-118.

[23] Oros D R, Simoneit B R T. Identification and emission rates of molecular tracers in coal smoke particulate matter. Fuel Processing Technology, 2000, 79: 515-536.

[24] 李超, 李兴华, 赵瑜, 段雷. 燃煤电厂可吸入颗粒物中痕量元素的排放规律研究. 中国科技论文在线, 2008, 3 (5): 334-340.

[25] 隋建才, 徐明厚, 丘纪华, 俞云, 夏勇俊, 高翔鹏. 燃煤可吸入颗粒的物理化学特性及形成机理. 化工学报, 2006, 57 (7): 1664-1670.

[26] 环境保护部, 国家质量监督检验检疫总局. 火电厂大气污染物排放标准（GB 13223—2011）. 北京: 中国环境科学出版社, 2012.

[27] 环境保护部, 发展改革委, 能源局. 关于印发《全面实施燃煤电厂超低排放和节能改造工作方案》的通知. 2015年12月11日./http://www.zhb.gov.cn/gkml/hbb/bwj/201512/t20151215_319170.htm

[28] 陈敏敏, 王军霞, 张守斌, 秦承华, 景立新, 唐桂刚. 中国燃煤电厂汞达标排放分析. 环境污染与防治, 2016, 38 (2): 106-110.

[29] 王圣, 王慧敏, 朱法华, 陈辉, 孙雪丽, 左漪, 刘钢. 基于实测的燃煤电厂汞排放特性分析与研究. 环境科学学报, 2011, 32 (1): 34-37.

[30] 中电联行业发展与环境资源部. 中电联发布《中国煤电清洁发展报告》. 2017-09-22./http://www.cec.org.cn/zhuanti/2017nianzhuanti/zhongguomeidianqingjiefazhanyuhuanjingyingxiangfabuyantaohui/yaowen/2017-09-22/173384.html

[31] 王圣, 朱法华, 王慧敏, 左漪, 孙雪丽, 陈辉, 赵秀勇, 刘钢. 基于实测的燃煤电厂细颗粒物排放特性分析与研究. 环境科学学报, 2011, 31 (3): 630-635.

[32] 王世昌. 中国动力煤污染物名义供电排放因子分布规律. 电站系统工程, 2017, 6: 1-5.

[33] 経済産業省自動車課. 自動車産業の未来. 20150729./http://platinum.mri.co.jp/sites/default/files/page/meti_20150729.pdf

[34] Toyota Motor Corporation. The Mirai Life Cycle Assessment Report for communication./http://www.toyota-global.com/sustainability/environment/low_carbon/lca_and_eco_actions/pdf/life_cycle_assessment_report.pdf

[35] AUDI AG. Audi a6 life cycle assessment Life Cycle Assessment-Audi looks one step ahead./https://www.audi.com/corporate/en/sustainability/data-and-reports/downloads.html.html

[36] 李兴虎, 赵耀炜, 石谦, 高润泽, 周炜. 中国免税新能源汽车目录中纯电动乘用车性能指标分析. 汽车安全与节能学报, 2017, 8 (2): 183-189.

[37] Alberto Moro, Laura Lonza. Electricity carbon intensity in European Member States: Impacts on GHG emissions of electric vehicles. Transportation Research Part D: Transport and Environment. Available online 27 July 2017./https://www.sciencedirect.com/science/article/pii/S1361920916307933

[38] Anders Nordelöf, Maarten Messagie, Anne-Marie Tillman, Maria Ljunggren Söderman, Joeri Van Mierlo. Environmental impacts of hybrid, plug-in hybrid, and battery electric vehicles-what can we learn from life cycle assessment? The International Journal of Life Cycle Assessment. 2014, 19: 1866-1890.

[39] Mia Romare, Lisbeth Dahllöf. The Life Cycle Energy Consumption and Greenhouse Gas Emissions from Lithium-Ion Batteries-A Study with Focus on Current Technology and Batteries for light-duty vehicles. May 2017, No. C 243. /https://www.ivl.se/

[40] Icct. Effects of battery manufacturing on electric vehicle life-cycle greenhouse gas emissions. FEBRUARY 2018. /https://www.theicct.org/sites/default/files/publications/EV-life-cycle-GHG_ICCT-Briefing_09022018_vF.pdf

[41] 杨明明. 锂离子电池电解液及功能添加剂的研究进展. 当代化工, 2011 (9): 929-930.

[42] Markus Florian Felgenhauer. Battery and fuel cell electric vehicles in the context of the energy transition [D]. 02.12.2016, Technical University of Munich PhD thesis. /https://mediatum.ub.tum.de/doc/1327434/1327434.pdf

[43] 陈雯雯. 循环经济视角下的汽车动力系统生命周期评价研究［学位论文］. 厦门：厦门大学, 2016.

[44] 刘凯辉, 徐建全. 纯电动汽车驱动电机全生命周期评价. 环境科学学报, 2016.36 (9): 3456-3463.

[45] 李兴虎. 燃料电池汽车. 北京：科学普及出版社, 2017.

[46] 小島康一, 渡部麻美子. トヨタ自動車における燃料電池自動車開発の現状と展望. /http://www.rieti.go.jp/jp/events/14072201/pdf/kojima.pdf

[47] Honda Motor. CLARITY FUEL CELL Vehicle Evolution. /http://world.honda.com/FuelCell/FuelCellVehicle-history/CLARITYFUELCELL/

[48] Hyundai Motor Company. 2019 Hyundai Nexo FCV. March 24, 2018. /http://www.suvandtrucks2018-2019.com/2019-hyundai-nexo-fcv/

[49] トヨタ自動車株式会社. Mirai 主要コンポーネント. /https://www.toyota.co.jp/jpn/sustainability/environment/ecopro/2014/pdf/zero/Mirai_component.pdf

[50] Daniel Garrain, Yolanda Lechón, Cristina de la Rúa. Polymer Electrolyte Membrane Fuel Cells (PEMFC) in Automotive Applications: Environmental Relevance of the Manufacturing Stage. Smart Grid and Renewable Energy, 2011, 2: 68-74.

[51] Ballard Power Systems. Ballard Announces Planned Deployment of 500 Fuel Cell Commercial Trucks in Shanghai. Feb 13, 2018. /http://www.ballard.com/about-ballard/newsroom/news-releases/2018/02/14/ballard-announces-planned-deployment-of-500-fuel-cell-commercial-trucks-in-shanghai

[52] Ballard Power Systems. FCveloCity® Motive Module Product Portfolio. 2018. /http://www.ballard.com/fuel-cell-solutions/fuel-cell-power-products/motive-modules

[53] Justin Boudreau, Eugene Choi, Ravindra Datta, Oljora Rezhdo, Khalid Saeed. Platinum Supply and the Growth of Fuel Cell Vehicles. /https://ca.finance.yahoo.com/news/2019-hyundai-nexo-161500239.html

[54] 大友順一郎. 燃料電池技術の現在と未来—燃料電池における材料開発とシステムデザインの視点—. 東京大学大学院新領域創成科学研究科, 2015 年 7 月 10 日. /www.fsmsi.k.u-tokyo.ac.jp/files2015/Otomo.pdf

[55] D A Notter, K Kouravelou, T Karachalios, MK Daletou, N T Haberland. Life cycle assessment of PEM FC applications: electric mobility and μ-CHP. Energy & Environmental Science, 2015, 8: 1969-1985.

[56] 戸室仁一. 水素ステーション実証試験. 日本自動車研究所. /http://www.jari.or.jp/Portals/0/jhfc/data/seminor/fy2007/pdf/h19_2.pdf

[57] 石油産業活性化センター, 日本自動車研究所, エンジニアリング振興協会. 日本ガス協会. 燃料電池システム等実証研究（第 2 期 JHFCプロジェクト）報告書. 2011 年 3 月. /http://www.jari.or.jp/Portals/0/jhfc/data/report/pdf/tuuki_phase2_01.pdf

[58] 殷荣强. 上海自来水制水单位产品电耗限额研究. 城市公用事业, 2012, 3: 25-29.

[59] 国家质量监督检验检疫总局, 国家标准化管理委员会. 水电解制氢系统能效限定值及能效等级 (GB 32311—2015). /http://www.safehoo.com/Standard/Trade/Chemical/201705/482042.shtml

[60] 裴增帅. 制氢装置综合能耗的影响因素. 化工技术与开发, 2016, 6: 69-72.

[61] 国家节能中心. 标准煤和标准油. 2016-11-21. /http://www.chinanecc.cn/website/News!view.shtml?id=179961

[62] M Gardiner, Energy requirements for hydrogen gas compression and liquefaction as related to vehicle storage needs, U S Department of Energy, 2009. /http://www.hydrogen.energy.gov/pdfs/9013_energy_requirements_for_hydrogen_gas_compression.pdf

[63] European Commission. Reducing CO_2 emissions from passenger cars. /https://ec.europa.eu/clima/policies/trans-

port/vehicles/cars_en

[64] Aaron Isenstadt, John German, Piyush Bubna, Marc Wiseman, Umamaheswaran Venkatakrishnan, Lenar Abbasov, Pedro Guillen, Nick Moroz, Doug Richman and Greg Kolwich. Lightweighting technology development and trends in U.S. passenger vehicles. 16 December 2016. /http：//www.theicct.org/sites/default/files/publications/ICCT_PVtech_lightweighting_wp2016-25.pdf

[65] 刘佳,周强.我国燃料电池汽车及用氢发展现状浅析.太阳能,2017,4：24-29.

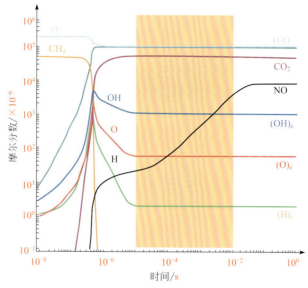

图 2-10 甲烷-空气混合气燃烧产物摩尔分数随时间的变化

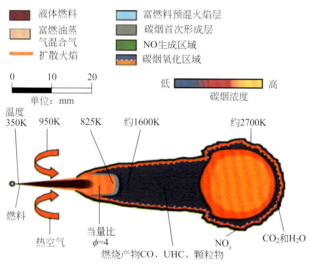

图 2-17 采用激光切片成像技术对柴油机喷雾中污染物生成过程分析的结果

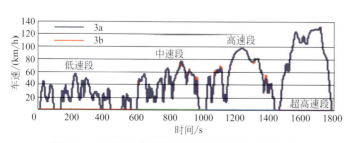

图 4-6 3a 和 3b 类汽车的 WLTC 车速-时间曲线

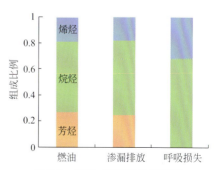

图 5-9 燃油、渗漏排放和呼吸损失的气体组分比较

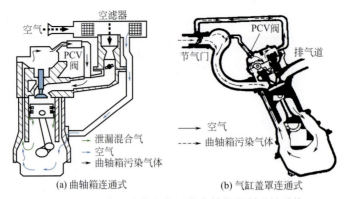

图 5-10　现代汽车普遍使用的曲轴箱强制通风系统

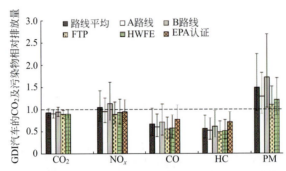

图 5-42　美国市场 GDI 汽车相对 PFI 汽车的 CO_2 及污染物排放量测试结果

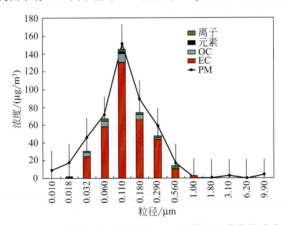

图 5-60　GDI 汽车排气中不同粒径 PM 及其主要成分的浓度分布

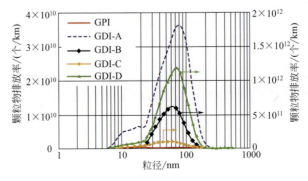

图 5-61　汽油车单位里程的颗粒数量随粒径的分布曲线

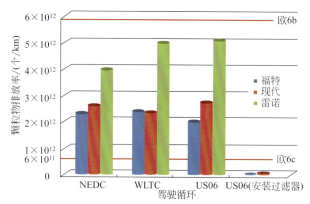

图 5-71　GDI 汽车安装 GPF 前后的颗粒物排放率

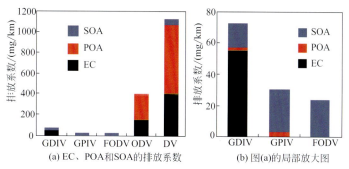

图 6-1　汽油车和柴油车 EC、POA 和 SOA 的排放系数

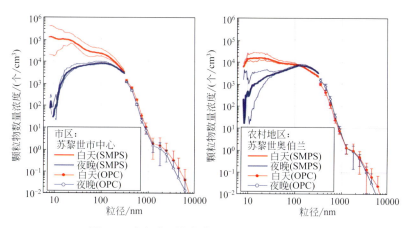

图 6-3　大气中颗粒物数量浓度随粒径的分布

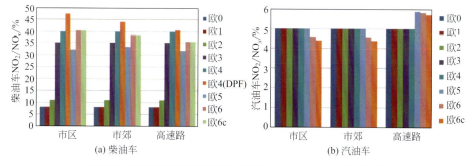

图 6-4　CADC 循环工况下汽车排气中 NO_2/NO_x 的平均值

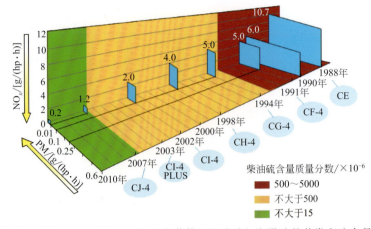

图 6-12　美国 1998～2010 年间推荐使用的柴油机润滑油的种类和硫含量

1hp=745.700W

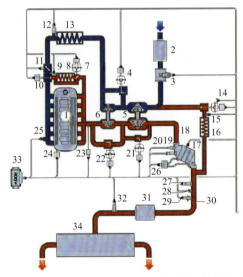

图 6-50　M57D30T2(US)柴油机进、排气系统示意图

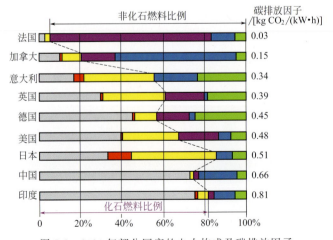

图 7-2　2014 年部分国家的电力构成及碳排放因子

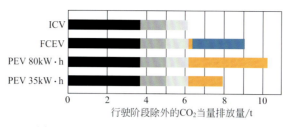

图 7-15 行驶阶段除外的 CO_2 当量排放量

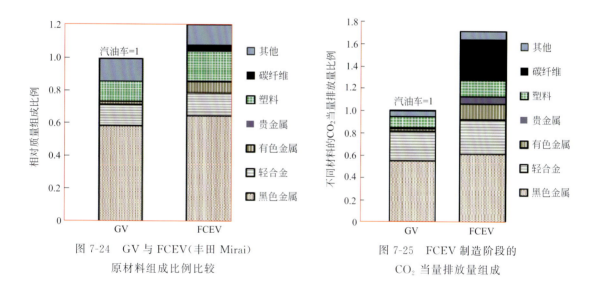

图 7-24　GV 与 FCEV（丰田 Mirai）原材料组成比例比较

图 7-25　FCEV 制造阶段的 CO_2 当量排放量组成

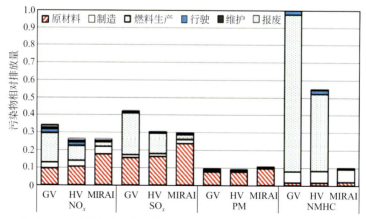

图 7-26　丰田 Mirai 燃料电池汽车生命周期内 NO_x、SO_x、PM 和 NMHC 的相对排放量

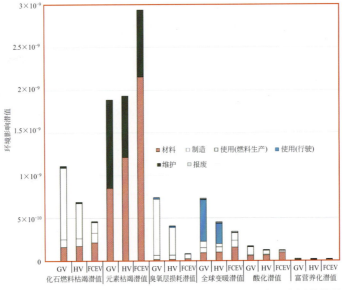

图 7-27　丰田 Mirai 燃料电池汽车、GV 和 HV 的环境影响评价结果

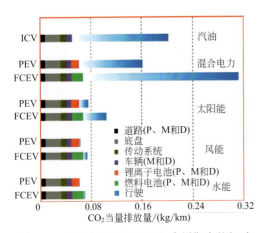

图 7-30　ICV、EV 和 FCEV 生命周期内的相对 CO_2 当量排放率比较

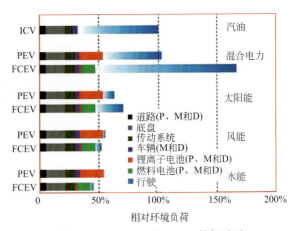

图 7-31　ICV、EV 和 FCEV 的相对环境负荷比较（ICV＝100％）

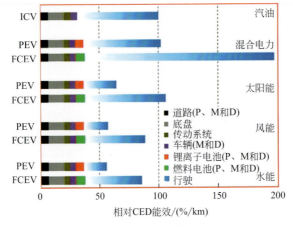

图 7-32　ICV、PEV 和 FCEV 的相对 CED 能效比较（ICV＝100％）